A*t*V

GÜNTER GÖDDE, geb. 1946 in München; Studium der Rechtswissenschaften, Soziologie und Psychologie in München und Berlin; Dipl. Psych., Dr. phil. und jur. Assessor; langjährige Tätigkeit als Psychologischer Psychotherapeut in eigener Praxis; Dozent, Supervisor und Lehrtherapeut an der Berliner Akademie für Psychotherapie, Mitglied der Akademieleitung; Forschungsschwerpunkte: Freud-Biographik, Geschichte der Psychoanalyse, Verhältnis von Tiefenpsychologie und Philosophie, Therapeutik und Lebenskunst.

Letzte Buchveröffentlichungen: »Traditionslinien des ›Unbewußten‹. Schopenhauer, Nietzsche, Freud« (1999); »Tiefenpsychologie lehren – Tiefenpsychologie lernen« (mit E. Jaeggi, W. Hegener, H. Möller 2003); »Macht und Dynamik des Unbewußten« (Hg. mit M. B. Buchholz 2005); »Das Unbewußte in aktuellen Diskursen« (Hg. mit M. B. Buchholz 2005); »Das Unbewußte in der Praxis« (Hg. mit M. B. Buchholz, in Vorbereitung 2006).

Zwischen 1903 und 1910 schrieb Mathilde Freud 60 Briefe an den Münchner Arztsohn Eugen Pachmayr. Beide hatten sich während der Sommerferien ihrer Eltern am Thumsee bei Bad Reichenhall kennengelernt. Diese erstmals veröffentlichten Briefe sind nicht nur für die Freud-Forschung von Interesse. Sie geben Einblick in die Erlebniswelt eines jungen Mädchens aus dem jüdischen Bildungsbürgertum zu Beginn des 20. Jahrhunderts. Die spielerisch-flirtende, aber auch kritisch-provozierende Mathilde erwägt eine Verbindung mit dem Freund, der sich jedoch für eine andere entscheidet. Kurz darauf heiratet sie den zwölf Jahre älteren Robert Hollitscher. Ihr weiterer Lebensweg führt sie durch Krankheiten, familiäre Schicksalsschläge und wirtschaftliche Krisen in die berufliche Selbständigkeit als Modedesignerin und Geschäftsfrau.

Günter Gödde

Mathilde Freud

Sigmund Freuds Tochter
in Briefen und Selbstzeugnissen

Aufbau Taschenbuch Verlag

Mit 27 Abbildungen

Für die Taschenbuchausgabe
wurde der Text bearbeitet

ISBN 3-7466-2144-5

1. Auflage 2005
Aufbau Taschenbuch Verlag GmbH, Berlin
© Psychosozial-Verlag
Für die Sigmund-Freud-Zitate © A. W. Freud et al by arrangement
with Paterson Marsh Ltd. and Sigmund Freud Copyrights
Umschlaggestaltung Mediabureau Di Stefano, Berlin
unter Verwendung eines Fotos von Mathilde Freud (1905),
Freud Museum London
Repro NOTICA, Christoph Anzeneder
Druck und Binden Ebner & Spiegel, Ulm
Printed in Germany

www.aufbau-taschenbuch.de

Mathilde Freud beim Empfang ihres Vaters
bei dessen Ankunft in London
6. Juni 1938

Für Hilde

Inhalt

DIE MITTLERE LEBENSPHASE

VERLUST DER HEIMAT –
NEUBEGINN IM EXIL

DIE JUGENDBRIEFE
MATHILDE FREUDS AN EUGEN PACHMAYR
1903–1910

ANHANG

Vorwort

Der Thumsee ist ein kleiner, idyllisch in der Gebirgswelt gelegener See, wenige Kilometer von Bad Reichenhall entfernt. Im Juli 1901 hat ihn Sigmund Freud zum erstenmal gesehen und sich, wie er an seinen Berliner Freund Wilhelm Fließ schreibt, »so für das Plätzchen begeistert: [...] daß ich nachgefragt habe, ob man in dem einzigen Wirtshaus dort auch wohnen kann. Dort wird nun heuer zum ersten Mal vermietet, da der Besitzer, ein Arzt und Eigentümer von Bad Kirchberg, der es sonst selbst bewohnt, gestorben ist«. Einen Monat später sieht sich Freud in seiner Wahl bestätigt: »Thumsee ist wirklich ein kleines Paradies, besonders für die Kinder, die hier wild gefüttert werden, sich miteinander und mit den Gästen um die Boote raufen, auf denen sie dann unserem besorgten Elternblick entschwinden.«[1] Alle sechs Kinder der Freuds waren in diesem Sommerurlaub mit dabei: Mathilde, die Älteste, war damals 13, Martin 11, Oliver 10, Ernst 9, Sophie 8 und Anna 5.

Auch in einem Brief an seinen Bruder Alexander berichtet Freud vom Thumsee: »Alle freuen sich hier länger zu bleiben, der Herbst läßt sich wunderbar an und außerdem haben sie an den zwei Jungen der Familie Pachmayr[2] aus München (Neffen des verst. Besitzers) reizenden Umgang gefunden.«[3] Die beiden Jungen waren der 15jährige Eugen Pachmayr[4] und sein zwei Jahre älterer Bruder Otto, die beiden Söhne des Münchner Generalarztes Otto Pachmayr und seiner Frau.

Zu weiteren Treffen zwischen den Freud- und den Pachmayr-Kindern kam es im Sommer 1902 und 1903, als die Freuds in der »Villa Sonnenfels« am nahe gelegenen Königssee Urlaub machten. Aus diesen Begegnungen entwickelte sich eine Jugendfreundschaft und ab Herbst 1903 ein Briefwechsel zwischen Mathilde Freud und Eugen Pachmayr, der bis 1910 anhielt.

Die Entdeckung dieser neuen historischen Quelle für die Freud-Forschung gab den Anstoß zu diesem Buch. Leider sind von der Korrespondenz nur die etwa 60 Briefe und Karten Mathildes erhalten, die mir Thomas Guillery, der Neffe Eugen Pachmayrs, zur Verfügung stellte.

Wie schon Freuds jüngste Tochter Anna, seine Thronfolgerin in der psychoanalytischen Bewegung, und sein ältester Sohn Martin durch sein 1958 veröffentlichtes Buch »Glory reflected: Sigmund Freud – Man and Father«[5] tritt nun auch Mathilde aus dem Dunkel hervor. Sie spricht in ihren Jugendbriefen *mit eigener Stimme*, statt wie bisher nur aus der Außenperspektive des Vaters, anderer Familienmitglieder und Freunde betrachtet und kommentiert zu werden. Um ihrer Stimme Nachdruck zu verleihen, erscheinen ihre Text in *Kursivschrift*.

Die Briefe einer Heranwachsenden im Alter von 15 bis 22 Jahren haben zunächst den Stellenwert eines zeittypischen Jugenddokuments, das als solches schon eine Reihe von Fragen aufwirft – Fragen nach dem vorherrschenden Frauenbild im Wien der Jahrhundertwende, nach der damals nur der Ehevorbereitung dienenden Adoleszenz höherer Töchter bei fehlenden Studien- und Berufsperspektiven und nach den Lebensbedingungen in einer assimilierten jüdischen Familie.

Im Kontext der Freud-Forschung gewinnen diese Briefe dadurch an Bedeutung, daß sie Einblicke in die Jugend eines wichtigen Mitglieds der Freud-Familie geben. Im Unterschied zu Freuds eigenen Jugendbriefen an Eduard Silberstein[6] und Emil Fluß[7] geht es hier um ein Beispiel weiblicher Adoleszenz, wobei Freuds eigenes Frauenbild zum Tragen kommt. Zudem fallen Mathildes Briefe in eine Zeit, über die es wenige biographische Quellen zu Freud, seiner Familie und der Entwicklung der Psychoanalyse gibt.[8]

Von der Frage nach Mathildes Frauenschicksal führt ein Perspektivenwechsel zu der Frage nach Sigmund Freuds Vaterrolle. Sich an der klassischen Rollenaufteilung zwischen Mann und Frau orientierend, stand Freud der Frauenfrage wie der Frauenbewegung distanziert-skeptisch gegenüber. Schon in einem 1883 geschriebenen Brief an seine Verlobte Martha Bernays hatte er sich von John Stuart Mill, dessen Arbeit »Über Frauenemancipation«[9] er selbst 1879 übersetzt hatte, abgegrenzt und die Position vertreten, »daß das Zusammenhalten des Hauses und die Pflege und Erziehung der Kinder einen ganzen Menschen erfordert und fast jeden Erwerb ausschließt«. Es sei »auch ein gar zu lebensunfähiger Gedanke, die Frauen genauso in den Kampf ums Dasein zu schicken wie die Männer«. Daher stellte er die – sich als unrichtig erweisende – Prognose, »alle reformatorische Tätigkeit der Gesetzgebung und Erziehung wird an der Tatsache scheitern, daß die Natur lange vor dem Alter, in dem man in unserer Gesellschaft Stellung erworben haben kann, [die Frau] durch Schönheit, Liebreiz und Güte zu etwas [anderem] bestimmt«.[10] Auf einem Diskussionsabend der Mittwoch-Gesellschaft von 1908 behielt er seinen ursprünglichen Standpunkt, daß »die Frau nicht zugleich erwerben und Kinder aufziehen könne«, ohne Wenn und Aber bei, ja, bekräftigend fügte er noch hinzu: »Überhaupt profitieren die

Frauen als Gruppe gar nichts durch die moderne Frauenbewegung; höchstens einzelne.«[11]

Betrachtet man Freuds Frauenbild im Kontext der Beziehung zu seinen Töchtern, sieht man sich mit dem viel-
diskutierten Vorwurf konfrontiert, er sei ein konservativer
Patriarch gewesen, für den die Frau in erster Linie eine für
die Fortpflanzung der Menschheit sorgende Dienerin oder
bestenfalls ein hilfreicher Engel sei, »in jungen Jahren ein
angebetetes Liebchen, und in reiferen ein geliebtes Weib«[12].

Freuds Ansichten über Frauen sind einerseits traditio-
nalistisch. Man kann ihm vorwerfen, eine »subtile Frauen-
feindlichkeit in ein Weltbild umgesetzt zu haben, in dem
Frauen nur als mißlungene Männer auftreten können, da
ihnen der Penis fehlt, das männliche Symbol für Macht und
Dominanz«. Andererseits war Freuds Frauenbild, wie
Appignanesi und Forrester überzeugend herausgearbeitet
haben, sehr facettenreich und keineswegs nur von zeit-
genössischen frauenfeindlichen Klischees geprägt. Er hörte
seinen weiblichen Patientinnen aufmerksam zu und lernte
es, die Sprache ihrer Symptome zu deuten. »Dieser durch
und durch unkonventionelle Freud erhob die intimen
Bekenntnisse von Frauen zum Thema eines öffentlichen
Diskurses über Sexualität, in dem die weibliche Sexualität
erstmals unvoreingenommen erörtert und als ebenso ausgeprägt wie die männliche anerkannt wurde.«[13] Als strenger Kritiker der Sexualmoral seiner Zeit zeigte er auf, wie
schädlich sich das restriktive Ehekonzept auf Frauen auswirken konnte: Während Männer sich mit einer »doppel-
ten Sexualmoral behelfen« konnten, sah er »Frauen unter
den Enttäuschungen der Ehe an schweren und das Leben
dauernd trübenden Neurosen erkranken«.[14]

Noch ein dritter zentraler Aspekt wird im vorliegenden
Buch näher behandelt: das Innenleben der Freud-Familie,

die einerseits eine säkularisierte jüdische Mittelschichtsfamilie war, andererseits als Stützpfeiler der psychoanalytischen Bewegung fungierte. Um den familiären Aspekt von Anfang an einzubeziehen, beginnt die Darstellung mit dem Kapitel »Herkunft und Kindheit«. Daran schließt sich der Hauptteil des Buches, »Die Adoleszenz einer höheren Tochter im Spiegel ihrer Jugendbriefe«, an. Die folgende mittlere Lebensphase umfaßt drei Sphären:

die fünfzigjährige Ehe mit Robert Hollitscher, seine Familie, seine geschäftlichen Beziehungen sowie Mathildes eigene Berufstätigkeit als Designerin und Geschäftsfrau;

die Sphäre der Familie mit den Eltern, Tante Minna, den Geschwistern und deren Kindern sowie das weitere familiäre Umfeld in Wien, Hamburg, Berlin, Manchester und New York;

die psychoanalytische Bewegung, die mit der Freud-Familie eng verflochten blieb, solange Anna Freud als Nachfolgerin ihres Vaters eine führende Position innehatte.

In diesen drei Sphären lebte Mathilde auch nach der Flucht, als sie nach dem »Anschluß« Österreichs an Hitler-Deutschland gezwungen war, im Alter von 50 Jahren Wien zu verlassen. Die restlichen vierzig Jahre ihrer Lebenszeit verbrachte sie in London.

HERKUNFT UND KINDHEIT

Die Eltern

Die Eltern Mathilde Freuds lernten sich im April 1882 kennen. Die 20jährige Martha Bernays war zu Besuch bei einer Schwester Freuds gekommen. Sigmund, der damals 25 Jahre alt war, gesellte sich zu den jungen Frauen und verliebte sich Hals über Kopf in Martha. Bereits zwei Monate später, am 17. Juni 1882, verlobten sie sich heimlich. Zwei Tage darauf schrieb er ihr: »Ich kann es noch immer nicht fassen, hätte ich nicht das zierliche Kästchen und das süße Bild vor mir liegen, ich hielte es für einen gaukelnden Traum und fürchtete mich vor dem Erwachen. Aber die Freunde sagen, es sei Wahrheit, und ich selbst, ich weiß mich an Einzelheiten zu erinnern, so reizend, so fremdartig beglückend, wie die Traumphantasie sie nie zu ersinnen vermag. Es muß wohl wahr sein. Martha ist mein, das süße Mädchen, von dem alle mit Verehrung sprechen, das beim ersten Zusammensein trotz allen Sträubens meinen Sinn gefangennahm, um das ich zu werben mich fürchtete, und das im hochsinnigen Vertrauen mir entgegenkam, den Glauben an meinen eigenen Wert mir erhöht und neue Hoffnung und Arbeitskraft mir geschenkt hat, als ich ihrer am dringendsten bedurfte.«[1]

Ihm und seiner Braut war bald klar, daß es ein langer Weg bis zur Heirat werden würde – letzten Endes waren es 4½ Jahre, denn er mußte erst die berufliche und materielle Basis für eine Familiengründung schaffen: »O mein teures Marthchen«, schrieb er wenige Monate später, »wie arm sind wir! Wenn wir mitteilen sollten, wir wollen miteinander leben, und sie fragen uns: Was bringt ihr dazu mit? Nichts als daß wir einander liebhaben. Und sonst nichts? Wir brauchen doch zwei oder drei Zimmerchen, um darin zu wohnen und zu essen und einen Gast zu empfangen und einen Herd, auf dem das Feuer für die Mahlzeiten nicht ausgeht. Und was da alles drinnen sein soll …« In der Phantasie malte er sich eine »kleine Welt von Glück« aus, aber es sei »noch das Fundament des Hauses nicht gelegt, nur zwei arme Menschenkinder sind da, die sich so unsagbar liebhaben«.[2]

Sigmund Freud, der Vater

Sigmund Freud wurde am 6. Mai 1856 im mährischen Freiberg geboren. Als Erstgeborener einer jungen Mutter hatte er eine bevorzugte Stellung vor den sieben nachfolgenden Geschwistern inne.[3] Das sich selbst zugeschriebene »Eroberergefühl, eine Zuversicht des Erfolges, welche nicht selten den Erfolg nach sich zieht«, führte er darauf zurück, daß er »der unbestrittene Liebling der Mutter« gewesen sei.[4]

Allerdings war es ein verwirrendes Beziehungsgeflecht, in das er hineingeboren wurde. Der Vater Jakob war bei der Heirat im Jahre 1855 bereits 40 Jahre alt. Seine beiden Söhne aus erster Ehe, Emanuel (geb. 1833) und Philipp (geb. 1834), die in der Nähe lebten, waren älter als Freuds Mutter Amalia (geb. 1835). Emanuel war sogar schon verheiratet, und seine Kinder John (geb. 1855) und Pauline (geb. 1856) waren Sigmunds erste Spielgefährten.

Hinzu kam, daß Sigmunds Mutter in den ersten Jahren nach seiner Geburt erheblichen Belastungen ausgesetzt war. Bereits elf Monate später gebar sie den zweiten Sohn, Julius, der Tb-krank war und ein halbes Jahr danach starb.

Zu diesem Zeitpunkt war sie schon wieder schwanger und kam noch im selben Jahr – 1858 – mit ihrer Tochter Anna nieder.

Als »Ersatzmutter« fungierte in dieser Zeit eine tschechische Kinderfrau, zu der Sigmund eine intensive Bindung entwickelte, bis sie wegen eines Diebstahls aus der Familie verstoßen wurde. Man darf annehmen, daß »der Verlust der Kinderfrau für den präödipalen Jungen womöglich traumatischer Natur war« und »seine Erfahrungen mit der zeitweise abwesenden oder überforderten Mutter nicht minder«.[5]

Der Vater war bereits als junger Mann viel auf Handlungsreisen unterwegs gewesen und hatte 1844 mit seinem Großvater mütterlicherseits eine Niederlassung im mährischen Freiberg gegründet. Sie handelten mit Tüchern, Wolle, Honig, Talg u. ä. Bis 1855 scheint Freuds Vater ein erfolgreicher Kaufmann gewesen zu sein.[6] In den folgenden Jahren bis 1859 blieb ihm aber der geschäftliche Erfolg versagt, so daß er sich zu einem Umzug zunächst nach Leipzig, dann nach Wien veranlaßt sah. Auch in Wien gelang es ihm offenbar nicht, an seine erfolgreiche Zeit anzuknüpfen. Zudem büßte er in der Wirtschaftskrise von 1873 sein kleines Kapital ein.[7] So mußte die Familie in bescheidenen Verhältnissen leben.

Aus chassidischem Milieu stammend, hatte sich Jakob Freud schon früh von der orthodox-jüdischen Glaubenshaltung der Eltern frei gemacht, und zum Zeitpunkt von Sigmunds Geburt sei er »seinen heimatlichen Beziehungen seit fast zwanzig Jahren entfremdet«[8] gewesen. Für Sigmund besaß der Vater eine besondere »Mischung von tiefer Weisheit und phantastisch leichtem Sinn«[9], für seine Schwester Anna war er »ein durch und durch liberaler Mann, so sehr, daß die demokratischen Ideen, die seine Kinder von ihm aufnahmen, von den eher herkömmlichen

Meinungen unserer Verwandten weit entfernt waren«. Er sei »ein Gelehrter aus eigener Kraft« gewesen und habe »mit uns Kindern, besonders mit Sigmund, über alle möglichen Fragen und Probleme« diskutiert. Dieser habe nie eine Grund- oder Volksschule besucht, da ihm der Vater bis zum Eintritt ins Gymnasium Privatunterricht gegeben habe.[10] Nach dem Tod des Vaters gestand sich Sigmund im Rahmen seiner »Selbstanalyse« ein, daß sein Verhältnis zu ihm von heftigen Ambivalenzgefühlen bestimmt gewesen war.[11]

Im Herbst 1865 wurde Sigmund in das Leopoldstädter Realgymnasium eingeschult. »Man würde es mir kaum ansehen«, schrieb er rückblickend, »und doch war ich schon in der Schule immer ein kühner Oppositionsmann, war immer dort, wo es ein Extrem zu bekennen und in der Regel dafür zu büßen galt. Als ich dann eine bevorzugte Stellung als langjähriger Primus bekam, als man mir allgemein Vertrauen schenkte, hatte man sich auch nicht mehr über mich zu beklagen.«[12]

Unter dem Einfluß seines Freundes Heinrich Braun, der später ein bedeutender Sozialdemokrat wurde, und der günstigen politischen Verhältnisse in der kurzen Blütezeit des Liberalismus wollte er zunächst die politische Laufbahn einschlagen. Damals trug »jeder fleißige Judenknabe [...] das Ministerportefeuille in seiner Schultasche«. Es sei wohl auf die Eindrücke jener Zeit zurückzuführen, daß er »bis kurz vor der Inskription an der Universität willens war, Jura zu studieren, und erst im letzten Moment umsattelte«.[13] Bei seiner Entscheidung für die Medizin verspürte er keine »besondere Vorliebe für die Stellung und Tätigkeit des Arztes«, sondern eher eine »Art von Wißbegierde«[14]. Die medizinische Fakultät, an der er im Wintersemester 1873/74 mit dem Studium begann, bildete nicht nur Ärzte aus, sondern auch »zukünftige Forscher im Fach Biologie, jenem Wissensgebiet, auf das sich Freuds Hoffnungen richteten«[15].

Nach Abstechern in die Zoologie und Philosophie erwies sich Freuds Engagement für die Physiologie als richtungweisend. 1876 trat er als 20jähriger in Ernst Brückes Physiologisches Labor ein, wo er sich histologischen Forschungen an niedrigsten Fischen und Flußkrebsen widmete und »endlich Ruhe und volle Befriedigung«[16] fand.

Am liebsten wäre er hier geblieben, um sich als Forscher auszuzeichnen und eine Universitätskarriere zu machen. Erst nach der Verlobung und einer ernsten Unterredung mit Brücke vollzog Freud einen Sinneswandel. Zwar hätte ihm die nächste frei werdende Assistentenstelle zugestanden. Aber er durfte darauf keine großen Hoffnungen setzen, denn die beiden Assistenten Fleischl von Marxow und Exner konnten in absehbarer Zeit noch nicht mit einer Beförderung rechnen.[17] Zudem hätte Freud allein mit dem Assistentengehalt keine Familie unterhalten können. Er selbst sprach von einer »Wendung«, als »mein über alles verehrter Lehrer den Leichtsinn meines Vaters korrigierte, indem er mich mit Rücksicht auf meine schlechte materielle Lage dringend mahnte, die theoretische Laufbahn aufzugeben. Ich folgte seinem Rate, verließ das physiologische Laboratorium und trat als Aspirant in das Allgemeine Krankenhaus ein«.[18] »Von der Wissenschaft zu scheiden, ist mir schwer geworden«, schrieb er am 15. August 1882 an seine Braut, fügte aber hinzu: »Wenn ich auf eine Stimme hören sollte, die manchmal in mir laut wird, so ist auch diese Trennung keine endgiltige.«[19]

In den folgenden drei Jahren unterzog er sich einer praktischen Ausbildung in verschiedenen Abteilungen des Wiener Allgemeinen Krankenhauses, um die nötige Fachkompetenz zur Eröffnung einer Privatpraxis und damit die materiellen Voraussetzungen für eine Familiengründung zu schaffen.

Martha Bernays, die Mutter

Martha Bernays wurde am 26. Juli 1861 in Hamburg geboren.[20] Sie stammte aus einer orthodox jüdischen Familie.
Ihr Großvater Isaak Bernays (1792–1849) war Oberrabbiner der Deutsch-Israelitischen Gemeinde in Hamburg.
Als einer der ersten deutschen Rabbiner hatte er neben den
Talmud-Studien die Universität besucht und Philosophie
studiert. Er trug zur Reform des Gottesdienstes und des
Talmud-Unterrichts bei, blieb aber dem orthodoxen Judentum verbunden.

Unter den sieben Kindern Isaaks waren zwei Profes-
soren: der Altphilologe Jacob Bernays, der durch eine
Arbeit über das Katharsis-Problem bei Aristoteles bekannt
wurde und damit die in den »Studien über Hysterie« dar-
gelegte Katharsis-Theorie von Breuer und Freud beein-
flußte,[21] und der Literaturhistoriker Michael Bernays, der
sich als Goethe- und Shakespeare-Forscher einen Namen
machte. Sein bekanntestes Werk trägt den Titel »Zur Kritik
und Geschichte des Goetheschen Textes« (1866).[22]

Berman Bernays (geb. 1826), Marthas Vater, wurde Kaufmann und betrieb zunächst eine »Leinen-, Stickereien- und
Weisswaren-Handlung«, die er 1860 aufgab. Seither arbeitete
er für eine Firma im Annoncengeschäft. Da er auf Provi-
sionsbasis tätig war und sein Einkommen Schwankungen
unterlag, begann er bald zusätzlich mit Wertpapieren zu handeln. Dadurch erreichte er eine vorübergehende Besser-
stellung, geriet dann aber erst recht unter finanziellen Druck
und mußte 1867 vor dem Handelsgericht Hamburg seine
Insolvenz erklären. Im Rahmen des Konkursverfahrens wurden ihm Rechtsverstöße nachgewiesen, so daß er am 15. Juni
1868 zu einer einjährigen Gefängnisstrafe verurteilt wurde.[23]

Nach seiner Entlassung hielt seine frühere Firma zu ihm
und bot ihm an, in ihrer Niederlassung in Wien zu arbeiten.

So übersiedelte die Familie Bernays im Jahre 1869, als Martha acht Jahre alt war, nach Wien – sehr zum Leidwesen der Mutter Emmeline. In Wien konnte sich Berman Bernays beruflich schon bald verbessern und wechselte von der Wirtschaft an die Universität. Er wurde Sekretär des bekannten Wiener Nationalökonomen, Staatsrechtlers und Universitätsprofessors Lorenz Ritter vom Stein.

Die Ehe zwischen Berman Bernays und Emmeline Philipp (geb. 1830), einer selbstbewußten und gebildeten Frau schwedischer Herkunft, war auch dadurch starken Belastungen ausgesetzt, daß der älteste Sohn Isaak seit seiner Geburt an einem schweren Hüftleiden litt und 1872 im Alter von 17 Jahren starb. Drei weitere Kinder – Fabian, Michael und Sara – starben schon im Babyalter.[24]

1860 wurde der Sohn Eli, im darauffolgenden Jahr Martha und vier Jahre später Minna als jüngstes Kind geboren. Die Familie Bernays konnte sich in Wien offenbar gut integrieren. Das Insolvenzverfahren kam im Januar 1873 zum Abschluß, so daß Berman Bernays von der Schuldenlast befreit war. Nur wenige Jahre später, am 9. Dezember 1879, brach er auf offener Straße zusammen und erlag im Alter von erst 53 Jahren einem Herzschlag. Er ließ seine Familie beinahe mittellos zurück.

Nach seinem Tod lebte die vierköpfige Familie von der finanziellen Unterstützung durch die Geschwister des Vaters und von den Einkünften des 19jährigen Eli, der den Sekretärsposten des Vaters übernahm und 1883 Sigmunds älteste Schwester Anna heiratete. Als der Onkel Jacob Bernays 1881 unverheiratet starb, fiel ein Teil seines Vermögens an Martha und die Geschwister.

Martha Bernays stammte nicht nur aus einer angesehenen Familie, sondern hatte auch eine höhere Töchterschule besucht. Zu einer solchen Erziehung gehörte üblicherweise die Beschäftigung mit Literatur und Fremdsprachen, Geschichte und Geographie, Handarbeiten und Zeichnen, Gesang und Tanz. Die Wartezeit bis zur Ehe verbrachten die höheren Töchter mit Lesen, Sticken, Theater- und Konzertbesuchen sowie mit Besuchen von Verwandten und Freundinnen.

Jones charakterisiert Martha Bernays als »gütig, liebenswert und loyal«, aber »durchaus nicht fügsam« und »recht hartnäckig«. Sie sei intelligent gewesen, »ohne daß man sie eine Intellektuelle nennen könnte«.[25] Ihr gewinnendes Wesen und ihr ansprechendes Aussehen machten sie anziehend für Männer. Angesichts der finanziellen Situation der Familie setzte ihre Mutter Hoffnungen auf einen wohlhabenden Schwiegersohn. Daher war sie zunächst alles andere als erfreut, als »der mittellose, medizinische Wissenschaftler Dr. Sigmund Freud, der auch noch die Religion strikt ablehnte, sich für Martha interessierte«[26].

Zu Freuds Enttäuschung und Verärgerung plante die Schwiegermutter, mit ihren beiden jeweils verlobten Töchtern Martha und Minna von Wien in ihre Heimatstadt Hamburg zurückzukehren. Mit diesem Vorhaben, beklagte sich Freud bei Minna, nehme sie »gegen uns alle Stellung« und wolle »Mittelpunkt, Herrscherin, Selbstzweck sein. [...] einer exquisiten Laune zuliebe, gleichgültig, ob sie Dich und Schönberg [Minnas Verlobten und Freuds damals besten Freund], mich und Martha dadurch auf lange Jahre trennt. Das ist gewiß kein Edelmut, doch auch keine Schlechtigkeit; das ist einfach der Anspruch des Alters, die Rücksichtslosigkeit des energischen Alters [...].«[27]

Tatsächlich setzte Emmeline Bernays ihren Willen durch und reiste mit ihren beiden Töchtern am 14. Juni 1883 nach Wandsbek, wo sie seitdem lebte. Dies bedeutete für Martha und Sigmund eine Trennung von mehr als drei Jahren. Da das Reisen teuer war, sahen sie sich zwischen 1883 und 1886 jährlich nur ein- bis zweimal.[28]

Auseinandersetzungen in der Verlobungszeit
1882–1886

Hinsichtlich seiner Erotik hat Freud strenge Diskretion gewahrt. Es dauerte bis 1946, als Siegfried Bernfeld erkannte, daß es sich bei dem Fallbeispiel in Freuds Aufsatz »Über Deckerinnerungen« um eine versteckte Selbstdarstellung handelte.[29] Was Freud den Patienten sagen läßt, hatte er selbst als 16jähriger erlebt: »[...] in der gastlichen Familie war eine fünfzehnjährige Tochter, in die ich mich sofort verliebte. Es war meine erste Schwärmerei, intensiv genug, aber vollkommen geheim gehalten. Das Mädchen reiste nach wenigen Tagen ab [...], und diese Trennung nach so kurzer Bekanntschaft brachte die Sehnsucht erst recht in die Höhe.«[30]

Das Objekt seiner ersten Verliebtheit war Gisela Fluß, die Schwester seines Jugendfreundes Emil. Was die Biographen aufhorchen ließ, war das Geheimnis, das Freud zeitlebens aus dieser zarten Romanze machte. So suchte er eine weitere Veröffentlichung seines Aufsatzes lange hinauszuschieben und nahm eine Korrektur vor, um nicht mit dem »Patienten« identifiziert zu werden.[31]

Um den inneren Konflikt des jungen Freud zu rekonstruieren, hat Kurt Eissler eine Parallele zu Goethes besser dokumentierten Pubertätskrisen gezogen. Für fast jeden Pubertierenden des Goethe-Freud-Typus gelte, daß er in eine Hilflosigkeit verfalle, »wenn er zum ersten Male in eine erotisch-sexuelle Objektbeziehung geworfen wird und die Frustration der an ein Objekt gebundenen Sexualwünsche ertragen muß«. Eine solche Hilflosigkeit und Sexualhemmung sei bei Freud auf ein zeitliches Voraneilen der Ich-Entwicklung vor der Libidoentwicklung zurückzuführen. Dafür spreche, daß bei ihm schon im Gymnasium Ich-Fähigkeiten wie Intelligenz, Witz, Sarkasmus, Wissen und

Bildung stark ins Auge fallen und zu »Hauptwaffen werden im Rivalitätskampf mit dem gleichen Geschlecht bei Vernachlässigung des erotisch-sexuellen Elementes«.[32]

Wenn man davon ausgeht, daß Freud nach dem Gisela-Erlebnis zehn Jahre lang keine tiefer gehende Liebe zu einer Frau empfand, kann man annehmen, daß ihn dieser erste Ausbruch von Verliebtheitsgefühlen zu einem erotischen Rückzug veranlaßt hatte. Eissler betrachtet das Gisela-Erlebnis als »das tragende Trauma in der Pubertätszeit«. Dies hätte zur Folge gehabt, daß Freud später klagte, »niemals jung gewesen zu sein. Hinter der Maske eines äußerst attraktiven und pflichtbewußten Jünglings verbarg er seine Zerrissenheit. Wenn er später an Martha schrieb: ›Denke ich mir aber, wie ich jetzt gewesen wäre, wenn ich Dich nicht gefunden hätte, ohne Ehrgeiz, ohne viel Freude [...] mit ganz mäßigen geistigen und ganz ohne materielle Mittel, ich wäre so elend umhergeirrt und verfallen‹, so geben ›elend und verfallen‹ die Stimmung jener Jahre wieder, die in strengster geistiger Askese [...] verbracht werden.«[33]

In den Briefen an seine Braut enthüllt sich wieder jene Leidenschaftlichkeit, wie Freud sie in seiner Verliebtheit in Gisela Fluß erstmals erfahren hatte. Er zeigt sich darin als eifersüchtiger Liebhaber, der geradezu von Haß auf die vermeintlichen Rivalen Max Mayer und Fritz Wahle erfüllt war.[34] In lichten Momenten wußte er, wie Jones schreibt, daß »sein Zweifel an Marthas Liebe dem Zweifel an seiner Liebens-Würdigkeit entsprang; aber das machte die Sache nur noch schlimmer«.[35]

Es gab auch Konflikte mit Marthas Familie, in denen er von ihr unbedingte Loyalität verlangte, wobei sie sich in der Beziehung zu ihrer Mutter nicht irritieren ließ und keine Kompromisse einging. Anders war es in religiösen Fragen. Bisher hatte Martha auf die religiösen Bedürfnisse ihrer Mutter Rücksicht genommen, zum Beispiel hinsichtlich der jüdischen Feste, der Einhaltung der Speisevorschriften und der Sabbatruhe. So schrieb sie »am Sabbat, wenn Schreiben verboten war, lieber im Garten mit Bleistift einen Brief, als daß sie in Gegenwart der Mutter Feder und Tinte benützt hätte. Solche Kleinigkeiten ärgerten Freud sehr, und er warf ihr vor, sie sei ›schwach‹, weil sie sich ihrer Mutter nicht widersetzte«[36]. Bereits zwei Wochen nach der Verlobung prophezeite er ihr, »was für eine Heidin aus Martha noch werden wird«[37]. Besonders in den ersten beiden Jahren der Verlobungszeit gab es immer wieder heftige Auseinandersetzungen, die Freud für unumgänglich hielt: »Was hilft Schonung; was da ist, muß überwunden werden.«[38]

Sosehr Freud zunächst unter der räumlichen Trennung von seiner Verlobten ab Juni 1883 litt, so gestand er zwei Jahre später ein, daß diese Distanz für beide vielleicht sogar günstig war: »Ich weiß, ich hätte es noch viel schlechter ausgehalten, wenn Du hier und nicht mein eigen wärst. Meine Gedanken wären immer bei Dir und ich selbst würde keine Ruhe in der Arbeit finden und Dich immer erwarten oder zu Dir gehen wollen und je schlechter es mir ginge, je weiter unser Glück in die Ferne gerückt schiene, desto unerträglicher und trostloser würde ich sein.«[39] Damit näherte er sich der Auffassung seiner Schwiegermutter, die erklärt hatte: »Eine lange Verlobung am selben Ort taugt nicht, das Mädchen wird blutarm und der Mann fällt durchs Examen.«[40]

Spezialisierung
als Nervenarzt und Habilitation

Am 31. Juli 1882, etwa sechs Wochen nach der Verlobung, trat Freud als Aspirant in das Wiener Allgemeine Krankenhaus ein. In den drei Jahren seiner klinischen Ausbildung durchlief er sieben Abteilungen.[41]

Am 1. Mai 1883 – mit Beginn seiner Tätigkeit in der psychiatrischen Abteilung Meynerts – erfolgte die Ernennung zum *Sekundararzt*. Diesen begehrten Titel konnte man auf sein Praxisschild und im Adreßbuch hinter seinen Namen setzen. »Über dieser breiten Mittelschicht angesehener Ärzte thronte die medizinische Aristokratie – die Universitätsmitglieder mit ihrer Hierarchie vom Privatdozenten über den Außerordentlichen Professor bis zum Ordinarius.«[42]

Freud sah sich in dieser Zeit vor die Entscheidung gestellt, ob er sich spezialisieren und darüber hinaus eine Privatdozentur anstreben sollte. Kurz bevor seine Tätigkeit bei Meynert zu Ende ging, entschied er sich auf Breuers Rat, sich nicht auf die Psychiatrie, sondern auf die Neuropathologie zu spezialisieren und auch die Habilitation in diesem Fach anzustreben. Dieses Spezialfach, schrieb er später, »wurde damals in Wien wenig gepflegt, das Material war auf verschiedenen internen Abteilungen verstreut, es gab keine gute Gelegenheit sich auszubilden, man mußte sein eigener Lehrer sein«[43].

Sein späteres Habilitationsgesuch stützte er auf zwölf Forschungsarbeiten aus der Zeit von 1877 bis 1885. Nachdem er Ende August 1885 seine klinische Ausbildung am Wiener Allgemeinen Krankenhaus abgeschlossen hatte, erhielt er am 5. September 1885 den Titel eines *Privatdozenten*. Damit hatte er einerseits die Voraussetzung für eine spätere Ernennung zum Professor geschaffen. Andererseits war er damit als ein auf seinem Spezialgebiet besonders kompetenter Arzt – den Titel des Facharztes gab es damals noch nicht – ausgewiesen. »Innerhalb der Standeshierarchie gehörte Freud nun also zur Aristokratie, wenn auch zu deren niedrigstem Rang.«[44]

Bis zu diesem Zeitpunkt war Freud noch ein typischer *Organmediziner*, der »klinische Neurologie wie auch

Neuroanatomie nach wie vor als Teil der ›physikalistischen‹ Physiologie« betrachtete.[45] Als Ausgangspunkt für seine Entwicklung zum Psychologen und Psychotherapeuten kann man seinen viermonatigen Pariser Studienaufenthalt bei Jean-Martin Charcot, dem berühmten Neurologen und langjährigen Chefarzt der Pariser Klinik Salpêtrière, betrachten.

Studienaufenthalt bei Charcot und Praxiseröffnung

Am 21. Oktober 1885 kam es in den Räumen der Salpêtrière zu einer ersten Begegnung mit Charcot, der »offenbar ganz lebhaftes Interesse an allem, nicht wie wir von unseren großen Herren gewohnt sind, eine Art von vornehmer Oberflächlichkeit«[46] hatte. Einige Wochen später schrieb Freud seiner Braut: »Nach manchen Vorlesungen gehe ich fort wie aus Notre-Dame, mit neuen Empfindungen vom Vollkommenen. Aber er greift mich an; wenn ich von ihm weggehe, habe ich gar keine Lust mehr, meine eigenen Sachen zu machen […]. Ob die Saat einmal Früchte bringen wird, weiß ich nicht; aber daß kein anderer Mensch je ähnlich auf mich gewirkt hat, weiß ich gewiß.«[47] Selbst Persönlichkeiten wie Brücke, Meynert und Breuer haben ihn demnach als Lehrmeister weniger beeindruckt.

Charcot wurde »niemals müde«, schrieb er, »die Rechte der reinen klinischen Arbeit, die im Sehen und Ordnen besteht, gegen die Übergriffe der theoretischen Medizin zu verteidigen«.[48] Damit setzte er sich bewußt in Gegensatz zur streng anatomisch-physiologischen Orientierung der Wiener Medizinischen Schule.

Dem Studienaufenthalt an der Salpêtrière verdankte Freud eine wissenschaftliche Neuorientierung sowohl hinsichtlich des Gegenstandes – der Neurosen- und Hysterieforschung – als auch hinsichtlich der Methoden – der klinischen Beschreibung und Klassifizierung sowie der hypnotischen Suggestion.

Aus Paris brachte er eine Lithographie mit, die Charcot bei einer seiner berühmten Fallvorstellungen, den »Leçons du mardi« (Mittwoch-Vorlesungen), zeigt. Dargestellt ist ein hypnotisches Experiment mit einer Hysterischen in somnambulem Zustand. Dieser im 19. Jahrhundert entwickelte Typ von Gemälde sollte der Huldigung der naturwissenschaftlichen Revolution und ihrer großen Repräsentanten dienen. In Charcot sah und bewunderte man den Mitbegründer der modernen Neurologie und den »Napoleon der Neurosen«, der mittels der Hypnose das Rätsel der Hysterie erkannt zu haben schien. Die von ihm geleitete »Schule der Salpêtrière« hatte aufgrund ihrer beeindruckenden wissenschaftlichen Produktivität den Ruf, ein »Tempel der Wissenschaft« zu sein.[49]

Von Brouillets Bild, das in Freuds Wiener Behandlungszimmer hing und auch nach seiner Emigration in der Londoner Wohnung einen exponierten Platz einnahm, fühlte sich besonders Freuds Tochter Mathilde angesprochen, wie sie später Jones erzählte: *Dieses Bild hatte eine seltsame Anziehungskraft für mich, als ich ein Kind war, und ich fragte meinen Vater oft, was der Frau fehlte. Er gab immer die gleiche Antwort: Zu fest geschnürt, und die Moral war, wie töricht es sei, dies zu tun. Der Blick, den er auf das Bild warf, gab mir, sogar als junges Kind, den Eindruck, daß es angenehme und wichtige Erinnerungen in ihm erweckte und ihm viel bedeutete.*[50]

Im April 1886 gab er in den Tageszeitungen und medizinischen Zeitschriften die Eröffnung seiner Privatpraxis bekannt. Die Anzeige lautete: »Dr. Sigmund Freud, Dozent für Neuropathologie an der Universität Wien, ist von

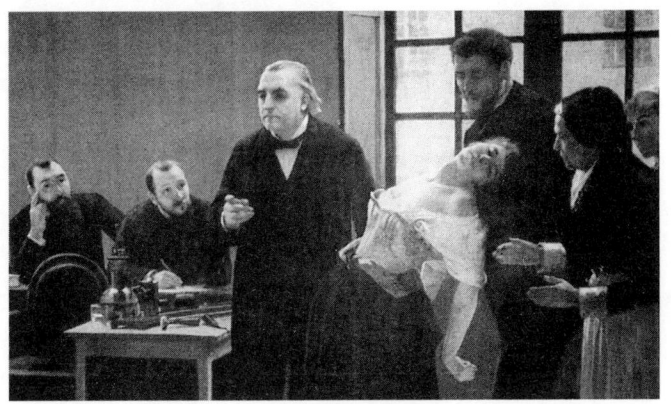

André Brouillet
Eine klinische Lektion an der Salpêtrière

einem sechsmonatigen Aufenthalt in Paris zurückgekehrt und ordiniert jetzt Rathausstraße 7«.[51]

Wenige Monate später schrieb er seinem Freund Koller, es ginge ihm in der Praxis »über Erwarten gut. Was Breuers Hilfe, was der Name Charcots dazugetan hat, und vielleicht der selbstverständliche Zulauf zu einer Novität, will ich nicht analysieren; ich nahm in dreieinhalb Monaten 1100 fl. ein und sagte mir, daß ich heiraten könnte, wenn es so verhältnismäßig immer besser weiter ginge. Eine Reihe von Umständen hat dann meine Heirat beschleunigt: die Unhaltbarkeit der Wohnung, meine Einberufung zur Waffenübung nach Olmütz vom 10. August bis 10. September, gewisse Familienverhältnisse usw. [...].«[52] Tatsächlich konnte der Hochzeitstermin erst festgesetzt werden, nachdem »Geldgeschenke von Verwandten der Braut sowie großzügige Anleihen und Geschenke reicher Freunde eingetroffen waren«[53].

Heirat (1886) und erstes Ehejahr

Die Hochzeit fand am 14. September 1886 in Wandsbek statt. Trotz aller Abneigung mußte Freud eine jüdische Hochzeitszeremonie über sich ergehen lassen. Eine Zivil-trauung, die in Deutschland ausgereicht hätte, wäre in Österreich nicht anerkannt worden. So wurde er von Mar-thas Onkel Elias Philipp in der Nacht vor der Trauung in die hebräischen »Broche« (Gebete) eingeweiht und das Paar unter der Chuppa, dem traditionellen Hochzeitsbal-dachin, von dem Wandsbeker Rabbiner Dr. David Hanover getraut.[54] Martha war bei der Hochzeit 25, Sigmund 30 Jahre alt.

Nach einer 14tägigen Hochzeitsreise an die Ostsee be-zog das Ehepaar seine neue Wohnung im sogenannten »Sühnhaus« in der Maria-Theresia-Straße 8 – errichtet zur Sühne an das vor sechs Jahren abgebrannte Ringtheater, in dessen Feuer Hunderte von Theaterbesuchern ums Leben gekommen waren. Hier kündigte Freud bereits wenige Tage später den Beginn der Ordination an. Nun sah er sich täg-lich vor die Aufgabe gestellt, nervöse Erkrankungen zu the-rapieren. Wie unbefriedigend seine damaligen Methoden waren, hat er Jahrzehnte später eindrücklich beschrieben: »Wenn man von der Behandlung Nervenkranker leben wollte, mußte man offenbar ihnen etwas leisten können. Mein therapeutisches Arsenal umfaßte nur zwei Waffen, die Elektrotherapie und die Hypnose [erste Versuche im Herbst 1887], denn die Versendung in die Wasserheilanstalt nach einmaliger Konsultation war keine zureichende Er-werbsquelle. In der Elektrotherapie vertraute ich mich dem Handbuch von *W. Erb* an, welches detaillierte Vorschriften für die Behandlung aller Symptome der Nervenleiden zur Verfügung stellte. Leider mußte ich bald erfahren, daß die Befolgung dieser Vorschriften niemals half, daß, was ich für

Hochzeitsbild von Sigmund und Martha Freud
14. September 1886

den Niederschlag exakter Beobachtung gehalten hatte, eine phantastische Konstruktion war. Die Einsicht, daß das Werk des ersten Namens der deutschen Neuropathologie nicht mehr Beziehung zur Realität habe als etwa ein ›ägyptisches‹ Traumbuch, wie es in unseren Volksbuchhandlungen verkauft wird, war schmerzlich, aber sie verhalf dazu, wieder ein Stück des naiven Autoritätsglaubens abzutragen, von dem ich noch nicht frei war.«[55]

Einige Monate später berichtete Freud seinem Freund

Koller: »Ich teile Dir ferner kurz mit, was über uns zu sagen ist, nämlich sehr wenig. Stilles Glück, soweit die Geselligkeit es gestattet, unbefriedigend armselige Praxis, wissenschaftliches Weiterbohren in der Gehirnanatomie, und in der Klinik der Hysterie, ohne Spur von irgendwelcher Unterstützung von seiten der hohen Herren.«[56] Sicherlich waren seine Einkünfte aus der Praxis noch bescheiden. Auch als Privatdozent ließ sich nicht viel verdienen, denn Freud erhielt nur die Vorlesungseinnahmen, die von den fünf bis zehn eingetragenen Hörern aus privaten Mitteln zu entrichten waren.

An Freuds beruflichem Werdegang springt ins Auge, daß er alles andere als ein zielstrebiger Karrierist war. Den »Schlüssel« zu seinem Leben sah er selbst in einem visionären Drang. Er könne »nur von großen Hoffnungen gestachelt« für Dinge, die ihn »ganz erfüllen, arbeiten«. Da er »sehr trotzig und waghalsig« sei, habe er »eine Menge von Dingen getan, die alle besonnenen Menschen für sehr unvernünftig halten müssen. Zum Beispiel als ein ganz armer Mensch Wissenschaft zu treiben, dann als ein ganz armer Mann ein armes Mädchen einzufangen«, aber er müsse »in dem Stil weiter leben, viel zu wagen, viel zu hoffen, viel zu arbeiten«. Für die »gewöhnliche bürgerliche Besonnenheit« sei er »lang verloren«.[57]

In einem Brief an Breuer äußerte er sich über den Konflikt, ob er nach einer langen Zeit der Entsagung »zu meinem Mädchen reisen oder mit leichter Mühe tausend Gulden erwerben soll«. Charakteristisch und eindrücklich ist die Begründung, mit der er sich für die Erfüllung seiner Liebesbedürfnisse entschied: »Die Reise zu meiner Martha gehört in einen gewissen verwegenen, leichtsinnigen, gegen andere – Sie darunter – rücksichtslosen Lebensplan hinein. Den wollte ich eine Zeitlang aufgeben, um nach bürgerlicher Ängstlichkeit und Besonnenheit zu leben.

Davon bin ich aus Mangel an Talent für diese Bekehrung zurückgekommen und will nun nichts tun, was dem Plan widerspricht. Die tausend Gulden bei P. gehören in einen anderen Plan hinein.«[58]

Dieser andere Plan kommt auch in einem Brief an Martha zur Sprache: »Weißt Du, was mir Breuer eines Abends gesagt hat? […] Er sagte, er hätte herausgefunden, daß in mir unter der Hülle der Schüchternheit ein maßlos kühner und furchtloser Mensch stecke. Ich habe es immer geglaubt, und mich nur nie getraut, es wem zu sagen. Mir war so, als hätte ich den ganzen Trotz und die ganze Leidenschaft unserer Ahnen, als sie ihren Tempel verteidigten, geerbt […].« Im selben Brief ringt Freud um eine realistische Einschätzung seiner selbst. Er wisse längst, daß er »kein Genie« sei, ja »nicht einmal sehr begabt«. Seine Leistungsfähigkeit liege wahrscheinlich in seinen »Charaktereigenschaften und in dem Mangel hervorragender intellektueller Schwächen«. Er wisse aber, daß »diese Mischung eine für den langsamen Erfolg sehr günstige« sei – und dann kommt das Selbstbewußtsein doch zum Vorschein –, daß er unter günstigen Umständen »mehr leisten könnte als Nothnagel« und »vielleicht Charcot erreichen könnte«.[59] Aber noch weiß er nicht, was ihm die Zukunft bringen wird.

Entwicklung in der Kindheit

Als erstes Kind von Sigmund und Martha Freud wurde Mathilde am 16. Oktober 1887 geboren. Über ihre Kindheit erfahren wir hauptsächlich aus Freuds Briefen und Traum-Mitteilungen, einiges auch aus Mathildes Selbstzeugnissen und den Schilderungen ihrer Geschwister.

Mathildes Geburt (1887)

Seine Schwiegermutter Emmeline und seine Schwägerin Minna sind offenbar die ersten, denen Freud freudig und stolz mitteilt, »daß wir ein Töchterchen haben. Es wiegt dreitausendvierhundert Gramm, was sehr anständig ist, ist furchtbar häßlich, lutscht von seinem ersten Moment ab an seiner rechten Hand, scheint sonst sehr gutmütig und benimmt sich, als ob es wirklich zu Hause wäre. Trotz seiner prachtvollen Stimme schreit es wenig, schaut sehr vergnügt drein, liegt behaglich in seinem prächtigen Wagen und macht gar nicht den Eindruck, über sein großes Abenteuer unglücklich zu sein. Es heißt natürlich Mathilde nach Frau Dr. Breuer.«[60] »Natürlich«, denn die Frau seines langjährigen Mentors und Freundes war ihm seit Jahren freundschaftlich verbunden und nahm an seiner beruflichen Entwicklung großen Anteil. So bestand sie darauf, das Schild an Freuds erstem Sprechzimmer in der Rathausstraße eigenhändig anzubringen. Auch Martha lag ihr sehr am Herzen. Während der Schwangerschaft stand sie ihr mit Rat und Tat zur Seite.[61]

Im selben Brief äußert sich Freud über das Verhalten seiner Frau bei der Geburt. Sie sei »so brav, so tapfer und liebenswürdig die ganze Zeit über« gewesen. Am Nachmittag hätten sich kräftige Wehen eingestellt, die aber von »fünf Uhr ab versagten«, so daß sich der Arzt entschloß, »als es um halb acht Uhr nicht besser war, mit der Zange nachzuhelfen. Martha war ganz einverstanden, gar nicht ängstlich und scherzte in jedem freien Moment mit ihren beiden Nothelfern und ihrem Leidensgenossen, das war ich, und ich bin so müde, als ob ich alles durchgemacht hätte. Um drei Viertel acht hatten wir also das Kind. Martha befand sich gleich sehr wohl, bekam einen Teller Suppe, freute sich ungeheuer, als sie das kleine Wesen sah, und wir waren beide mitten in der physischen und moralischen Zerstörung bei einem solchen Anlaß sehr glücklich. Ich habe jetzt ja dreizehn Monate mit ihr gelebt und immer mehr meine Kühnheit gepriesen, die mich um sie werben ließ, als ich sie noch so unvollständig kannte; ich habe den unschätzbaren Schatz, den ich mit ihr erworben, seither immer gewürdigt, habe sie aber doch nie [so] großartig in ihrer Echtheit und Güte gesehen, wie bei diesem schweren Anlaß, der doch keine Verstellung zuläßt.«[62]

Im nächsten Bericht an Schwiegermutter und Schwägerin heißt es: »Mathilde lutscht zwar an den Fingern, aber sie sieht mir auffallend ähnlich – nach allgemeinem Urteil, ja, einige Personen zeigen auf die Lücken in meinem Gesicht, aus denen das Kleine herausgeschnitten ist. Sie ist bereits viel schöner geworden, manchmal glaube ich schon recht schön. Sie hat ferner von mir den festen Willen, satt zu werden und leider auch die Anlage zu Nahrungssorgen geerbt, wie ich gleich berichten werde. Es sind bis jetzt zwei Bewerbungen um ihre kleine Hand eingelaufen, eine für Ludwig Paneth von seiner Mutter, und die andere für den dicken Karl Kassowitz,[63] freilich nur durch Vermittlung seines Onkels. Aber die Entscheidung steht noch aus, Mitgift auch noch.«

Drei Tage später fügt er hinzu: Bei der ersten Amme sei die Milch immer weniger geworden, »dabei fraß sie haarsträuberische Quantitäten von allem möglichen, verdarb sich endlich, wurde elend, und das Kind bekam zu allem übrigen einen grünen Stuhl. [...] Unserer Mathilde, die bisher mehr eine Kamilla war, ist es zu gönnen, daß die zweite Amme die letzte bleibt. Das Kind zeigt sich immer entschiedener als von der väterlichen Seite beeinflußt. Sie hat Hunger, und wenn sie hungrig ist, schreit sie ohne jede Selbstbeherrschung.«

In der Zeit nach der Geburt registriert Freud »eine Umwälzung in der Praxis, die nicht gründlicher gedacht werden kann. [...] Die Ordination ist voll fremder Gesichter, mehr als ich sonst in zwei Monaten zu sehen bekam. Es hat zwar noch nichts getragen, es wird auch nicht aus jeder Anknüpfung etwas, aber es rührt sich doch so energisch, als ob die Geburt einer Tochter ein Befähigungsnachweis für das ärztliche Handwerk wäre.«[64]

Erwähnt sei noch, daß das junge Ehepaar bei Mathildes Geburt vom Kaiser eine Vase aus der Porzellanmanufaktur erhielt. Es war nämlich das erste Kind, das im Kaiserlichen Sühnhaus geboren wurde.[65]

Hinweise auf die ersten Lebensjahre

Da der Beginn des Briefwechsels zwischen Freud und seinem Berliner Freund Wilhelm Fließ in die ersten Lebensmonate von Mathilde fällt, finden sich in Freuds ersten fünf Briefen jeweils kurze Hinweise darauf, daß »meine Kleine gedeiht«, sich prächtig entwickelt, viel Spaß macht und wenn sie »lacht, bilden wir uns [ein], sie lachen zu hören, sei das Schönste, das uns widerfahren kann«.[66]

In seine Briefe flicht Freud des öfteren kleine Beobachtungen und Anekdoten über seine Kinder ein. So erzählt er seiner Schwägerin Minna über das knapp vierjährige »Frauenzimmer« halb ironisch, halb ernst, mit ihr sei es »ein Kreuz, sie hat so einen wilden Zug im Gesicht, weiß vor Übermut nicht, was sie anfangen soll, sagt prinzipiell nein auf alle Zumutungen und betrachtet sich jeder Verpflichtung zu gehorchen für überlegen. Dazu die schreckliche Erziehungsmethode der Kinderfrau, die ich doch bald pensionieren werde, und Marthas Schwäche, die sich nicht getraut, der Alten die unpassendsten Kritiken zu verweisen. Der kleine Kerl wird aber hoffentlich auch diese Einflüsse überstehen und sich wieder ins Mädchenhafte finden.«[67]

Als Mathilde 6 Jahre alt ist, schreibt sie einen ihrer ersten Briefe an ihren damals 79jährigen Großvater Jakob, auf den dieser mit folgenden Zeilen antwortet:

Meine sehr liebe und süße Mathilde,
  Dein liebes Briefchen hat mir wirklich Freude gebracht. Du schreibst so lieb, so süß. Mir geht [es] hier sehr gut, besser wie in Wien. Ich werde dem Onkel Alexander schreiben, er soll Dich besuchen. Ich sende Dir hiemit 5 000 Grüße und Küsse, davon gehören 1000, die Ersten, Dir und die 4 000 verteile an Deine lieben Geschwister, an den lieben Martin 1000, an den lieben Oliver 1000, an den lieben Ernst 1001 und der lieben Sophie 999. Ich grüße Dein liebes Fräulein, […] auch die Kinderfrau laß ich grüßen und Dich bitte ich mir oft zu schreiben. Euer Euch sehr liebender

Großpapa Freud[68]

Von der 9jährigen Mathilde heißt es in einem Brief an Fließ, sie begeistere sich derzeit für Mythologie und habe »unlängst bittere Tränen darüber geweint, daß die Griechen, die solche Helden waren, sich solche Schläge von den Türken geholt haben«[69]. Ihr Interesse an Mythologie wird zwei Wochen später zu einem Element in Freuds bekanntem Hella-Traum.[70] Im nächsten Jahr beobachtet er, daß sich Mathildes mythologisches Interesse von den griechischen Helden auf die Wikinger verlagert habe.[71]

Im April 1896 war Mathilde aus Krankheitsgründen aus der Volksschule genommen worden.[72] In dieser Zeit ließen die Eltern eine Gouvernante für den Hausunterricht kommen.[73] Ab Oktober 1898 besuchte die 11jährige eine Privatschule, die sie besser »verträgt und genießt«, als die Eltern erwartet hatten.[74] Offenbar handelte es sich um eines der Mädchenlyzeen, die es ab 1891 in Wien gab und die im Unterschied zu den Gymnasien nicht zum Abitur führten.

Freuds erste Einschätzung der Geschlechtsentwicklung der damals gerade 10jährigen Mathilde lautete: »Mathilde hat eine kurze Jugend, wächst rapid, wird in Charakter und Ausdruck ganz weiblich, hat auch schon die ersten Zeichen der Pubertät.«[75] Im 12. Lebensjahr habe sie »ihren Eintritt in die Weiblichkeit besiegelt, etwas frühzeitig«[76]. Wenige Wochen später heißt es: »Mathilde ist ein ganzer Mensch und natürlich ein volles Frauenzimmer.«[77]

Zweimalige lebensgefährliche Erkrankung an Diphtherie

In der Freud-Familie ging es zuweilen wie in einer Klinik zu. Mathilde teilte die üblichen Kinderkrankheiten wie Scharlach, Angina, Masern, Grippe u. a. mit ihren Geschwistern. Dabei muß man sich vergegenwärtigen, daß diese Krankheiten damals viel gefährlicher waren als heute und es daher besonderer Vorsichts- und Pflegemaßnahmen bedurfte. So berichtete Freud im Februar 1896, daß Mathilde »mit einem sehr leichten Scharlach seit acht Tagen isoliert«[78] sei. Aus den nächsten Briefen wird deutlich, daß die Isolation nicht ausreichend war, so daß sich die anderen Kinder ansteckten. Mathilde wird mit Freuds Schwester Dolfi in die Sulz[79] geschickt und danach vorübergehend aus der Schule genommen. Erst Ende April kann der Vater mit spürbarer Erleichterung feststellen, daß es Mathilde »unvergleichlich besser«[80] geht.

Im Sommer 1896 sprach Freud erstmals davon, daß Mathilde an einem »im Facialis lokalisierten Tic«[81] leide. Im Frühjahr 1898 war mehrmals davon die Rede, daß sie sich in die ärztliche Behandlung von Fließ begeben soll, damit geklärt werde, ob eine Rachenoperation indiziert sei.[82] Letztlich kam es aber nicht zu der geplanten Reise nach Berlin. Ein finanzieller Engpaß mag dabei eine Rolle gespielt haben, aber auch die Behandungsbedürftigkeit selbst war fraglich geworden, denn, so Freud, »ihr Tic ist auch kaum merkbar«[83].

Den Höhepunkt ihrer Krankengeschichte in der Kindheit erreichte Mathilde, als sie zweimal lebensgefährlich an Diphtherie erkrankte. Über das erste Auftreten dieser Krankheit im Alter von 5 Jahren schrieb Ernest Jones: »In der Krise fragte der verzweifelte Vater das Kind, was es sich am meisten von allem wünsche, und erhielt die Antwort: ›Eine Erdbeere.‹ Es war nicht die Jahreszeit für Erdbeeren; aber in einem bekannten Geschäft trieb Freud einige auf. Der erste Versuch, eine zu schlucken, löste einen heftigen Hustenanfall aus, der das Diphtheriehäutchen vollständig entfernte, und am nächsten Tag war das Kind auf dem Weg der Besserung. Eine Erdbeere und ein liebender Vater hatten ihm das Leben gerettet.«[84]

Als die Diphtherie ein zweites Mal auftrat, schwebte die 9jährige Mathilde erneut in Lebensgefahr. Am 17. März

1897 äußerte Freud, daß er seine Tochter bereits »verloren geben wollte«, aber jetzt »scheint eine große Besserung eingetreten zu sein, die uns mit Hoffnungen erfüllt. Onkel Rie[85] tut wirklich alles Mögliche und zeigt sich dann immer von seinen besten Seiten.«[86]

Rückblickend schrieb Freud über diesen Vorfall: »Als Mathilde ihre zweite Diphtherie hatte, kam ein Universitätskollege ärztlich in das Haus Nr. 19. Er erkundigte sich, wie uns der Hausmeister dann erzählte, mit den Worten: ob das Freud-Mädel schon tot sei. Es war auch echt christlich. Das Mädel lebt aber noch heute und wächst ungebührlich lang und zum Glück auch breit.«[87]

Seit 1892 gab es ein Antitoxin gegen Diphtherie, das Emil von Behring entdeckt hatte. Behring selbst war im Herbst 1894 zu einem Vortrag nach Wien gekommen und hatte berichtet, daß seine Serumbehandlung über das experimentelle Stadium hinaus sei. Daraufhin wurden in Wien Tausende von diphtheriekranken Kindern mit dem Serum geimpft. Max Kassowitz, mit dem Freud eng zusammenarbeitete, zeigte sich nach anfänglicher Begeisterung skeptisch. 1895 kam es in Wien zu einer leidenschaftlichen Debatte. In der liberalen Presse wurde die Serumbehandlung als großartige Errungenschaft, in der antisemitischen Presse hingegen als jüdischer Schwindel bezeichnet.[88] Oskar Rie als behandelnder Arzt und Kassowitz haben jedenfalls dieses Antitoxin bei Mathilde nicht angewandt,[89] obwohl Freud selbst sich dafür ausgesprochen hatte.[90]

In der »Psychopathologie des Alltagslebens« nahm Freud nochmals darauf Bezug, wie sehr ihn Mathildes zweite Diphtherie belastet hatte und wie erleichtert er war, als er von einer großen Besserung erfuhr. Einem plötzlichen Impuls folgend, zog er einen Pantoffel vom Fuß und schleuderte ihn gegen die Wand, mit der Folge, daß eine hübsche kleine Venus aus Marmor von ihrer Konsole herunterstürzte und zu Bruch ging. Diesen Anfall von Zerstörungswut deutete Freud als »Ausdruck einer dankbaren Stimmung gegen das Schicksal«. Er habe ihm gestattet, »eine ›Opferhandlung‹ zu vollziehen, gleichsam als hätte ich gelobt, wenn sie gesund wird, bringe ich dies oder jenes zum Opfer! Daß ich für dieses Opfer die Venus von Medici ausgesucht habe, sollte gewiß nichts anderes als eine galante Huldigung für die Genesende sein«[91].

Die Position der Ältesten
in der Geschwisterreihe

Als Älteste mußte Mathilde die ihr zunächst allein geltende Aufmerksamkeit der Eltern mit ihren fünf Geschwistern teilen. Am 7. Dezember 1889 folgte als Nächstälterer Martin. Noch im Sühnhaus geboren wurde auch Oliver, der am 19. Februar 1891 zur Welt kam. Im August 1891 zogen die Freuds in die Berggasse 19 um. Dort wurden Ernst am 6. April 1892, Sophie am 12. April 1893 und schließlich Anna am 3. Dezember 1895 geboren.

Die Namensgebung für die sechs Kinder fiel in die Domäne Freuds als eines typisch patriarchalischen Mittelschichtvaters des späten 19. Jahrhunderts. Es waren, wie Peter Gay erkannt hat, »*seine* Freunde, *seine* Lehrer, *seine* Helden, *seine* Ich-Ideale, die den Ausschlag gaben – jedes Mal«[92]. Hinsichtlich der männlichen Vornamen orientierte er sich an zwei bewunderten Lehrern und bedeutenden Repräsentanten der modernen Wissenschaft, an Jean-*Martin* Charcot und *Ernst* Brücke, sowie an *Oliver* Cromwell, einem Helden seiner »Knabenjahre«, dem er das historische Verdienst zuschrieb, den Juden erlaubt zu haben, sich in England niederzulassen.[93] Hinsichtlich der weiblichen Vornamen entschied er sich neben *Mathilde* Breuer für *Sophie* Schwab, die Nichte seines Religionslehrers Samuel Hammerschlag (und Witwe seines 1890 verstorbenen Jugendfreundes Josef Paneth), sowie für *Anna* Lichtheim, die einzige Tochter Hammerschlags. Die Familien Breuer und Hammerschlag wohnten übrigens im selben Haus. Josef Breuer und Samuel Hammerschlag wurden nicht nur zu nahen Freunden Sigmund Freuds, sondern auch zu großzügigen Gönnern in finanziellen und Beratern in beruflichen Angelegenheiten. Die Namen Mathilde, Sophie und Anna sprechen »von der häuslichen Seite seines Wesens und seiner Vorliebe für soziale Gemeinschaft, die vor allem eine jüdische war«[94].

Bei der Geburt der Jüngsten soll Mathilde geklagt haben: *Warum noch mehr, wir sind schon so viele!*[95] Dennoch wird ihr von den Geschwistern bescheinigt, daß sie die Rolle der Ältesten vorbildlich ausgefüllt habe. »Jederzeit zu Rat, Beistand und Belehrung bereit«, heißt es im Nachruf Anna Freuds, »war ihre Autorität unter den jüngeren unbezweifelt. Ihre Heirat als 21jährige wurde von den Geschwistern als großer Verlust beklagt.«[96] In mehreren ihrer späteren Briefe klingt Annas Bewunderung für die älteste Schwester an.[97]

Auch in Martin Freuds Schilderungen spürt man große Sympathie für seine ältere Schwester, die ihn mehr als einmal vor Angriffen und Demütigungen anderer schützte. Beim Eislaufen wurde Martin eines Tages aufgrund eines Mißverständnisses geohrfeigt und dann noch vom Wachmann mit dem Entzug seiner Jahreskarte bestraft, bis sich Mathilde zu seiner Ehrenrettung einschaltete: In Martins Worten: »Mathilde, ein attraktives und lebhaftes Mädchen, war sehr beliebt. Es fehlte ihr nie an Kavalieren auf dem Eis. Sie versammelte so viele von ihnen um sich, wie sie nur konnte, und führte eine Expedition zum Büro des Wachmanns an. Dieser, ein großer rotgesichtiger Mann, stand

Die Älteste mit den »Kindern«
1899

dem Angriff hilflos gegenüber. Er befürchtete zweifellos, daß er in Schwierigkeiten geraten würde, beugte sich dem Sturm und gab Mathilde meine Jahreskarte zurück. Ich war noch zu sehr mit meiner verwundeten Ehre beschäftigt und hatte keine Ahnung, was meine Schwester und ihre Freunde mit diesem rotgesichtigen Mann angestellt hatten. Was ich weiß, ist, daß er wesentlich kleiner wirkte und seine Wangen alle Farbe verloren hatten, als er aus seinem Büro herauskam. Mathilde, die Truppe anführend, kam zu mir und schwenkte siegreich die Jahreskarte wie eine Trophäe.«[98] Auch Oliver soll den Schutz seiner ältesten Schwester genossen haben und ihr sehr zugetan gewesen sein.[99]

Allem Anschein nach harmonierte Mathilde mit beiden Schwestern, während die Beziehung zwischen Sophie und

Anna von Rivalität und Eifersucht bestimmt war. Young-Bruehl teilt diese Einschätzung: »Anna Freud [...] liebte die beschützende, vernünftige Mathilde heiß, während sich in ihre starke Liebe zu Sophie auch Eifersucht mengte. Andererseits verband Mathilde und Sophie eine gemeinsame Leidenschaft für Handarbeiten jeder Art, besonders das Stricken, sowie für modische Kleidung und die schlichte Eleganz, die ihre Mutter kultivierte.«[100]

Bei sechs Kindern stellte sich das Problem der gerechten Verteilung von Süßigkeiten und Geschenken, z. B. wenn es eine Tafel Schokolade für alle gab. Wie Martin erzählt, war Mathilde in solchen Fällen zur Stelle, »nahm ein scharfes Messer und schnitt sogar das kleinste Stück Schokolade, selbst bereits nicht größer als eine Haselnuß, in so viele Stückchen, wie sie nur fertig bringen konnte, und teilte sie unter uns auf. Dieses Spiel hatte den Vorzug, daß eine Tafel Schokolade lange Zeit ausreichte.«[101] Das Spiel funktionierte und wurde offenbar für die Kinder zum selbstverständlichen Maßstab für moralisches Verhalten. Daher war Martin sehr irritiert, als er auf einem Kinderfest ein kleines Mädchen beobachtete, wie es eine ganze Tafel Schokolade auf einmal aufaß, und sprach nie wieder mit ihm.

Beim Stichwort Schokolade sei auch an einen Traum der achteinhalbjährigen Mathilde erinnert, in dem die Mama ins Zimmer der Kinder kommt und »eine Handvoll großer Schokoladenstangen in blauem und grünem Papier unter unsere Betten« wirft. Am Tag zuvor hatten die Kinder, wie Freud in der »Traumdeutung« zur Erklärung anführt, vor einem »Automaten Halt gemacht und sich gerade solche Schokoladestangen in metallisch glänzendem Papier gewünscht, die der Automat nach ihrer Erfahrung zu verkaufen hatte. Die Mama hatte mit Recht gemeint, jener Tag habe genug Wunscherfüllungen gebracht und diesen Wunsch für den Traum übrig gelassen.«[102]

Die frühe Vater-Tochter-Beziehung

Mathilde hat Ernest Jones zwei Geschichten aus ihrer frühen Kindheit erzählt, die einen – zumindest indirekten – Bezug zum Vater haben. »Einmal sah sie, wie ihre Tante einer Angestellten Geld zahlte, und fragte, wofür das sei. Als sie erfuhr, daß es der Lohn sei, versicherte sie, ihre Mutter täte so etwas nicht; ihre Angestellten, vor allem ihre Kinderfrau, arbeiteten nur aus Liebe. Als man ihr widersprach und ihr die Wahrheit sagte, brach sie in Tränen aus und weinte die ganze Nacht hindurch. Bei einer anderen Gelegenheit erzählte sie einem kleinen Freund, daß sie dieses oder jenes Haus für die Sommerferien nehmen würden. Als er dann seine Bemerkungen darüber anstellte, was das kosten würde, war sie äußerst verwundert, daß die Leute so etwas in Betracht zogen, sie zu Hause täten so etwas nie.«[103]

Freuds Einstellung zum Geld ist schon weiter oben berührt worden. Als 15jähriger hatte er in der Schülerzeitschrift »Musarion« einen bezeichnenden Aphorismus – übrigens sein frühestes literarisches Zeugnis – veröffentlicht: »Gold bläht den Menschen auf, wie Luft eine Schweinsblase.«[104] Der junge Freud scheint damals schon etwas von der Korruption der Geldkreise in der liberalen Ära mitbekommen zu haben. Wenige Jahre später trat die Krise des österreichischen Liberalismus offen zutage. In dieser Zeit hörte Freud im »Leseverein der deutschen Studenten Wiens« einen Vortrag des Philosophen Johannes Volkelt, der verlangte, daß »die schmutzige gegenseitige Ausbeutung durch einen reineren Egoismus ersetzt werden müsse, der in der Arbeit für das allgemeine Wohl, für ein dem Volke, dem Staate heilvolles Ideal seine eigene Befriedigung findet«[105]. Von dieser sittlichen Verwerfung des Geldes kann man eine Linie zu jener Negation des Geldes als Glücksquelle ziehen, die Freud in einem Jahrzehnte später geschriebenen Brief an Fließ äußerte: »Glück ist die nachträgliche Erfüllung eines prähistorischen Wunsches. Darum macht Reichtum so wenig glücklich; Geld ist kein Kinderwunsch gewesen.«[106]

Wie läßt es sich erklären, daß der kleinen Mathilde offenbar wenig von der realen Bedeutung des Geldes vermittelt wurde? Ein wesentlicher Grund für diese Ausblendung war wohl, daß der Vater die hilflose Armut an den Eltern und Geschwistern und auch am eigenen Leibe erlebt hatte und dies seinen Kindern in einer Art Reaktionsbildung unbedingt ersparen wollte. Sie sollten so spät wie möglich mit Geld zu tun haben.[107]

Mathilde hat Jones noch eine andere Geschichte von ihrem Vater erzählt, in der er für sie ein Vorbild an Ritterlichkeit verkörperte: »Als sie vierzehn Jahre alt war, wurde sie aufgefordert, während ihrer Spaziergänge rechts vom Vater zu gehen. Eine Schulfreundin, die dies bemerkte, sagte ihr, das sei nicht richtig; der Vater müsse immer rechts gehen. Doch Freuds Tochter antwortete stolz: *Bei meinem Vater ist das nicht so. Bei ihm bin ich immer die Dame*.«[108]

Die väterliche Perspektive der Beziehung zu Mathilde offenbart sich in einigen von Freuds Träumen. Schon in dem berühmt gewordenen »Traum von Irmas Injektion«, den er erstmals mit seiner Assoziationsmethode analysierte, kommt Mathilde vor. In ihm sucht er sich zunächst von dem Vorwurf seines Freundes Otto, er sei an dem immer noch vorhandenen Leiden seiner Patientin Irma schuld, zu befreien. Da er den Vorwurf seines Freundes erlebt hat, als ob er seine ärztlichen Pflichten generell nicht ernst genug genommen habe, enthält der Traum Erinnerungsspuren an eine ganze Reihe von Situationen, in denen er möglicherweise nicht gewissenhaft genug vorgegangen sei.

Freud gliedert den Irma-Traum in zahlreiche Elemente auf und notiert zu jedem einzelnen seine – reichlich strömenden – Assoziationen. Eines dieser Traumelemente ist, daß er der Patientin Irma in den Hals sieht und dabei einen »weißen Fleck« entdeckt. In seinen Assoziationen dazu erinnert er sich an Diphtherie und insbesondere an die »schwere Erkrankung meiner ältesten Tochter vor nahezu zwei Jahren und an all den Schreck jener bösen Zeit«.[109]

Das nächste Traumelement bezieht sich darauf, daß er zur Bestätigung seiner Einschätzung Dr. M. (Breuer) hinzuzieht. In seinen Assoziationen erinnert er sich an ein »trauriges ärztliches Erlebnis. Ich hatte einmal durch die fortgesetzte Ordination eines Mittels, welches damals noch als harmlos galt (Sulfonal), eine schwere Intoxikation bei einer Kranken hervorgerufen und wandte mich dann eiligst an den erfahrenen älteren Kollegen um Beistand. Daß ich diesen Fall wirklich im Auge habe, wird durch einen Nebenumstand erhärtet. Die Kranke, welche der Intoxikation erlag, führte denselben Namen wie meine älteste Tochter. Ich hatte bis jetzt niemals daran gedacht; jetzt kommt es mir beinahe wie eine Schicksalsvergeltung vor. Als sollte sich die Ersetzung der Personen in anderem Sinne fortsetzen; diese Mathilde für jene Mathilde; Aug' um Aug', Zahn um Zahn.«[110]

Bei dieser Patientin Mathilde, die Freud in den Jahren 1889 und 1890 behandelt hatte, war eine sexualisierte Übertragung auf Freud und einen späteren Behandler aufgetreten, die sich anhand der von Albrecht Hirschmüller entdeckten Dokumente rekonstruieren ließ. Auch aus diesem Grunde verband sich mit ihrem Namen eine für Freud belastende Erfahrung, die unverarbeitet geblieben war und daher im Irma-Traum wieder auftauchte.[111]

Anhand des »Traums von Irmas Injektion« glaubte Freud den Nachweis erbracht zu haben, daß *Wunsch-*

erfüllung der Sinn eines jeden Traumes sei, daß es keine anderen als Wunschträume gebe. Die Ubiquität der Wunscherfüllung könne man allerdings nicht auf den manifesten, sondern nur auf den latenten (unbewußten) Traumgedanken beziehen, da die ursprünglichen Wünsche unter dem Einfluß der Traumzensur entstellt würden.

Thematisch geht es in diesem Traum um Freuds damalige Sicht der sexuellen Ätiologie der Neurosen, der Breuer (Dr. M.) im Traum kritisch gegenübersteht, während Fließ ihm in dieser Frage Rückendeckung gibt. In dieser Zeit verfolgte Freud seine Suche nach sexuellen Traumen und Verdrängungen immer weiter in der Lebensgeschichte zurück, bis er im Oktober 1895 zu der Hypothese vordrang, daß ein »infantiler Sexualschreck« die spezifische Ursache der Hysterie sei.[112] Entsprechend dieser »Verführungshypothese«[113] behauptete er 1896, in sämtlichen 18 Fällen von Hysterie, die er behandelt habe, zur Kenntnis solcher Erlebnisse im Kindesalter gelangt zu sein.[114]

Im Februar 1897 bezog er die Verführungstheorie auf den eigenen Vater und schrieb an Fließ: »Leider ist mein eigener Vater einer von den Perversen gewesen und hat die Hysterie meines Bruders [...] und einiger jüngerer Schwestern verschuldet. Die Häufigkeit dieses Verhältnisses macht mich oft bedenklich.«[115]

Im »Hella«-Traum vom Mai 1897 brachte er dann sogar sich selbst mit der Inzest-Problematik in Verbindung: »Unlängst träumte ich von überzärtlichen Gefühlen für Mathilde, sie hieß aber Hella, und ›Hella‹ sah ich dann nochmals fett gedruckt vor mir. Auflösung: Hella heißt eine amerikanische Nichte,[116] deren Bild wir bekommen haben. Mathilde könnte Hella heißen, weil sie unlängst über die Niederlagen der Griechen so bitter geweint hat. Sie begeistert sich für die Mythologie des alten Hellas und sieht in allen Hellenen natürlich Helden. Der Traum zeigt natürlich meinen Wunsch erfüllt, einen pater als Urheber der Neurose zu ertappen, und macht so meinen noch immer sich regenden Zweifeln ein Ende.«[117]

Freud war also hin und her gerissen: Wissenschaftlich gesehen, setzte er seine Hoffnung auf die Verführungstheorie, die dem pater familias die Hauptursache an der Hysterie seiner Kinder zuschreibt. Vom Persönlichen her sträubte er sich jedoch massiv dagegen, diese Hypothese auf den eigenen Vater und sich selbst anzuwenden, wobei er sich allerdings überzärtliche Gefühle für seine älteste Tochter eingestand. Bereits im September 1897 gab er die Verführungshypothese auf, weil es im Unbewußten ein Realitätszeichen nicht mehr gebe, so daß man die Wahrheit und die mit Affekt besetzte Fiktion nicht unterscheiden könne.[118]

In Mathildes Kindheit waren es in erster Linie ihre bedrohlichen Krankheiten und ihre erwachende Erotik, die die Aufmerksamkeit des Vaters auf sich zogen.

DIE ADOLESZENZ EINER
HÖHEREN TOCHTER IM SPIEGEL
IHRER BRIEFE UND SELBSTZEUGNISSE

Jugendfreundschaft mit Eugen Pachmayr
1901–1910

Die Jugendfreundschaft zwischen Mathilde Freud und Eugen Pachmayr begann im Sommer 1901. Den Thumsee und das Sommerhaus der Pachmayrs erwähnt Freud zum erstenmal am 4. Juli 1901 in einem Brief an Wilhelm Fließ. Auf der Suche nach einem Sommerquartier für die Familie habe er sich auf einem Wagenausflug von Bad Reichenhall aus zum Thumsee begeben und sich dort nach den Bedingungen für eine mehrwöchige Miete des Thumseehauses erkundigt. »Und nun schweben die von Reichenhall geführten Unterhandlungen, die wahrscheinlich zum Abschluß führen werden.«[1] Die Unterhandlungen waren erfolgreich. Aus Freuds Brief vom 7. August 1901 geht hervor, daß die Familie bereits seit drei Wochen am Thumsee weilte und die Sommerferien in vollen Zügen genoß.

Der Ferienaufenthalt der Freud-Familie am Thumsee

Auf den Familienurlaub am Thumsee geht Freuds Sohn Martin in seinem 1958 veröffentlichten Buch »Glory Reflected: Sigmund Freud – Father and Son« ausführlich ein. Das Ferienquartier der Freuds – »mehr Café als Gasthaus« – war ein beliebtes Ausflugsziel für die Kurgäste aus Bad Reichenhall, die hier zum Mittagessen oder Kaffeetrinken einkehrten. Die Kinder liebten es, mit dem Vater durch die umliegenden Wälder zu streifen, aber auch der kleine grüne See hatte für sie eine hohe Anziehungskraft: Da es ein sehr heißer Sommer war, verbrachten sie die meiste Zeit mit Bootfahren, Angeln und Schwimmen. Der Vater angelte gern, überließ das Rudern aber lieber seinen eifrigen Söhnen.

Martin Freud erzählt von einem Wettkampf der neun- bis zwölfjährigen Freud-Söhne mit einem jungen Amerikaner, wer der bessere Angler und Jäger sei. Eines Tages kehrte der amerikanische Sportsmann von der Jagd triumphierend zurück, mit einem fetten jungen Rehbock im Rucksack. In den Seelen der keineswegs ehrgeizlosen Freud-Kinder mischte sich Bewunderung mit Neid. Aber bereits am nächsten Tag fing Vater Freud einen Hecht von ungewöhnlicher Größe. Nun war der Amerikaner der Bewundernde, und die Kinder blickten stolz auf ihren Vater.

Martin empfand den Urlaub am Thumsee gerade deshalb als besonders schön, »weil wir Vater bei uns hatten. Er war ein vollwertiges Mitglied unserer Gemeinschaft, jemand, der unsere Triumphe und Enttäuschungen teilte. Ich weiß genau, daß er nicht nur so tat oder etwas vortäuschte, um uns eine Freude zu machen. Er war wirklich einer von uns, natürlich und echt.«[2]

Für Martin Freud verband sich der Thumsee aber auch mit einer deprimierenden Erinnerung. Als er und sein Bruder Oliver eines Tages beim Angeln waren, wurden sie von Passanten beschimpft, daß sie Juden seien, was stimmte, und daß sie Fisch gestohlen hätten, was nicht stimmte. Am Nachmittag ruderten sie ihren Vater zur anderen Seite des Sees. Dort angekommen, trafen sie wieder auf die Passanten, von denen sie am Morgen beleidigt worden waren, und diese wiederholten ihre antisemitischen Beschimpfungen: »Ohne irgendein Zögern sprang Vater aus dem Boot, hielt sich mitten auf der Straße und ging auf die feindselige Menge zu. Als er sah, daß ich ihm folgen wollte, befahl er mir mit strenger Stimme zu bleiben, wo ich war. Ich wagte nicht, ungehorsam zu sein. Mein milder Vater hatte niemals anders als in einem freundlichen Ton mit mir gesprochen. Dieser Tonfall entsetzte mich mehr als alle Beschimpfungen der Fremden. [...] Vater schwang seinen Stock und ging auf die feindliche Menge zu, die ihm den Weg freigab, ihm Durchgang gewährte und sich dann auflöste. Das war das letzte, was wir von diesen unangenehmen Fremden sahen.«[3]

Dieses offensive Verhalten Sigmund Freuds steht im Gegensatz zum resignativen Auftreten seines eigenen Vaters, der sich von einem Antisemiten die Pelzmütze vom Kopf stoßen und vom Trottoir drängen ließ, ohne sich dagegen zu wehren, wie Freud in der »Traumdeutung« berichtete.[4] Sosehr Sigmund von der als Schwäche erlebten Duldsamkeit des Vaters damals enttäuscht war, so sehr wurde er jetzt von seinem Sohn für den bewiesenen Mut bewundert: »Dieses häßliche Ereignis machte einen tiefen Eindruck auf mich. Der Eindruck war so stark, daß ich mich selbst nach fünfundfünfzig Jahren noch genau an den Ausdruck von rassistischem Haß auf den Gesichtern dieser Wegelagerer erinnern kann.«[5] Der Vater habe über den Vorfall zu Hause niemals gesprochen und ihn offenbar auch nicht in Briefen erwähnt.

Der Jugendfreund Eugen Pachmayr

Während des Thumsee-Aufenthalts lernten sich der damals 15jährige Eugen Pachmayr[6] und die 13jährige Mathilde Freud kennen. Eugen war Gymnasiast und lebte mit seinen Eltern in München-Pasing. 1904 machte er das

Abitur und studierte anschließend Medizin an der Universität München.

Mathilde Freud erinnert sich in ihren Jugendbriefen an Eugen lebhaft an diesen Urlaub am Thumsee. So teilt sie ihrem Brieffreund zwei Jahre später mit, sie habe *nicht weniger als 3 Thumseebilder* in ihrem Zimmer. *Da ist eines nur Ansicht der Villa mit dem Plateau und Landungsplatz, das zweite der Blick über den ganzen See von der Straße aus und das dritte ein Glasbild, das am Fenster hängt. Genug Erinnerungen an einen schönen Sommer, nicht?* (22. 10. 03) Weitere drei Jahre später äußert Mathilde, sie habe ihren Freund *recht beneidet* um seine Fahrt an den Thumsee voriges Jahr: *ich liebe den reizenden Fleck herzlich und wäre so gern wieder einmal dort [...] wir schwärmen alle in der Erinnerung noch immer von unserm damaligen Sommer* (24. 7. 06). In Briefen vom 11. März und 26. April 1907 fragt sie sogar nach, *ob mit dem Thumseehäuschen ein Umbau beabsichtigt ist. Wenn das so groß würde, daß viele Leute bequem drin wohnen könnten!?* Und der folgende Sommerurlaub in Ammerwald weckt wiederum Erinnerungen an den früheren Ferienort: *wir lebten fast wie in Thumsee damals den ganzen Tag im Boot oder im Bad* (22. 9. 07).

Noch viele Jahre später, im Sommer 1919, bezieht sich Schwester Anna in einem Brief an ihren Vater auf den Thumsee-Urlaub: »Gestern war ich am Thumsee und von seiner Schönheit ganz begeistert. Ich bin natürlich gerudert und wollte überhaupt nicht mehr fort. Wenn man dort nur wohnen könnte, ginge ich immer hin. Ich habe nicht mehr viel Erinnerungen daran gehabt. Nur die Stelle, wo wir immer gefischt haben und wo bei der Überschwemmung der Bach heruntergestürzt ist, habe ich gleich gefunden. [...] Regine Pachmayr,[7] die ich in Kirchberg aufgesucht habe, will uns nächstens im Wagen mitnehmen.«[8]

Der ehemalige Besitzer des Thumsee-Hauses war der

Der »Seewirt« am Thumsee bei Bad Reichenhall

Hofrat Dr. med. Eugen Pachmayr, der 1864 das nahe gelegene Schloßgut Bad Kirchberg mit Badeeinrichtungen, Kirchbergquelle und Haus gekauft hatte und dort als Arzt praktizierte. Er erwarb das Anwesen Nr. 26 am Thumsee, das sogenannte »Kechtlehen«, am 10. Oktober 1874.[9] Es gibt zwei Versionen, wie er in den Besitz des Hauses gelangt sein könnte: entweder aufgrund der ersten Ehe mit einer reichen Brauereitochter oder durch Schenkung der Gemeinde Bad Reichenhall, da die Pachmayrs ein altes Reichenhaller Geschlecht waren.[10]

In den 1870er Jahren errichtete Eugen Pachmayr sen. am Thumsee zusätzlich ein direkt am See gelegenes Haus, das dem Hofrat zur Erholung und privaten Nutzung diente. Als er am 3. Februar 1895 starb, hieß es in einem Nachruf der »Münchener medizinischen Wochenschrift« über ihn, daß er »über drei Decennien in Reichenhall und Umgebung unermüdlich und mit voller Hingabe bei Hoch und

Das heutige »Kechtlehen« am Thumsee

Niedrig, Arm und Reich seiner oft recht beschwerlichen Praxis oblag und viele Jahre als leitender Arzt des schönen städtischen Krankenhauses daselbst verdienstvoll wirkte. Als Besitzer des idyllisch gelegenen Bades Kirchberg, dessen Emporblühen allein sein Werk ist, erfreute er sich auch einer großen badeärztlichen Praxis, und sein Ruf als tüchtiger Arzt erstreckte sich weit über die heimatlichen Grenzen.«[11]

Nach seinem Tod ging das am See gelegene Haus auf seine zweite Frau Anna Pachmayr über. In dieser Zeit wurde es zu einem Gasthof umgestaltet, dem noch heute in Betrieb befindlichen »Seewirt«.

Da die Witwe des Verstorbenen nicht bereit war, dessen Geschwistern ihren nach zehn Jahren fälligen Erbanteil auszuzahlen, kam es im Jahre 1906 zur Versteigerung des gesamten Pachmayrschen Grundbesitzes in Bad Kirchberg inklusive der Liegenschaften am Thumsee. Die drei Geschwister – Justizrat Oskar Pachmayr, Generalarzt Dr. med. Otto Pachmayr in München und Luise Mayr, geb. Pachmayr – ersteigerten die Anwesen, so daß sie in Familienbesitz blieben.[12]

Mathildes Brieffreund Eugen und sein Bruder Otto waren die Söhne des Generalarztes Dr. Otto Pachmayr und seiner Frau Maria, geb. Stitzinger, aus München.

Weitere Begegnungen am Königssee

Beziehen sich Mathildes Erinnerungen an den Thumsee-Urlaub in erster Linie auf das Ferienhaus und den Badesee, die sportlichen Betätigungen und das familiäre Zusammensein, so haben ihre Erinnerungen an Königssee, den Ferienort der beiden nächsten Sommerurlaube 1902 und 1903, einen etwas anderen Charakter.

So vergegenwärtigt sie sich in ihrem ersten aus Wien geschriebenen Brief eine frühere Gesprächssituation mit Eugen: *Wenn Sie mir jetzt im Königsseer Zimmer gegenüber an meinem Tisch säßen, könnte ich Ihnen diese ganze Schüchternheit ausreden, ich bin ganz überzeugt! Aber so geht es nicht gut, ich will Sie nicht mit all diesen Dingen plagen, wir müssen das auf nächsten Sommer in K. aufschieben, wenn Sie nicht bis dahin »schüchternlos« geworden sind* (23. 9. 03).

Einige Wochen später erinnert sie sich an ein ähnliches

Zusammensein: *Sie haben mir in Königssee, auf einem Baumstamm im Wald sitzend, so interessant von Ihren Freunden und deren Kousinen und Freundinnen erzählt, daß ich jetzt gern von all den Menschen, die Sie mir so lebhaft vor Augen geführt, auch weiter etwas erfahren möchte* (30. 10. 03).

Einige Zeit danach offenbart Mathilde, daß ihr im Sommer ein anderer Jugendlicher *sehr gut gefallen* habe (um nur ja nicht *verliebt* zu sagen): *das war also heuer im Sommer der Fall, 3 oder 4 Tage lang, aber es war ganz anders, als die Geschichte sonst bei andern Mädeln der Fall ist (ach Gott, ich werde noch über meine Fälle fallen), und er war Jascha*[13]. *Ich glaube, wenn wir wieder im Königsseer Wald säßen, würde ich Ihnen alles genau erzählen, aber auf dem Papier geht es nicht. Aber als er anfing, rasend verliebt zu werden (ich muß so sagen, denn er war es wirklich), grauste es mich, und ich wurde kalt wie ein Stein* (8. 12. 03).

Die Erwähnung des Ferienorts Königssee verknüpft sich also mit der Erinnerung an bestimmte Räume und die persönlichen Gespräche, die dort stattgefunden haben. »Königssee« steht wohl für die Erfahrung von Intimität im freundschaftlich-erotischen, aber noch nicht sexuellen Sinn. Aus dieser Erfahrung erwuchs für beide das Bedürfnis, ihren Gedanken- und Gefühlsaustausch brieflich fortzusetzen.

Das Briefmaterial

Die Jugendbriefe Mathilde Freuds an Eugen Pachmayr geben Einblicke in die Gedanken- und Gefühlswelt einer jungen Frau im Alter von 15 bis 22 Jahren. Sie sind überwiegend von der Wohnung der Freuds in der Berggasse aus geschrieben; einige stammen aus Sommerurlauben und

Kuraufenthalten und die nach der Verheiratung geschriebenen aus ihrer eigenen Wohnung in der Türkenstraße.

Die erhaltenen Briefe Mathildes verteilen sich sehr ungleich über den Zeitraum von 1903 bis 1910. Ein allererstes Zeugnis der Korrespondenz ist eine Ansichtspostkarte von Eugen, die auf den 2. März 1902 datiert ist, aber offenbar nicht an Mathilde abgeschickt wurde. Eine weitere Postkarte stammt vom 21. Juli 1902 und wurde an die Ferienadresse in Königssee adressiert. Dies sind die einzigen erhaltenen Schriftstücke von Eugen.

Die Initialphase des Briefwechsels erstreckt sich von September bis Dezember 1903. In ihr hat Mathilde sieben teilweise sehr ausführliche Briefe und zwei Karten geschrieben.

In den Jahren 1904 und 1905 gibt es jeweils nur eine Karte. Dies hängt in erster Linie mit einer schweren Erkrankung Mathildes zusammen. Erst im Juni 1906 während eines Kuraufenthalts in Levico nimmt sie die Korrespondenz wieder auf. Aus dieser Zeit stammen ein ausführlich auf ihre Krankengeschichte eingehender Brief vom 13. Juli 1906 und mehrere Karten. Am 13. Dezember nimmt sie den Faden wieder auf und fragt Eugen am 5. Februar 1907, ob sie nicht wieder zu einem regelmäßigen Austausch ihrer Mitteilungen übergehen sollten.

Eugen hat dieses Angebot offenbar angenommen, und so wird die Korrespondenz im Jahre 1907 wieder ähnlich dicht wie in der Anfangszeit. Aus diesem Jahr stammen sechzehn Sendungen, meist lange Briefe. Hier erreicht die Brieffreundschaft ihre höchste Intensität.

Im Jahre 1908 werden vierzehn Karten und Briefe geschrieben, überwiegend Briefkarten und deutlich kürzere Briefe. Einen Einschnitt kann man im Brief vom 11. April 1908 sehen. Danach erscheinen die Mitteilungen weniger persönlich. Auf diesen Zusammenhang wird noch einzugehen sein. Im Jahre 1909 gibt es nur Karten, insgesamt acht Stück. Von 1910 stammen drei Briefe, davon zwei ausführliche. Der letzte Brief stammt vom 27. Mai 1910.

Von der ersten Begegnung am Thumsee bis zu diesem letzten Brief sind knapp neun Jahre vergangen. Ob es danach noch weitere briefliche Mitteilungen oder Treffen gegeben hat, ist mir nicht bekannt.

Der Beginn
des Briefwechsels in der Pubertät
1903

In den Briefen der 16jährigen stehen die Themen der Pubertät – die Erweiterung der eigenen Beziehungserfahrungen, die ersten Flirts mit jungen Männern, das Bedürfnis nach geistigem Austausch über Bildungsinhalte wie Literatur, Theater und Kunst und nicht zuletzt die Frage des eigenen Lebensentwurfs – im Vordergrund, während Eltern und Geschwister nur am Rande erwähnt werden.

>*»... die sweet sixteen ist ein Alter,*
>*in dem man meist sehr verdreht ist«*

Von Königssee aus schreibt Mathilde am 12. September 1903 einen Brief an Eugen, in dem sie sich gemeinsam mit ihren fünf Geschwistern für die Leckereien bedankt, die er ihnen an ihren Ferienort geschickt hat. Nach Wien zurückgekehrt, zeigt sie sich ganz verstört, als es nunmehr darum geht, einen ersten persönlichen Brief an den Freund zu formulieren, und entschuldigt sich mit den Worten: *was können Sie Armer dafür, daß ich vor Nervosität ganz verdreht bin und nächstens einmal Papas Heilverfahren an mir werde erproben müssen* (19. 9. 03). Ihre Stimmung führt sie auf die Ungemütlichkeit der in den Sommermonaten vernachlässigten Stadtwohnung und die Mühe zurück, die nötig sei, *alles wieder ins alte Geleise zu bringen, anstrengend besonders dann, wenn man sich nach Luft, Licht und grüner Freiheit sehnt. Denken Sie nur, lieber Freund, daß ich mehrmals Briefe an*

Sie begann, aber nicht imstande war, sie zu vollenden, ich konnte keinen Satz zu Ende schreiben ohne gräßliche Finger-schmerzen, konnte keinen klaren Gedanken mehr fassen. Und wenn ich nicht schreiben kann, kann ich nicht existie-ren, ich war verzweifelt und verbrachte die ganze Zeit in Tränen. Gott sei Dank, jetzt ist dieser schreckliche Nervosi-tätsanfall vorbei, ich kann wieder schreiben, bin wieder ein Mensch (23. 9. 03).

Was kann die knapp 16jährige so in Unruhe und Verwir-rung versetzt haben? Es müssen jedenfalls beunruhigende Gefühle gewesen sein, von denen sie sich überwältigt fühlte – Gefühle, die mit Nähe, einem Anflug von Erotik, diffusem Verliebtsein zu tun haben könnten. Die Schreib-hemmung als Scheu, sich auf diese Gefühle einzulassen? Oder spürt sie bei Eugen aufkeimende Verliebtheits-gefühle, auf die sie mit Distanz und Abwehr reagiert?

Ein Thema, das bald beide Gemüter erhitzt, sind Eifer-süchteleien, die stellenweise witzig zu lesen sind. So erzählt sie die Geschichte von einem Bewerber, der ihr begegnete, als sie *mit Sopherl an der Hand in die Stadt ging. Es schlägt 12 Uhr auf der Votivkirche, ich überschreite den Schottenring und trete in die Hohenstaufengasse ein. Die erste Quergasse ist die Schottenbastei, in der die Realschule liegt – an der Ecke pralle ich mit einem jungen Mann zusammen, den ich bei näherem Hinsehn als Otto erkenne. Er strahlt über das ganze Gesicht und begrüßt mich äußerst kameradschaftlich (wir hatten uns seit dem Frühjahr nicht gesehn), fragt, plau-dert und zwingt mich dadurch, an der Ecke stehn zu bleiben. Mir dämmert auf, [...] daß es sich nicht schickt, auf der Straße mit einem jungen Mann stehnzubleiben, ich zwinge ihn also wieder dadurch, daß ich weitergehe, sich entweder zu verabschieden oder mitzugehn. Er tut letzteres einige Schritte weit, bis ich ihm höchst liebenswürdig adieu sage und, jeder Zoll eine Königin, mit Soph an der Hand weiter-*

*schreite. [...] Ich war so kühl und gleichgültig herablassend,
daß ich mich nachher an der nächsten Straßenecke, Helferstorferstraße, ordentlich auslachen mußte, denn die ganze
Begegnung war zu komisch gewesen* (30. 10. 03).

Sosehr es Mathilde genießt, als junge Frau umworben zu
sein und zu flirten, so vehement wehrt sie sich gegen
Eugens Vorhaltungen, daß sie sich in jenen Otto verliebt
hätte: *Die ganze Geschichte mit Otto ist folgende: Voriges
Jahr in der Tanzstunde hat er mir gefallen, das leugne ich
nicht im geringsten. Ich habe mich immer sehr gut mit ihm
unterhalten können, [wir] hatten eine Menge gleicher Gedanken, und so weiter. Von Verliebtsein kann dabei keine
Rede sein, das liegt überhaupt garnicht in meinem Charakter. [...] Sie nennen mein Benehmen Otto gegenüber abscheulich. Das hat mich gefreut, weil es so offen von Ihnen
gesagt ist, es war vielleicht auch mit dem Ausdruck am richtigsten bezeichnet, aber ich bin in letzter Zeit darauf gekommen, daß ich überhaupt oft abscheulich bin, so hat mir das
keinen besonderen Eindruck gemacht. Und ich bedenke
eigentlich nie, was ich sage oder tue, rede immer frisch von
der Leber weg, wie es mir gerade einfällt. Das ist vielleicht
nicht immer recht, aber ich werde es deshalb doch weiter tun,
die gesellschaftliche Lüge hasse ich (zum öfteren Entsetzen
meiner Mama)* (8. 12. 03).

In der ersten intensiven Schreibphase von September bis
Dezember 1903 ist Mathilde die regelmäßige Korrespondenz so sehr *ein liebgewohntes Bedürfnis* geworden, daß sie
sich nicht vorstellen kann, *wie es ohne wäre* (29. 9. 03). Sie
kann ihre Enttäuschung nicht verbergen, wenn ihr ein
Brief Eugens *in einem ganz andern, viel kühleren Ton gehalten* zu sein scheint als die vorhergehenden (29. 9. 03) oder
wenn sie längere Zeit nichts von ihm hört: *Heute sind es
gerade 6 Wochen, daß ich, außer einer lakonischen Karte
[...], keine Zeile von Ihnen gesehn habe. Sind Sie verdor-*

ben-gestorben, versunken-vergessen, oder was ist sonst los?
(27. 11. 03)

Das starke, zuweilen obsessiv erscheinende Verlangen,
Briefe zu schreiben und zu erhalten, ist typisch für damalige Jugendliche aus bürgerlichen Kreisen und läßt sich
nach Peter Gay aus ihrem zunehmenden Anspruch erklären, »aller althergebrachten elterlichen Autorität zum
Trotz ein eigenes und eigenständiges Gefühlsleben zu haben«[14].

In ihrer Enttäuschung bedient sich Mathilde einiger rhe-
torischer Kunstgriffe wie der folgenden Anspielung, um
ihren säumigen Brieffreund unter Druck zu setzen: *Habe
ich Ihnen schon von einem herrlichen Buch erzählt, das ich
heuer las und das »Briefe, die ihn nicht erreichten« betitelt
und von einem nicht genannten Autor geschrieben ist? Das
sollten Sie lesen, lieber Freund!* (1. 10. 03).

Und dann soll der Witz nicht unterschlagen werden, an
den sich Mathilde erinnert, nachdem ihr Freund in seinem
Brief die Preisverteilung auf einer Landwirtschaftsausstel-
lung erwähnt hat: *Programm für die landw. Ausstellung: 10^h
Ankunft des Viehtransports, 11^h Ankunft der Festgäste, 12^h
gemeinschaftliches Mittagessen. Mama habe das oft auf unsre
Buben im Sommer gesagt, wenn sie jeder ein andres Tier aus
dem Wald mitgebracht haben* (8. 10. 03).

Manchmal fragt sich Mathilde, ob sie mit ihren 16 Jahren
nicht schon *sehr alt* und *furchtbar erwachsen* sei. Sie wünsche sich dann, jünger zu sein: *Ich glaube, die sweet sixteen
ist ein Alter, in dem man meist sehr verdreht ist, um von mir
auf andre zu schließen* (30. 10. 03).

»Eigentlich ist es ein Jammer mit uns Mädeln und unsrer Unselbständigkeit«

In ihrem zweiten – über mehrere Tage sich erstreckenden – Großbrief schildert Mathilde eine für sie neue Erfahrung, die ein Licht auf ihre behütete Erziehung wirft: *Heute morgen war ich zum erstenmal in meinem Leben draußen auf dem Centralfriedhof. Bisher hatte Papa immer gesagt, er wolle nicht, daß ich die Gräber besuche, solange ich, dem Himmel sei Dank, dazu keine Ursache habe. Heute war ich aber doch mit den Verwandten bei Großpapas Grab, während gleichzeitig nicht weit von uns die Beerdigung eines alten Freundes von Papa war. Ich kann garnicht sagen, welch einen wunderbaren Eindruck so ein weiter Friedhof macht, mit seinen vielen 1000 Grabstätten, dem Blumenduft, der Stille und wohltuenden Ruhe, die wie ein Hauch über der Ebene liegen. Die Menschen, die zwischen den Gängen dahingehn, sind nicht wie die andern, die man auf der Straße begegnet, sie gehn still, gemessen und leise sprechend, dunkel gekleidet, mit Blumen in den Händen. Hier und dort ein langer Trauerschleier, ein verweintes Gesicht, die einen ruhig und ergeben, die andern laut schluchzend, verzweifelt. Kinder kamen und legten Blumen auf das Grab ihrer Mutter und sahen mit großen erstaunten Augen in die fremde, stille Welt ringsum* (30. 9. 03).

Hier wird eine verleugnende und schonende Seite der Erziehung sichtbar, die – wie schon Mathildes anfänglich erwähnte Einstellung zum Geld zeigte – ein gewisses Erstaunen hervorruft. Vater Freud wollte offenbar seine Kinder, speziell die Mädchen, vor einer in seinen Augen allzu frühen Konfrontation mit dem Tod bewahren.

Überraschender noch erscheint eine Anfrage, die Mathilde am 30. Oktober 1903 – knapp drei Jahre nach Fertigstellung der »Traumdeutung« – an ihren Freund richtet:

Beantworten Sie mir, lieber Freund, die eine Frage. Glauben Sie an Träume und ihre Deutung in bezug auf Ereignisse, die daraus entstehn? Ich habe über das Zeugs immer gelacht, aber wenn nun mal zufällig so eine Deutung eintrifft, was soll man dann davon halten? Diese Frage hätte sie viel eher ihrem Vater stellen können, aber wie sie später Paul Roazen in einem Interview erzählte, habe es bei Tisch niemals Diskussionen über Psychoanalyse gegeben.[15] Vielleicht ist ihr zum damaligen Zeitpunkt gar nicht bekannt, daß ihr Vater ein hochbedeutsames Werk über Träume geschrieben hat. Allem Anschein nach nimmt sie damals noch kaum Anteil an seiner geistigen Welt.

In den ersten Wochen nach ihrer Rückkehr aus den Ferien muß sich Mathilde viel um Besucher kümmern, die sie *ganz mit Beschlag* belegen. Besonders schwer fällt ihr die Abgrenzung bei ihren Verwandten. Sie habe sich vorgenommen, *mich nicht zu sehr in Anspruch nehmen zu lassen*, habe diesen Plan aber nicht durchhalten können, weil ihre Tante und Cousine[16] darauf sehr gekränkt reagierten. *So war ich also sehr brav* (23. 9. und 28. 9. 03).

Wenige Tage später beginnt Mathilde ihrer Unzufriedenheit gewahr zu werden. Endlich beginne *die Arbeit wieder, Gott sei Dank, diese geringe geistige Beschäftigung ist mir unerträglich geworden. Wenn man so wenig zu tun hat, kommen einem lauter unnötige Gedanken und machen einen nicht vergnügter* (1. 10. 03).

Das hier angesprochene geistige Vakuum erklärt sich daraus, daß Mathilde zwar ab dem 11. Lebensjahr eine »Privatschule«[17] – das Lyzeum von Dr. Salka Goldman[18] – besucht hatte, ihre Schulzeit jedoch inzwischen beendet und weder der Besuch eines Gymnasiums noch einer Lehrerbildungsanstalt für sie vorgesehen war.

In diesen Zusammenhang gehört eine – allerdings vereinzelt dastehende – Äußerung Mathildes, daß sie sich als junge Frau den Männern gegenüber benachteiligt fühle. Sie beneide Eugen wegen seiner Freiheit. *Wenn Sie Lust haben, da oder dorthin zu gehn, setzen Sie sich auf die Elektrische und fahren hin, etwas für uns Mädchen ganz Unausführbares, Unschickliches, Unmögliches. Wenn ich einmal sagen wollte, daß ich das Verlangen hätte, einen Friedhof zu besuchen, würde man mich wahrscheinlich für melancholisch halten und Dr. Rie zur Untersuchung hertelephonieren. Eigentlich ist es ein Jammer mit uns Mädeln und unsrer Unselbständigkeit, und da geht es mir von meinen Freundinnen noch am besten* (9. 10. 03).

Ein Literaturkurs
bei ihrem bewunderten Deutsch-Professor

Nach ihrer Rückkehr aus dem Sommerurlaub am Thumsee habe sie sich, schreibt Mathilde, hauptsächlich damit beschäftigt, *mir über mein Geistesheil den Kopf zu zerbrechen. Pläne haben Papa, Mama und ich genug, aber Entschluß ist noch keiner vorhanden* (23. 9. 03).

Eine erste Perspektive eröffnet sie sich selbst, indem sie sich aktiv um einen Lektürekurs bei dem Deutsch-Professor ihrer Schule bemüht: *Ich war dieser Tage noch ganz besonders in Anspruch genommen durch eine allerdings sehr wichtige, aber nicht sehr angenehme Sache. Ich hatte nämlich im Frühjahr unternommen, mich für einen Kurs einzusetzen, den einige meiner Kameradinnen bei einem sehr beliebten Professor im heurigen Winter einrichten wollten. Damals hatten sich eine ganze Anzahl gemeldet, aber jetzt mußte ich an alle, die teilweise noch auf dem Land sind, schreiben, ob sie Zeit und Lust haben u. s. w. Heute früh habe ich an den Professor selbst geschrieben, aber was hatte ich mit diesen Anfragen zu tun, bis ich alle Zu- oder Absagen beisammen hatte! Und dazwischen werde ich von allen Ungeduldigen gequält, antelephoniert, mit Briefen und Karten bestürmt, daß es nicht mehr zum Aushalten war* (28. 9. 03).

Wenige Tage später teilt sie glücklich und stolz mit, sie habe diesen *großartigen Menschen* auch heuer wieder für den Deutschkurs gewonnen. *Die hinreißende Beredsamkeit, das Aufgehn in seiner Lehrerpflicht, die ihm nur ein Vergnügen ist, das Klarlegen aller Dinge, bis sie einem greifbar vor Augen stehen, und dabei die Strenge und Genauigkeit – alles stimmt* (8. 10. 03).

Durchgenommen werden in diesem Lektürekurs Grillparzers »Das goldene Vlies«, Schillers »Demetrius«, Goethes »Torquato Tasso« und »Faust, I. Teil«. Die Grillparzersche Trilogie mache ihr *im gemeinsamen Lesen einen sehr schönen und tiefen Eindruck. Anders ergehe es ihr, etwas wie die Medea oder den Schluß des Nibelungenlieds gemeinsam laut zu lesen, der Konflikt oder der Seelenschmerz der Heldin regt mich so auf, daß ich immer wünsche, es schon beendet zu haben und nur von diesem tragischen Geschick so wenig wie möglich mehr zu erfahren. Deshalb habe ich mich bis jetzt nicht entschließen können, zum Lohengrin zu gehn, denn ich würde verzweifeln, wenn ich den Schmerz der Elsa nicht nur hören, sondern auch dargestellt sehn müßte* (30. 10. 03).

Neben dem Literaturkurs kann Mathilde noch auf ein anderes – umfangreicheres – Bildungsangebot zurückgreifen, das als Reaktion auf die damalige Bildungsmisere junger Frauen initiiert worden war: »Nach der Absolvierung einer Volks- oder Bürgerschule sahen sich Mädchen mit vierzehn Jahren einer Situation gegenüber, die ihnen wenig Möglichkeiten bot, sich weiter zu bilden. Von diversen Fachschulen (gewerbliche Fortbildungsschulen, Handelsschulen) abgesehen, eröffnete ihnen als einzige Institution die Lehrerinnenbildungsanstalt die Chance, eine weitere

Allgemeinbildung zu erhalten und auch einen konkreten Beruf auszuüben. Nur wer das in den privaten Anstalten eingehobene Schulgeld aufbrachte und sich ohne eigentlichen praktischen Nutzen den Luxus einer höheren Bildung leisten wollte, konnte seine Tochter nach der Grundschulausbildung eine sogenannte Höhere Töchterschule oder ein Lyzeum besuchen lassen.«[19] Diese Mädchenschulen führten allerdings insofern in eine »Bildungssackgasse«, als sie nicht mit der Reifeprüfung als Voraussetzung eines Hochschulstudiums abschlossen.

Um die allgemeine Volksbildung zu verbessern, wurden 1895 »volkstümliche Universitätskurse« eingerichtet, die im ersten Jahrzehnt von nicht weniger als 100 000 Menschen besucht wurden. Im April 1900 erfolgte die Gründung eines »Vereins für Abhaltung von wissenschaftlichen Lehrkursen für Frauen und Mädchen«, des sogenannten Athenäums.

Bildungsmöglichkeiten an einer »Frauenhochschule«

Das Athenäum sah seine »Mission« darin, »die Frauen aus ihrer geistigen Enge herauszuführen«. Man sprach seinerzeit sogar von einer »Frauenhochschule«, obwohl der Besuch der Lehrveranstaltungen zu keiner staatlich anerkannten Berufs- oder Studienberechtigung führte. Namhafte Persönlichkeiten beteiligten sich an diesem Bildungsprojekt.[20] Ein quantitativer Vergleich zeigt, daß die Zahl der Teilnehmerinnen an diesen Kursen wesentlich höher lag als die Zahl der Universitätsstudentinnen.[21]

Im Zeitraum von 1900 bis 1918 waren 15 883 Frauen eingeschrieben und nahmen an 530 Kursen teil. Diese Frauen stammten zum größten Teil aus dem gebildeten mittleren

Bürgertum. Sie hatten einen gewissen Freiraum, weil sie weder von beruflichen noch von häuslichen Pflichten allzusehr in Anspruch genommen waren.[22] Beabsichtigt war, mit einem breiten Angebot an naturwissenschaftlichen Kursen die einseitig geisteswissenschaftliche Ausrichtung der weiblichen Bildung zu korrigieren. Dieses Ziel konnte allerdings nicht erreicht werden. Die traditionell weiblichen Kurse in Kunst- und Deutscher Literaturgeschichte sowie teilweise in Philosophie und Geschichte wurden klar bevorzugt gegenüber den medizinisch-naturwissenschaftlichen Kollegien.[23] Auch das Ziel, Arbeiterfrauen den Zugang zu diesem Bildungsangebot zu eröffnen, mußte zurückgestellt werden.[24]

Im Oktober 1903 erwähnt Mathilde das Athenäum als *eine Vereinigung der Universitätsdozenten* ausdrücklich und weist darauf hin, daß sie *den Zweck hat, Frauen und Mädchen auf dem Wege der Vorträge in sämtliche Wissenschaften einzuführen* (22. 10. 03). Sie selbst habe dort eine ganze Reihe von Kursen belegt: *Vielleicht interessiert es Sie auch, von meinen vorläufig bestimmten Stunden zu erfahren. Papa hat neulich gesagt, daß ich im Tag höchstens 2 Stunden lernen soll, auf Befehl unseres Hausarztes, damit ich nicht wieder so schlecht aussehe wie vorigen Winter. Also habe ich Montag 2 Stunden nachmittags Deutsch bei meinem geliebten Professor H., Dienstag eine St. Kunstgeschichte, verbunden mit Museumswanderungen, Mittwoch 1½ St. Anatomie mit besonderer Berücksichtigung der bildenden Kunst, Donnerstag 1½ St. röm. Geschichte, Freitag ist noch frei für Englisch, Samstag 1 St. Chemie des täglichen Lebens und eine St. Geschichte der französ. Revolution. Mittwoch und Montag werde ich wahrscheinlich vormittags noch Zeichnen und Malen lernen, außerdem will ich es versuchen, meine Stenographie zu verbessern, und sonst fleißig im Haus helfen. Dann werde ich noch die interessanten volkstümlichen Uni-*

versitätskurse besuchen und damit oder dadurch, wie Papa sagt, genügend »gebüldet« werden (8. 10. 03). Im folgenden Brief bezeichnet Mathilde das *Studieren* als ihre Hauptbeschäftigung: *Ich finde diese freie Universität für Frauen, wie sie da am Athenäum ist, eine großartige Einrichtung* (30. 10. 03).

Ausdrücklich geht sie darauf ein, daß es sehr interessant sei, *den Lehrgang an verschiedenen Anstalten wie Gymnasien und Hochschulen vergleichen zu können*, zumal sie durch mehrere Freunde Einblick in die den Männern vorbehaltene Sphäre der Wiener Gymnasien und Universitäten und durch ihren Verwandten Jascha (Jakob Nathanson) sogar in die wöchentlichen *Empörungsskandale* an der Universität in Odessa habe. Jascha selbst sei *sehr bedroht, weil er der Obmann sämtlicher Studentenvereine ist, auf diese Leute hat die Polizei ein besonders wachsames Auge* (22. 10. 03).

Aufblühendes Kunstinteresse und erste Eindrücke vom Jugendstil

Großen Anteil nimmt Mathilde an der Kunst. Zu ihrem 16. Geburtstag erhält sie u. a. eine 5bändige Geschichte der Malerei, ein Buch mit dem Titel »Kunst für alle«, ein Abonnement der Zeitschrift »Kunstwart« und – von Eugen – den Druck eines von Lenbach gemalten Bildes des Dichters Hertz (20. 10. 03). In einem über die Weihnachtstage geschriebenen Brief erwähnt sie, *einen Frauenkopf von Stuck* geschenkt bekommen zu haben. Außerdem habe sie *einen neuen Schreibtisch und dahinter ein Eckfach, auf dem eine große Statue aus der Niobidengruppe, Schiller- und Goethe-Büsten, eine reizende Vase stehn und malerisch geordnet meine Kunstzeitschriften liegen. Auf dem Schreibtisch*

steht eine Statue »Die Nacht«, eine Klythia, eine Bronze-
statuette von Michelangelo, und nach den Feiertagen kommt
noch eine Isis aus Papas Sammlung dazu, die vielleicht schon
auf dem Altar eines ägyptischen Priesters gestanden hat
(26. 12. 03).

Im selben Brief äußert sich Mathilde sehr positiv über
die Bilder der Worpsweder Künstler und erzählt von einer
Freundin, die ihr Zimmer *ganz im Secessionsstil* eingerichtet habe und mit *jungen Malern wie Peter Altenberg und seinen Freunden* verkehre: *Merkwürdigerweise hat mir ihr
Zimmer riesig gefallen, da habe ich zum erstenmal gesehen,
daß Secessionsfarben und -formen auch sehr behaglich sein
können und nicht einmal so sehr verdreht.*

Drei Tage später nimmt sie diesen Faden wieder auf:
*Haben Sie in München etwas von einem Maler gehört, der
Gustav Klimt heißt, dem Verbande der Wiener Secession an-
gehört, die denkbar verrücktesten Sachen malt und gegenwärtig in unserm Secessionsgebäude eine Ausstellung seiner
Werke veranstaltet hat? Dieser Klimt hat im Auftrag der
Wiener Universität 3 große Wandgemälde vollführt, die die
Medizin, die Jurisprudenz und die Philosophie darstellen –
sollen. Außerdem hat er Fresken im japanischen Stil, Porträts,
Allegorien und Landschaften gemalt, wird aber wegen unerhörter Verrücktheit und Modernität für junge Mädchen als
höchst verderblich und schädlich betrachtet und die Anzahl
derjenigen glücklichen Geschöpfe von 16–20, die ihn dennoch gesehen haben, ist nicht groß. Ich gehöre auch dazu,
habe eines Tages mit Papa und Mama die Ausstellung besucht
und mich als einziges Wesen unter 35 Jahren in dem geräumigen Gebäude befunden. Ich fand die ganze Bildersammlung riesig interessant und habe – was bei Klimt schon etwas
sagen will – bei einigen Gemälden Sinn und Inhalt gefunden
und mir auch eine eigene Ansicht darüber gebildet. Ich
möchte schrecklich gern mit Ihnen noch darüber sprechen.*

In die erwähnten drei Wandgemälde für die Wiener Universität ist vieles von Schopenhauers metaphysischer Obdachlosigkeit und pessimistischer Weltvision eingegangen. Die Welt erscheint als »Wille«, als blinde Kraft, in einem endlosen Kreisen von Gebären, Liebe und Tod.[25] Aus heutiger Sicht liegt es nahe, eine geistige Verbindung zwischen Klimt und Freud als Hauptrepräsentanten der Wiener Moderne herzustellen, wobei dem antiidealistischen Denken Schopenhauers, Richard Wagners und Nietzsches eine Vermittlerfunktion zugeschrieben werden kann.[26] Für die 16jährige Mathilde ist von einer solchen Verbindung im Jahre 1903 allerdings noch nichts wahrnehmbar.

Zum weiteren Bildungsprogramm Mathildes gehören der Besuch von Theater-, Operetten- und Opernveranstaltungen. Ausdrücklich erwähnt sie Aufführungen von »Pitt und Fox« im *geliebten Burgtheater* (29. 9. 03), von »Sappho« im Deutschen Volkstheater (20. 10. 03) und von »Fiesco« im Burgtheater (29. 12. 03).

Zarte Ansätze
eines eigenen Lebensentwurfs

Auch der Austausch über Bücher liegt Mathilde sehr am Herzen. Sie möchte gern mit Eugen über Neuerscheinungen wie das sehr hübsche Buch »Villa Falconieri« von Richard Voß diskutieren oder daß *wir irgendein Buch überhaupt beide lesen* (29. 12. 03).

Ausdrücklich nimmt sie sich vor, ihr *Tagebuch wieder regelmäßig führen und überhaupt fleißig schreiben* zu wollen, um dann hinzuzufügen: *Ob ich mein sehnlichst erwünschtes Ziel auch erreichen werde?? Wenn ich schöne Bücher lese, steigen mir immer drohende Zweifel auf, aber ich will nicht verzagen, sondern mutig vorwärtsstreben. Vielleicht gelingt es doch!* (30. 9. 03) Sehnt sie sich nach einem schreibenden Beruf? Will sie Schriftstellerin werden?

Konkreter ist der Plan, das englische Buch »Ships that pass in the night« von Beatrice Harraden[27] ins Deutsche zu übersetzen. Mathildes Englisch-Lehrerin fand die Idee gut, riet ihr aber, mit etwas Leichterem zu beginnen. *So habe ich also zum schweren Anfang ein leichtes englisches Märchen genommen, das mir auch sehr sympathisch ist, »The Water-babies« von Kingsley, und bereits ein paar Seiten begonnen. Es geht ganz gut, nur braucht man sehr viel Ruhe dazu, und die habe ich nicht immer.*

Ihr Plan geht sogar so weit, die Übersetzung *einem Buchhändler zum Verlegen anzubieten. Es wäre doch herrlich, wenn ich mir zum Beispiel Geld für Vergnügungen oder Toilettesachen selbst verdienen könnte, wenn es auch nur ein ganz bescheidener Anfang ist! Auf eigenen Füßen stehn, besonders wenn man nicht dazu gezwungen ist, denke ich mir wunderschön* (29. 12. 03).

So zeigt die 16jährige Mathilde die typischen Züge einer bildungshungrigen höheren Tochter in der »kulturellen Pubertät«.

Eine folgenschwere Krankheit
1904–1906

Nach dem ausführlichen Brief Ende des Jahres 1903 tritt eine unerwartete Schreibpause ein.

Eine längere Unterbrechung des Briefwechsels

Aus der Zeit der Unterbrechung existieren nur eine Bild-postkarte und eine Neujahrskarte. Auf der bunten Bild-postkarte (16. 2. 04) ist eine Dame abgebildet – sie war sicherlich als Erinnerung an ihren Geburtstag gedacht. Ob Eugen auf diese kommentarlose Anspielung reagiert hat, ist nicht ersichtlich; man weiß nur, daß er im Frühjahr 1904 durch die Abiturvorbereitungen stark eingespannt ist. Ob es im Sommer 1904, als die Freuds ihren Familienurlaub wieder am Königssee verbrachten, zu weiteren Begegnungen zwischen Mathilde und Eugen gekommen ist, ist nicht bekannt.

Auf der Neujahrskarte (31. 12. 05) bringt Mathilde zum Ausdruck, sie sei ihrem Freund *wohl einen längeren Brief schuldig*, der allerdings ausbleibt. Die brieflose Zeit dauert schließlich 2½ Jahre. Als die Korrespondenz im Sommer 1906 wiederaufgenommen wird, betont Mathilde, offenbar in Erwiderung eines entsprechenden Wunsches von Eugen: *Ich freue mich riesig, wenn unsre liebe alte Freundschaft ihre Auferstehung feiert* (6. 7. 06).

Hat sich Mathilde gekränkt zurückgezogen, weil Eugen ihr nicht häufig genug schrieb? Dem Brief vom 13. Juli

1906 läßt sich ein anderer – schwerwiegenderer – Grund entnehmen. In ihm fügt Mathilde ihrem Dank für mehrere Briefe Eugens die Bemerkung hinzu, daß nun *langsam aus dem, was Sie mir erzählen, und der Art, wie Sie es mir erzählen, Ihr Bild sich wieder zusammenstellt.* Um diesen Satz verständlich zu machen, kommt sie auf die traurigen Geschehnisse des letzten Jahres zu sprechen.

Die verhängnisvolle Blinddarmoperation

Im Mai 1905, nach einem schönen Aufenthalt in Meran, erkrankte Mathilde an einer schweren Blinddarmentzündung, die vierzehn Tage anhielt und sie in einen *merkwürdigen Seelenzustand* versetzte. Plötzlich seien alle Interessen zurückgetreten, und es habe *keinen anderen Gesprächsstoff als Operation, Gesundwerden, Nachkur, Sommerpläne etc.* gegeben. *Manchmal dachte ich wohl, wenn Eugen das wüßte, aber das war auch alles; lernen, lesen, schreiben, alles hatte aufgehört, es war viel wichtiger, daß ich ruhig blieb und meine Schmerzen nicht erneuerte. Dann kam die Operation, auf die ich mich freute, die mich aber so sehr enttäuscht hat, an dem einen bösen Tag 2 Narkosen mit ihren schauderhaften Folgen* (13. 7. 06).

Die Blinddarmoperation war von Freuds Jugendfreund Ignaz Rosanes durchgeführt worden. Appignanesi und Forrester schildern die Problematik: »Rosanes wollte eine neue Methode zum Abklemmen der Blutgefäße ausprobieren, die Blutgefäße öffneten sich jedoch wenige Stunden nach der Operation, und Mathilde wäre beinahe an inneren Blutungen gestorben. Eine Zeitlang schwebte sie in Lebensgefahr; das Fieber wollte nicht weichen, man brachte sie in ein Sanatorium, und wieder hatte Freud schon fast die Hoffnung auf Heilung aufgegeben.«[28] Nach

Mathilde als Jugendliche

der zweimaligen Erkrankung an Diphtherie war dies die dritte von »drei großen lebensgefährlichen Erkrankungen«, von denen der Vater später in einem Brief an Mathilde sprach.[29]

Als sie nach einem mehrwöchigen Sanatoriumsaufenthalt endlich wieder nach Hause kam, mußte sie *langsam*

Gehen, Stehen, Sitzen lernen, bevor sie im August 1905 gemeinsam mit der Familie den Sommerurlaub in Altaussee verbringen konnte, um sich zu erholen.

Mathilde spricht zwar vom *Feschwerden im Sommer*, fügt dann aber hinzu, der Winter 1905/06 sei noch ärger gewesen: *Ich bin mit immerwährenden Schmerzen am Sofa gelegen, konnte dabei nicht einmal etwas lesen. Mein Kopf war nicht imstande, vernünftige Gedanken in sich aufzunehmen, es war ganz leer und öde drinnen.* Erst im Frühjahr sei es wieder besser geworden: *ich konnte wieder leben wie ein andrer Mensch, war sehr viel im Theater, nur in einer Gesellschaft, dafür war sie aber auch sehr hübsch. Jetzt im Mai–Juni war es in Wien sehr heiß und ich zum Schluß wieder ziemlich kaputt.* Ihr derzeitiger Kuraufenthalt in Levico solle *die letzten Überreste der blassen Wangen und die Müdigkeit beseitigen* (22. 7. 06).

Am Ende ihres am 24. Juli abgeschlossenen Großbriefes bittet Mathilde ihren Freund um Verständnis, *daß ich so viel von meiner Krankheit gesprochen, sie steht in ihrer ganzen Traurigkeit noch unausgesprochen zwischen uns und hat für mich in jeder Beziehung zu viel bedeutet, als daß ich sie bloß übergehn könnte. Das wird in Zukunft besser werden!*

Kuraufenthalte und Familienurlaube

Den Aufenthalt in Levico schildert Mathilde als sehr erholsam: *Ich treibe fleißig Kur mit Trinken, Baden, Essen, Faulenzen, liege den ganzen Tag wie ein Eidechs an der Sonne und fühle mich unbeschreiblich wohl* (3. 7. 06). Einige Wochen später heißt es, sie *habe jeden Tag Tennis gespielt, und zwar so viel, daß der Doktor schon wieder Ruhe und Faulenzerei verordnet hat. Also wird wieder im Sessel gelegen und gekritzelt* (22. 7. 06).

Von Levico aus fährt Mathilde Ende Juli zu ihren Eltern und Geschwistern, die sich, nur 3 Stunden Wagenfahrt entfernt, in Lavarone aufhalten, *einem entzückenden Nest, beinahe 1200 m hoch zwischen den Bergen gelegen. Dort wird mit Rudern, Fischen, Baden und Tourenmachen Nachkur gehalten* (22. 7. 06). In dieser in Südtirol gelegenen Bergwelt wohnt die ganze Familie im Hôtel du Lac: *Wir sind seit Thumsee zum erstenmal wieder ohne Haus, wohnen 9 Mann hoch im Hotel* (24. 7. 06).

Lavarone hatte Freud im September 1900 auf einer Italienreise mit seiner Schwägerin Minna entdeckt. Von dort schrieb er an Wilhelm Fließ: »Minna wollte eine Höhenstation verkosten; wir gingen darum über eine schauerlich schöne Bergstraße nach Lavarone (1200 m), ein Hochplateau abseits vom Valsugana, wo wir den herrlichsten Nadelwald fanden und eine ungeahnte Einsamkeit.«[30] An Martha berichtete er, Lavarone sei wegen seines nordischen Charakters und seiner über 14 km zerstreuten Häusergruppen zuerst eine Enttäuschung gewesen, weil der Ort »überall ist und nirgends«. Überdies waren sie im Hotel die einzigen Gäste. Aber dann kam eine Wendung: »Die aufmerksame Verpflegung u. Behandlung, die gute Kost, die köstliche Stille, der herrliche Tannenwald, den wir ½ St. weiter entdeckt haben, die überraschenden Spaziergänge, die zu immer neuen Lavarone's führen, das Wohlbefinden, das sich aus alledem zusammensetzt, haben es uns so angetan, daß wir höchst ungerne abreisen.«[31]

Im Sommer 1906 verfaßt Freud im Hôtel du Lac seine Arbeit »Der Wahn und die Träume in W. Jensens ›Gradiva‹«.[32] Auch im folgenden Sommer ist Lavarone wieder das Urlaubsdomizil der Freuds. Auf einer Karte teilt Mathilde mit, sie *schwelge in Schönheit, Luft, Sonne, Blumen* (30. 7. 07), und aus Wien schreibt sie im Rückblick: *Es war in Lavarone noch schöner als voriges Jahr, noch sonniger,*

Ferienaufenthalte,
die in den Briefen Mathildes erwähnt werden:[33]

1901   Juli/August: Thumsee

1902   August: Berchtesgaden/Königssee,
Villa Sonnenfels

1903   Juli/August: Berchtesgaden/Königssee,
Villa Sonnenfels

1904   12. Juli–28. August: Berchtesgaden/Königssee,
Villa Sonnenfels

1905   Frühling: Meran
August: Altaussee

1906   Juni/Juli: Levico, Grand Hotel
Juli/August: Lavarone, Hôtel du Lac

1907   Juli/August: Lavarone, Hôtel du Lac
August/September: St. Christina im Grödnertal
(Wolkenstein) und Annenheim/Ossiacher See
Thalhof am Semmering
September: Ruttenberg, Böhmen

1908   Februar/März: Villa Raab (Dr. Raab), Untermais
bei Meran
anschließend bis 30. Juni: bei Raabs in Tutzing
am Starnberger See
zwischenzeitlich Besuch in München
15. Juli–31. August: Berchtesgaden, neuer
Dietfeldhof

1909   Juli/August: Ammerwald (Tirol)
Mitte August: in München auf der Durchreise,
von Oberammergau kommend

noch südlicher, ich hab mich, wenn eine Steigerung noch möglich war, heuer noch glücklicher gefühlt. Und ich ging sehr ungern fort, als es für Papa und Mama zu heiß wurde und wir über mein geliebtes Trient nach Waidbruck fuhren und von da mitten in die Dolomiten hinein. Es ist gewaltig schön in Wolkenstein, von allen Seiten grüßten die Gruppen und die Kofels ins Fenster, und die Edelweiß konnte man schon eine Stunde vom Haus so mühelos und zahlreich pflücken, daß ich fast keine Freude mehr dran hatte. Aber zum Sommergenuß bin ich dort nicht gekommen, es war mir zu kahl und zu kalt, und bis auf eine entzückende Tour und einen lieben Freund hab ich keine angenehme Erinnerung an Wolkenstein. Wir verlangten bald wieder Wärme und stiegen um 1000 m hinunter nach Kärnten. Das waren dort in Annenheim ein paar herrliche Wochen, wir lebten fast wie in Thumsee damals den ganzen Tag im Boot oder im Bad. Ich hab ja heuer endlich schwimmen gelernt und hatte Tag für Tag unbeschreiblichen Genuß und Freude, mehr fast als für einen Menschen gut ist. Gegen Mitte September verließen wir den Ossiachersee, Papa fuhr nach Rom und wir gegen Wien, auf der Strecke machten wir noch einmal Halt am Fuß des Schneebergs und Semmerings und hatten dort noch ein paar göttliche Tage (22. 9. 07).

Lavarone war für Freud einer der schönsten, wenn nicht der schönste Ort in Südtirol.[34] Hier verbrachte er im August 1923, vor seiner letzten großen Rom-Reise, einen ganzen Monat.

Während einer Kur in Meran empfindet Mathilde die *Luft wie in Lavarone, alles blüht und grünt* (11. 4. 08), und im Sommer 1910 kehrt sie – wie 1906 nach einer vorausgegangenen Kur in Levico – an diesen idyllischen Ort zurück. Von hier schreibt sie an den Vater, der auf einer Hollandreise ist, mit deutlicher Selbstironie: *Man hat doch immer schrecklich viel zu tun hier, vormittags muß man im*

Wäldchen sitzen oder schauen, ob schon Erdbeeren reif sind, nach dem Essen schlafen und dann irgendeinen herrlichen Weg machen, grad zum Essen nach Hause kommen, nachher nach Parrocchia gehn, mit dem Zapfenstreich zu Bett – also man hat wirklich keine Zeit. [...] Alles in allem geht es uns herrlich gut und ist es wunderschön, ganz wie ich es mir vorgestellt hab.[35]

Schon in den Jugendjahren haben Reisen einen hohen Stellenwert in Mathildes Leben, seien es Verwandtenbesuche (in Hamburg), Urlaubsreisen mit der Familie (nach Altaussee, Lavarone, Ammerwald u. a.) oder Kur- und Erholungsreisen (nach Levico, Meran, Tutzing u. a.).

»Aber ich, fürcht ich, habe mich sehr verändert«

Durch die langwierige Krankheitsperiode in den Jahren 1905/06 wurden Mathildes intellektuelle Neigungen und Bestrebungen jäh gebremst und unterdrückt: *Während dieser Zeit hatte ich beinahe alles, was sich vorher begeben, vergessen. Ich wußte die Namen meiner Schulfreundinnen nicht mehr, ich erinnerte kein einziges Buch, das ich gelesen hatte* (13. 7. 06).

Ihr Gedächtnisverlust war so gravierend, daß sie sich selbst von Eugen erst allmählich wieder ein Bild machen konnte: *Jetzt, wo ich so viele hübsche Karten von Ihnen bekomme, werden Sie mir wieder mit jedem Tag bekannter, ich hatte in meiner öden, langen Krankheit kein ordentliches Bild mehr von den Menschen, mit denen ich nicht unmittelbar beisammen war* (22. 7. 06).

Einige Tage später versichert sie, daß ihre Lebenskraft wieder zugenommen hat, gesteht sich aber deren nachhaltige Schwächung ein: *Ich habe lange gebraucht, um aus all meinen trüben Stimmungen herauszukommen, jetzt ist es mir ja endlich gelungen, und ich bin sehr lustig und guter Dinge, aber manche Empfindung, die ich früher hatte, kann ich jetzt bei mir nicht mehr entdecken, und um vieles ist mir leid. Aber das läßt sich nicht mehr ändern [...].* Im selben Brief findet sich ein Satz, der die posttraumatische Veränderung nochmals in prägnanter Form festhält: *Aber ich, fürcht' ich, habe mich sehr verändert, so ein trauriges Jahr geht auch nicht an einem vorüber, ohne Spuren zu hinterlassen* (24. 7. 06).

Mathildes Krankheitsgeschichte ist damit noch keineswegs zu Ende. Im Vorgriff seien einige Briefstellen der nächsten Jahre zitiert. So schreibt sie eineinhalb Jahre später, am 31. Januar 1908: *Ich wollte, heut wäre Dezember, und ich könnte das alte Jahr beschließen mit der Erinnerung an diese dumme, dumme Krankheit und mich ordentlich auf das neue freuen. Aber leider geht die Zeit nicht zurück – nein, sie rast vorwärts, an mir vorbei, und ich lieg im Lehnsessel und bin so müde, daß ich mich nicht einmal ordentlich kränken kann über alles, was ich versäume [...] ich hatte – die Ärzte sagen, noch im Zusammenhang mit meiner damaligen Operation – eine leichte Bauchfellentzündung mit entsetzlichen Schmerzen und Fieber und bin noch furchtbar müde. Wahrscheinlich werd ich noch auf längere Zeit zwischen Sofa und Strecksessel hin und her pendeln müssen.* Und am 18. Dezember 1908 heißt es: *Ich bin nämlich wieder einmal fast 3 Wochen mit Schmerzen in meiner alten Wunde zu Bett gewesen und hatte dabei Wohnungs-Einrichtungs- und Ausstattungssorgen, und mein Bräutigam war doch die halben Tage da, wie's mir bißchen besser ging, mußten wir Besuche machen und Einladungen absolvieren – also daß ich wenig Zeit hatte, werden Sie mir glauben.* Am 16. April 1910 teilt Mathilde mit, daß sie *zur Abwechslung wieder einmal operiert worden* sei. Wenige Monate später wird sie – offenbar während der Kur in Levico – ein drittes Mal operiert.[36] Auf den Fortgang ihrer Krankengeschichte wird später noch weiter eingegangen.[37]

Wiederannäherung und Wiederaufnahme des Briefwechsels

Nach der zweieinhalbjährigen Briefpause konstatiert Mathilde, das Überlesen der letzten Briefe Eugens habe *ganz eigen* auf sie gewirkt: *Wieviel Poesie! Mondschein im Kämmerlein, Rosen, gemütliche Plauderei mit einem Freund in der Weinstube. Sie sind doch ganz der Alte geblieben, lieber Freund!* (24. 7. 06) Und doch kommt es in der Folgezeit erneut zu einer mehrmonatigen Unterbrechung, die Mathilde wiederum Eugen anlastet. Da er so lange Schreibpausen einlege, falle es ihr immer schwerer, sich durch die Fülle der dazwischenkommenden Ereignisse zu ihm durchzufinden. *Unsre Freundschaft – durch die jahrelange Pause gefestigt – wird wenig berührt von den unregelmäßigen Mitteilungen, aber das gegenseitige Verständnis leidet sehr darunter.* Daher bittet sie ihn, sich ernsthafte Gedanken zu machen, ob ihm an einem regelmäßigen Briefverkehr überhaupt gelegen sei: *Briefwechsel mit einem guten Freund soll doch ein angenehmes Aussprechen und Sich-Mitteilen sein. Nein, bitte sagen Sie mir doch ganz offen, ob Sie dieses Verlangen, mir zu schreiben, wirklich nicht öfter haben als einmal in 6–8 Wochen; ich werd Ihnen auch weiter antworten wie bisher, aber ich kämpfe mit jedem Wort, das mir aus der Feder will, weil ich meine, Sie interessiert das nicht.* Einige Zeilen später fügt sie hinzu: *Jetzt überlese ich das Geschriebene und wundre mich: also das habe ich mir gedacht? Denn schreiben wollen hab ich es nicht, aber nach Papas Theorie zeigt Schreiben ganz besonders gut die Gedanken und Emp-*

findungen des Unterbewußtseins, das immer das Wahre, Richtige und Ungekünstelte denkt (8. 2. 07).

Im nächsten Brief zeigt sie sich über Eugens Antwort sehr erfreut. *Ich hab Ihren Brief, seit ich ihn bekommen hab', nicht mehr gelesen und schaue ihn auch vorläufig nicht an: Ich will sehen, was das Unbewußte, das durch diese Methode zur Arbeit gezwungen wird, auf ihn zu antworten hat. Es erinnert sich vor allem, ihn mit einer gewissen Spannung erwartet, bedächtig geöffnet und gelesen und mit einer ganz angenehmen Empfindung gewohnheitsgemäß in die Tasche gesteckt zu haben. Ich glaube, daß das Unbewußte hier mit wenig Worten ganz viel gesagt hat; es hat sich auch gefreut, in der verhältnismäßigen Bälde Ihrer Antwort den Beweis dafür geliefert zu sehen, daß Sie, ohne sich zu zwingen, öfter als einmal im Vierteljahr schreiben können, und schließlich hat es sich sehr gefreut, daß Offenheit richtig aufgefaßt wurde* (26. 2. 07).

An diesen Briefpassagen zeigt sich der Einfluß des Vaters und seiner psychoanalytischen Ideen. Zu dieser Zeit besuchten ihn die ersten Anhänger von außerhalb: Max Eitingon, C. G. Jung und Ludwig Binswanger. Man darf vermuten, daß bei solchen Gelegenheiten so manches über das Unbewußte und die speziellen Methoden zu dessen Bewußtmachung – Hypnose, freie Assoziation und möglicherweise die Technik des écrire automatique – zur Sprache kam.

Besonders wichtig ist Mathilde, daß ihr Freund zugegeben hat, ihr gegenüber ein *Geheimnis* zu haben, und schon dieses Eingeständnis verringert die Distanz zu ihm, zumal sie *ungefähr erraten* zu haben glaubt, worum es sich handelt (26. 2. 07). Mathildes Brief hat die Initialzündung für einen dichten Austausch brieflicher Mitteilungen (ca. 20 Briefe und Karten) bis zum Frühjahr 1908 gegeben.

Wechselseitige Prüfung und Partnerwahl
1907/08

Als 16jährige bewegte sich Mathilde hauptsächlich im Kreise ihrer Familie und Verwandtschaft. Einmal äußert sie, wie erwähnt, daß sie sich durch den Besuch einer Tante und einer Cousine nicht zu sehr in Anspruch nehmen lassen wollte, aber es sei ihr nicht gelungen, da die Verwandten so gekränkt reagiert hätten, daß sie eine weitere Verstimmung nicht riskieren wollte (28. 9. 03). Diese Szene mag als Beleg für die einengenden verwandtschaftlichen Bindungen und sozialen Verpflichtungen dienen, denen damals höhere Töchter, zumal aus jüdischer Familie, ausgesetzt waren.

Nach der Rekonvaleszenz hat Mathilde das Alter erreicht, das ihr erlaubt, die Familien- und Verwandtschaftsgrenzen zu überschreiten und sich in die weiteren Kreise der Gesellschaft zu begeben.

Einführung in die gesellschaftliche Welt
Kränzchen, Bälle und gesellige Vergnügungen

Für die 19jährige wird die *Einführung in die Gesellschaft* zu dem Thema, das sie am stärksten beschäftigt. So besucht sie Kränzchen, Haustanzereien, *Jours* und große öffentliche Bälle, macht sich Gedanken über ihr *Stubenmädelkleid* zum nächsten Kostümkränzchen und geht abends in die Tanzstunde.

Wegen der *seltsamen Stimmung gegen Geselligkeit*, die Eugen ausstrahlt, hält sie ihm entgegen, es sei doch *ganz hübsch, sich ein paar Wochen lang so aus vollem Herzen zu amüsieren, sich für einige Zeit auszutoben?* Ich tu ja heuer zum erstenmal mit, und da gefällt's mir noch sehr gut (5. 2. und 8. 2. 07). Am Ende ihrer ersten Tanzsaison äußert sie zufrieden: *ich hab Samstag vermutlich zum letztenmal getanzt und mich herrlich amüsiert; jetzt macht's mir schon nichts mehr, um* $1/2\,6^h$ *schlafen zu gehn und um* $1/2\,9^h$ *wieder aufzustehen* (11. 3. 07).

Als Tanz-Dame hat Mathilde auch gewisse Pflichten wahrzunehmen, die ästhetisches Empfinden und praktisches Geschick erfordern, aber schließlich auch eine Quelle der Befriedigung sein können: *Ich bin letzte Woche zwei Tage lang auf der Tour gewesen um eine Kleinigkeit für das Samstags-Kränzchen; ich brauchte einen Orden im Biedermeierstil für meinen Haupttänzer und wollte etwas besonders Hübsches haben – und da war in ganz Wien nichts derartiges aufzutreiben. Ja, so etwas hätte sich die Dame in München bestellen müssen, sagte man mir; wenn ich Zeit genug gehabt, hätt ich Sie wahrhaftig drum gebeten, so hab' ich mir alles selbst gemacht, und schließlich, nach Überwindung großer Schwierigkeiten, kam ein reizendes Ding heraus. Man ist hier doch noch schauderhaft geschmacklos in vielen Sachen, außer in Toilettedingen, als da sind besonders Kleider und Hüte* (11. 3. 07).

In dieser Zeit ist wieder einmal von einem Freund namens P. die Rede, der in früheren Briefen schon mehrmals erwähnt wurde: *dieser tolle Mensch trägt in seiner Brieftasche einen Kartenbrief herum, den ich ihm vor 2 Jahren geschrieben habe des Inhalts, daß ich ihn bitte, mir die Adresse eines ihm bekannten Gymnasialprofessoren zu verschaffen, die ich für einen Vortrag brauchte.* Mathilde ist über dieses Verhalten nicht nur amüsiert, sondern auch irritiert und fragt sich allen Ernstes: *Soll man nun nicht beinahe Mama recht geben, die mich immer warnt, wenn sie mich beim*

Briefschreiben trifft: ich solle nichts oder nur so wenig als möglich Geschriebenes aus der Hand geben? Eugen, sagen Sie mir aufrichtig, geben Sie meine Briefe irgendjemand zu lesen? (6. 4. 07)

Die Rolle der Brautjungfer bei der Hochzeit ihrer engsten Freundin Hasi zu spielen macht ihr große Freude (26.4.07). Einige Monate später besucht sie das junge Ehepaar auf dessen Gut in Böhmen, wo sie einige Tage lang *ein wunderschönes, angenehmes Leben mit lieben Menschen* führt (25. 10. 07). Es ist ihre erste Reise, die sie, gerade 20 Jahre alt geworden, auf eigene Initiative und ohne die Familie unternimmt.

Einen hohen Stellenwert hat in diesem Alter das Arrangieren einer ersten »Gesellschaft«, d. h. einer Einladung bei sich zu Hause. Sie hoffe, an Ostern *einen gemütlichen Abend* arrangieren zu können: *wenn's geht, kommen da die verschiedensten Leute zusammen, ich hab' so gern in Gesellschaft alle Elemente vertreten. Was meinen Sie dazu, die leerstehende Stelle als »treuer Jugendfreund aus der Ferne« besetzen zu wollen?* (11. 3. 07) Im folgenden Brief muß sie einen Rückzieher machen: *Ich hab' meine Gesellschaft vorläufig aufgegeben,* hauptsächlich weil ihre Mutter an einer hartnäckigen Augenentzündung leide und Ruhe benötige (27. 3. 07). Einige Wochen später kann Mathilde aber doch eine Erfolgsmeldung abgeben: *Am Sonntag hat endlich meine Gesellschaft stattgefunden und ist sehr nett gewesen* (26. 4. 07). Eugen konnte leider nicht teilnehmen.

»Luft- und Lichthunger« des Stadtmenschen

Neben dem sozialen Bereich macht Mathilde auch neue Erfahrungen in der Natur und vermag ihrem sich differenzierenden Naturerleben sprachlich zunehmend mehr Ausdruck zu geben. Dabei spielt die Wahrnehmung der unterschiedlichen Jahreszeiten eine besondere Rolle.

Über den *ausgezeichneten Eiswinter* dieses Jahres ist sie, die gerne Schlittschuh läuft, voll des Lobes: *ich war noch nie so viel in Schneeluft draußen gewesen und hab mich riesig wohl dabei gefühlt* (5. 2. 07). Auch den kommenden Frühling will sie in vollen Zügen genießen. *Gleich nach Ostern beginnen wir mit Tennis und wollen dann regelmäßige Ruder- und Kraxelpartien unternehmen, so ein Luft- und Lichthunger überkommt einen mit der Zeit in der Stadt!* (11. 3. 07) Anscheinend ist sie gleich bei einem der ersten Tennismatches mit einem Fuß umgeknickt, denn sie laboriert an Schmerzen, die so arg sind, daß sie sich zu ihrem großen Bedauern an den beiden Osterfeiertagen *absolut nicht vom Haus wegrühren* kann (6. 4. 07).

Als Stadtmensch wisse man wirklich nichts vom Frühling: *wir machen ja jeden Sonntag einen wunderschönen Ausflug und sehen dann, wie groß die Blätter an den Weißdornhecken geworden sind und um wieviel mehr die Primelköpfchen aus dem Boden gucken. Aber alles Dazwischenliegende entgeht uns, und dabei haben wir noch einen Garten, also die Baumknospen direkt vor dem Fenster.* Papa nenne den diesjährigen Frühling in Wien *Frierling, denn es sind direkte Wintertemperaturen, und was von Grün schon draußen ist, erfriert oder verfault von dem endlosen Regen.* Und doch hoffe sie, am nächsten Tag die ersten Himmelschlüssel pflücken zu können: *Ist's nicht hübsch, daß die meisten und schönsten dieser Blumen »am Himmel« wachsen? Der Himmel ist ein kleiner Berg mit der denkbar schönsten Aussicht auf Wien* (26. 4. 07).

Überhaupt findet Mathilde an *Partien* in die Umgebung großen Gefallen. Sie sei *sehr viel unterwegs, auch auf Streifereien im Wienerwald trotz Sturm und Regen.* Sie genießt es, *mit den verschiedensten Leuten* zusammenzu-

kommen und sich von ihnen Anregungen zu holen
(26. 4. 07).

Im Sommer ist sie wegen der Hitze nur noch selten
draußen – *außer zum Tennis oder zu einer Partie oder ins
Theater* (14. 5. 07). Dagegen wird sie im Herbst wieder
aktiv und erzählt von einer *entzückenden Partie* am Hermannskogel: *die schönen Wälder leuchteten in allen Farbenschattierungen von gelb bis rot, die Fernsicht war wunderbar
klar und dazu sommerliche Wärme. Ich hab' mir beide Arme
voll Laub nachhause gebracht – einen Kaminstrauß, wie die
Kinder es nennen* (30. 9. 07).

Wiederaufleben der kulturellen Interessen

Mathildes kulturelle Interessen stehen im Jahre 1907 weniger im Blickpunkt der Aufmerksamkeit, und doch kann
man an ihren Briefen ablesen, daß sich ihr Erinnerungs-
vermögen allmählich wiederherstellt und sie wieder zu sich
selbst findet: *Auch ein seltsames, mich sehr beschäftigendes
Wiedersehn mit einem guten, treuen Freund hab' ich in dieser
Zeit erlebt, und alte Zeiten hab' ich beim Neuordnen meines
sämtlichen Besitzes und aller Briefe mit besonderer Lebhaftigkeit wieder durchgelebt* (5. 2. 07).

Des öfteren werden Theaterbesuche und ihre Vorliebe
fürs Burgtheater erwähnt. Natürlich haben es ihr bestimmte Schauspieler besonders angetan, in erster Linie der berühmte Josef Kainz, den sie mehrmals rühmt, so in seiner
Glanzrolle als Dusterer in Anzengrubers Schauspiel »Der
G'wissenswurm«. Gelegentlich gerät sie ins Schwärmen
über das kulturelle Angebot ihrer Heimatstadt: *Wien ist,
wie jedes Jahr um diese Zeit, eine interessante Stadt geworden, es gibt die schönsten Kunstausstellungen, und beinahe
zu jeder Theatervorstellung könnte man gehn* (26. 4. 07).

In einem Brief vom März blitzt ihre ästhetische Sensibilität auf, als sie eine Ausstellung japanischer Farbholzschnitte schildert: *Für die Darstellungen der japanischen Frau kann ich mich zwar nicht begeistern, aber die Naturschilderungen sind von einem unendlich feinen und intimen Reiz, der mich sogar dazu verleitet hat, mir einen kleinen Holzschnitt zu kaufen.*

Und noch ein anderer Wunsch kommt in diesem Brief zum Vorschein: *Ich werde reichlich mit Abhandlungen und Aufsätzen versorgt, aber ich sehne mich schon, wieder einmal ein ordentliches, schönes, warmes Buch zu lesen, haben Sie irgendeinen Vorschlag für mich?* (11. 3. 07) Und ähnlich heißt es an anderer Stelle: *Haben Sie etwas Neues, Gutes zum Lesen loben gehört oder selber erprobt? Ich habe einen noch fehlenden Spitteler vor, sonst garnichts* (30. 9. 07).

Hineinwachsen in die Gesellschaft, intensiviertes Naturerleben und das wiederauflebende Kulturinteresse – diese drei Aspekte gewinnen in den Briefen von 1907 deutliche Konturen. Gleichwohl gibt es ein Thema, das nunmehr in den Brennpunkt der Aufmerksamkeit von Mathilde und Eugen gerät: ihre persönliche Beziehung, ihre wechselseitige Einschätzung, ihre Gefühle füreinander.

Verliebtheit und Heiratsphantasien

Nach der langen krankheitsbedingten Schreibpause ist Mathilde über Eugens emotionale Wiederannäherung im Februar 1907 sehr erfreut. Obwohl in seinem letzten Brief von einem *Geheimnis* die Rede war, ist ihr Wunsch nach Offenheit erfüllt worden: *das Unbewußte konstatiert hier, daß ihm Ihr offenes Eingestehn des Geheimnisses, Ihr Riegelvorschieben, das gewiß aus guten Gründen geschieht, ganz gleich gilt mit irgendeiner Antwort, die Sie sonst gegeben hätten; ich muß mich hier vom Unbewußten losmachen: trotzdem ich jetzt ja auch nicht weiß, warum Sie nicht öfter schreiben, hab' ich das gute Gefühl, es zu wissen. Nicht die Ursache, aber daß überhaupt eine vernünftige Ursache vorhanden ist* (26. 2. 07).

Im nächsten Brief greift sie das Thema Offenheit wieder auf: *Sie können ganz ruhig sein, ich grüble nicht über Ihr Geheimnis nach.* Diese Äußerung scheint eher eine Paradoxie zu enthalten, als ihren wirklichen Gefühlen zu entsprechen. Letztlich habe sie *mit dem Glauben an die Ungeschwächtheit unsrer Freundschaft doch recht behalten* (11. 3. 07).

Im Frühjahr 1907 ergreift Mathilde mehrmals die Initiative, um ein Wiedersehen mit Eugen zu ermöglichen. Einerseits faßt sie über Ostern eine Reise nach München ins Auge, die aber an einem beruflichen Projekt des Vaters scheitert (27. 3. und 6. 4. 07). Andererseits lädt sie, wie erwähnt, Eugen zu ihrer ersten »Gesellschaft« nach Wien ein. Einige Zeit danach erneuert sie die Einladung, diesmal zu einem *ganz gewöhnlichen, gemütlichen (Abend) in der Familie Freud* (11. 3. und 27. 3 .07). Aber erst am 1. Mai steht der *Verwirklichung der lang geplanten und oft besprochenen Reise nach Wien* nichts mehr im Wege.

Im Rückblick auf diesen Wien-Besuch formuliert Mathilde ihren Eindruck von Eugen, als sie ihn zum erstenmal wiedersah: *[...] wenn man Sie nicht kennt und keine Ahnung hat, wer Sie sind, muß man sich über Ihr stilles, zurückhaltendes Wesen entschieden wundern. Ich hatte nicht mehr genau in Erinnerung, wie Sie früher gewesen, und da war ich im Anfang wohl etwas erstaunt über Sie; aber am Freitag war ich schon wieder ganz eingewöhnt und in die alten Königsseer Zeiten zurückversetzt; die Zeiten, deren Reiz viel mehr in dem lag, was wir verschwiegen, als in dem, was wir miteinander besprachen.* Wenn ihre alte Freundschaft ein solches Auferstehungssymbol wie den ersten Blütenbaum im Frühling nötig gehabt habe, wolle sie es gern als solches annehmen (14. 5. 07).

Es ist nicht mit Sicherheit zu sagen, ob sich Eugen in Mathilde verliebt hat, diese Gefühle aber nur in Andeutungen zum Ausdruck bringen kann. Ist das sein großes Geheimnis? Was bedeutet *das eine Wort: vom tiefen Schmerze*, das Mathilde so *wundern gemacht hat* (26. 2. 07)? Im nächsten Brief zeigt sie sich, nunmehr in die psychologische Rolle schlüpfend, *riesig interessiert, daß Sie mir von Ihrem sogenannten »Wahn« erzählt haben, es erklärt mir sehr vieles.* Noch im selben Brief überläßt sie sich der Phantasie eines längeren Englandaufenthalts und verbindet sie mit einer Anspielung, die auf seine Verliebtheit zielen könnte: *Vielleicht würden Sie, lieber Eugen, nach meiner Abreise sich auch als von mir geheilt erklären* (11. 3. 07). Und schließlich ist da noch ein Traum Eugens, der von Mathilde wie folgt kommentiert wird: *Ihr Traum scheint – für mich sehr schmeichelhaft – ein bloßer Wunschtraum gewesen zu sein, aber ist denn garnichts von unsrer so verschiedenen Tanzart drin vorgekommen?* (29. 5. 07)

So gibt es in Mathildes Briefen deutliche Anzeichen dafür, daß Eugen um ihre Zuneigung wirbt. In ihrem Brief vom 14. Mai spielt sie auf etwas an, das zwischen den Zeilen zu lesen sei: *etwas, wofür ich Ihnen sehr dankbar bin, Sie haben mir damit etwas Liebes getan – ich glaube nicht, daß ich es mir nur einrede.* Am 3. Juni bedankt sie sich für *die schönen Rosen und reizenden Bilder* und am 25. Oktober für die *großartig frisch erhaltenen* Geburtstagsblumen. Daß bei solchen Annäherungen und tastenden Versuchen Verliebtheitsgefühle ins Spiel kommen, darf man vermuten, auch daß Mathilde ihren Freund in dieser Zeit als potentiellen Ehepartner in Betracht gezogen hat. Nicht nur vom Alter und von der Sympathie her, sondern auch aufgrund der beruflichen Perspektive als Arzt und der Herkunft aus einer angesehenen Familie wäre Eugen ein adäquater Heiratskandidat.

Dem steht meines Erachtens nicht entgegen, daß sich Mathilde in dieser Zeit kritisch mit dem Charakter ihres Freundes auseinandersetzt. So geht sie auf Eugens Sorge ein, seine *Langweiligkeit* nicht überwinden zu können. Auf frühere Selbstzweifel wegen seiner *Schüchternheit* hat sie noch mit dem zuversichtlichen Hinweis geantwortet, daß sich dieses Problem bekämpfen und überwinden lasse, ja, daß sie ihm diese ganze Schüchternheit in einem Gespräch unter vier Augen ausreden könnte (23. 9. und 8. 12. 03). Inzwischen sind 3½ Jahre vergangen, und nun kokettiert sie mit einer eher skeptischen Einschätzung. Sie wisse ja jetzt, *daß es ein Etwas gibt, das starken Einfluß auf Sie hat, Sie erregen und beunruhigen kann, Sie zu etwas verleiten und von etwas vielleicht abhalten kann, Ihr Geheimnis!? das ich nicht kenne. Ich weiß ja nicht, was der Grund zu Ihrem Wesen ist, wie kann ich da sagen, ob es sich voraussichtlich ändern wird?* (14. 5. 07) Aufrichtigkeit und Authentizität erscheinen ihr als Garanten moralischer Besserung, die allein zu der Hoffnung berechtigen, daß es einen Ausweg aus den charakterlichen Engen und Einseitigkeiten gibt.

Im Umgang mit Eugens schwacher Seite scheint sich Mathilde in einem Zwiespalt zu fühlen. Sie freut sich darüber, daß er wieder Vertrauen zu ihr gefaßt hat, und doch bereiten ihr seine Selbstzweifel und Befürchtungen Unbehagen: *Ihre Angst macht mir auch angst. Was kann Sie veranlassen, meine Antwort ängstlich zu erwarten?* Das Thema Angst geht ihr weiter durch den Kopf, denn im nächsten Brief kommt sie erneut darauf zu sprechen: *Ich kann Sie versichern, daß jeder Mensch, der nicht ganz stumpf in den Tag hinein lebt und einen Hang zum Nachgrübeln hat, sie schon einmal verspürt hat, ich selbst hatte sie schon oft. Aber unser, der Jugend, schönes Vorrecht, der Leichtsinn in solchen Dingen, hilft uns darüber hinweg und das sollte er bei Ihnen auch* (29. 5. 07).

Auch auf das Eingeständnis depressiver Tendenzen reagiert Mathilde mit Abwehr, wobei ein fordernder Unterton nicht zu verkennen ist: *Ich nehme Ihren letzten Brief mit Absicht nicht zur Hand, lieber Freund, weil ich glauben will, daß Ihre damalige Stimmung nur so vorübergehend war und ich den Eindruck von Ihrer einmaligen Trübgestimmtheit nicht in mich aufnehmen will. Ich möchte sehr gern sehr bald wissen, [...] ob Sie auch so heiter sind, wie ich es wünsche, und ob Sie sich wie ich für den langen kalten Winter solch einen Schatz von strahlender Sonne und Glücksgefühl mitgebracht haben* (22. 9. 07).

Eugens Anfragen, wie Mathilde seine Schwächen einschätze, lassen vermuten, daß er herausfinden will, ob er ihr gewachsen ist und sich von ihr hinreichend akzeptiert fühlen kann. Er scheint die Kräfte- und Machtverhältnisse in ihrer Beziehung, die Balance von männlichen und weiblichen Anteilen in ihren Charakteren ausloten zu wollen.

Eugens Partnerwahl als Zäsur

Betrachtet man die Briefe des Jahres 1907, so hat man an mehreren Stellen den Eindruck eines Wechselbades von emotionaler Annäherung und Distanzierung. Als sich Mathilde wieder einmal über ein fehlendes Lebenszeichen ihres Freundes beklagt, lassen ihre Worte nichts an Deutlichkeit vermissen: *Das Band zwischen uns ist lang, aber wenn Sie es noch mehr in die Länge ziehn, wird es auch immer dünner – nicht zu seinem Vorteil* (30. 7. 07).

Zwei Monate später eröffnet sie ihm, daß ihr Vater von ihren Reiseplänen nach München nichts wissen will

(22. 9. 07), und auch seiner Einladung zu einem Ball nach München kann sie nicht nachkommen (13. 12. 07).

Als Eugen zum Jahreswechsel Mathilde in Wien besuchen will, spricht sie sich dagegen aus: *Ich rate Ihnen ganz ernstlich, kommen Sie jetzt nicht; Sie wollen doch mit mir und ich will mit Ihnen möglichst viel beisammen sein, und das ginge nicht.* Sie hätte derzeit zu viele Verpflichtungen und überdies Vorbereitungen für eine bevorstehende Reise nach Hamburg zu treffen (28. 12. 07).

Trotz aller Begründungen scheint Eugen gekränkt reagiert zu haben, heißt es doch im folgenden Brief: *Also soll ich es doch glauben, daß Sie über mein offenes Nein gekränkt oder geärgert waren?* (29. 1. 08)

Zu Beginn des Jahres 1908 ist Mathilde erneut schwer erkrankt an einer *Bauchfellentzündung mit entsetzlichen Schmerzen und Fieber,* die sich über mehrere Wochen hinzieht. Über die *wirkliche Herzlichkeit* seiner Anteilnahme ist sie höchst erfreut, zumal sie *schon kaum mehr gedacht hatte, daß Sie sie bei etwas mich Betreffendem so echt und wahrhaftig finden würden* (31. 1. 08). Als sich Mathilde in Meran erholt, offenbart ihr Eugen, daß er eine Freundin habe. Mit der Erwähnung von Regine scheint er eine Entscheidung in der noch offenen Frage der Partnerwahl getroffen und sein auf Mathilde gerichtetes Interesse von ihr abgezogen zu haben.

In Mathildes erster Reaktion ist wenig von Enttäuschung oder Eifersucht zu spüren: *Grüßen Sie bitte Regine herzlich von mir, warum hab ich nichts weiteres von ihren Schicksalen erfahren [...]. Bitte, lassen Sie mich wissen, [...] ob Sie glauben, daß Regine sich mit ein paar Blumen aus unserm Garten freuen würde* (11. 4. 08).

Legt man allein die Jugendbriefe Mathildes zugrunde, so kann man schwerlich beurteilen, wie weit ihre auf Eugen bezogenen Liebesgefühle und Heiratsphantasien gingen.

Durch Gespräche mit Anton Walter Freud, einem Neffen Mathildes, sowie Johann und Heinrich Pachmayr, den Söhnen Eugens, konnte ich Licht in diese ungeklärte Frage bringen. Anton Walter Freud wußte von seiner Tante, daß sie sich als junge Frau sehr in einen deutschen Arzt verliebt (»very attached«) habe und ihn gerne geheiratet hätte. Ihr Vater sei aber dagegen gewesen, weil dieser Mann kein Jude war. Als eines Tages die beiden Söhne dieses Arztes bei Mathilde in London eingeladen waren, sei sie vorher »sehr aufgeregt«, ja »außer sich« gewesen, weil sie an ihre Jugendliebe erinnert wurde. Anton Walter Freud wußte allerdings nicht, um wen es sich dabei handelte und wie die Söhne hießen.[38] Wie sich im weiteren herausstellte, handelte es sich bei den beiden Söhnen um Johann und Heinrich Pachmayr, die 1939 mit ihrer Mutter nach London emigriert waren. Sie konnten mir bestätigen, daß sie um 1970 bei Mathilde Hollitscher eingeladen waren und bei diesem Gespräch von der Jugendliebe ihres Vaters Eugen zu Mathilde erfuhren und davon, daß Sigmund Freud gegen eine Heirat gewesen sei.[39]

Veränderungen in beider Leben
und Abschluß des Briefwechsels
1908–1910

Kurze Zeit nachdem Eugen seine Beziehung zu Regine Steinhaus offenbart hat, erhielt Mathilde einen sehr persönlichen Brief von ihrem Vater. In diesem Brief vom 26. März 1908 sucht Sigmund Freud seiner Tochter über eine Enttäuschung in Liebesdingen hinwegzuhelfen: »Es ist das erste Mal, daß Du Hilfe von mir verlangst, und diesmal machst Du es mir nicht schwer, denn es ist leicht zu sehen, daß Du Dein Leiden sehr überschätzest […]. Du knüpfest wahrscheinlich an den gegenwärtigen unzureichenden Anlaß eine alte Sorge, von der ich gerne einmal mit Dir sprechen wollte. Ich ahnte längst, daß Du bei all Deiner sonstigen Vernünftigkeit Dich kränkst, nicht schön genug zu sein und darum keinem Mann zu gefallen. Ich habe lächelnd zugeschaut, weil Du mir erstens schön genug schienst, und weil ich zweitens weiß, daß in Wirklichkeit längst nicht mehr die Formenschönheit über das Schicksal des Mädchens entscheidet, sondern der Eindruck ihrer Persönlichkeit. Der Spiegel wird Dich darüber belehren, daß nichts Gemeines oder Abschreckendes in Deinen Zügen liegt, und Deine Erinnerung wird Dir bestätigen, daß Du Dir noch in jedem Kreis von Menschen Respekt und Einfluß erobert hast.«[40]

Diese Bevorzugung der inneren Persönlichkeitswerte hat schon bei Freuds Partnerwahl eine wichtige Rolle gespielt. So gab er seiner Verlobten zu verstehen, daß sie »nicht schön im Sinne der Maler und Bildhauer« sei. Aber in ihrem Gesicht und ihrer Gestalt drücke sich das Gute, Edle und Vernünftige ihrer Seele aus. »Ich für mein Teil war immer unempfindlich oder wenigstens unterempfindlich gegen bloße Formenschönheit«, zumal Schönheit nur wenige Jahre anhalte. »Ist die Glätte und Frische der Jugend weg, dann ist nur mehr das Schönheit, wo Güte und Verstand die Züge verklären.«[41]

Um Mathildes Zweifel an ihrer fraulichen Attraktivität zu zerstreuen, versichert ihr der Vater: »Die Verständigen unter den jungen Männern wissen doch, was sie bei einer Frau zu suchen haben, die Sanftmut, die Heiterkeit und die Fähigkeit, ihnen das Leben schöner und leichter zu machen. Es täte mir schrecklich leid, wenn Du Dich mit Deiner Verzagtheit auf einen anderen Weg begeben würdest, aber es ist hoffentlich nur ein flüchtiger Anfall in einer Situation, zu welcher vielerlei zusammengetroffen ist.«[42]

Daß die Erwähnung Regines für den Briefwechsel einen Einschnitt bedeutet, kann man daraus ersehen, daß die folgenden Mitteilungen Mathildes knapp gehalten sind und viel nüchterner als die früheren Briefe wirken.

Zunächst geht es um ihren Plan, Eugen einige Tage in München zu besuchen: *Seit Jahren höre ich jetzt von München schwärmen und bin sehr begierig, wie es mir unter Ihrer Führung gefallen wird. Und noch dazu die Ausstellung! Mit dem Gartenfest bin ich schon einverstanden, aber ich kann ja nicht auf Münchnerisch tanzen* (14. 5. 08). Daß die Reise im Juni tatsächlich stattgefunden hat, davon zeugen u. a. drei Eintragungen in Mathildes Concert- und Theatermerkbüchlein: Im Münchner Lustspieltheater hat sie einen Operettenabend, im Schauspielhaus »Vater und Sohn« und im Künstlerausstellungstheater den »Faust« erlebt (20., 22. und 28. 6. 08).

Danach kommt es zu einer mehrmonatigen Pause des Briefaustauschs bis zu Eugens traditionellen Geburtstagsgrüßen, auf die Mathilde mit einer überraschenden Mitteilung reagiert.

Mathildes Verlobung mit Robert Hollitscher

Freuds Worte in seinem Trostbrief scheinen ihre Wirkung nicht verfehlt zu haben, denn nur wenige Monate sind seither vergangen, und schon feiert Mathilde zwei Tage nach ihrem 21. Geburtstag ihre Verlobung. *Mein Bräutigam heißt Robert Hollitscher, ich kenn ihn schon fast 3 Jahre, und wir passen so gut zusammen wie nur möglich. Die letzten Tage sind mir in großem Trubel vergangen, ein ununterbrochener Strom von Besuchen und Blumen hat sich in unser Haus ergossen* (24. 10. 08).

Mit fortschreitender Adoleszenz interessierten sich die Töchter aus bürgerlichen Kreisen zunehmend für mögliche Lebensgefährten, während ihre Eltern damit begannen, sich konkret nach geeigneten Heiratskandidaten umzusehen. Historisch gesehen, bahnte sich in der zweiten Hälfte des 19. Jahrhunderts ein Wandel im Heiratsverhalten an, der »größere Freiheit in der Wahl der Ehepartner, geringere elterliche Kontrolle und eine partnerschaftlichere Beziehung innerhalb der Ehe einschloß«[43].

Eugen scheint nichts Genaues von der Ernsthaftigkeit der Beziehung zwischen Mathilde und ihrem späteren Ehemann gewußt zu haben. Jedenfalls teilt sie ihm acht Tage nach der Verlobung mit: »*[…] ich hatte ja schon Gewissensbisse, daß ich Ihnen nicht früher davon geschrieben, mein lieber alter Freund, aber ich konnte selbst nichts sagen bis zum letzten Augenblick und hab auch Papa und Mama erst nach ein paar Tagen eingeweiht. Ich hab Ihnen ja im Sommer eine Andeutung über Robert gemacht, er weiß auch von unsrer Freundschaft und daß die trotz der Veränderungen in meinem und der wahrscheinlichen auch in Ihrem Leben fortbestehen wird. […] Ihnen werd ich, sobald ein bißchen Ruhe ist, die Vorgeschichte meiner Verlobung erzählen und alle weiteren Zukunftspläne*« (26. 10. 08).

Hatte Mathilde längere Zeit eine Verbindung mit Eugen Pachmayr vorgeschwebt, so ließ sie sich von dieser Enttäuschung nicht davon abhalten, sich aus eigenem Antrieb nach einem geeigneten Lebenspartner umzusehen. Zunächst aber mußte sie erst einmal die Eltern von der Vernünftigkeit ihrer Entscheidung überzeugen, was gar nicht so einfach war, wie noch zu zeigen sein wird.[44] Es gibt eine Reihe von Zeugnissen, die dafür sprechen, daß »die ehrwürdige Tradition der Ehepolitik auch für Freud eine große Rolle spielte«[45].

Heirat und erstes Ehejahr

Die Hochzeitszeremonie findet am 7. Februar 1909 in einer Wiener Synagoge statt. Gleichzeitig wird Freuds jüngerer Bruder Alexander mit Sophie Sabine Schreiber getraut.

Die Hochzeitsanzeige lautet:

Professor Dr. Sigmund Freud und Frau	*Frau Emma Hollitscher*
geben hiermit bekannt,	*gibt hiermit bekannt,*
dass die Vermählung	*dass die Vermählung*
ihrer Tochter Mathilde	*ihres Sohnes*
mit Herrn Robert Hollitscher	*mit Frau Mathilde Freud*
Sonntag den 7. Februar stattfindet	*Sonntag den 7. Februar*
	stattfindet

Wien im Februar 1909
Empfang nach der Trauung von 3–½5 Uhr
IX., Bergasse 19.

Der Briefaustausch lockert sich in dieser Zeit zunehmend. Mathildes Mitteilungen verlieren etwas von ihrem intimen Charakter, aber der freundschaftliche Ton bleibt erhalten.

Auch die Verbindung zwischen den Familien Freud und Pachmayr wird, wie spätere Briefe und Besuche zeigen, fortgeführt. In diesem Kontext sei eine briefliche Anfrage Sigmund Freuds zitiert, die er aus seinem Sommerurlaub 1909 in Ammerwald an Eugen Pachmayr richtete:

Ammerwald 31. 7. 09

Lieber Herr Eugen

Ich bitte Sie um eine rasche Gefälligkeit, auf Gegendienste. Ich brauche hier <u>archaeolog</u>. Lektüre, die bestellten Bücher waren aber vergriffen. Somit bitte ich Sie mir von einer großen Buchhandlung einen Katalog arch. Publikationen schicken zu lassen. Ich werde telephonisch bestellen, damit ich bis z. 18 Aug. an welchem Tag ich abreise noch etwas gelesen haben kann. Bei Ammerwald bitte als Adresse zu setzen Tirol u bei Oberammergau.

Mit ergebenstem Gruß an
die Ihrigen u vielem Dank
Ihr Freud[46]

Bereits wenige Monate nach der Eheschließung – im April und Mai 1909 – treten bei Mathilde erneut gesundheitliche Probleme auf, die immer noch als Spätfolge ihrer mißglückten Blinddarmoperation von 1905 betrachtet wurden.[47] Trotz ihres labilen Gesundheitszustandes bezeichnet sie sich als *eine alte erfahrene Frau* und *mit dem Gatten und dem heiligen Ehestand sehr zufrieden* (11. 4. 09). Sie führe *ein höchst behagliches Leben in größter Ungeniertheit* (18. 8. 09) und könne *ausgehn, mit meinem Mann alles teilen, was uns beiden Freude macht, kann auch meinen häuslichen Pflichten sehr gut nachgehn, ich geh auch in Gesellschaft und kann auch Leute bei uns sehn – aber bei allem muß ich mich sehr schonen und ja nicht übermüden und an einem Tag nur nicht zu viel unternehmen, sonst muß ich am nächsten büßen. Also gehts immer schön so fort* (19. 1. 10).

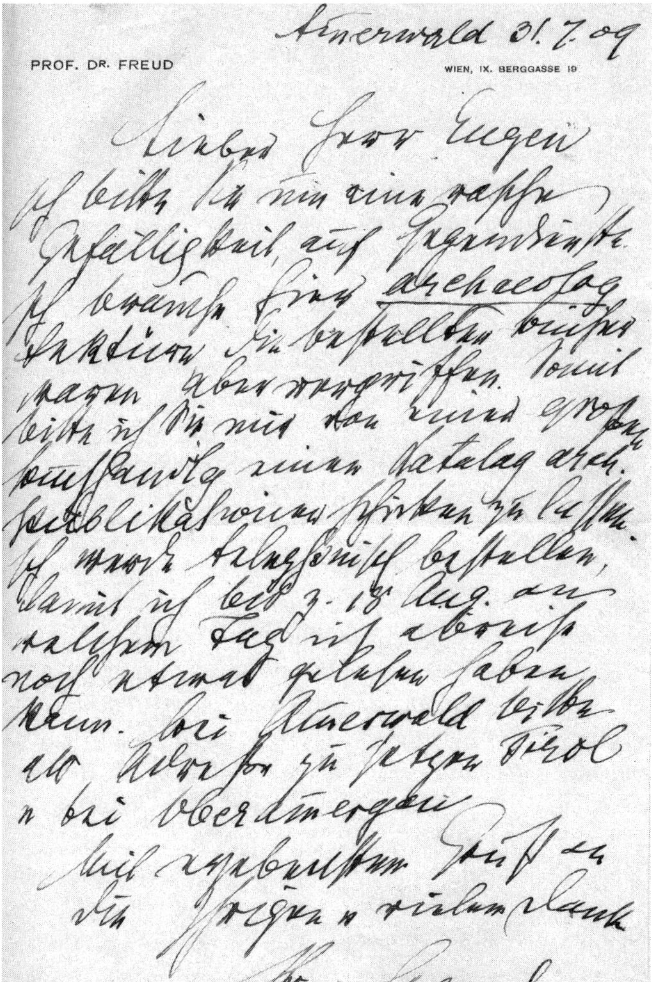
PROF. DR. FREUD

WIEN, IX. BERGGASSE 19

Sigmund Freud an Eugen Pachmayr
31. Juli 1909

Am 25. Oktober 1909 teilt sie Eugen mit, daß sie *schon wieder einmal seit mehr als 6 Wochen krank* sei. Wenige Wochen vorher hatte Freud an C. G. Jung geschrieben, bei Mathilde stehe wahrscheinlich wieder eine Operation bevor.[48] Zu dieser Operation kam es im März 1910.[49] Mathilde selbst berichtet in ihrem letzten Brief an Eugen vom 16. April 1910, daß sie *zur Abwechslung wieder einmal operiert worden* sei.

Veränderungen innerhalb der Familie Freud

In mehreren Briefen Mathildes ist das Heranwachsen der Geschwister anschaulich geschildert. Im allerersten Brief vom 12. September 1903 tritt sie als junge Frau auf, neben der der knapp 14jährige Martin, der 12jährige Oliver, der 11jährige Ernst, die 10jährige Sophie und die knapp 8jährige Anna noch als »Kinder« erscheinen.

Nach ihrer schweren Krankheit berichtet Mathilde, das vergangene Jahr sei nicht nur an ihr spurlos vorübergegangen; auch die anderen Familienmitglieder hätten sich sehr verändert: *Innerlich und äußerlich sind wir alle anders geworden, die Buben große Leute mit Bärten, die Mädchen auch schon sehr groß, Papa hat seinen 50. Geburtstag gefeiert, und so fort* (24. 7. 06).

Als Jugendliche gingen Martin und Ernst »gemeinsam segeln, eislaufen und wandern, während Oliver seinen eigenen Weg ging: er machte sich nichts aus sportlichen Betätigungen, sondern hing einsamen intellektuellen Projekten nach. Er liebte die Mathematik und das Zeichnen und wählte schließlich Maschinenbau als sein Fachgebiet. Oliver war von klein an auf große Genauigkeit bedacht und war entrüstet über Martins großzügige Einstellung bezüglich der Orthographie und über Ver-

Familienfoto, 1909
Von links nach rechts: Oliver, Sophie, Minna Bernays,
Martha Freud, Mathilde, Anna, Martin, Ernst

kehrszeichen oder Pläne, die nicht perfekt ausgeführt waren«.[50]

Im Brief an Eugen vom 19. Januar 1910 schreibt Mathilde von weiteren Veränderungen ihrer Geschwister. Sie seien in letzter Zeit mächtig herangewachsen, *Martin verbindet mit dem Jusstudium Skilaufen, Eislaufen, Fechten und sehr häufiges Tanzen, Oli geht ganz in der Technik auf, Ernst tanzt unablässig von einem Hausball zum andern, Sopherl tanzt auch schon viel, und Annerl ist noch ein bißchen bleichsüchtig und verstimmt, wird sich aber auch sehr bald zu einem großen Mädel entpuppt haben.* Durch dieses Nach-außen-Drängen der Kinder komme es jetzt schon manchmal vor, daß *Papa, Mama und Tante allein zu einem*

Nachtmahl zuhause sind, und wenn Sie sich noch gut an unser Haus erinnern, lieber Freund, werden Sie ermessen können, was das bedeutet.

Eugens Verlobung mit Regine Steinhaus und Ende der Korrespondenz

In den letzten Briefen kommt ein sonst kaum berührtes Thema zur Sprache: Eugens Medizinstudium, dessen Abschluß sich verzögert. Nach anfänglicher Enttäuschung über das Aufschieben schwenkt Mathilde aber bald auf einen Ermutigungskurs ein: *Ich hab grade in letzter Zeit lebhaft an Sie im Zusammenhang mit den Examen gedacht, weil ich ein Buch in die Hand bekam, das die Geschichte eines jungen Studenten ganz Ihrer Art behandelt. Natürlich endet es mit den ausgezeichnet bestandenen Prüfungen, und so will ich natürlich, daß die Geschichte von Eugen Pachmayr auch endet* (15. 1. 10).

Von Mathildes Seite endet die Korrespondenz am 27. Mai 1910. In ihrem letzten Brief spielt der Studienabschluß noch einmal eine Rolle: *Im Herbst gibts ja, wie Sie mir schreiben, noch einige Nüsse zu knacken, aber ich glaube, die werden Ihnen furchtbar leicht fallen* (27. 5. 10). Ob es ihm leichtfiel oder nicht, jedenfalls konnte Eugen tatsächlich im Herbst sein Medizinexamen feiern.

Der letzte Brief enthält auch eine Gratulation zur Verlobung: *Ich habe mich so* namenlos *gefreut, mit Ihnen beiden, Regine und Eugen, und mit allem zusammen. Lieber Eugen, wie glücklich müssen Sie sein, und Sie Regine wie stolz, daß es Ihnen gelungen ist!*

Eugens Verlobte Regine Steinhaus stammt aus einer jüdischen Familie, die aus Tarnopol in Galizien nach Wien ausgewandert und nach dem Tod des Vaters Ende der

Regine Steinhaus, Eugen Pachmayrs erste Frau,
in der Verlobungszeit

1890er Jahre zu ihrem älteren Bruder nach München übergesiedelt war. Regine hat das Lyzeum besucht und als
Sekretärin gearbeitet.

Eugen, der in München praktizierte, und die knapp
26 Jahre alte Regine[51] heirateten drei Jahre nach ihrer

Eugen Pachmayr als Militärarzt
1915

Verlobung am 30. April 1913 in München. Erhalten hat sich ein Glückwunsch von Mathildes Mutter:

Frau Martha Freud sendet
dem neu vermählten Paare
ihre herzlichsten Glückwünsche!
San Martino di Castrozza 21. Aug. [1913][52]

Im Ersten Weltkrieg war Eugen als Militärarzt in Jugoslawien eingesetzt. 1918 wurde die Tochter Agnes geboren, 1923 folgten die Zwillingsbrüder Heinrich und Johann. Mitte der 20er Jahre begannen sich die Eheleute zu entfremden, und Eugen Pachmayr trennte sich von seiner Familie. Die drei Kinder hatten seither kaum noch Kontakt zu ihm. »Der Vater zog aus, als wir noch klein waren; wir haben ihn fast nie gesehen«, äußerte Heinrich Pachmayr.[53] Bis 1934 durften die Mutter und die drei Kinder die Sommerferien im »Kechtlehen« am Thumsee verbringen. In der NS-Zeit ging der Thumsee aus Privat- in Staatseigentum über. Er wurde ein »volkseigenes Fisch- und Nahrungsmittelreservoir«.

Die Ehe der Pachmayrs wurde 1938 geschieden. Regine Pachmayr, die sich als Jüdin in Deutschland bedroht fühlte, emigrierte im März 1939 mit ihren drei Kindern nach England. Sie sei »sehr liebevoll« und »mütterlich« gewesen, sagten ihre Söhne über sie. Sie starb 1945, als sie aus freudiger Erregung über die Nachricht des Kriegsendes auf die Straße lief und von einem Auto erfaßt wurde.[54] Die Tochter Agnes heiratete einen Rechtsanwalt und ist Anfang der 1980er Jahre gestorben. Die Zwillingsbrüder wurden Ärzte und leben heute im selben Wohnhaus in London.

Eugen Pachmayr heiratete am 15. August 1939 die 15 Jahre jüngere Paula Guillery. Er wurde Alleinerbe des Vermögens seines Bruders Dr. Otto Pachmayr, der als Sanitätsrat in Kirchberg gelebt hatte und am 20. April 1944 kinderlos gestorben war. Damit erwarb Eugen das Eigentum am Kirchbergschlößl und an den beiden Häusern am Thumsee. Nach dem Zweiten Weltkrieg wurde der volkseigene Thumsee mit Hilfe eines Anwalts wieder in das Privateigentum der Pachmayrs zurückgeholt. In den 1950er Jahren übergab Eugen seine Praxis an einen Nachfolger, baute das »Kechtlehen«, das damals nur halb so groß war wie heute, aus und übersiedelte dorthin.

Eugen Pachmayr starb am 25. Juli 1963 im Alter von 77 Jahren. Seine zweite Frau Paula wurde 91 Jahre alt. Da sie kinderlos war, vererbte sie ihre beiden Häuser am Thumsee: das »Kechtlehen« an ihren Neffen Thomas Guillery und den »Seewirt« an dessen Schwester Nina Barberino.

Das »Concert- und Theater-Merkbüchlein«
als Spiegel eigener Bildungsaktivitäten
1899–1909

Zu ihrem 16. Geburtstag hat Mathilde Freud ein »Concert-
und Theater-Merkbüchlein« geschenkt bekommen, in das
sie am 20. März 1903 als erstes eine Aufführung von
»Sappho« im Deutschen Volkstheater einträgt. Das vorliegende Merkbüchlein aus dem Nachlaß von Ernestine Maresch, Mathildes langjähriger Haushälterin und Begleiterin,
dürfte allerdings zu einem späteren Zeitpunkt ins reine geschrieben worden sein.[55] Vermutlich handelt es sich um ein
zweites Merkbüchlein, das Mathilde als 22jährige von
Eugen Pachmayr geschenkt bekommen hat (19. 1. 10).

Insgesamt enthält das vorliegende Merkbüchlein knapp
200 Eintragungen, die sich auf Theater, Operetten und
Opern, Konzerte und Liederabende, Vorlesungen und Vorträge sowie Kunstausstellungen beziehen. Die Eintragungen
enden am 13. Juni 1909, wenige Monate nach ihrer Heirat.

Da Mathildes Jugendbriefe und ihr Concert- und
Theater-Merkbüchlein etwa denselben Zeitraum umfassen,
kann man sie zueinander in Beziehung setzen.

Mathildes Eintragungen, die ein Spiegel ihrer Bildungs-
aktivitäten sind, werden zunächst im Kontext der damaligen Wiener Theater- und Musikszene näher betrachtet.
Sie lassen sich aber auch – und das erscheint in diesem Zusammenhang wesentlich – mit der Erziehung höherer
Töchter im jüdischen Bildungsbürgertum in Verbindung
bringen, bei der es um das traditionell jüdische Bildungs-
anliegen, aber auch um die Gewinnung »kulturellen Kapi-
tals« (Bourdieu) für eine spätere Eheschließung geht.

Der herausragende Stellenwert
des Burgtheaters

Mathilde Freud besuchte im Jahrzehnt von 1899 bis 1909 zahlreiche Theater- und Musikaufführungen, dabei blieb das Burgtheater das von ihr eindeutig favorisierte Haus.

Die erste Theateraufführung, die sie als 11jährige dort miterlebt hat, fand am 23. April 1899 statt. Es handelt sich um eine Inszenierung von Shakespeares »Sommernachtstraum«, zu der Mathilde – wohl im Rückblick – lakonisch anmerkt: *nicht viel verstanden*. In den beiden folgenden Jahren 1900 und 1901 hat sie immerhin schon 17 Stücke gesehen. Sie stehen mit einer Ausnahme – einer »Freischütz«-Inszenierung in der Oper (8. 6. 01), von der sie *wenig entzückt* ist – auf dem Spielplan des Burgtheaters.

Das Repertoire unter Direktor Paul Schlenther, der das Burgtheater von 1898 bis 1910 leitete, war breit gefächert. Klassikerinszenierungen und moderne Stücke waren gleichermaßen vertreten.[56] Max Burckhard, der Vorgänger Schlenthers in der Zeit von 1890 bis 1898, hatte den Stil des Burgtheaters einschneidend verändert, indem er das traditionell vorherrschende französische Schauspiel zurückdrängte und statt dessen viele aktuelle Stücke auf die Bühne brachte. Die Sozialdramen Henrik Ibsens und Gerhart Hauptmanns gehörten seitdem zum festen Bestandteil des Repertoires. Burckhard hatte zudem das Wiener Volksstück, insbesondere die Werke Ludwig Anzengrubers, burgtheaterfähig gemacht. Auch diese Neuerung behielt Schlenther bei.

Besonderen Glanz erhielt Schlenthers Amtszeit dadurch, daß ihm die dauerhafte Bindung des Schauspielers Josef Kainz an das Burgtheater gelang. Kainz feierte von 1898 bis zu seinem frühen Tod im Jahre 1910 in Wien einen Triumph nach dem anderen. Ein namhafter zeitgenössischer Feuilletonist charakterisierte seine Schauspielkunst als die »eines durchaus modernen Menschen, der alles gelesen hat, was es in der Literatur Neues gibt, der alles gesehen hat, was man heute malt und meißelt, der sich gleichermaßen für Technik und Politik interessiert. Aber dieser ganz und gar Moderne liebt schwärmerisch die Werke der Alten, ihre Bücher und Kultur, ihre Welt- und Lebensauffassung. Und so genießt er das Heute und vergißt niemals das Gestern. Aus dem Geist und dem Gefühl eines solchen Menschen heraus sind seine Figuren geschaffen.«[57] So modernisierte Kainz einerseits klassische Rollen wie Hamlet, Orest, Don Carlos, Mephisto und gab andererseits den Gestalten zeitgenössischer Dramatiker wie dem Oswald in Ibsens »Gespenstern« oder dem Glockengießer Heinrich in Hauptmanns »Versunkener Glocke« ein klassisches Gepräge.[58]

In Mathildes Kommentierungen ist durchgängig ihre von Enthusiasmus getragene Zustimmung zu diesem Schauspieler spürbar. Dies gilt besonders für seine darstellerischen Leistungen in den Titelrollen von Rostands »Cyrano de Bergerac« (*ausgezeichnet*), Goethes »Torquato Tasso« (*herrlich – bes. Kainz*) und Kleists »Prinz von Homburg« (*Kainz – Baumeister – sehr schön*), aber auch für die Rollen des Königs Alphons in Grillparzers »Jüdin von Toledo« (*sehr, sehr schön – Kainz*), des Marcus Antonius in Shakespeares »Julius Caesar« (*grossartig – Kainz Antonius*) und Heinrichs, des Prinzen von Wales in Shakespeares »König Heinrich der Vierte« (*Einfach herrlich – Baumeister[,] Kainz*).

Mathilde hat Kainz auch mehrmals bei Vorlesungs- und Vortragsabenden erlebt: einer Vorlesung über klassische Gedichte (*grossartig – rasender Beifall*), einem Vortragsabend (*herrlich genussreich*), einer Lesung von Grillparzers Trauerspiel »Libussa« (*wunderbar wirkungsvoll*) und einer Klassiker-Vorlesung (*packend wie immer – selts. Abend*).

Nach Kainz' Tod im September 1910, der ganz Wien und auch die Familie Freud sehr berührte, schrieb Mathilde dem mit Ferenczi durch Italien reisenden Vater nach Rom: *Was habt Ihr zum armen Kainz gesagt? Ich freue mich jetzt doppelt mit dem schönen Bild von ihm. Annerl war besonders traurig über die Todesnachricht und hat eifrigst sämtliche Nachrufe in allen Zeitungen gelesen.*[59]

Vom Ensemble des Burgtheaters hebt Mathilde noch drei besonders gefeierte »Hofschauspieler« hervor: Bernhard Baumeister, der hier von 1852 bis 1917 wirkte, Adolf von Sonnenthal, der von 1856 bis 1909 spielte, und Georg Reimers, der seit 1885 zu den großen Charakterdarstellern der »Burg« gehörte.

Für Stefan Zweig, nur sechs Jahre älter als Mathilde, war der Hofschauspieler ein Vorbild, das vielfältige Orientierungs- und Identifikationsmöglichkeiten bot: »wie man sich kleidete, wie man in ein Zimmer trat, wie man konversierte, welche Worte man als Mann von gutem Geschmack gebrauchen durfte, und welche man zu vermeiden hatte; die Bühne war statt bloß einer Stätte der Unterhaltung ein gesprochener und plastischer Leitfaden des guten Benehmens«. Um die Burgtheaterschauspieler und die Opernsänger wurde ein »Personenkult« getrieben, der so weit ging, daß man den Fiakerfahrer von Kainz und den Friseur von Sonnenthal als Respektspersonen heimlich beneidete.[60]

In Mathildes Aufzeichnungen sind etwa 70 Aufführungen am Burgtheater festgehalten, wobei sie sich vor allem für Klassiker wie Schiller (10 Aufführungen), Goethe (7), Shakespeare (6) und Lessing (3) interessierte.

Schiller steht in dieser Aufreihung ganz oben, und seine Stücke haben Mathilde sehr beeindruckt, wie ihre Anmerkungen zu »Wilhelm Tell« (*schön und ergreifend*), »Die Räuber« (*überwältigend*), »Wallensteins Lager« (*sehr schön*), »Wallensteins Tod« (*großartig*), »Fiesco« (*sehr schön*) und »Jungfrau von Orleans« (*großartig*) erkennen lassen. Zum 100. Todestag Schillers (1905) fanden neben einem Aufführungszyklus im Burgtheater eine *herrlich erhebende Feier* im Konzertverein und eine zweite im Volksbildungsverein statt. Die damalige Schiller-Verehrung in Wien läßt sich mit seiner ebenso kulturell wie gesellschaftlich bedeutsamen Botschaft in Verbindung bringen. Als überzeugter Aufklärer verschmähte er jegliche konfessionelle und nationalistische Bindungen und trat für eine alle Religionen tolerierende »weltbürgerliche« Orientierung ein.

Wenn man sich vor Augen hält, daß das jüdische Bildungsbürgertum in Wien die große Majorität sowohl der Theaterschaffenden als auch des Theaterpublikums ausmachte, so war Schiller für die assimilierten Juden Wiens ein Dichter der Freiheit und Menschenwürde und damit ein Hoffnungsträger par excellence: »In jenem Idealismus, den Schiller für sie symbolisierte, fanden die Juden nicht nur die emotionale Rechtfertigung für die Vorstellung von einer neuen Gesellschaft der individuellen Freiheit, sondern erkannten auch ihre eigenen jüdischen Werte wieder, die ihrer religiösen Formen entkleidet im Licht der Aufklärung erstrahlten.«[61]

Auch von Goethes Klassiker-Dramen »Faust I«, »Faust II« und »Torquato Tasso« war Mathilde tief beeindruckt; das gilt ebenso für Shakespeares »Romeo und Julia«, »König Lear«, »Julius Caesar« und »Heinrich der Vierte«.

Lessings »Nathan der Weise«, der bekanntlich manchen Wesenszug des großen Aufklärers Moses Mendelssohn verkörpert, sah sich Mathilde ein zweites Mal an. Im Brennpunkt dieses Werks steht die gegenseitige Toleranz der verschiedenen Religionen. Die Botschaft der berühmten Ringparabel lautet, daß keine der drei Religionen, weder Christentum noch Judentum, noch Islam, die Wahrheit für sich beanspruchen kann. Lessing ist für die Emanzipation der verfolgten Juden eingetreten, hat sich aber auch entschieden gegen die Orthodoxie des Judentums und dessen Auserwähltheitsanspruch gewandt. Als sein berühmtestes Drama 1895 mit Adolf von Sonnenthal in der Hauptrolle aufgeführt wurde, schrieb der Theaterkritiker der »Neuen Freien Presse«: »Eine deutsche Bühne, auf der ›Nathan der Weise‹ nicht lebt, ist nur halb eine deutsche Bühne. Ihr fehlt der geistige Adelsbrief.«[62]

Neben den Dramen des »Jungen Deutschland« wie Gutzkows »Uriel Acosta«, einem Toleranzdrama im Geiste Lessings, wurde Mathilde auch bei den Naturalisten Anzengruber, Sudermann und Hauptmann mit kräftiger Religions- und Gesellschaftskritik konfrontiert. Von jedem dieser drei Bühnenautoren hat sie an anderen Wiener Bühnen weitere Stücke gesehen. Auch die Dramen von Grillparzer (5), der im damaligen Österreich als herausragender nationaler Bühnendichter galt, und Kleist (2) wollte sie sich nicht entgehen lassen, nicht zu vergessen die damals beliebten Lustspieldichter Schönthan (3) und Fulda (3).

Die Bedeutung anderer Theater

Am Deutschen Volkstheater, das 1889 eröffnet worden war, besuchte Mathilde Freud in den Jahren 1902 bis 1909 zehn Aufführungen. Es handelte sich um Stücke von Anzengruber, Burckhard, Caillavet, Freytag, Grillparzer, Meyer-Förster, Schiller, Sudermann und Wied.

Der Spielplan war weitgehend auf komödiantische Entspannung und Erheiterung angelegt. Im breiten Lustspielrepertoire durften die erfolgreichsten Werke von Raimund, Nestroy und Anzengruber nicht fehlen. Emerich von Bukovics, der erste Intendant von 1889 bis zu seinem Tod im Jahre 1905, suchte aber auch ein klassisches Repertoire aufzubauen, wobei er Gegenwartsautoren wie Hauptmann, Schnitzler und Hofmannsthal und selbst Werke von Ibsen ins Programm aufnahm.[63]

Zum Ensemble gehörten als Regisseur Gustav Kadelburg, als Schauspieler Alexander Girardi und Rudolf Tyrolt, Louise Martinelli und Adele Sandrock, die sämtlich auch in Mathildes Merkbüchlein Erwähnung finden. Als Girardi einmal gefragt wurde, wie er einen Wiener darstellte, gab er zur Antwort: »Die Art und Weise, wie ich für die Wiener einen Wiener darstelle, ist nicht so, wie sie sind, sondern genauso, wie sie gerne sein möchten. [...] Wäre ich ein gebürtiger Wiener, hätte ich dies nie zusammengebracht.«[64] Am häufigsten wird Tyrolt genannt, den Mathilde am Volkstheater in Freytags »Die Journalisten« und in Anzengrubers »Pfarrer von Kirchfeld« sowie am Raimundtheater in Esmanns »Vater und Sohn« und Anzengrubers »Das vierte Gebot« bewundert hat.

Am Raimundtheater, das 1893 mit Ferdinand Raimunds Zauberspiel »Die gefesselte Phantasie« eröffnet wurde, erlebte Mathilde von September 1907 bis Januar 1908 sechs Aufführungen. Viermal erwähnt sie den Schauspieler Friedrich Zelnik, dessen Komödiantentum sie von *sehr nett* über *ganz gut* und *schlecht* bis *etwas besser* bewertete. Auch die Stücke selbst werden recht unterschiedlich kommentiert: von *grossartig* über *sehr nett* und *schön* zu *grosser Schmarrn* und *grösster Blödsinn*.

In dem 1898 eröffneten Jubiläumstheater sah Mathilde von 1903 bis 1907 sechs Stücke. Das Repertoire reichte vom Sprechtheater (Baumbergs »Eine Liebesheirat«) über die Operette (Lehárs »Die lustige Witwe«) und die italienische Belcanto-Oper (Donizettis »Die Regimentstochter«) bis zur deutschen Oper mit prägnanter Gesellschaftskritik (Lortzings »Zar und Zimmermann«). An der Namensänderung in Volksoper, die im September 1907 erfolgte, läßt sich die Breite des Repertoires vom Sprechtheater bis zur Opernbühne ablesen.

Das Carltheater besuchte Mathilde erstmals 1904 zu einer Matinee. Im Jahre 1909 sah sie hier Spontinis »Die geschiedene Frau« (*sehr hübsch*), Offenbachs Operette »Die schöne Helena« (*reizende Musik*) und O. F. Bergs »Einer von unsere Leut« (*sehr herzig u. amüsant*). Das in der Leopoldstadt gelegene Theater war 1847 erbaut worden und entwickelte sich unter Andreas Aman, der es von 1900 bis 1909 leitete, zum zweiten Operettentheater neben dem Theater an der Wien.

Das Theater an der Wien hatte Mathilde im Jahr 1905 anläßlich einer Aufführung der Operette »Fledermaus« kennengelernt. Es hatte sich in den letzten Jahrzehnten des 19. Jahrhunderts zum führenden Wiener Operettentheater entwickelt.[65] Unter Wilhelm Karczag und Karl Wallner, den beiden Intendanten in der Zeit von 1902 bis 1911, war das Sprechstück endgültig in die Sommerspielzeit verbannt, wo den Wienern »Berliner Schauspiel mit der neuen Dramatik des Naturalismus und der folgenden Ismen« vorgeführt wurde, »in einem in Wien nur tastend versuchten Darstellungsstil«.[66] Im Mai 1907 lernte sie hier das Lessingtheater Berlin kennen, das seit 1904 von Otto Brahm, einem Vorkämpfer des Realismus und Naturalismus im Theater, geleitet wurde. Während dieses Gastspiels sah sie Ludwig Fuldas »Der heimliche König« und Gerhart Hauptmanns »Die Weber« und war besonders von Ibsens Dramen »Die Stützen der Gesellschaft« (*grossartig – erschütternd*), »Ein Volksfeind« (*Bassermann sehr gut*) und »Die Wildente« (*grossartig – Zusammenspiel*) begeistert.

Titel des dramatischen oder musikalischen Werkes	Autor oder Componist	Wo aufgeführt
Der Freischütz	Weber	Oper
Maria Stuart	Schiller	Burgth.
Stuart - Abend	Goethe-Schiller	Dörendorf
Der flieg. Holländer	R. Wagner	Oper
Brahm - Abend	vermischte	Gr. Musik
Der Evangelimann	Kienzl	Oper
Die Perle v. Iberien	— —	—
Die Journalisten	Freytag	Volksth.
Die Journalisten	„ —	Burgth.
Gesangs u. Violin Conc	A. Encini	} Gr. Musik
	Giuseppe Bona	} vereinst...
	Koirel v. Pent	

Ausschnitt aus Mathildes »Concert- und Theater-Merkbüchlein«

Dem Lessingtheater blieb Mathilde Freud auch 1909 treu, als sie dessen Inszenierung von Caillavets »Der König in Paris« besuchte und mit *ausgezeichnet, witzig, esprit* kommentierte. Diese Aufführung fand im kurz zuvor (1908) eröffneten Johann-Strauß-Theater statt; eigene Inszenierungen dieses Theaters sah sie nicht.

Wann gesehen oder gehört		Bemerkungen
8. Juni	1901	m. Frl. Haller – wenig entzückt
20. Okt.	" "	erstesmal Rainz – erstaunt
7. Nov.	1902	große Begeisterung – interessant
4. März	" "	hingerissen v. d. Reichmann
6. März	" "	etwas an Rainz erinnert – gut
23. Mai	" "	sehr schön – Schmedes
.	"	etwas zu phantastisch – gut
24. Feb.	" "	glänzend unterhalten – Tyrolt
3. Dez.	" "	ganz gut
20. Jan.	1903	nicht besonders
.		sehr gut
.		reizend

Opernaufführungen und Konzerte

An der Wiener Hofoper besuchte Mathilde Freud in den
Jahren 1901 bis 1908 dreizehn Opernaufführungen, jedoch
keinen Ballettabend. Was sie sah, waren überwiegend Klassiker wie Bizets »Carmen«, Puccinis »La Bohème«, Mo-
zarts »Don Giovanni«, Webers »Freischütz« und Wagners
»Fliegender Holländer«. Vom Ensemble der Hofoper

werden im Merkbüchlein nur die beiden gefeierten Opernsänger Theodor Reichmann und Erik Schmedes genannt.

Die Konzerte, die Mathilde hörte, fanden zum allergrößten Teil an zwei Spielstätten statt: entweder im Konzertsaal Bösendorfer oder im Großen Musikvereinssaal. Der Bösendorfer war ein kleiner Konzertsaal, der ausschließlich der Kammermusik vorbehalten war. Aber den Liebhabern der Musik war er »geheiligte Stätte, weil Chopin und Brahms, Liszt und Rubinstein darin konzertiert [hatten], weil viele der berühmten Quartette hier zum ersten Male erklungen«[67] waren. Hier besuchte Mathilde fünfzehn Aufführungen, überwiegend Liederabende bzw. Gesangskonzerte: mehrmals mit dem Bariton Johannes Messchaert (*schön und tief ergreifend*) und der Sopranistin Tilly Koenen (*herrlich wie immer gesungen*) sowie je einmal mit der Sopranistin Maikki Järnefelt (*sehr schöne Stimme, bisschen grell*), den Altistinnen Charles Cahier (*schön aber kühl*) und Ottilie Metzger-Froitzheim (*herrliche Stimme*) sowie Lula Mysz-Gmeiner (*sehr schön*) – alles international erfolgreiche Sängerinnen und Sänger.

Im Großen Musikvereinssaal, seit 1870 Hauptspielort der Wiener Philharmoniker, erlebte Mathilde über zwanzig Veranstaltungen, und zwar:

Gesangskonzerte mit Sopranistinnen wie Lilly Lehmann (*wunderbar*) und Helene Staegemann (*entzückende Lieder*), der Alt-Sopranistin Edyth Walker (*schöne Stimme*) und den Altistinnen Alice Cucini (*nicht besonders*) und Ernestine Schumann-Heink (*herrlich – Temperament, Geist*);

Musikkonzerte mit dem Pianisten Ernst von Dohnanyi (*herrliche Musik*) und Geigern wie Bronislaw Hubermann (*herrlich*) und Mischa Elman (*sehr interessanter kleiner Bub*);

Rezitationsabende (»Vorlesungen«) mit Josef Kainz oder Alexander Strakosch.

Bildpostkarte
16. Oktober 1904

Demgegenüber fehlen Hinweise auf den Besuch großer Orchesterkonzerte mit den Wiener Philharmonikern und der Wiener Singakademie. Nur ein Symphoniekonzert im »Wiener Concert Verein« ist erwähnt (31. 3. 03). In letzterem trug Adolf Wallnöfer am 10. März 1904 Lieder von Hugo Wolf vor, die Mathilde mit starker innerer Erregung erlebte. Sie sei *ganz närrisch gewesen* und habe *geweint*. *Wunderschön* seien besonders zwei Lieder gewesen: »Heimweh« nach einem Gedicht von Eduard Mörike und »Der Rattenfänger« nach Goethe.

Heimweh

Anders wird die Welt mit jedem Schritt,
den ich weiter von der Liebsten mache;
mein Herz, das will nicht weiter mit.
Hier scheint die Sonne kalt in's Land,
hier däucht mir Alles unbekannt,
sogar die Blumen am Bache!
Hat jede Sache so fremd eine Miene, so falsch
   ein Gesicht.
Das Bächlein murmelt wohl und spricht:
armer Knabe, komm bei mir vorüber,
siehst auch hier Vergißmeinnicht!
Ja, die sind schön an jedem Ort,
aber nicht wie dort.
Fort, nur fort!
Die Augen gehn mir über!

Als persönlicher Kontext von Mathilde kann hier die schon erwähnte Bildpostkarte vom 16. Oktober 1904 angeführt werden, mit der sie ihren Freund in unverhohlener Enttäuschung daran erinnern will, daß es da noch eine attraktive Frau gibt, die auf seine briefliche Zuwendung wartet

Vorträge, Vorlesungen und der Kunstsalon Hugo Hellers

Neben den Rezitationsabenden mit Kainz und Strakosch im Großen Musikvereinssaal hat Mathilde in ihrem Merkbüchlein weitere »Vorlesungen« festgehalten. Solche Veranstaltungen fanden vorzugsweise im Ingenieur- und Architekten-Vereinssaal statt, z. B. eine Vorlesung über den großen Schauspieler und Rezitator Josef Lewinsky sowie eine Vorlesung des namhaften Schriftstellers Jakob Wassermann (16. 2. und 28. 11. 06). Im Kursalon gab es eine Vorlesung über Wilhelm Busch (3. 4. 06).

Wenn Mathilde einen *Vortragsabend von Kainz* erwähnt (14. 11. 06), so dürfte es sich dabei weniger um einen Vortrag als um Rezitation gehandelt haben. Dasselbe gilt wohl von dem Vortragsabend des Schriftstellers Ludwig Fulda (23. 11. 03). Der Vortrag von Adrienne Kola[kiewicz] über die Lyrikerin Marie von Najmájer (26. 11. 04) fand offenbar im Rahmen einer Gedenkfeier für die Verstorbene statt. Den Charakter von Referaten haben dagegen der Urania-Vortrag von Otto Nordenskjöld über seine Alaska-Expeditionen (2. 3. 05) und ein Vortrag von Prznekerk am Anatomischen Institut über Ernst Haeckels 1904 veröffentlichtes Werk »Kunstformen der Natur« (21. 3. 05).

Ein besonderer Stellenwert ist Hugo Hellers Kunstsalon beizumessen. Heller war bereits im Gründungsjahr 1902 Freuds berühmter »Mittwoch-Gesellschaft« beigetreten. Seit 1912 erschien in seinem Verlag die kulturwissenschaftlich orientierte Zeitschrift »Imago« und seit 1913 die »Internationale Zeitschrift für ärztliche Psychoanalyse«.[68] 1905 hatte er eine Buchhandlung mit einer Kunstgalerie und einem Kunstsalon gegründet, die sich bald zu einem Zentrum des Wiener Kulturlebens entwickelte. Auf den von ihm veranstalteten Dichterabenden lasen u. a. Rilke, Hofmannsthal, Wassermann, Thomas und Heinrich Mann, Hermann Bahr und Hesse aus ihren Dichtungen.[69]

Zu einem öffentlichen Brückenschlag zwischen der Schriftstellergruppe des »Jungen Wien« und der Psychoanalyse kam es 1906, als Heller repräsentative Vertreter des Wiener Kulturlebens wie Hofmannsthal, Schnitzler, Bahr, Altenberg und auch Freud bat, ihm »zehn gute Bücher« zu nennen. Die Antworten auf diese Rundfrage, insgesamt

32 Originalbriefe, gab er 1907 in dem Sammelband »Vom Lesen und von guten Büchern« heraus, der durch einen Brief Hugo von Hofmannsthals eingeleitet wurde.

1907 erschien bei ihm Freuds Studie »Der Wahn und die Träume in W. Jensens ›Gradiva‹«. Über dieses Buch schrieb Mathilde an Eugen Pachmayr: [...] *jetzt kommt endlich ein lang erwartetes Buch heraus, und ich hab' mich mit einem jungen Schüler in die Korrektur geteilt* (11. 3. 07). Mit dem jungen Schüler war Otto Rank gemeint, der sich damals auf die Matura vorbereitete und bereits seit 1906 die Protokolle in der Mittwoch-Gesellschaft schrieb.

Die Gradiva-Studie war Freuds erste größere Arbeit über einen literarischen Text und eröffnete die »Schriften zur angewandten Seelenkunde«. Die neue Buchreihe wandte sich, wie Freud als Herausgeber schrieb, »an jenen weiteren Kreis von Gebildeten, die, ohne gerade Philosophen oder Mediziner zu sein, doch die Wissenschaft vom Seelischen des Menschen nach ihrer Bedeutung für das Verständnis und die Vertiefung des Leben zu würdigen wissen«[70]. Die Ausrichtung an einem Adressatenkreis von geistes- und kulturwissenschaftlich Interessierten sollte sich in den nächsten Jahren als sehr erfolgreich erweisen. Die Gradiva-Studie changierte denn auch »zwischen Essay, Monographie und Erzählung«[71].

Den Vortrag »Der Dichter und das Phantasieren« hielt Freud am 6. Dezember 1907 vor ungefähr neunzig Zuhörern in Hellers Kunstsalon. Es war übrigens »der einzige öffentliche Vortrag Freuds vor einem Publikum, das nicht unbedingt aus Kollegen und Anhängern bestand«[72], und war in mancher Hinsicht eine »Anschlußstudie«[73] an die »Gradiva«-Schrift.[74] Unter den Zuhörern war auch Mathilde (6. 12. 07).

Demnach partizipierte sie schon früh an den damals erstarkenden literatur- und kulturwissenschaftlichen Interessen ihres Vaters, die mit Hugo Hellers Bestrebungen Hand in Hand gingen. Ihre Beteiligung an der Gradiva-Veröffentlichung und ihre Präsenz in Hellers avantgardistischem Kunstsalon lassen erkennen, daß der Vater das literatur- und kulturwissenschaftliche Interesse seiner Ältesten in diesem Rahmen stimuliert und gefördert hat.

Auch an einer Lesung Hermann Hesses aus seinen Werken (15. 10. 08) nahm sie teil. Hesse, damals 31 Jahre alt, hatte durch erste literarische Erfolge wie die Romane »Peter Camenzind« (1904) und »Unterm Rad« (1906) auf sich aufmerksam gemacht; seine Freud-Rezeption begann allerdings erst einige Jahre später.

1906/07 besuchte Mathilde eine Ausstellung der Malerin Hermine Heller-Ostersetzer, der Gattin Hellers, in der Galerie Miethke.

Verbindungen zwischen den Jugendbriefen und dem Merkbüchlein

Man kann sich fragen, ob das Bild von Mathildes Theaterinteresse, das sich aus ihrem Merkbüchlein ergibt, mit dem Bild, das die Jugendbriefe davon vermitteln, übereinstimmt.

In der Anfangsphase der Jugendbriefe gewinnt man einen Eindruck davon, wie sehr sich die 16jährige für die Theaterwelt begeistert. Sie trägt dieses Interesse auch an Eugen heran, indem sie bei ihm anfragt, ob er *neulich einmal irgendetwas Schönes im Prinzregententheater [in München] gesehn* habe (25. 12. 03).

In der Krankheitsphase scheint ihr Theaterinteresse brachzuliegen. Erst im Frühjahr 1906 sei sie wieder *sehr viel im Theater* gewesen (22. 7. 06). Der nächste Hinweis folgt dann allerdings erst im Jahr darauf: *Ich muß Sie doch einmal fragen, lieber Eugen, so komisch mir selbst die Frage vorkommt, ob in München auch die berühmte Operette »Die lustige Witwe« gespielt wird. Sie ahnen garnicht, was die Leute hier in Wien für ein Taumel ergriffen hat über diese fesche Dame; es wird noch überall von nichts anderem gesprochen, jeder summt die Musik, jedes Klavier, jedes Grammophon, jedes Werkel spielt den bekannten Walzer, Abend für Abend ist das Theater voll von begeisterten Zuhörern. In wenig Wochen haben wir die 400. Aufführung in ununterbrochener Reihenfolge, und sämtliche Kritiker und alle Leute in Wien, die etwas mitzureden haben, machen sich die größten Sorgen über diesen Umstand. Gestern las ich in der »Schaubühne« einen ausgezeichneten Aufsatz darüber, in dem gesagt wird, der Beifall, den die lustige Witwe hier findet, sei eine Demonstration des Publikums, das jahrelang mit Hauptmann, Sudermann etc. gequält worden sei und nun seinen wahren Geschmack deutlich genug dartue. Wien sei nur empfänglich für diese leichte, tänzelnde, liebelnde Musik, und die hie und da gezeigte Vorliebe für ernstere, schwerere Kost sei anerzogen gewesen. Ich hab wirklich angefangen, darüber nachzudenken, und finde, daß der Mann in sehr vielem recht hat, was eigentlich eine betrübende Erscheinung ist* (11. 3. 07).

Wenige Wochen später schreibt sie, Wien sei, wie jedes Jahr um diese Zeit, eine interessante Stadt geworden, *und beinahe zu jeder Theatervorstellung könnte man gehn.* […] *Harden aus Berlin wird einen Vortrag halten, auf den ich mich schon so freue, und eine Feier für Karl Henckell, der mir außerordentlich sympathisch ist, wird am Dienstag stattfinden* (26. 4. 07). Maximilian Harden, jener scharfsinnige linksliberale Theaterkritiker aus Berlin, hätte keineswegs die Partei jener konservativen, auf Leichtlebigkeit bedachten Lehár-Freunde ergriffen. Ganz im Gegenteil, er teilte die eher schwerblütig-ernste Gesellschaftskritik der Naturalisten und zog daraus gesellschaftlich-politische Konsequenzen. Mit seinen vehement vorgetragenen Forderungen nach Demokratisierung in Staat und Gesellschaft, Gleichberechtigung der Juden und Gerechtigkeit im sozialistischen Sinne wurde er in Deutschland zu einer »öffentlichen Macht« (Heinrich Mann). Auch von Karl Henckell ist zu sagen, daß er unter den Naturalisten anfänglich als »Dichter des Proletariats« galt und sich als einer der ersten bürgerlichen Intellektuellen zur Sozialdemokratie bekannte, auch wenn er sich später zunehmend der Natur- und Landschaftslyrik zuwandte.[75]

Wiederum einige Wochen danach äußert Mathilde, sie gehe aufgrund der Hitze kaum mehr aus dem Haus *außer zum Tennis oder zu einer Partie oder ins Theater. Die Berliner* [Lessingtheater] *sind ja hier und spielen wirklich großartig* (14. 5. 07). Mehrmals erwähnt sie einen jungen Schauspieler aus Rumänien, mit dem sie sich offenbar intensiv über die Wiener Theaterwelt unterhielt: *Den sah ich gestern in seiner ersten Rolle, und der Mann macht seine Sache wirklich ausgezeichnet, mit sehr viel Natürlichkeit und Temperament* (22. 9. 07). Und gegen Ende dieses Jahres schreibt sie an Eugen: *Im Theater war ich auch zweimal hintereinander, Burg: Julius Caesar und Heinrich IV., eines großartiger als das andere* (28. 12. 07).

Demnach fallen in den Jugendbriefen nur wenige Schlaglichter auf Mathildes Theaterbesuche, und auch der Eindruck eines anfänglich intensiven, in der Krankheitsphase verlöschenden und erst 1907 wieder aufblühenden Theaterinteresses steht im Widerspruch zu dem reichhaltigen Kulturprogramm, das sie laut Merkbüchlein absolvierte und das nur durch Kuraufenthalte in Levico und Meran unterbrochen wurde. Die Zahl von über 180 Aufführungen spricht für den hohen Stellenwert, den Konzert- und Theaterbesuche für Mathilde in ihren Jugendjahren hatten.[76]

*Das Merkbüchlein als Dokument
einer höheren Tochter
aus dem jüdischen Bildungsbürgertum*

Die Wiener Kultur besaß traditionell eine besondere Emp-
fänglichkeit für Theater und Musik: »Musik machen, tanzen, Theater spielen, konversieren, sich geschmackvoll und
gefällig benehmen wurde hier gepflegt als eine besondere
Kunst. [...] der erste Blick eines Wiener Durchschnitts-
bürgers in die Zeitung galt allmorgendlich [...] dem Repertoire des Theaters, das eine für andere Städte kaum be-
greifliche Wichtigkeit im öffentlichen Leben einnahm.«[77]

Über die spezifischen Bildungseinflüsse in der Familie
Freud ist im Detail relativ wenig bekannt. Um sich ein
deutlicheres Bild von Mathildes Konzert- und Theater-
besuchen zu machen, müßte man wissen, wer aus der Familie sie als Kind und Jugendliche in Aufführungen mitgenommen bzw. ihr Anregungen und Empfehlungen
gegeben und ihr damit die Wiener Musik- und Theaterwelt
eröffnet hat.

In den Anfangsjahren zwischen 1899 und 1904 war sie
noch zu jung, um allein ins Theater zu gehen. Da die Mutter und Tante Minna – im Unterschied zu der Gouvernante, Frl. Haller, und dem Vater – kein einziges Mal im
Merkbüchlein erwähnt werden, liegt der Schluß nahe, daß
sie die üblichen Begleitpersonen für die Kinder waren.

Ab Dezember 1904 änderte sich die Situation. Nunmehr
wird eine ganze Reihe von Bekannten, Freunden und Verwandten als Begleiter genannt: die Loewys (Ernst Loewy
war ein alter Freund des Vaters), die Grafs (Freuds Schwester Rosa mit Ehemann), Sophie Raab (eine Freundin, die
Mathilde aus Meran kannte) und der entfernte Verwandte
Jascha aus Odessa. Am 14. März 1905 ging die 17jährige
Mathilde erstmals »allein« ins Theater. Später wurde sie

einmal von ihrem Bruder Martin, dann von Papa, ein anderes Mal von den »Kindern« (den fünf jüngeren Geschwistern), vom Onkel (Alexander) und am 25. Oktober 1908 – »erstmals als Brautpaar« – von den Schwestern Anna und Sophie begleitet.

Daß Martha Freud besonderen Wert darauf legte, eine »gute Mutter« zu sein, läßt sich auch daran ablesen, wie wichtig es ihr war, daß ihre Kinder wohlerzogen waren. Katja Behling schreibt in ihrer Biographie über die »Frau des Genies«: »In ihrer pädagogischen Haltung war Martha eine typische Vertreterin ihrer Generation und sozialen Schicht. Gerade jüdische Bürgersfrauen wie sie waren dafür bekannt, Hüterinnen der deutschen Kultur zu sein und ihren Kindern tadellose Manieren, Kultiviertheit und geschlechtsspezifische Verhaltensweisen beizubringen.«[78] Um dem Ideal einer »guten Familie« gerecht zu werden, mußte viel für die Bildung der Kinder getan werden, und dazu gehörte unbedingt die Teilnahme am Wiener Musik- und Theaterleben.

Auch Minna Bernays, die seit 1896 bis zu ihrem Tod im Jahre 1941 in der Familie ihrer Schwester lebte, dürfte den Bildungseifer der Kinder und allen voran der ältesten Tochter unterstützt haben. Schon als junges Mädchen habe sie intellektuelle Neigungen gezeigt und die Hausarbeit mit einem Staubtuch in der einen und einem Buch in der andern verrichtet.[79]

Konzert- und Theaterbesuche dienten den höheren Töchtern – ähnlich wie Tanzereien und Hausbälle – dazu, sich in der Gesellschaft bewegen zu lernen. Sie sollten in Auftreten, Konversation und Garderobe den nötigen gesellschaftlichen Schliff bekommen und sich distinguiert benehmen. Im Hintergrund standen oft ehrgeizige Mütter, die ihnen eine möglichst gute Bildung mitgeben wollten, um deren Chancen auf dem Heiratsmarkt zu erhöhen. Aus dieser Sicht wäre die familiäre Förderung von Bildung in erster Linie ein Instrument der sozialen Strategie, um durch den Erfolg im kulturellen Bereich in der Gesellschaft aufzusteigen. Tatsächlich war höhere Bildung für die liberale städtische Mittelschicht in Wien ein wesentliches Statussymbol.

Die assimilierten Juden maßen aber Theater- und Konzertaufführungen sowie überhaupt der Kultur eine weitaus größere Bedeutung bei als das übrige Bildungsbürgertum. Sie waren, wie Stefan Zweig betont, »das eigentliche Publikum, sie füllten die Theater, die Konzerte, sie kauften die Bücher, die Bilder, sie besuchten die Ausstellungen und wurden mit ihrem beweglicheren, von Tradition weniger belasteten Verständnis überall die Förderer und Vorkämpfer alles Neuen«[80].

Für dieses gesteigerte Bildungsbestreben der assimilierten Juden gab es verschiedene Gründe. Immer mehr Kinder aus wohlhabenden Familien drängten aus den Handels- in die Kulturberufe, um »dem Widrigen, Kleinlichen und Ungeistigen, das allem Handel, allem bloß Geschäftlichen anhaftet, zu entrinnen und sich in die reinere, die geldlose Sphäre des Geistigen zu erheben«[81]. Hinzu kam, daß sich die Wiener Juden weit eher in den kulturellen als in den gesellschaftlichen Bereichen assimilieren konnten. Die deutsche Kultur stand ihnen weitgehend offen: »Die deutsche Kultur, die sie sahen, war das glänzende Deutschland der ›Dichter und Denker‹, eine neue Nation, deren Philosophen es als ihre Aufgabe sahen, das theoretische Pendant zur Französischen Revolution zu schaffen. Deutsche Kultur, das war Beethoven, Kant, Schiller, Goethe und Lessing. [...] Um Deutsche zu werden, wählten die Juden in Österreich den Weg der kulturellen Assimilation.«[82] Sie war die Fortsetzung der traditionell jüdischen Hinwendung zum Geistigen. Zugleich bot sie die Chance, die orthodox religiöse durch eine säkulare Bildung zu ersetzen.[83]

Ohne das Aufgeben der spezifisch jüdischen Lebensformen in ihrer Familie wäre es einer höheren Tochter wie Mathilde nicht möglich gewesen, all die Spielregeln der besseren Gesellschaft Wiens zu erlernen und in so starkem Maße an dessen kulturellem Leben teilzuhaben.

Mathilde Freuds Lebensentwurf
als junge Frau

Aus der Darstellung von Mathildes Adoleszenz im Spiegel ihrer Jugendbriefe und ihres Concert- und Theatermerkbüchleins lassen sich Einschätzungen ihres Lebensentwurfs in dieser durch einen Beruf wichtigen Entwicklungsperiode ableiten.

Die weibliche Adoleszenz als normative Krise –
ein von Freud unterschätztes Problem

Wie mögen die Erwartungen der Freuds an ihre älteste Tochter in deren Adoleszenz[84] ausgesehen haben? Für Mathilde wurden keine weiterführenden Schulen, kein Studium und auch keine Berufsausbildung in Betracht gezogen. Statt dessen hatte sie einige Pflichten in dem umfangreichen Haushalt einer aus neun Personen – Eltern, Tante und sechs Kindern – bestehenden Familie mit mehreren Hausangestellten zu erfüllen.

Man darf annehmen, daß Mathilde auch für die »emotionale Hausarbeit« mitverantwortlich war. Wie Marion A. Kaplan ausführt, sollte das Heim einer gutbürgerlichen jüdischen Familie »Zuflucht und Auftankstation sein, zu der die Familienmitglieder regelmäßig zurückkehrten, um sich geistig, körperlich und seelisch wieder aufrichten zu lassen. In der Theorie und häufig auch in der Praxis war das Heim eine konfliktfreie Zone. Die Frauen hatten den Frieden und die Ruhe der Familienmitglieder zu sichern.«[85]

In ihren Jugenderinnerungen schreibt Anna Kronthal, daß es bürgerliche Eltern im späten 19. Jahrhundert in aller Regel ablehnten, Mädchen durch einen Beruf einen Lebensinhalt zu geben. Die Tochter gehörte vielmehr »ins Haus, sie sollte der Mutter zur Hand gehen, nett aussehen und ihn [den Vater] und andere durch frohes Wesen erfreuen«[86].

Dieses Frauenbild muß im Zusammenhang mit einem wichtigen Unterschied zwischen der west- und der osteuropäischen jüdischen Kultur gesehen werden: In ersterer hatten Frauen vor allem die Aufgabe, »als nichterwerbstätige mütterliche Hüterinnen des häuslichen Herdes und des Judentums zu wirken«. Im osteuropäischen Kontext hingegen entwickelte sich »ein ganz anderes Ideal, das Ideal der tatkräftigen und erwerbstätigen Frau«. Dieser Kontrast läßt sich darauf zurückführen, daß der Unterschied zwischen der öffentlichen und der privaten Sphäre in Westeuropa wesentlich ausgeprägter war als in Osteuropa.[87]

Daß Sigmund Freud seiner Frau Martha die traditionelle Rolle einer nichterwerbstätigen mütterlichen Hüterin des häuslichen Herdes zuspielte und dieses Ideal auch an seine Töchter herantrug, liegt offen zutage. Demgemäß erhielt er eine starke Bindung und Kontrolle gegenüber seiner ältesten Tochter aufrecht, wie sich seinem bereits zitierten Brief an die damals 18jährige Mathilde entnehmen läßt: »Du weißt, ich habe mir immer vorgenommen, Dich wenigstens bis zum vierundzwanzigsten Jahr zu Hause zu behalten, bis Du für die Aufgaben der Ehe und vielleicht des Kinderhabens ganz erstarkt bist [...]. In unseren sozialen und materiellen Verhältnissen heiraten Mädchen mit Recht nicht in der ersten Jugend; sie werden sonst zu früh mit der Ehe fertig. Du weißt, daß Deine Mutter fünfundzwanzig bei ihrer Hochzeit war.«[88] Hier kommt ein stark bewahrend-konservatives Moment zur Geltung, das im Widerspruch zu dem aus materiellen Gründen erzwungenen Aufschub der eigenen Heirat steht.

Wäre Mathilde dem Wunsch ihres Vaters gefolgt, hätte sie vom Abschluß der Schule mit 16 Jahren bis zu ihrer Ehe eine Wartezeit von acht Jahren einlegen müssen! Eine solche Wartezeit ohne eigentliche Aufgabe und Ziel empfanden damals viele höhere Töchter zunehmend als schwer erträglich. So schrieb die Sozialdemokratin Hedwig Wachenheim im Rückblick: »Nach der Schulzeit bestand mein Leben großteils im Anfertigen von Handarbeiten, in Besuchen bei meinen Großmüttern, Kaffeevisiten, Besuchen von Theateraufführungen und Bällen, Schlittschuhlaufen und den sechswöchigen Sommerferien.«[89]

Ganz genauso war es bei Mathilde. Ihre Versuche, sich dagegen aufzulehnen, wirken allerdings eher zaghaft. An einige Leitmotive der 16jährigen sei nochmals erinnert:

Beneiden wollte ich Sie, fällt mir eben ein, wegen Ihrer Freiheit. Wenn Sie Lust haben, da oder dorthin zu gehn, setzen Sie sich auf die Elektrische und fahren hin, etwas für uns Mädchen ganz Unausführbares, Unschickliches, Unmögliches. Wenn ich einmal sagen wollte, daß ich das Verlangen hätte, einen Friedhof zu besuchen, würde man mich wahrscheinlich für melancholisch halten und Dr. Rie zur Untersuchung hertelephonieren (8. 10. 03).

Eigentlich ist es ein Jammer mit uns Mädeln und unsrer Unselbständigkeit (8. 10. 03).

[...] diese geringe geistige Beschäftigung ist mir unerträglich geworden. Wenn man so wenig zu tun hat, kommen einem lauter unnötige Gedanken und machen einen nicht vergnügter (1. 10. 03).

Gemessen an den Entwicklungsmöglichkeiten vieler heutiger junger Frauen aus bürgerlichen Schichten, standen höhere Töchter um die Jahrhundertwende bis zur Heirat weitgehend unter der Obhut und Kontrolle der

Herkunftsfamilie. Die adoleszenten Ablösungsprozesse waren von daher eingeengt und behindert.[90]

Erikson hat die Adoleszenz als eine »normative Krise« bezeichnet, d. h. als eine normale Phase vermehrter Konflikte, charakterisiert einerseits durch eine scheinbare Labilität des Ichs, andererseits durch einen »Reichtum an freier Energie, der wohl schlafende Ängste aufweckt [...], aber auch neue und erweiterte Ichfunktionen im spielerischen Ergreifen neuer Möglichkeiten unterstützt«[91]. Liest man Mathildes Jugendbriefe an Eugen Pachmayr, so scheint es ihr kaum in den Sinn gekommen zu sein, sich kritisch mit den elterlichen Rollen- und Wertvorstellungen auseinanderzusetzen, um einen davon partiell abweichenden Lebensentwurf zu entwickeln. Charakteristisch für sie ist eine Sehnsucht nach Bildung, dergegenüber das soziale Emanzipationsstreben und das Verlangen nach Freiheit in der persönlichen Lebensgestaltung zurücktreten.[92]

Im Unterschied dazu fand Hedwig Wachenheim – wie Bertha Pappenheim, Alice Salomon und andere Frauenrechtlerinnen ihrer Generation – in der Sozialarbeit einen Ausweg aus ihrer privatistischen Existenz. Der mit diesem Engagement verbundene Anschluß an Gruppen gleichgesinnter Frauen bedeutete ihr »die Erlösung der ›höheren Tochter‹ aus dem Zustand des Nichtstuns«[93]. Für Mathilde gab es solche Anschlußmöglichkeiten offenbar nicht.

Das Fehlen beruflicher Perspektiven

Viele junge Frauen konnten am Beispiel ihrer Brüder miterleben, was es an Bildungschancen und Persönlichkeitswachstum bedeutete, aufs Gymnasium gehen und an einer Universität studieren zu dürfen. Martin und Ernst besuchten ein humanistisches Gymnasium, um danach zu studieren. Oliver absolvierte die moderne Realschule und bezog die Technische Hochschule.[94]

Die drei Freud-Töchter hingegen wurden nicht aufs Gymnasium geschickt und erhielten keine akademische Ausbildung, weil für sie eine berufliche Karriere nicht vorgesehen war. Aufschlußreich ist in dieser Hinsicht ein Vergleich Freuds mit zwei seiner besten Freunde, den Kinderärzten Oskar Rie und Ludwig Rosenberg. Die ältere der beiden Rie-Töchter, Margarethe, besuchte von Anfang an das Gymnasium, die jüngere, Marianne, zunächst das Lyzeum, erhielt dann aber Privatunterricht, um den Stoff des Gymnasiums nachholen und Medizin studieren zu können. Auch Anni, die jüngere der beiden Rosenberg-Töchter, besuchte das Gymnasium und studierte Medizin.[95]

Mathilde hat in der Adoleszenz eine Reihe von Phantasien, wie sie mehr aus sich herausgehen könnte:

Als 16jährige trägt sie sich mit dem Gedanken, ein Buch aus dem Englischen zu übersetzen und es eventuell in einem Verlag herauszubringen (29. 12. 03).

Im Alter von 19 Jahren denkt sie daran, wie eine ihrer Freundinnen für zwei Jahre nach England zu gehen: *ein bißchen Herauskommen aus dem Alltäglichen tut doch gewiß gut, und England kennenzulernen ist sicher der Mühe wert* (11. 3. 07).

Als knapp 20jährige faßt sie den Plan, Italienisch zu lernen (30. 9. 07).

Mit 20 Jahren äußert sie den Wunsch, nachdem sie bei der »Gradiva«-Studie Korrektur gelesen hat, sich mehr im Bereich der Psychoanalyse zu betätigen, muß aber resigniert feststellen: *am liebsten möchte ich mit Papa arbeiten, aber der kann mich nicht brauchen* (22. 9. 07).[96]

Dem Medizinstudium steht sie positiv gegenüber und äußerte gegenüber Eugen dezidiert: *[...] die Medizin bietet doch so viel wirklich Interessantes – Sie wissen doch, wie sehr sie mich grad immer interessiert hat, ich hätt gern selber studiert«* (15. 1. 10).

Doch Vater Freud soll nicht nur Mathilde, sondern auch Anna den Plan eines Medizinstudiums ausgeredet haben. Selbst bei seinen Söhnen hat er erfolgreich gegen eine solche Wahl interveniert. »Medizin als Beruf für einen seiner Söhne kam für Vater nicht in Betracht«, konstatierte der Älteste.[97] Oliver hat dieser Darstellung seines Bruders Martin allerdings widersprochen und behauptet, Freud hätte seinen Söhnen bei der Berufswahl freie Hand gelassen und auch den Arztberuf keineswegs von vornherein ausgeschlossen.[98] Schließlich wurde Martin Jurist, Oliver Ingenieur und Ernst Architekt, während sich Anna der Pädagogik zuwandte.

Wenige Tage nach Mathildes Tod äußerte Anna Freud in einem Interview in der »New York Times«, eine altmodische Kultur hätte die Bildungsmöglichkeiten ihrer Schwester blockiert. Da es zu dieser Zeit keine Universitäten für Frauen gegeben habe, sei Mathilde bereits in jungen Jahren eine Ehe eingegangen.[99] Zu bedenken ist jedoch, daß es auch schon damals, wenn auch als Ausnahmen, Frauen gab, die an Universitäten studierten, z. B. die beiden Analytikerinnen Helene Deutsch und Karen Horney, die ihren Doktor der Medizin machten.

Es bedurfte schwerer Kämpfe auf gesellschaftlicher Ebene, bis die schon von John Stuart Mill und seiner Frau Harriet Taylor erhobenen Forderungen von der Frauenbewegung durchgesetzt wurden:

»1. *Erziehung* in elementaren und hohen Schulen, Universitäten, medizinischen, rechtswissenschaftlichen und theologischen Anstalten.

2. *Teilnehmerschaft* an den Arbeiten und am Ertrag, an den Gefahren und Belohnungen der produktiven Erwerbstätigkeit.

3. Ein *gleicher Anteil* an der Feststellung und Handhabung von Gesetzen – der Gemeinde, des Einzelstaates und der Nation – in gesetzgebenden Versammlungen, Gerichtshöfen und Exekutivbehörden.«[100]

Erst durch das Erkämpfen dieser Rechte eröffnete sich auch den Frauen die Chance eines inneren Freiraums für die eigene Individuation, den Erikson als »psychosoziales Moratorium«[101] bezeichnete. Neuere Untersuchungen der Lebensentwürfe junger Frauen sprechen »für ausgeprägte Interessen der meisten an einer qualifizierten Ausbildung und einem Beruf, der als anregend, sinnvoll und ausfüllend erlebt werden kann [...]. Damit haben sich seit Ende der sechziger Jahre entscheidende Veränderungen in den Lebensentwürfen junger Frauen ergeben: Die Zentrierung der Perspektiven um ein durch den Ehemann ökonomisch abgesichertes Leben als Hausfrau und Mutter ist abgelöst worden durch die Bedeutsamkeit einer auf ökonomischer Unabhängigkeit basierenden Lebensgestaltung und ausgeprägte Interessen an der Erweiterung persönlicher Entfaltungsmöglichkeiten hauptsächlich im Bereich beruflicher Arbeit.«[102]

Unbewußte Konflikte und ihre Verlagerung auf den Körper

Mathilde wuchs in geordneten und harmonischen Verhältnissen auf und konnte sich auch als Jugendliche in ihrer Familie aufgehoben und anerkannt fühlen. Ihre Ablösung von den Eltern verlief nach einem zentripetalen Muster. Sie blieb stark an die Eltern gebunden und orientierte sich an deren Überzeugung, daß die wesentlichen Befriedigungen und Sicherheiten nur innerhalb der Familie erlangt werden können.[103]

Wenn die Pubertät eine innere Umwälzung mit sich bringt, die notwendigerweise die Periode friedlichen Wachstums unterbricht,[104] so ist bei Mathilde von jener Disharmonie mit Eltern und Familie kaum etwas zu spüren. Sie scheint sich beinahe bruchlos mit den Erwartungen der Erwachsenengeneration identifiziert zu haben. Freud selbst hat die »Ablösung von der Autorität der Eltern« als »eine der bedeutsamsten, aber auch schmerzhaftesten, psychischen Leistungen der Pubertätszeit« bezeichnet, da erst durch sie »der für den Kulturfortschritt so wichtige Gegensatz der neuen Generation zur alten geschaffen wird«.[105] Dabei scheint er allerdings in erster Linie an die jungen Männer gedacht zu haben, denn hinsichtlich der Ablösung der Mädchen und ihres Eintritts in die Kultur begrüßt er es ausdrücklich, daß diese »zur Freude der Eltern weit über die Pubertät hinaus bei der vollen Kinderliebe verbleiben«[106], sich nicht ablösen und insofern auch keine Kulturleistungen vollbringen.[107]

Solche in der Adoleszenz aufbrechenden Konflikte junger Frauen mit ihren Eltern wurden zu Mathildes Zeiten in erster Linie durch gesellige Vergnügungen und kulturelle Aktivitäten als eine Art Ablenkung und Ersatzbefriedigung zu bewältigen versucht.

Eine andere zentrale Konfliktdimension in der Adoleszenz ist die soziale Ausgestaltung von Körperlichkeit und Sexualität. »Ob sie es sich wünschen oder nicht, Mädchen und junge Frauen müssen sich auseinandersetzen mit den veränderten Potentialen ihres Körpers: der Möglichkeit zu genitaler Sexualität und dazu, schwanger werden und Kinder gebären zu können.«[108] Besondere Bedeutung haben hier unbewußte Motivationen, zumal erotisch-sinnliche und aggressive Strebungen, soweit sie der kulturellen Tabuisierung unterliegen.

Dieser Konfliktbereich bleibt in den Jugendbriefen verschlossen. Es gibt aber bei Mathilde ein Symptom, das auf ein diesbezügliches Konfliktpotential hindeutet: ihre Unterleibsschmerzen, die als Blinddarmentzündung diagnostiziert wurden und dann zu der verhängnisvollen Operation im Jahre 1905 führten. In diesem Zusammenhang lassen neuere Untersuchungen über fehlindizierte Blinddarmoperationen aufhorchen. So hat Bernd Hontschik[109] festgestellt, daß bei drei Viertel der operierten Frauen Fehlindikationen vorlagen (im medizinischen Jargon nennt man solche Wurmfortsätze »unschuldig«) und es sich ganz überwiegend um junge Frauen im Alter zwischen dem 13. und 20. Lebensjahr handelte. Diese jungen Patientinnen klagten einerseits über ständige Unterleibsschmerzen. Andererseits brachten sie mit auffallender Regelmäßigkeit ihre Mütter mit, die vom Chirurgen, zumeist in aggressiver Form, einen operativen Eingriff verlangten: »Der Blinddarm muß endlich raus, und zwar schnell!« Bei dieser häufig wiederkehrenden Konstellation drängte sich dem Untersucher die Hypothese auf, daß es sich um eine durch die erwachende Sexualität der Tochter ausgelöste Familienkrise handeln müsse, bei der der Blinddarm zu einem Projektionsfeld unbewußter Machtkämpfe zwischen Müttern und Töchtern wird. Innerhalb dieses Projektionsfeldes werden »unbewußte Konflikte um Schwangerschaft und Geburt, um Kinder bekommen können und Kinder bekommen sollen von den Geschlechtsorganen nach oben, in den Unterbauch verschoben und werden« dort als Blinddarmschmerzen manifest«.[110] Dieses Problem hatte damals und hat auch heute noch eine erhebliche Tragweite, einerseits weil es sich bei der angeblichen Blinddarmentzündung um ein medizinisch letztlich immer noch unverstandenes Geschehen handelt, andererseits weil das Operationsrisiko nach wie vor erheblich ist.[111]

Auch Mathildes Schwester Anna unterzog sich – drei Jahre nach ihrer ältesten Schwester – einer Blinddarmoperation, die ohne körperliche Komplikationen verlief. Sie erholte sich recht bald, fühlte sich aber mehrere Jahre lang unausgeglichen und »unvernünftig«. Fast fünf Jahre später schrieb sie ihrem Vater von einem Erholungsaufenthalt in Meran: »Ich möchte so gerne vernünftig sein, so wie Mathilde, und ich weiß nicht, warum bei mir alles so lange dauert. Es geht mir doch so gut, ich bin auch sehr gerne hier und wenn ich dann nach Wien komme, kann ich auch alles wieder anfangen, was ich gern tue, aber wenn ich dann einen so dummen Tag habe, dann kommt mir alles ganz verkehrt vor, zum Beispiel heute kann ich gar nicht begreifen, wie das manchmal so dumm sein kann. Ich will es auch nicht wieder haben, denn ich will ein vernünftiger Mensch sein oder wenigstens werden, aber ich kann mir nicht immer allein helfen.«[112]

Gut denkbar ist, daß die Unterleibschmerzen in vielen Fällen nur eine Verschiebung psychischer Probleme – der erwachenden Weiblichkeit und Sexualität sowie der emotionalen Leere und Unausgefülltheit in der oft allzu langen Vorbereitungszeit auf die Ehe – auf ein körperliches Organ sind. Wahrscheinlich handelt es sich in vielen solchen Fällen – wie bei der Hysterie – um eine Art sozialer Kommunikation in der geheimen Symbolsprache der Körpersymptome.[113] Wenn man jungen Frauen in der Adoleszenz nicht das nötige Moratorium gewährt, um sich auf ihren neuen Körper und dessen veränderte Funktionen innerlich umzustellen, wird der Körper leicht zum Spielball körperlicher und psychischer Symptome, oder es wird auf der körperlichen Ebene eine operative Lösung gesucht, die so verhängnisvolle Folgen haben kann wie bei Mathilde. Und die Zahlen zeigen, daß dies kein Einzelfall war, sondern häufig vorkam.

Daß Mathilde weder eine Berufsausbildung machen noch studieren, noch an einer Frauengruppe oder organisierten Bewegung teilnehmen konnte, lag auch und vor allem, wie sie in einem Interview mit Paul Roazen äußerte, an ihren Gesundheitsproblemen: »When I asked Mathilda if she had ever thought of becoming an analyst herself, she raised the issue of her health. She explained that she had been too ill as a youngster to have planned to study for a professional career.«[114]

Dadurch, daß sie in ihrer Jugend auf ihren Körper zurückgeworfen war, blieb ihr kaum Kraft für berufliche und öffentliche Expansion. Weiterhin muß man sich vergegenwärtigen, daß nur etwa zwei Jahre zwischen ihrer Rekonvaleszenz (1906) und ihrer Verlobung (1908) lagen. Die von Zeit zu Zeit wieder aufkeimende Krankheit hat Mathildes jugendlicher Bildungssehnsucht einen Riegel vorgeschoben. Bedauernd schrieb sie an Eugen: *[...] ich könnte gewiß nicht das Geringste mehr ernsthaft lernen, weil ich mich durch das tatenlose Dahinleben der Krankheitsjahre ganz auf den Standpunkt des Schauens und Genießens statt Lernens und Arbeitens gestellt hab. Aber wenn ich müßte! So ging's vielleicht doch* (15. 1. 10).

Von der Jugendfreundschaft zur unerfüllten Jugendliebe

Mathilde selbst hat den Unterschied zwischen der innigen Beziehung zu einer Freundin, die *gleiche Interessen und Empfindungen* hat, und dem Zwiegespräch mit einem männlichen Freund reflektiert: *Da sind oft ganz dieselben Dinge im Gespräch wie zwischen Mädchen, aber doch von einem ganz andern Gesichtspunkt aus betrachtet und deshalb so interessant* (20. 10. 03).

Mit ihrer Jugendfreundin Hasi war Mathilde über Jahre hinweg beinahe täglich zusammen. Eine solche tendenziell symbiotische Mädchenfreundschaft hat in der Zeit des Heranwachsens eine wichtige Funktion. Sie ermöglicht es, einen »Übergangsraum« zu schaffen, »in dem Mädchen ihre eigene Innenwelt ohne Angst vor vereinnahmenden Zugriffen erforschen können«.[115] Der Freundin kann man sich mit »authentischer Stimme«[116] mitteilen, ihr alle Verunsicherungen, geheimen Gedanken und Phantasien anvertrauen, die man den Eltern und Geschwistern gegenüber eher für sich behält. Dies betrifft vor allem jene beunruhigenden, schambesetzten Aspekte der weiblichen Entwicklung wie die erste Menstruation, die Veränderungen der weiblichen Körperformen, welche die junge Frau zum Objekt männlicher Blicke werden lassen, erotische Phantasien und sexuelle Erfahrungen, aber auch innerfamiliäre Spannungen und Konfliktlösungsversuche.

All diese Themen werden in den Briefen an Eugen nicht tangiert. Der in der Ferne lebende Freund erscheint als der andere, der Vertreter einer eher fremden Welt, während die »beste Freundin« als die »bestätigende Gleiche« erlebt wird.[117] Hinzu kommt der Einfluß der Mutter, die nicht möchte, daß allzuviel aus der Privatsphäre der Familie nach außen gelangt. Wenn sie Mathilde beim Briefeschreiben antrifft, ermahnt sie sie, *nichts oder so wenig als möglich Geschriebenes aus der Hand* zu geben (6. 4. 1907).

Bei Mathildes wiederholter Bitte um Offenheit und Aufrichtigkeit spielte sicher auch eine Rolle, daß sie erfahren möchte, wie Eugen zu ihr als Frau steht. Bei diesen Annäherungen und tastenden Versuchen kamen auch Verliebtheitsgefühle bis hin zu Heiratsphantasien auf. Mathilde steuerte mehr oder weniger »zielstrebig« auf eine Verlobung zu, die sie sich, wie sie den beiden Söhnen Eugen Pachmayrs gestand, sehr gewünscht hatte. Sie wollte die Partnerwahl und Eheanbahnung nicht den Eltern überlassen, sondern in eigene Regie nehmen.

Mathilde mit einer Freundin

Wenn sich Sigmund Freud gegen Eugen Pachmayr als künftigen Schwiegersohn ausgesprochen hat, so lag das maßgeblich daran, daß dieser kein Jude war.[118] Der Kontakt zu Nichtjuden war für die Freuds als typisch jüdische Familie die große Ausnahme und entwickelte sich erst im Rahmen der expandierenden psychoanalytischen Bewegung. Sowohl bei häuslichen Einladungen als auch auf Reisen blieb man weitgehend unter sich. Um die eigene Gruppenkohäsion zu erhalten, wurde bei den älteren Töchtern Mathilde und Sophie vorrangig eine Binnenheirat angestrebt.[119] Wie für viele andere säkularisierte jüdische Familien war die Familie ein zu bewahrender emotionaler Zufluchtsort, um ein religiöses und ethnisches Vakuum zu füllen.

Die verborgene jüdische Identität

In Mathildes Jugendbriefen vermißt man jegliche Hinweise auf ihr Jüdischsein und ihre jüdische Familie. Es war »aufgrund eines behüteten Lebens oder einer fröhlichen Unwissenheit« leicht möglich, »jedes Gefühl für die schwierige Lage der Juden zu vermeiden«.[120] Ein Beispiel dafür ist Stefan Zweig, der in einer noch von Weltkriegen und Konzentrationslagern verschonten »Sicherheit« lebte: »Die sehr vergoldeten Gitterstäbe dieses eigenartigen Naturschutzparks waren«, so Hannah Arendt, »sehr dicht und benahmen den Insassen jeden Blick und jede Einsicht, die ihrem Erleben und Genießen hätte störend werden können.«[121] Auch bei den Freud-Kindern gab es einige Anhaltspunkte für eine derart behütende Erziehung, etwa Mathildes naiv-verleugnende Einstellung zum Geld oder Martins tiefes Erschrecken, als er am Thumsee erstmals mit antisemitischen Anfeindungen konfrontiert wurde.

Entscheidend aber dürfte gewesen sein, daß Sigmund und Martha Freud gewillt waren, sich im Verhältnis zur Außenwelt als voll assimilierte Familie zu präsentieren. Wie Marion A. Kaplan in ihrer Untersuchung des jüdischen Bürgertums im Kaiserreich herausgearbeitet hat, zeigten die Juden »ihr Deutschtum nach außen, während sie ihr Judentum privatisierten«[122]. Im Laufe des 19. Jahrhunderts hatte sich die jüdische Familie zunehmend am Leitbild der bürgerlichen Familie ausgerichtet. Nach Monika Richarz hatte sie dadurch »ihre bisher radikalste Wandlung« erfahren: Die jüdische Familie »blieb die wichtigste Bewahrerin der jüdischen Identität und ermöglichte gleichzeitig den Prozeß der Verbürgerlichung durch die Übernahme entsprechender kultureller Normen und Verhaltensmuster [...]. Das Ergebnis war ein jüdisches Bürgertum sui generis, das sich vom deutschen Bürgertum unterschied und von diesem niemals als gleichwertig akzeptiert wurde.«[123]

In diesem Zusammenhang sei daran erinnert, daß Sigmund Freud schon in seinen »Brautbriefen« energisch auf eine Säkularisierung seiner künftigen Familie gedrängt und seiner Verlobten prophezeit hatte, »was für eine Heidin« aus ihr noch werde.[124] Nach der Heirat duldete er in seinem Haus keine religiösen Gebräuche jüdischer Provenienz. Einem ihrer Vettern erzählte Martha, »daß es eines der schmerzlicheren Erlebnisse ihres Lebens war, als sie am ersten Freitagabend nach ihrer Hochzeit die Sabbatkerzen nicht anzünden durfte«[125]. Fortan wurden auch die jüdischen Speisevorschriften außer acht gelassen, und es gab keine religiöse Unterweisung der Kinder. »Unsere Feiertage«, erinnerte sich Martin, »waren Weihnachten mit Geschenken unter einem Baum mit brennenden Kerzen und Ostern mit fröhlich bemalten Ostereiern. Ich war nie in einer Synagoge, und meines Wissens hatten auch meine

Brüder und Schwestern nie eine besucht.«[126] Da den Freud-Kindern die emotionale jüdische Prägung fehlte, war es für sie ungewohnt, wenn sie Großmutter Emmeline bei ihren gelegentlichen Besuchen die Sabbatgebete singen hörten.[127]

In der Zeit vor dem Ersten Weltkrieg fühlte sich das jüdische Bildungsbürgertum von den Antisemiten noch nicht real bedroht und hoffte noch immer auf die volle gesellschaftliche Anerkennung. Die angestrebte Assimilation erwies sich jedoch, wie Steven Beller in einem größeren kulturhistorischen Kontext aufgezeigt hat, als Illusion: »Mit dieser gesellschaftlichen Realität, selbst unter dem noch verbliebenen nichtjüdischen Bürgertum, mußten die Juden sich abfinden, auch wenn sie sonst ein mehr oder weniger angenehmes Leben führten. Nicht einmal bei den eigenen Geschäftspartnern oder Freunden konnte man sicher sein, ob sie sich nicht insgeheim glücklich schätzten, die Antisemiten an der Macht zu sehen. Die Antisemiten waren ›hoffähig‹ geworden, und die Lebensbedingungen für die Juden waren zweifellos nicht ideal, galten sie doch als Fremde in ihrer eigenen Heimat.«[128]

»Fremdlinge, ausgeschlossen, nicht dazugehörig« – von solchen Außenseitergefühlen ist in Mathilde Freuds Jugendbriefen noch kaum etwas zu spüren. Darüber wurde nach außen wenig geredet, und was im Binnenraum der Familie geäußert wurde, das kam erst in späteren Privatbriefen punktuell zum Vorschein, als der Antisemitismus in Wien immer bedrohlicher in Erscheinung trat.

DIE MITTLERE LEBENSPHASE

Ehe und Geschäftsleben

Da die Familienbriefe der Freuds noch weitgehend unveröffentlicht sind, liegen bisher nur spärliche Informationen über die Ehe der Hollitschers vor.

In den Briefen an Eugen Pachmayr, die sich auf das erste Ehejahr beziehen, zeigte sich Mathilde *mit dem Gatten und dem heiligen Ehestand sehr zufrieden* (11. 4. 09). In dem erwähnten Brief vom 15./16. Juli 1910 an Sigmund Freud bekräftigte sie ihre Zufriedenheit mit der Ehe: *Eri[1] und ich sind also die ganzen Tage nur auf uns allein angewiesen, und wir haben gefunden: Wenn jemand bisher noch nicht überzeugt davon war, daß wir glücklich verheiratet sind, so haben wir hier den Beweis sogar für (sehr) glücklich erbracht, denn wir amüsieren uns sehr gut und unterhalten uns glänzend.*[2]

Die Notwendigkeit weiterer Operationen

Bereits wenige Monate nach ihrer Eheschließung traten bei Mathilde erneut gesundheitliche Probleme auf, die immer noch als Spätfolge ihrer mißglückten Blinddarmoperation von 1905 betrachtet wurden.[3]

Ein halbes Jahr später, im Oktober 1909, schrieb sie an Eugen, daß sie *schon wieder einmal seit mehr als 6 Wochen krank* sei. Wenige Wochen vorher hatte ihr Vater C. G. Jung mitgeteilt: »Bei Mathilde steht uns wahrscheinlich wieder eine Operation bevor. Sie ist sehr tapfer und vernünftig.

Der Schwiegersohn weniger.«[4] Zu dieser Operation kam es im März 1910.[5] Mathilde selbst berichtete in ihrem Brief an Eugen vom 16. April 1910, daß sie *zur Abwechslung wieder einmal operiert worden* sei. Anschließend zeigte sich Freud hoch erfreut, daß seine Tochter »wirklich Fortschritte«[6] mache und es ihr »überraschend gut« gehe: »Sie ist jetzt mit ihrem Manne in Südtirol, Levico, Lavarone, Gegenden, die uns lieb und vertraut sind.«[7]

Von Lavarone aus berichtete Mathilde am 15. Juli 1910 von einer dritten Operation und ihrem vielleicht letzten Operationsfaden: *Denkt euch, daß es der größte war, der je aus einer meiner Wunden herausgekommen ist, die Wunde hat nämlich schon in Levico angefangen, aufzugehn und zu eitern, und jetzt, wo der Faden schon 5–6 Tage draußen ist, eitert sie noch tüchtig weiter. Seither geht es mir aber entschieden besser, ich kann tüchtig gehen, hab keine Rückenschmerzen und heute früh Temperatur 36.3. Eri ist stolz über jedes Tröpfchen Eiter, das sich zeigt, denn er hat immer behauptet, die Temperatur käme nur vom Eiter her – ich will jetzt erst die nächsten Tage abwarten, wie es da mit der Temperatur steht, aber wenn ich jetzt wirklich einmal Ruhe haben sollte und dieser Faden die letzte Krankheitsstation gewesen sein sollte – Ihr könnt Euch denken, wie glücklich ich wäre. Rie[8] meint auch, dieser Faden wäre die letzte Ursache gewesen, möchte aber gern wissen, von welcher der drei Operationen er stammt – was ich zum Anlaß nehmen will, der Gesellschaft der Ärzte einen Antrag über Datierung und Numerierung der Fäden einzusenden.*[9]

In einem Zusatz zu diesem Brief äußerte sich Robert Hollitscher über das Befinden Mathildes (Kosename »Rabuzzl«): »Sie sieht schon ganz schwarz aus und steigt tüchtig ein paar Stunden mit mir herum, ohne nachher Ermüdung zu zeigen, also entschieden ein Fortschritt.«

Robert Hollitscher

Nach der Rückkehr nach Wien, etwa zwei Monate später, teilte Mathilde ihrem Vater mit, es gehe ihr *so halbwegs gut – es ist ein dritter Faden gekommen. [...] Neuigkeiten gibt's keine, außer daß ich neulich mit Eri beim Flugtag in Wiener Neustadt draußen war und daß es ganz großartig war – das erste Auffliegen von einem Aeroplan ist wie ein Märchen. Natürlich wünsch ich mir seither schon krampfhaft, auch fliegen zu können, nur müßte man mir den Pilotensitz ein bißchen polstern, sonst fürcht ich sehr bald Rückenschmerzen zu bekommen. Es war nicht schön von Dir, daß Du geschrieben hast, wir sollten mit Obst essen vorsichtig sein wegen der Cholera. Dr. Donath hat uns das schon vor längerer Zeit geraten, aber der ist ein bekannter Pessimist. Wie Eri aber gehört hat, daß Du, den er für den wenigst ängstlichen Menschen hält, davon geschrieben hast – da war's aus, und ich durfte drei Tage lang keine Trauben essen. War aber so unglücklich, und hab ihm so fest versprochen, keine Cholera zu bekommen, daß ich heut schon wieder die Obstfrau bestellt hab.*[10]

Nach der Darstellung ihres Vaters hatte Mathilde in den folgenden zwei Jahren »an excellent time«[11], bis sie im September 1912 plötzlich erneut erkrankte, und zwar, wie Freud vermutete, »noch immer im Zusammenhang mit ihrer vor Jahren[12] verunglückten Operation«.[13] Die auslösende Ursache war, daß sie im Frühsommer 1912 schwanger geworden war. Da wieder Fieber und starkes Unwohlsein auftraten, mußte eine Schwangerschaftsunterbrechung vorgenommen werden, mit der Folge, daß Mathilde für immer kinderlos blieb.

Um in Mathildes Nähe zu sein, unterbrach Freud seinen Urlaub am Karersee (bei Bozen) und kehrte nach Wien zurück. Von dort konnte er Martha und den Kindern schon bald eine beruhigende Nachricht zukommen lassen: »Als ich Math. morgens um 10^h sah, war sie noch sehr elend von der Narkose, so daß man kein Urteil gewinnen konnte. Robert war sehr nett und vernünftig.« Nachmittags sei er bei Fleischmann, dem behandelnden Arzt, gewesen, der ihm erläuterte, daß ihn »die mit dem Fieber verbundenen Unsicherheiten« zu dem Eingriff veranlaßt hätten. »Die Niere ist gesund, die Verwachsungen nicht bedeutend, er hält die Organe für leistungsfähig und einen guten Ausgang ein andermal für sehr wohl möglich. Er versicherte, daß nichts zu verheimlichen und zu besorgen sei. Natürlich wisse er nicht, was aus dem Fieber nun werde, und ob es mit der Beseitigung des Anlasses vergehe, wie Schnitzler und er hofften. Darauf ging ich wieder zu Math und fand sie vollkommen frisch, schmerzfrei, und mit einer Nachmittagstemperatur von 37°, die seit 2 Monaten nicht gewesen war. Das ist ein besonders gutes Zeichen und unerwartet. [...] Math hat sich alles erzählen lassen, für alles interessiert und betrachtet sich als auf dem Wege zur schnellen Herstellung.«[14]

Tatsächlich erholte sich Mathilde recht bald. Dennoch sagte Freud eine für den 8. September angesetzte Reise nach London ab, auf der er sowohl Ernest Jones und dessen Lebensgefährtin Loe Kann als auch seinen Halbbruder Emanuel mit Familie besuchen wollte.[15] Als entscheidenden Grund gab er an, die Aufregung dieser letzten Woche habe ihn »mächtig geschwächt«[16]. Statt dessen entschloß er sich zwei Wochen später, nach Rom zu fahren.[17] Nach seiner Rückkehr schrieb er Ferenczi erleichtert: »Meine Älteste ist wieder ganz wohl, der böse Traum vergessen.«[18]

»… eine chronisch Invalide, die sich wunderbar normal verhält«

Aus den Familienbriefen läßt sich entnehmen, daß Mathildes Gesundheitszustand auch in den Folgejahren des öfteren labil war. Von einer Begegnung in den Sommerferien 1920 in Goisern berichtet Anna ihrem Vater, sie habe »Mathilde lange nicht in so unerfreulichem Zustand gesehen, sehr schlecht aufgelegt, sehr unzufrieden und körperlich recht elend. Trotzdem war es drüben ein sehr netter Tag, ich habe bei Mama übernachtet und am 18. mit Mama und Math eine reizende Wagenfahrt nach Ischl gemacht. Große, lebhafte, aber sehr reichliche Familienjause.«[19] Vier Jahre später, in den Sommerferien 1924, schreibt Anna, daß Mathilde »ihrer alten Schmerzen halber« ihren Arzt aufsuchen mußte.[20]

Sigmund Freuds Briefe an seinen in Manchester lebenden Neffen Sam, den Sohn seines Halbbruders Emanuel, enthalten ähnliche Mitteilungen. In einem Ende 1925 geschriebenen Brief, in dem er auf die gesundheitlichen Pro-

Mathilde und Robert Hollitscher mit einer Freundin

bleme einzelner Familienmitglieder eingeht, heißt es über Mathilde, sie sei immer leidend, doch gestärkt und stabilisiert dank der Beziehung zu einem zärtlichen und fähigen Ehegatten.[21] Im Oktober 1927 konstatier er: »Mathilde ist elend und macht uns zum ersten Mal ernste Sorge.«[22] Das »zum ersten Mal« verwundert angesichts der langen Krankengeschichte. Eher ins Bild paßt eine spätere Charakterisierung: Mathilde sei »eine chronisch Invalide, die sich wunderbar normal verhält«[23].

Da es ihr im Sommer 1935 während eines Aufenthalts in der Pension ihrer Schwägerin Marie Rischawy wieder einmal nicht gut ging und das Klima in Altaussee ungünstig war, legte der Vater ihr und Robert nahe, »daß Ihr beide und sobald als möglich nach Gräfenberg geht ins Sanatorium von Reinhold und daß Du dort noch länger bleibst, wenn Robert nach Wien zurück muß. Nur in einem vortrefflich geleiteten Sanatorium kannst Du die Behaglichkeit finden, die Du brauchst. Nach meiner Überzeugung kannst Du auch ärztliche Aufsicht nicht entbehren. Reinhold genießt einen besonderen Ruf als gewissenhafter Therapeut, die Deutsch[s][24] schätzen ihn sehr hoch, sie ist eben von dort zurückgekommen. Ich kenne ihn auch ein wenig. Es scheint mir eine gute Lösung.«[25] Zugleich bot der Vater Mathilde an, die Kurkosten zu übernehmen.[26]

Über die Familie Robert Hollitschers

Robert Hollitschers Vater Eduard war 1894 im Alter von 57 Jahren gestorben. Er war von Beruf Kaufmann und mit Ignaz Glück seit 1887 Geschäftsführer der »Glück Ig. & Comp.«. Außerdem hatte er mit seinem ein Jahr älteren Bruder Adolf die Handelsagentur »Adolf und Eduard Hollitscher« gegründet, die Adolf zunächst allein weiterführte, bis er im Jahre 1900 seinen Neffen Robert als zweiten Geschäftsführer hinzunahm.

Die Mutta Emma, geb. Priester, war zehn Jahre jünger als ihr Ehemann und überlebte ihn um zwanzig Jahre. Sie starb 1914 im Alter von 67 Jahren.

Aus der Ehe gingen fünf Kinder hervor: Paul (geb. 1870), Marie (geb. 1874), Robert (geb. 1875), Gustav (1876) und Helene (1880). Paul promovierte als Jurist und wurde Rechtsanwalt. Marie heiratete einen Dr. Rischawy, führte längere Zeit eine Pension in Meran und siedelte im Ersten Weltkrieg nach dem Tode ihres Mannes nach Altaussee über. Helene heiratete einen Dr. Gebert und lebte in Berlin.

Marie Rischawy spielte für Mathilde und später auch für Anna eine wichtige Rolle. Sie führte in Meran eine Pension, in der Mathilde im Frühjahr 1906 und 1908 zwei mehrmonatige Erholungsurlaube verbrachte und ihren späteren Ehemann kennenlernte. In derselben Pension weilte auch die 17jährige Anna während der Wintermonate 1912/13. Ihrem Vater teilte sie mit, daß sie »besonders Frau Doktor sehr lieb«[27] habe (die Schwägerin Marie). Überhaupt werde sie hier »sehr verzogen, noch sehr viel mehr als zu Hause«, und es sei nur ein Glück, daß sie schon zu alt sei, als daß es ihr schaden könnte. Mit Marie Rischawys Tochter Edith vertrage sie sich ausgezeichnet. »Sie macht mir so ziemlich alles nach, und ich komme mir im Vergleich zu ihr schon sehr erwachsen vor.«[28]

Auch Helene Gebert, Roberts zweite Schwester, kam im Winter 1912/13 nach Meran. Sie sei sehr nett, schrieb Anna ihrem Vater, »ich gehe immer mit ihr spazieren, und sie gefällt mir sehr gut. Wenn Mathilde, wie sie vorhat, auch noch herkommt, so wäre es wunderschön, rede ihr doch sehr zu, wenn Du kannst, ich würde mich schrecklich darüber freuen.«[29] Der Vater legte ihr im Interesse ihrer Gesundheit eine Verlängerung des Aufenthalts nahe, »selbst wenn Math nicht kommt und Du merkst, daß Du in Helene Gebert eine Kranke vor Dir hast«[30]. Hier wird, wie später noch bei Robert Hollitscher deutlich werden wird, auf eine familiäre Krankheitsdisposition in der mütterlichen Linie angespielt.

Neben den beiden Schwestern hatte Robert Hollitscher zwei Brüder. Über den einen, Gustav, hatte Freud im Ersten Weltkrieg »eine traurige Mitteilung, Rob und Math betreffend«, zu machen: »Bauchschuß des Bruders von Robert, der dann gestorben ist.«[31] Von dem anderen Bruder, Dr. Paul Hollitscher, wird noch im Kontext der Verlobung von Mathilde die Rede sein. Er starb am 23. Dezember 1935.[32] Robert war über den Tod seines älteren Bruders sehr erschüttert.[33]

Nach ihrer Übersiedlung aus Meran eröffnete Marie Rischawy in der Starlvilla in Altaussee eine Pension. Von dort aus schrieb Anna am 28. August 1916 an ihren Vater, Robert sei heute abgereist. Er habe Mathilde eine sehr schöne Lapislazulibrosche geschenkt. »Robert war diesmal sehr nett und ganz anders als bei uns in Wien; wir haben uns großartig vertragen. […] Math sagt, ich erhole mich so gut, weil ich so wenig lese. Dafür sticke ich sehr viel, und meine gelbe Decke ist in Aussee direkt berühmt.«[34] Im Sommer 1920 hielt sich Anna wiederum bei Marie Rischawy in Altaussee auf, und im Sommer 1921 fuhr sie mit Mathilde erneut dorthin. In den folgenden Jahren blieb die Pension Rischawy in Aussee ein wichtiger Erholungsort von Mathilde und Robert, so im Sommer 1928[35] und im Sommer 1935[36].

Wie sehr die beiden Familien zusammengerückt waren und sich umeinander kümmerten, zeigte sich am Engagement für Edith Rischawy. Da Edith Anfang der 1920er Jahre von Altaussee nach Wien übergesiedelt war, stand sie in engem Kontakt zu ihrer Tante Mathilde und ihrem Onkel Robert und pflegte freundschaftlichen Umgang mit Anna Freud.

In der Korrespondenz zwischen Anna Freud und Lou Andreas-Salomé nahmen die Gedanken und Sorgen um Edith breiten Raum ein. Im April 1923 sprach Anna von Edith erstmals als ihrem »Sorgenkind«[37] und zog im Januar die Möglichkeit einer Analyse für sie in Betracht. Sie habe »die Analyse nötig zum völligen Erwachsenwerden und zur endgültigen Überwindung ihrer so besonders schwierigen Kindheit, auch zur Berufswahl, die sonst wohl ganz von Motiven gelenkt wäre, die aus diesen Konflikten stammen. [...] Du weißt, ich halte sehr viel von Edith. Ein Punkt bei ihr macht mich aber immer besorgt. Sie ist doch aus einer sehr belasteten Familie und zeigt das körperlich stark, z. B. in ihrer sehr mangelhaften weiblichen Entwicklung. Gegen diese Benachteiligung wird sie einmal ein starkes Gegengewicht brauchen.«[38] Noch im selben Monat plädierten Anna und ihr Vater für eine Analyse bei Lou, »denn hier wäre wirklich niemand für sie geeigneter«. Einen kleinen Teil der Kosten könne Edith selbst durch Stundengeben aufbringen, und außerdem sei »ihrer Mutter, die ja wirklich in vielen Beziehungen ein ganz großartiger Mensch ist, nie etwas zu viel. Ich glaube, Edith wird die Mutter erst nach der Analyse richtig schätzen lernen.«[39]

Im April 1924 konnte Ediths Analyse bei Lou Andreas-Salomé in Göttingen beginnen. Im Juli äußerte Lou, sie könne sich ein baldiges Ende nicht vorstellen. »In ihr ist von Anfang an so viel aufgesammelt und redebereit an wirklich Drängendem, bewußt und bisher stumm Vorhandenem, daß wir uns gut und ruhig dabei aufhalten mußten.«[40] Im September wurde aber auch die andere Seite angesprochen, nämlich daß »von einem Bleiben*müssen* nicht die Rede ist; gar Manches würde sich schon jetzt neu auswirken zuhause, namentlich ihre Auffassung der Mutter (wichtigstes Stück in ihrer Analyse!), aber sofern und solange sie selber Lust behielte am Weiterarbeiten, wär ich wohl *dafür*.«[41]

Nach Ediths Rückkehr nach Wien im November 1924 äußerte Anna, sie werde vorläufig nicht ganz klug aus ihr: »Sie ist mir gegenüber sehr verschlossen und ich will nicht drängen. Sie hat scheinbar große Sehnsucht nach Göttingen und Dir und das Leben hier wird ihr schwer. Ich hätte sie ja gerne noch länger bei Dir gewußt; aber vielleicht habe ich unrecht damit.«[42] Lou gab zur Antwort: »Bei Edith liegt nun auch der Fehler großer Jugend vor, auch den heilt nur die Zeit; gewisse Erfahrungen lassen sich absolut nicht vorwegnehmen. [...] Einen *Sockel* auf dem man die Psychoanalyse aufrichten kann, [...] wollte sie sich ja auch im Universitätsstudium, neben andern, praktischmenschlichen Beschäftigungen, ohnehin erbauen. Möchte nur der frische Antrieb, der zu allem da war, die wirkliche Lebensfreude in aller Harmlosigkeit, wiederkehren und die Stockung überwinden.«[43]

Im folgenden Jahr war beständig von einer Fortsetzung der Analyse die Rede, bis Lou um einen Aufschub bat, weil sie aufgrund ihrer »Überanstrengung« befürchtete, »die für Analyse nötige Frische nicht zu haben«.[44] Dann gingen Monate ins Land, in denen Edith in ihrem Medizinstudium und dem zusätzlichen Deutschunterricht für ausländische Kinder, die bei Anna in Analyse standen, sehr fleißig arbeitete. Zwischenzeitlich spielte Anna mit dem Gedanken, die Analyse von Edith selbst weiterzuführen. Für Edith kam diese Möglichkeit aber nicht in Betracht.[45] Im Januar 1926 griff Lou einen Gedanken Ediths auf, »ob es nicht auch was für sich habe, nach vorgerücktem medizinischem Studium erst wiederzukommen [...]. Nach verschiedenen Seiten macht sich anscheinend jetzt alles so gut, daß es wirklich unempfehlenswert scheint, alles wieder auf neuen Boden zu stellen.«[46] Lou blieb in dieser abwehrenden Haltung und kam schließlich im August zu der Entscheidung, die Analyse nicht fortzuführen: »Ich habe sie mit voller Überzeugung entlassen, und mich dabei nicht auf ihr sondern mein Gefühl gestützt. Es wäre unmöglich, daß man dies in allen feinern Einzelheiten und Eindrücken Andern wirklich plausibel machte, man nimmt das eben auf die eigene Kappe nach bestem Willen und Wissen.«[47]

Danach trat Edith Rischawy in der Korrespondenz mehr als drei Jahre kaum mehr in Erscheinung, bis Anna am 6. Dezember 1929 Lou über eine plötzliche Erkrankung Ediths berichtete: »Sie hatte in Wien einen merkwürdigen Zustand bekommen und ist nach einem nicht zu Ende geführten Selbstmordversuch und allen möglichen Veranstaltungen bei uns [in Berlin] angekommen. Nach einigen Schwierigkeiten ist sie dann wieder nach Wien zurückgebracht worden und mit Hilfe von Lampl,[48] der extra nach Wien gereist ist, zu Dr. Nunberg[49] in Analyse gekommen. Es ist schwer zu sagen, was es eigentlich ist. Nunbergs Prognose ist nicht sehr beruhigend. Er meint, es könnte leicht eine Paranoia sein oder etwas ähnliches daraus werden. Äußerlich benimmt sie sich aber jetzt im Ganzen vernünftig und hat selbst für sich die besten Hoffnungen.«[50] Wenige Monate später äußerte Anna betrübt: Edith gehe »durch alle möglichen Stadien. Ihre Person ist so verändert, daß man sie gar nicht ertragen kann, alles, was nett war, ist weg und alles Unangenehme ins Maßlose gesteigert.«[51] Allem Anschein nach machte Edith in dieser Zeit eine psychotische Episode durch, so daß sie in eine psychiatrische Klinik und später in eine geschlossene Anstalt eingewiesen wurde.[52] Die Ursache ihrer Verzweiflung soll eine unglückliche Liebesaffäre mit einer älteren Frau gewesen sein. Da sie eine infizierte Wunde nicht behandeln ließ, bekam sie eine Sepsis, an der sie innerhalb weniger Tage starb.[53]

Anna teilte Lou am 11. Juni 1931 mit, Edith sei »die letzten anderthalb Jahre langsam von allen weggestorben, so war es nur mehr ein Schlußpunkt unter eine traurige Geschichte. Das hätte ich nicht gedacht, daß es einmal so sein wird, daß man sie nicht einmal betrauern kann. Sogar ihre Mutter nimmt es als eine Erlösung auf.«[54] Auch für Mathilde und Robert, derentwegen Edith ursprünglich nach

Wien gekommen war, war die psychische Krise ihrer Nichte, die sie von Ende 1929 bis Juni 1931 aus der Nähe miterlebten, eine große seelische Belastung.

Ediths tragische Entwicklung wirft eine Reihe von Fragen auf: Warum hat Lou Andreas-Salomé sie nicht länger und gründlicher analysiert? Warum fühlte sich Anna so verantwortlich für Ediths Entwicklung? Warum hat die Analyse bei Nunberg die maligne Regression nicht aufhalten können?

Geschäftliche Schwierigkeiten im Ersten Weltkrieg

Robert Hollitscher, der im Textilhandel tätig war, geriet im Ersten Weltkrieg in geschäftliche Bedrängnis. Dem Wiener Gewerberegister ist zu entnehmen, daß er zu Beginn der Ehe Gesellschafter der Firma »Adolf und Eduard Hollitscher« war, die seit März 1900 eine Handelsagentur betrieb. Als Betriebsort wird Wien IX, Türkenstraße 29, angegeben; hier waren Robert und Mathilde ab März 1909 gemeldet (Wohnung im 3. Stock).[55] Diese Firma mit Robert Hollitscher als Gesellschafter wurde bis zum 24. Juli 1928 geführt. Der Onkel Adolf war 1924 im Alter von 90 Jahren gestorben.

Robert Hollitscher war auch an der Firma »Jacob Glück's Sohn« beteiligt. Der Betriebsort befand sich in Wien IX, Schlickgasse 3. Ein Meldezettel vom 5. November 1913 weist aus, daß dieses Geschäft unter »Produkte en gros – Gemischtwarenhandel« geführt und von den beiden Geschäftsbesitzern Moritz Platzek und Robert Hollitscher geleitet wurde. Aus dem Gewerberegister ergibt sich eine Zugehörigkeit Robert Hollitschers zu dieser Firma in der Zeit von 9. April 1913 bis 8. Januar 1924.[56]

Aus dem Gewerberegister ist weiterhin ersichtlich, daß Robert Hollitscher am 21. Oktober 1919 eine Handelsagentur angemeldet, aber bereits am 29. Juli 1920 wieder zurückgelegt hat. Eine weitere Handelsagentur wurde von ihm am 3. Februar 1921 angemeldet und am 9. Mai 1928 zurückgelegt.

War Robert in den ersten Ehejahren allem Anschein nach in einer gesicherten Tätigkeit als Textilkaufmann,[57] so scheint sich die Lage nach Ausbruch des Ersten Weltkrieges zu seinen Ungunsten verändert zu haben. Wie Elisabeth Young-Bruehl ermittelt hat, war Mathilde damals »mit der Familie ihres Mannes und den Schwierigkeiten, ihr Seidenimportgeschäft auch in der Kriegszeit aufrechtzuerhalten, oft sehr beschäftigt und belastet«[58].

»Der Erste Weltkrieg hatte mehr hinweggefegt als nur das strenge autoritäre Regierungssystem des kaiserlichen Deutschlands und die operettenhaft romantischen Kontraste der Österreichisch-Ungarischen Monarchie«, schreibt der Freud-Biograph Ronald W. Clark. »Er hatte auch die Sicherheit des Mittelstands zerstört, der in Wien vielleicht mehr als anderswo in Europa den Ballast darstellte, der in der Nachkriegszeit das Staatsschiff hätte im Gleichgewicht halten können.«[59]

In den ersten Jahren nach dem Ersten Weltkrieg gab es eine recht intensive Korrespondenz zwischen Sigmund Freud und seinem Neffen Sam, der die Familie Freud von Manchester aus mit Lebensmittelpaketen unterstützte. »Das Leben ist sehr schwer hier bei uns«, schrieb ihm Freud im Oktober 1919. Die ökonomischen Probleme »lasten am schwersten auf dem Mittelstand und denjenigen, die ihren Lebensunterhalt durch geistige Arbeit verdienen. Du mußt bedenken, daß wir alle 19/20 von dem verloren haben, was wir an Bargeld besaßen, daß Österreich nie so viel produzieren konnte, wie es brauchte, daß nicht nur die früheren Provinzen des Reiches, sondern auch unsere eigenen Länder Wien auf die rücksichtsloseste Weise boykottieren, daß die Industrie aus Mangel an Kohle und Rohmaterial zum Stillstand gekommen ist und daß Einkäufe im Ausland und Importe unmöglich sind [...]. Wir leben bei schmaler Kost (der erste Hering vor einigen Tagen war ein Festschmaus für mich), kein Fleisch, nicht genug Brot, keine Milch, Kartoffeln und Eier äußerst teuer, zumindest in Kronen.«[60]

Zwei Jahre später hatte sich Freuds materielle Situation deutlich verbessert, so daß er Sam Erfreulicheres mitteilen konnte: »Da ich ausländisches Geld verdiene, bleibt mir das Elend unserer Stadt erspart. Es ist mir sogar gelungen, einen Teil des durch den Krieg verlorenen Geldes zurückzugewinnen, und solange ich weiterarbeiten kann, bin ich sicher, von finanziellen Sorgen frei zu sein. Ich bin froh, sagen zu können, daß keiner der Familie noch von den spärlichen und unersetzlichen Unterstützungen Elis [Bernays, seines reichen Schwagers in den USA] abhängig ist.«[61]

Im Juli 1926 äußerte er sich skeptisch über die berufliche Situation seiner drei Söhne: Keiner von ihnen könne sich einer befriedigenden Position oder eines guten Einkommens rühmen.[62] Zwei Jahre später beurteilte er die Lage wieder etwas besser: Die großen Kinder kämpften ehrenhaft ums Leben, die kleineren hier und in Berlin gediehen gut.[63]

»Kein Geschäft mehr und nur Verluste«

Was bedeutete es, daß Robert Hollitscher im Jahre 1928, als die Weltwirtschaftskrise einsetzte, die Firma »Adolf und Eduard Hollitscher« und fast zeitgleich eine nicht nä her bezeichnete Handelsagentur aufgab? Tatsächlich geriet er damals – wie auch Freuds anderer Schwiegersohn Max Halberstadt – in einen finanziellen Engpaß und bedurfte der Unterstützung Freuds, dessen Einkommen durch seine weiterhin in harter Währung zahlenden ausländischen Analysanden garantiert war.[64]

Ein Beleg für die geschäftlichen Probleme Robert Hollitschers ist ein Brief, den Freud im Dezember 1931 an Sam in Manchester schrieb: »Robert verdient keinen Groschen, und Max kämpft müde gegen den Zusammenbruch des Lebens in Hamburg an. Sie leben von der Beihilfe, die ich ihnen geben kann.«[65] Im November 1933 war die ökonomische Situation unverändert. In einem Brief an ihren Bruder Ernst schrieb Mathilde: *Unsere Sorgen wachsen riesenhaft, es gibt überhaupt kein Geschäft mehr und nur Verluste und Schwierigkeiten.*[66]

Aus dem Gewerberegister ergibt sich, daß Robert Hollitscher in dieser Zeit eine neue Firma gründete und vom 30. September 1932 bis zum 2. Juni 1938 (bis zur Emigration nach London) »Handel mit Honig, Wachs und einschlägigen Produkten« betrieb. Anton Walter Freud, der 1921 geborene Sohn von Martin Freud und Neffe von Mathilde, erinnerte sich, daß Robert Hollitscher in den 1930er Jahren »Honig und Seide« nach Wien importierte. Die meiste Zeit habe er damals allerdings im Kaffeehaus beim Schachspiel verbracht. »Zu jener Zeit scheint dies die Hauptbeschäftigung der Wiener Bourgeoisie gewesen zu sein.«[67] Man darf vermuten, daß sich diese Schilderung auf die Phase von Roberts Arbeitslosigkeit bezog.

Am 7. Februar 1934 feierte das Ehepaar Hollitscher – wiederum gemeinsam mit Freuds Bruder Alexander und dessen Frau Sophie – Silberne Hochzeit. Obwohl sie keine förmliche Einladung ausgesprochen hatten, hätten sich am Abend des Jubiläums, teilte Martha Freud ihrer Schwiegertochter Lucie mit, »eine Menge von Aufmerksamkeiten und Überraschungen für sie ergeben. Ihr Mädchen hat am Abend zusammengerechnet, daß sie 64mal an der Haustüre war! Als Collektivgeschenk von Papa, Annerl, Dorothy und Ruth bekamen sie ein wundervolles Auslandsradio, von mir Ergänzung ihrer Hauswäsche, von Tante das herrlichste gestickte Tischtuch und Blumen, Blumen, Blumen. Kurz, sie haben Beide gestrahlt, was man ja von Rob bekanntlich nicht täglich behaupten kann.«[68]

Am 4. August 1935 trug Freud den 60. Geburtstag Robert Hollitschers in seine »Kürzeste Chronik« ein. Er sagte einmal über seinen Schwiegersohn, daß eine Welt, in der seine Grundsätze herrschen, nicht wert sei, daß man in ihr lebe.[69] Eine Konkretisierung dessen bieten die Ausführungen von Anton Walter Freud: »Als der Thronfolger Franz Ferdinand in Sarajewo ermordet wurde, hat Onkel Robert prophezeit: ›Das heißt Krieg‹. Als Hitler in Deutschland die Macht ergriff, sagte er: ›Er kommt auch nach Österreich!‹ Großvater sagte: ›Wir leben wirklich in einer schrecklichen Zeit, in der Onkel Robert immer recht hat.‹«[70]

Mathildes später beruflicher Einstieg als Designerin und Geschäftsfrau

Das Interesse an Mode und Modedesign hatte bei Mathilde eine längere Vorgeschichte. Sowohl Mutter Martha als auch Tante Minna begeisterten sich für kunstvolle Handarbeiten, für Stricken, Sticken und Häkeln, und gaben dieses Steckenpferd an die drei Töchter weiter. Schon als Jugendliche interessierte sich Mathilde für »Handarbeiten, Stoffe und modische Kleidung von schlichter Eleganz«, was sie besonders mit der Mutter verband.[71]

In den 20er Jahren konnte Anna ihre Schwester für ein Strickprojekt gewinnen, »eine vollständige Garderobe von Pullovern und Kleidern für Lou Andreas-Salomé«[72], wofür sich in Annas Briefen an Lou aus den Jahren 1923 und 1924 zahlreiche Belege finden. Dabei scheint Mathilde von Anfang an feder- bzw. nadelführend gewesen zu sein, jedenfalls kommt Anna wiederholt auf diese Rollenverteilung zu sprechen: »Während ich bei Papa sitze, häkle ich meistens an etwas, das ein Kleid für Dich werden soll. Mathilde gibt die Ideen dazu.« Einige Monate später ist ironisch davon die Rede, daß demnächst »eine beratende Kommission, bestehend aus Mathilde und mir, zusammentreten« werde. Weiterhin, so Anna, »erdenken Mathilde und ich etwas Dichtes und Ernstes und Du bekommst es zum Herbst«. Im August 1924 ist wieder mal ein Kleid für Lou fertig, dessen Façon »wieder Mathildens Kopf entsprungen [ist], die ich Tag und Nacht immerfort um Rat gefragt habe«. Nachdem eines der gemeinsamen Produkte Lous Beifall gefunden hatte, erklärte Anna höchst befriedigt: »Du weißt gar nicht, was für Freude Mathilde und mir gemacht hat, was Du über das ›Schimmernde‹ schreibst. […] unser Ehrgeiz ist, daß es immer passender wird.«[73]

Die beiden Schwestern kamen sich durch dieses gemeinsame Interesse emotional näher. Der Vater witzelte alsbald über den Eifer seiner Jüngsten: »Wenn der Tag kommt, an dem es keine Psychoanalyse mehr gibt, kannst Du Näherin in Tel Aviv werden.«[74] Dabei war es nicht die Jüngste, sondern die Älteste, die sich einige Jahre später in der Modebranche betätigte.

Zu ihrem 46. Geburtstag erhielt Mathilde einen Umschlag mit der Aufschrift: »Von Papa mit herzlichen Wünschen und Versicherung gegen Kursverlust.« Die Formulierung deutet auf eine finanzielle Unterstützung hin, wie sie auch schon früher gelegentlich vorgekommen war.[75] Es ist sehr wohl denkbar, daß ihr diese Zuwendungen von seiten des Vaters ein berufliches Engagement in der Modebranche ermöglichten. Schon bei Young-Bruehl findet sich der Hinweis, Mathilde habe später eine Boutique betrieben, die auf handgearbeitete, handgewebte Kleidung spezialisiert war.[76]

Eine Bestätigung für Mathildes Tätigkeit als Modedesignerin in Wien und London fand Michael Molnar im »Jewish Chronicle« vom 6. Januar 1939, der einen großen illustrierten Bericht über ihr neueröffnetes Geschäft in der Baker Street enthielt (vgl. Abb. auf S. 244 f.).[77] Aus ihm geht hervor, daß es sich um keine Neugründung handelte, sondern um die Transferierung eines bereits in Wien bestehenden Geschäfts.[78] Dieser Artikel ist bisher die Hauptquelle, aus der man etwas über Mathilde Freuds Geschäftstätigkeit in Wien erfährt, z. B. daß sie als Modedesignerin Kleider entwarf, die bei repräsentativen Anlässen getragen wurden. Ein solcher Anlaß sei der letzte Opernball (»State Ball«) vor dem »Anschluß« gewesen, der auch von Dr. Schuschnigg besucht wurde.[79]

Da sich in den Wiener Handels- und Gewerberegistern keine Eintragungen von Mathilde Hollitscher finden, kann man sich noch kein genaues Bild von ihrer beruflichen Rolle in Wien machen. Die registrierten Firmen und Beteiligungen ihres Mannes deuten auf ein kaum durchschaubares Geflecht hin. Möglicherweise hat Mathilde in einem Geschäft gearbeitet, das nicht unter ihrem Namen lief. Ebensowenig ließ sich bisher ermitteln, wann sie mit dieser Tätigkeit begonnen hat. Denkbar ist, daß sie in der wirtschaftlichen Krise der 1930er Jahre aus der Not – der beruflichen und finanziellen Sackgasse, in die ihr Mann geraten war – eine Tugend machte, wobei ihr sicher die Beziehungen ihres Mannes in der Textilbranche und das Startkapital ihres Vaters zugute kamen. Schwer zu sagen,

ob ihr der Durchbruch als Modedesignerin und Geschäftsfrau schon in Wien oder erst in London gelang.

Ein letzter Hinweis auf die Geschäftstätigkeit der Hollitschers in Wien findet sich in Mathildes Schilderung kurz
vor ihrer Emigration am 24. Mai 1938: »Alle unsere Kaufleute kamen, um Lebwohl zu sagen.« Ausdrücklich wird
»ein Mitglied der Firma, für die Robert in den letzten Jahren gearbeitet hatte«, erwähnt, das mit anderen Freunden
und Bekannten zur Verabschiedung am Westbahnhof erschienen war.[80]

Der Einfluß des Vaters

Wenn man sich mit Mathilde Freuds Werdegang beschäftigt, kommt man nicht umhin, den Einfluß ihres Vaters näher zu betrachten. Angesichts des derzeit hoch im Kurs stehenden »Freud-Bashing« – des Versuchs, seine Persönlichkeit mit immer neuen Unterstellungen zu entwerten – bewegt man sich dabei unwillkürlich in einem emotional hochbesetzten Spannungsfeld. Um sich selbst ein Bild zu machen, kann man sich in erster Linie an die Briefe halten, die den persönlichen Freud viel unmittelbarer zeigen als das, was er selbst über sich und andere über ihn veröffentlicht haben.

Sigmund Freuds Aufgaben als Familienvater

In Mathildes Jugendbriefen und ihrem Concert- und Theater-Merkbüchlein kommt Sigmund Freud nur am Rande vor, und doch war er stark in die Alltagsnöte, Krankheiten und Entwicklungskomplikationen seiner Kinder einbezogen. Wessen »ein jüdischer Vater zum Leben wie zum Sterben dringend bedarf«, äußerte er, sei jenes Gefühl, daß »die Kinder versorgt sind«.[81] In einem Brief an den amerikanischen Arzt Philip Lehrman schrieb er, daß man in einer großen Familie »immer auf Unglücksfälle rechnen« kann. »Wer wie Sie die auch mir wohlbekannte Funktion des allgemeinen Helfers in der Familie zugeteilt bekommen hat, ist mit Sorgen und Interessen für sein Leben versehen.« In einem weiteren Brief fügte er humorvoll hinzu: »Too bad, wie man bei Ihnen sagt, daß Sie in der Familie nicht zur Ruhe kommen! Aber wann hat einer von uns Juden Ruhe von seiner Familie. Niemals solang er nicht die ewige Ruhe gefunden hat.«[82]

Papa hat wie immer furchtbar viel zu tun, schreibt Mathilde am 19. Januar 1910 an Eugen Pachmayr, *und Mama und Tante teilen sich in das häusliche Regiment*. Eine strenge geschlechtsspezifische Aufgabenteilung zwischen der Berufssphäre des Ehemannes und der Haushaltssphäre der Ehefrau war charakteristisch für die damalige jüdische Mittelschichtfamilie. Während die Männer das Geld für die Etablierung eines bürgerlichen Haushalts verdienten, pflegten die Frauen neben den vielfältigen Aufgaben der Haushaltsführung und Kindererziehung die familiären Außenbeziehungen zu Verwandten und Freunden und nahmen die damit verbundenen gesellschaftlichen Verpflichtungen wahr.

Dem Bild des jüdischen Vaters, der von seinen beruflichen und wissenschaftlichen Projekten absorbiert und den Niederungen des Alltags entrückt ist, kommt Vater Freud sehr nahe. Nach den Schilderungen seiner beiden Ältesten war er hauptsächlich bei den Mahlzeiten, bei Familienfeiern und in den Ferien für die Kinder da. Aber wenn es wirklich darauf ankam, konnte man sich auf seinen Beistand verlassen. Martin schreibt in diesem Zusammenhang: »Mein Vater ließ die Erziehung seiner Kinder nahezu vollständig in den Händen unserer Mutter: Das beeinträchtigte aber nicht sein tiefes Interesse an uns, wenn er daneben stand und lächelnd zuschaute. Immer wenn uns etwas zustieß – irgendein unglücklicher Vorfall oder ein Unfall, der in unseren jungen Gemütern die Ausmaße einer Tragödie annahm – wenn wir ihn wirklich brauchten, stieg er von seinen olympischen Höhen herab, um uns zu retten.«[83]

Darüber hinaus fühlte er sich dank seiner Stellung als Familienoberhaupt für die richtige Wahl der Ehegefährten seiner Kinder verantwortlich. An seinen Interventionen wird deutlich, daß »die ehrwürdige Tradition der Ehepolitik für Freud eine große Rolle spielte«[84].

Die »Ehepolitik« des Vaters
im Vorfeld von Mathildes Partnerwahl

Nach ihrer Enttäuschung über Eugens Entscheidung für Regine Steinhaus, die er im März 1908 traf, hat sich Mathilde offenbar schon bald auf eine Beziehung zu Robert Hollitscher eingelassen. Bisher unveröffentlichte Briefe an Mathilde dokumentieren, daß Freud im Mai und Juni 1908 erstmals vom Interesse seiner ältesten Tochter an Robert Hollitscher erfuhr und sogleich damit begann, sich ein Bild von dessen Persönlichkeit und Familie zu verschaffen: »Mir schwebt von den ersten Nachrichten über ihn vor, daß die Mutter unheilbar geisteskrank ist und als ob er selbst nicht den Ruf eines Gesunden hätte. Gesundheit solltest Du aber bei Deinem Mann finden und Kraft. Leider sind die Feinen und Anständigen nicht immer gerade die Tüchtigsten. Ich weiß ja nichts Sicheres, jetzt werde ich mich natürlich interessieren und Dubs durch Tante [Minna Bernays] über seine Verhältnisse ausholen lassen. Du wirst solche nüchternen Erwägungen nicht für unwürdig halten, neben Gefühlen in Rechnung gezogen zu werden.«[85]

Drei Wochen später, nachdem sich Robert Hollitscher bei Mathildes Eltern vorgestellt hat, zeigte sich der Vater noch skeptisch, »da wir ihn nicht näher kennenlernen konnten«, und gibt ihr zu bedenken, »daß Du in einer Kaufmannsfamilie ohne Mitgift nie sehr willkommen sein kannst. Ich weiß nicht, ob man uns in der Gesellschaft nicht überschätzt, die Verhältnisse der Familie Hollitscher sind nicht derart, daß Vermögen der Frau keine Rolle spielen würde. Anders etwa in einer ärztlichen Familie, da gilt Deine Persönlichkeit, nicht das Geld. Ob Du über Meran hinaus genug Interessensgemeinschaft mit ihm finden würdest, kann ich auch nicht beurteilen. Ein Mann, der etwas aus sich macht, der alle Chancen des Lebens für sich hat, wäre mir natürlich lieber.« Die Entscheidung liege bei ihr, aber sie möge sich und den Eltern damit noch Zeit lassen: »Ich denke nicht daran, Dich im Hause zu behalten, bis Dich niemand mehr mag, aber von dem Recht, Deine Neigung zu kontrollieren, solange Du im Leben und in der Liebe so unerfahren bist, möchte ich doch Gebrauch machen.« Andererseits habe die »verständige Freundschaft«, von der sie geschrieben habe, ihm »mehr gefallen« und ihm »sogar ein sehr günstiges Vorurteil für ihn eingegeben«.[86]

Im nächsten Brief äußerte Freud, daß von seiten der Eltern kein Hindernis bestehe, sofern sich Mathilde und Robert nach einem Jahr ihrer Liebe noch sicher seien. »Bis dahin halte Dich verständig zurück und laß es geschehen, daß die Älteren jene Verhältnisse in Schätzung bringen, für welche die Gefühle der jüngeren Leute meist zu wenig Rücksicht haben.«[87]

Nach einem Gespräch zwischen der Tante und Paul Hollitscher, dem älteren Bruder Roberts, sah sich der Vater jedoch in seiner anfänglichen Skepsis bestärkt: »Dr. P., der ein sehr klarer Kopf ist, hat uns zur Zurückhaltung mahnen wollen, indem er geltend machte, daß sein Bruder wirklich nicht der Mann ist, der sich getrauen darf, ein Mädchen ohne Vermögen zu heiraten. Die Verhältnisse sind in bescheidenem Umfang gut, aber nicht besserungsfähig, mit einer gewissen Unsicherheit behaftet, vor allem aber, er selbst sehr verwöhnt, der Schonung bedürftig, für den Kampf ums Dasein nicht geeignet. Das war auch mein Eindruck und das bleibt mein stärkster Einwand, die Bescheidenheit der Verhältnisse würde mich nicht genieren, da ich selbst soviel bescheidener angefangen habe. Du siehst auch, wie berechtigt meine Vermutung war, daß seine Familie über seine Wahl nicht sehr erfreut sein werde.«[88]

An dieser Stelle bricht der Briefwechsel ab, weil Mathildes Erholungsaufenthalt in Meran bald danach zu Ende war. Die weiteren Gespräche mit den Eltern fanden wahrscheinlich nach ihrer Rückkehr in Wien statt. Letztlich lief alles nach Mathildes und Roberts Wunsch. Sie verzichteten auf die vom Vater empfohlene Wartezeit von einem Jahr und verlobten sich zwei Tage nach Mathildes 21. Geburtstag.

Bemerkenswert ist in diesem Zusammenhang, daß sich Freud nicht mit Erkundigungen über seinen zukünftigen Schwiegersohn begnügte, sondern zur selben Zeit seine Fühler nach anderen Heiratskandidaten ausstreckte, hauptsächlich im Kreise seiner Schüler und Mitarbeiter. So bekannte er Sándor Ferenczi im nachhinein, daß »ich im Sommer gerne Sie an der Stelle des jungen Mannes gesehen hätte, der, mir seitdem lieb geworden, nun mit meiner Tochter abgereist ist«[89]. Ferenczi antwortete darauf: »Die Idee, die Sie mit mir hatten, macht mich insoferne stolz, als ich daraus ersehe, daß Sie mich für würdig hielten, einen Platz in Ihrer von mir so hochgeschätzten Familie einzunehmen.«[90]

Auch Ludwig Binswangers Erinnerungen an seine erste Begegnung mit Freud zeigen, daß er in dessen Wunschphantasien eine Rolle spielte: »Am Tage nach unserer Ankunft frug Freud Jung und mich nach unseren Träumen. […] Ich selbst träumte von dem damals gerade im Umbau begriffenen Entreé des Hauses Berggasse 19 und dem wegen des Umbaus notdürftig verhängten alten Kronleuchter. Freuds mich zwar nicht gerade überzeugende Deutung […] lautete, der Traum enthielte den Wunsch, seine Tochter zu heiraten,

zugleich aber dessen Ablehnung, denn er sage ja – ich erinnere mich der Deutung wörtlich –: ›In ein Haus, in dem ein
so schäbiger Kronleuchter ist, heirate ich nicht.‹«[91]

Das Arrangement mit Sophies Verlobung und Heirat

Wie Mathilde löste sich auch die zweite Tochter Sophie wesentlich eher als erwartet aus der Familie. Sie war erst 19,
als sie sich im Juli 1912, ohne die Eltern vorher zu informieren, mit dem 11 Jahre älteren Max Halberstadt, einem
bekannten Hamburger Porträtfotografen, verlobte.

Dem Vater erschienen Sophies Verlobung und Heirat zu
früh. Dennoch äußerte er sich in einem ersten Brief an Max
Halberstadt diplomatisch: »Da wir nie etwas anderes gewünscht hatten, als daß sich unsere Töchter nach freier
Neigung vergeben, wie es unsere älteste auch getan hat, so
müssen wir mit diesem Ergebnis im Grunde sehr zufrieden
sein. Aber wir sind doch Eltern, mit allen Einbildungen
dieses Standes belastet, fühlen uns verpflichtet, unsere
Wichtigkeit zu behaupten, und darum wollen wir den energischen jungen Mann, dessen Entschlossenheit auf unser
Kind übergegriffen hat, auch selbst ins Auge fassen, ehe
wir gerührt ja und amen sagen.«[92]

Der Besuch Max Halberstadts bei seinen zukünftigen
Schwiegereltern, die sich zur Kur in Karlsbad aufhielten,
»hat natürlich mit Anerkennung der Verlobung geendigt«,
schrieb Freud bald danach an Ferenczi.[93] Sophie teilte er
mit, es sei »alles in Ordnung« und Max habe sich, »wenn
auch noch etwas scheu, doch sehr lieb und einnehmend benommen«. Sie selbst habe wohl »das böse Gewissen ein
wenig geplagt«, weil sie sich bei der Verlobung so ganz über
die Eltern »hinweggesetzt« habe.[94]

Seiner ältesten Tochter bekannte er: »Du kannst Dir vorstellen, daß die Raschheit, mit der Deine Schwester Dein Beispiel nachahmt, uns nicht ganz gleichgiltig gelassen hat. Wir haben uns bald überzeugt, daß da nicht viel zu machen ist, und bald auch, daß man nichts dagegen zu tun braucht. Er ist offenbar ein ganz verläßlicher, ernsthafter, zärtlicher, feiner und doch nicht schwacher Mensch, und alle Chancen sprechen dafür, daß wir die Seltenheit einer glücklichen Ehe unter unseren Kindern zum zweiten Mal werden verwirklicht sehen können. Er ist in Wahrheit von derselben Art wie Robert, weniger verbittert und mehr scheu, als er damals war, aber doch im Wesen derselbe Typus von jungem Mann mit ganz ähnlichen Lebenszielen.«[95]

Auf Mathildes Frage nach den künftigen finanziellen Verhältnissen ihrer Schwester Sophie antwortete Freud eine Woche später: »Ein Schwiegervater, der nicht sagen kann: ich gebe meiner Tochter soviel mit, kann auch nicht fragen: wie viel haben Sie, junger Mann, eigentlich im Jahr zu verzehren? Genug, daß er auf die Frage, was er sich von ihrer Seite erwarte, geantwortet: gar nichts, damit habe er nicht gerechnet. Bei seinem sonstigen Wesen war damit gesagt, daß er genug zu haben glaubt für zwei. Ich stelle mir vor, Soph wird ihre 10 000 K nicht ganz für Aussteuer aufbrauchen und wird in ziemlich ähnliche Verhältnisse kommen wie Du. Wenn wir in Karersee zusammen sein werden, kann von dem Haushalt des jungen Paares eher die Rede sein. In den zwei Tagen vor der Verlobung hätte es ja ausgesehen, als könnte seine Mitteilung über sein Vermögen noch einen Einfluß auf unsere Einwilligung haben.«[96]

Mit seinem Schwiegersohn, den er für einen »sehr sympathischen, vertrauenswürdigen Mann«[97] hielt, war Freud sehr zufrieden. Die Hochzeit von Max Halberstadt und Sophie Freud fand im Januar 1913 statt.

Seiner Tochter Anna, die zu der Zeit in Meran weilte, legte der Vater nahe, ihre Erholung nicht zu unterbrechen, auch wenn sie dadurch Sophies Hochzeit versäume. Daß es ihr gerade jetzt, so kurz vor der Hochzeit, nicht gut gehe, führte er auf ihre »uralte Eifersucht« auf Sophie zurück, an der diese weit mehr schuld sei als sie selbst.[98] In ihrem Antwortbrief gab Anna zu, über diese Heirat froh zu sein, »denn mir war der ewige Streit zwischen uns so schrecklich; ihr war es gleich, weil ihr nichts an mir gelegen ist, aber ich habe sie sehr gern gehabt und auch immer ein bißchen bewundert«[99].

Nach Sophies Hochzeit gab der Vater seiner Jüngsten eine Deutung ihrer Charakterprobleme. Sie sei darum so »übereifrig, unruhig und unzufrieden«, weil sie wie ein Kind vor manchen Dingen davongelaufen sei, vor denen sich das erwachsene Mädchen nicht schrecken dürfe: »Wir werden die Änderung daran erkennen, daß Du Dich nicht mehr asketisch von den Zerstreuungen Deines Alters zurückziehst, sondern das gern tun willst, was anderen Mädchen Vergnügen macht. Es bleibt daneben Raum genug für ernste Interessen. Wenn man aber zu ehrgeizig, zu empfindlich ist und einem Stück des Lebens und seiner eigenen Natur fremd bleiben will, findet man sich auch in dem gestört, worauf man sich werfen möchte. Du wirst hier alle Bildungsmittel frei zugänglich finden, wenn Du sie zum rechten Zweck verwenden willst.«[100]

Die emotionale Bindung des Vaters an seine drei Töchter

Neben dem bereits mehrfach erwähnten Brief vom 26. März 1908 an Mathilde gibt es noch eine Reihe weiterer Briefe, besonders zwischen 1907 und 1910, in denen sich Freud seiner

Ältesten aufmerksam und liebevoll zuwandte. Von seiner Rom-Reise im September 1907 schickte er ihr vier Postkarten, und auch sie schrieb ihm mehrmals. In einem Brief an die Familie heißt es ausdrücklich: »[...] die Briefe meiner beiden zärtlichen Töchter [Mathilde und Anna] waren sehr schön; warum die mittlere Tochter [Sophie] u die Herren Söhne gar keine Zeit zum Schreiben fanden, weiß ich nur zu errathen.«[101]

Wie er Mathilde anvertraute, behagte ihm das Alleinreisen überhaupt nicht: »Gestern abend ist Dr. Eitingon von ½ 9 – ½ 12 nachts mit mir herumspaziert u seither fühle ich nächtlich die Einsamkeit noch viel mehr. Wir werden es doch so einrichten, daß ich immer jemand von Euch, *Dich natürlich zuerst*[102] auf die Reise mitnehme [...].«[103] Auch ein Jahr später erhielt Mathilde neben den ausführlicheren Briefen an die Familie (»Meine Lieben«) mehrere Postkarten aus England und aus Salò am Gardasee. Auch während Freuds Amerika-Reise (1909) sowie der Holland- und anschließenden Italien-Reise (1910) führten Sigmund und Mathilde eine lebhafte Korrespondenz. Im Juli 1911 äußerte sich der Vater anerkennend über die Ausdrucksfähigkeit seiner Tochter: »Von Math hatte ich einen reizenden Brief. Ich bin jedesmal erstaunt, *wie gut das Frauenzimmer schreibt.*«[104]

Anna zufolge war Mathilde bis zu ihrer Heirat im Jahre 1909 diejenige, die am ehesten als »Lieblingskind« des Vaters gelten konnte. Sophie hingegen habe dem Vater »nie besonders« nahegestanden.[105] Möglicherweise hat bei dieser Einschätzung eine leichte Aversion gegen Sophie mitgespielt. Aber Sophie scheint tatsächlich das Lieblingskind der Mutter gewesen zu sein. Als sie als 7–8jährige an Masern erkrankt war und im hohen Fieber phantasierte, soll sie immer wieder gerufen haben: »Ich möchte meine Mama, nein nicht Deine Mama, ich möchte meine Mama.«[106]

Sigmund Freud und seine Tochter Sophie
1913

Auch später standen sich Martha und Sophie besonders nahe und gingen gemeinsam auf Reisen und zur Kur.[107]

Dennoch litt Freud sehr unter der Trennung von Sophie, als sie im Januar 1913 zu ihrem Ehemann nach Hamburg zog. In diesem Zusammenhang sprach Ferenczi von einem »Sophie«-Komplex und legte Freud nahe, »sich den Verlust eines so lieben Mitgliedes Ihrer Familie nicht zu sehr zu Herzen« zu nehmen.[108] Nach Annas Erinnerung war das Jahr nach Sophies Verlobung die einzige längere Zeitspanne in Freuds Leben, in der er deprimiert wirkte.[109] Auch wenn die Enttäuschung über die der Psychoanalyse abtrünnig gewordenen »Söhne« Adler und Stekel und den vermeintlichen »Thronfolger« C. G. Jung hinzukam, darf man die durch die Heirat der beiden älteren Töchter eintretende emotionale Verarmung in der Familie nicht unterschätzen.

Wie stark die emotionale Bindung des Vaters an die Töchter war, zeigen auch seine Reaktionen beim Abschiednehmen. Als er Mathilde und Anna im Sommer 1915 nach einem Urlaub am altvertrauten Königssee auf ihrem Heimweg nach Salzburg begleitete, war er »doch ziemlich überrascht, an dem Stimmungsabfall nach dem Abschied zu bemerken, wie sehr meine Libido sich an ihnen gesättigt hatte«[110].

Wenn Freud einmal von einem »Fonds an Zärtlichkeit« bei sich sprach, »aus dem man immer wieder schöpfen kann«,[111] so kam diese Gefühlszuwendung sicherlich mehr den Töchtern als den Söhnen zugute. Charakteristisch dafür ist eine von Jones geschilderte Szene, »bei der eine der Töchter, damals ein großes Schulmädchen, auf seinen Knien saß und sich in einer Art an ihn schmiegte, die über seine Zärtlichkeit oder seine Bereitschaft, sie auch zu zeigen, keinerlei Zweifel ließ«[112].

Von der Jüngsten zur »Einzigen« – die besondere Beziehung zu Anna

In dem 1913 veröffentlichten Artikel »Das Motiv der Kästchenwahl« schreibt Freud, daß »der Mensch seine Phantasietätigkeit zur Befriedigung seiner von der Realität unbefriedigten Wünsche verwendet«[113]. In diesem Artikel beschäftigt er sich mit König Lear, der das Reich unter seine drei Töchter aufteilen möchte, nach Maßgabe der Liebe, die sie für ihn äußern. Obwohl schon mit dem Tod konfrontiert, will Lear »auf die Liebe des Weibes nicht verzichten, er will hören, wie sehr er geliebt wird«[114]. Wie in anderen Dichtungen und Mythen erweist sich dabei die Dritte und Jüngste als die vorzüglichste.

Aus der Art der Beschäftigung mit dem Schicksal eines alternden Vaters, der von seinen drei Töchtern geliebt werden will, läßt sich ableiten, daß Freud »einen Teil seiner Libido von den beiden älteren verheirateten Töchtern abzieht und der jüngsten zuwendet. Auch das memento mori, die Erinnerung an die Endlichkeit des Lebens, das die Eltern beschleicht, wenn die erwachsen gewordenen Kinder das Elternhaus verlassen, erscheint bei dem inzwischen 57jährigen Freud verständlich. [...] Schließlich ist es auch so, daß sich zwischen Freud und seiner jüngsten Tochter in dieser Zeit ein Band knüpft, das für beide lebenslang halten wird.«[115] Es verwundert daher nicht, daß Anna mit jener berühmten Cordelia verglichen wird, die dem Vater in besonderer Liebe verbunden ist.[116]

Nach Mathildes Heirat hatte Freud Sophie als »jetzt älteste Tochter«[117] bezeichnet, um damit den durch Mathildes Heirat erlittenen Beziehungsverlust zu unterstreichen. Nach Sophies Verlobung brachte er die veränderte Beziehungsökonomie in der Familie pointiert zum Ausdruck und wies Anna dabei eine besondere Bedeutung zu: »Ich bin sehr zufrieden, daß Du Dich für Deine ernsten Pflichten als einzige Tochter gesund und kräftig machst, während Deine Vorgängerin ihre letzten Rollen abspielt.«[118] Nach Sophies Auszug aus dem Elternhaus erlangte Anna als »jetzt einzige Tochter«[119] eine zunehmend stärkere Stellung in der Familie, zumal als die Söhne 1914 zum Militär eingezogen wurden und Anna als »einziges Kind« in der Familie zurückblieb. Bemerkenswert ist, daß sich selbst Lou Andreas-Salomé einige Jahre später im Rahmen dieser funktionalen Terminologie bewegte, als sie von Annas »Amt der Haustochter und hierbei wieder, mit Wichtigkeit jeder Minute darin, der Vatertochter« sprach.[120]

Im Falle der jüngsten Tochter entschied sich Freud, der natürlichen Abfolge von Verliebtheit, Verlobung und Heirat nicht ihren freien Lauf zu lassen. So schaltete er sich energisch ein, als ein erster Liebesaspirant auftauchte, und schrieb am 16. Juli 1914 an die 18jährige Anna, die sich gerade auf dem Weg nach London befand: »Ich weiß aus den besten Quellen, daß Dr. Jones ernsthafte Absichten hat, um Dich zu werben. Es ist wohl der erste Fall in Deinem jungen Leben, und ich denke nicht daran, Dir die Freiheit zu rauben, welche Deine beiden älteren Schwestern genossen haben. Aber es hat sich so gefügt, daß Du noch intimer mit uns gelebt hast als sie, und ich wiege mich in der Hoffnung, daß es Dir schwerer werden wird als ihnen, die Entscheidung über Dein Leben zu treffen, ohne unserer (in diesem Falle: meiner) Zustimmung vorher sicher zu sein [...]. Von unserer Seite kommt unser Wunsch in Betracht, daß Du Dich nicht in so jungen Jahren binden oder verheiraten sollst, ehe Du etwas mehr gesehen, gelernt, erlebt und an Menschen erfahren hast.«[121]

Am 22. Juli 1914 schrieb er einen Brief an Jones, der eine deutliche Warnung enthielt: Anna »verlangt nicht, als Frau behandelt zu werden, ist noch weit entfernt von sexuellem Verlangen und lehnt Männer eher ab. Es gibt ein ausgesprochenes Einverständnis zwischen mir und ihr, daß sie nicht an Heirat oder die Vorbereitungen dazu denken sollte, bevor sie 2 oder 3 Jahre älter ist. Ich glaube nicht, daß sie den Vertrag brechen wird.«[122]

Weiter äußerte Freud über seine Tochter, sie sei »das begabteste und gebildetste meiner Kinder und dazu ein wertvoller Charakter, voller Interesse zu lernen, sich umzusehen und die Welt zu verstehen«.[123] Diese Einschätzung teilte er auch Anna selbst mit: Sie sei »etwas anders ausgefallen als Math und Soph«, habe »mehr geistige Interessen« und werde sich »mit einer rein weiblichen Tätigkeit nicht so bald zufrieden geben«. Andererseits legte er ihr nahe, an dem traditionellen Frauen- und Ehe-Ideal festzuhalten: »Deine Neigungen werden gewiß auch bei Deiner Ehewahl zum Ausdruck kommen, aber im großen und ganzen steht dir doch die Entdeckung bevor, daß Deine Schwestern den richtigen Weg gegangen sind.«[124]

Das Thema der Identitätsfindung blieb kompliziert, so daß sich Anna 1918 entschloß, bei ihrem Vater eine Analyse zu machen. 1921 lud er Lou Andreas-Salomé zu einem mehrwöchigen Besuch in die Berggasse ein und fädelte so die Freundschaft zwischen ihr und seiner Tochter ein: einerseits um eine lebens- und liebeserfahrene Mentorin für die in ihrer weiblichen Identität noch sehr ungefestigte Anna zu gewinnen, andererseits um der in ihrer Herkunftsfamilie vereinsamten Lou eine nicht nur geistige, sondern auch familiäre Brücke zu bauen. Sein Plan ging auf und führte mehrere Jahre später zu einem »Schwestern-Pakt« der beiden durch einen Altersunterschied von fast 35 Jahren getrennten Frauen bei gleichzeitiger Bindung an den gemeinsamen »Vater«.[125]

Diese Beispiele zeigen, daß Sigmund Freud seinen Kindern die eigenen Vorstellungen zwar nicht aufgezwungen, aber doch starken autoritativen und bindenden Einfluß auf sie ausgeübt hat.

Mathildes Stellung innerhalb der Familie

Als Ouvertüre für das folgende Kapitel sei eine Tagebuch-
eintragung von Lou Andreas-Salomé zitiert, die sie nach
ihrem Besuch der Familie Freud im November und Dezember 1921 niedergeschrieben hat. Sigmund Freud sei
»wohl der eher pessimistisch Gerichtete, wie ich ihn seit
Jahren kenne, aber vornean steht nicht bloß Beherrscht-
sein, sondern auch eine große Freundlichkeit zum Leben,
heiter und gütig. Und dieses Verhalten ausgeglichener
Gesundheit fiel mir auf als kennzeichnend auch für die
Familie [...] und seine Töchter wie Anna und Mathilde
sind voll davon; *Mathilde als Älteste die Brave und Weise
auch heute noch, immerfort wohltuend,*[126] Anna aber, trotz
der schweren, tiefern Entwicklung, von freundlichster
Anpassung. Das habe ich auch an Frau Freud bewundert,
daß sie so, von ihrem Wesens- und Wirkenskreis aus, un-
beirrbar das Ihrige erfüllt, immer bereit in Entschiedenheit
und Hingabe, gleich weit entfernt von überheblicher
Einmischung in des Mannes Aufgabe wie von Unsicherem
und Nebenstehendem. [...] Jedenfalls hat mir das Zu-
sammenleben tiefen Eindruck gemacht, und ich bin nach-
denklich über diese Dinge, bei denen wir ›frei‹ und ›fami-
liengebunden‹ gewöhnlich falsch unterscheiden.«[127]

Martha Freud als Ehefrau und Mutter

Mathilde, die 1909 mit ihrem Mann eine eigene Wohnung in der Türkenstraße bezog, die nur wenige Seitenstraßen von der Berggasse entfernt lag, hielt weiterhin engen Kontakt zu ihrer Familie. Sie soll sogar für gewöhnlich das Mittagessen bei den Eltern eingenommen haben.[128] Erst recht war das sonntägliche Mittagessen bei den Eltern ein »Muß« – sowohl für Mathilde und ihren Mann als auch für ihre anderen in Wien lebenden Geschwister mit ihren Familien.[129]

Üblicherweise räumte der jüdische Familienvater seiner Ehefrau ohne Wenn und Aber die Herrschaft im Hause ein. Eine in diesem Sinne programmatische Äußerung findet sich schon in Freuds Briefen an seine Braut: »Ich weiß ja, wie lieb Du bist, wie Du ein Haus zum Himmel verschönern kannst [...]. Ich werde Dir alle Herrschaft lassen, die Du verlangen [kannst] und Du wirst mir mit inniger Liebe und mit Erhebung über alle Schwächen lohnen [...].«[130] An dieses Versprechen hielt er sich strikt. Selbst als sich Anna Jahrzehnte später an ihn wandte, um eine neue Tapete in der elterlichen Wohnung durchzusetzen, verwies er sie an die Mutter: »Ich kann sie nicht dazu zwingen, habe ihr im Haus immer ihren Willen gelassen.«[131]

Daß jüdische Frauen »mehr Respekt und Autorität von ihren Ehemännern verlangt – und auch erhalten« haben als andere Frauen,[132] lag wohl in erster Linie daran, daß die jüdischen Männer sich stärker auf ihre Familie als emotionale Basis ihrer Selbstbehauptung in einer feindlich erlebten Umwelt angewiesen fühlten.

Eine Quintessenz seiner Reflexionen über sein Jüdischsein findet sich in Freuds Brief an den Wiener Oberrabbiner David Feuchtwang: »Ihre Worte haben einen besonderen Nachhall in mir erweckt, den ich Ihnen ja nicht zu erklären brauche. Irgendwo in meiner Seele, aber *nicht*[133] in einem ganz versteckten Winkel, bin ich ein fanatischer Jude, sehr erstaunt mich so zu finden trotz aller Bemühungen zur Vorurteilslosigkeit und Unparteilichkeit.«[134]

Dem Beruf und der Karriere des Mannes wurde alles andere untergeordnet. Darum setzte die jüdische Ehefrau alles daran, zu Hause eine möglichst konfliktfreie Zone zu schaffen. Ganz in diesem Sinne sah auch Martha Freud ihre Aufgabe zeitlebens darin, dem Gatten »die Misère des Alltags aus dem Weg zu räumen«[135].

Nach Martins Beobachtungen zu urteilen, wirkte Martha Freud in ihrer Sphäre als eine gewissenhafte und tüchtige Hausfrau und entsprach damit dem Idealbild des jüdischen Bürgertums: »Meine Mutter führte ihren Haushalt mit großer Freundlichkeit und mit ebenso großer Festigkeit. Sie hielt auf Pünktlichkeit in allen Angelegenheiten, etwas was in dem damals gemächlichen Wien unbekannt war. Wir mußten nie auf Mahlzeiten warten: Punkt ein Uhr saß jeder in unserem Haushalt an dem großen Eßtisch. Im gleichen Augenblick öffnete sich die eine Tür, und das Mädchen trat mit der Suppe ein, während Vater durch die andere Tür aus seinem Arbeitszimmer kam, um an einem Ende des Tisches meiner Mutter gegenüber Platz zu nehmen. Solange ich zurückdenken kann, hatten wir eine Herrschaftsköchin. Sie arbeitete niemals außerhalb der Küche. Es gab ein Hausmädchen, das bei Tisch aufwartete und auch Vaters Patienten empfing, eine Gouvernante für die älteren Kinder und ein Kindermädchen für die jüngeren, während eine Aufwartefrau jeden Tag für die grobe Arbeit kam.«[136]

Obwohl sie mehrere Hausangestellte beschäftigte, war Martha Freud mit ihrer Arbeit nie fertig. »Solange wir Kinder zu Hause waren«, schreibt Martin, »war meine

Martha Freud um 1912

Mutter von morgens bis in die Nacht beschäftigt. Ich kann mich nicht erinnern, daß sie sich auch nur einen Augenblick hinsetzte, um sich mit einem guten Buch zu entspannen. Dabei las sie gern.«[137]

Die Erziehung in einer jüdischen Mittelschichtfamilie war in erster Linie am Ideal des Bildungsbürgers orientiert.[138] Demgemäß sollten die Freud-Kinder vielseitig kulturell interessiert sein, gute Manieren und eine ausgeglichene Persönlichkeit haben. Aber es gab noch etwas, worin sich ihre Erziehung von der anderer jüdischer Kinder deutlich unterschied. Aus Martins Sicht könnte sie »liberal« genannt werden: »Uns wurde niemals befohlen, dieses zu tun oder jenes zu lassen. Es war uns nie verboten, Fragen zu stellen. Unsere Eltern, die uns als Individuen, als eigenständige Persönlichkeiten behandelten, gaben uns auf alle schwierigen Fragen Antworten und Erklärungen.«[139]

»Tante Minna« als »zweite Mutter« der Freud-Kinder

Seit 1896 gab es in der Familie noch eine »zweite Mutter« für die sechs Kinder. Bekanntlich teilte sich nun »Tante Minna« mit ihrer Schwester Martha die Mutterpflichten. Freud selbst verwandte in einem Brief an Fließ den Terminus der »beiden Mütter«, als es wieder einmal um die diversen Ansteckungskrankheiten seiner Sprößlinge ging.[140]

Bereits im Jahr von Mathildes Geburt spielten Sigmund und Martha Freud mit dem Gedanken, Minna mit ihrer Mutter Emmeline wieder von Hamburg nach Wien zurückzulotsen: »[...] eigentlich beabsichtigen wir fest, Dich bei uns zu behalten, bis Du Dir ein eigenes Haus gründest oder nach unserer früheren Verhandlung mit 30 Jahren zu studieren beginnst.«[141] Aus diesem Plan wurde nichts, da Emmeline nicht einverstanden war und Minna bei sich behielt.

Spielten die Kinder in der Korrespondenz von 1887 bis zu Minnas Familieneintritt 1896 bereits eine große Rolle, so galt das erst recht für die Zeit danach. Ein Sohn äußerte gegenüber Jones, Tante Minna verdiene ein Buch für sich, so interessant und markant sei ihre Persönlichkeit gewesen.[142] Nach Gays Einschätzung neigte sie dazu, »das

›Gesindel‹ zu umhegen, und legte ein starkes, eindring-
liches Interesse an jedem Detail des Lebens der Kinder an
den Tag«[143]. Sie griff auch in die Erziehung ein und hielt mit
Kritik an ihrem Schwager nicht zurück. »Ich fürchte, mein
Alter«, schrieb sie ihm im Sommer 1910, »Du verwöhnst
die schlimmen Buben zu sehr, sie werden mir nachher vor-
halten, wie gut sie es bei Dir gehabt.«[144] Minna unternahm
mehrmals Reisen mit ihren Neffen und Nichten, so im Mai
1897 nach Aussee, im Mai 1899 nach Berchtesgaden und
im Sommer 1910 mit Sophie und Anna nach Bistrai, einem
Kurort im österreichischen Teil Schlesiens.[145]

Waren die beiden Schwestern charakterlich recht unterschiedlich – Martha sanft, zurückhaltend, etwas angepaßt
und intellektuell weniger konturiert, Minna hingegen herb,
schlagfertig, etwas rebellisch und geistreich –, so ergänzten
sie sich als Erzieherinnen offenbar gut und ließen sich von
den Kindern nicht gegeneinander ausspielen. Auf die »ver-
schworene Gemeinschaft« der beiden, die ein Schüler Freuds
einmal als »siamesische Zwillinge« bezeichnete,[146] scheinen
die Kinder mitunter eifersüchtig gewesen zu sein.[147]

Freud selbst fand in seiner Schwägerin eine Verbündete
im Geiste. In den Anfängen der Psychoanalyse, in denen er
sich wissenschaftlich in einer »splendid isolation« gefühlt
hatte, war Minna nach Fließ der wichtigste Gesprächs-
partner. Mit ihr konnte er seine neuen Ideen teilen und
stieß dabei stets auf interessierte Resonanz. Martha, die sich
offenbar daran nicht störte, überließ ihrer Schwester die
»Rolle der geistigen Gefährtin auf diesem Gebiet«[148].

Da längere Rundreisen für Martha recht strapaziös waren,[149] nahm Minna auf insgesamt sieben solcher Touren
den Platz der Reisegefährtin ein.[150] Erst auf der letzten gemeinsamen Reise 1913 gab Freud seiner Sorge Ausdruck,
ob »der Ehrgeiz von Tante stark genug [sei], um ihre Wi-
derstandskraft bis zum erforderten Maß zu steigern«[151].

Mathildes Vorbildfunktion für Anna

Im Verhältnis zu ihren jüngeren Geschwistern scheint Mathilde immer ein wenig auf die Elternseite gezogen und damit erwachsener behandelt worden zu sein als die »Kinder«. Besonders für Anna war Mathilde die Vernünftige, die Große, der sie nachzustreben suchte.

Zum Jahreswechsel 1909/10 verbrachten Mathilde und Robert mit der damals noch sehr in ihrer Pubertätsneurose verstrickten Anna einen Winterurlaub auf dem Semmering, damit die »Kleine« wieder zu Kräften komme. Auch im folgenden Herbst kümmerte sich Mathilde liebevoll um ihre jüngste Schwester und berichtete darüber ihrem Vater: *Annerl ist seit zwei Tagen bei uns in Kost, ich finde sie recht hübsch und gut aussehend und mit den besten Vorsätzen ausgerüstet – sie ist ein armes Tier und quält sich schrecklich mit allem.*[152]

Anna ihrerseits schrieb dem Vater, sie esse meistens bei Mathilde und sei meist den ganzen Tag bei ihr, weil es in der Wohnung sehr einsam sei: »Mathilde erzählt viele lustige Sachen aus Lavarone. Es muß sehr schön gewesen sein.«[153] In einem weiteren Brief heißt es: »Ich bin sehr gerne bei Mathilde, sie geht nicht sehr viel aus und es ist riesig gemütlich. Man kann auch mit ihr so gut reden wie mit keinem andern Menschen.«[154]

Der in Sizilien weilende Vater war sehr angetan von dem guten Einvernehmen seiner beiden Töchter, bezog aber auch die dritte in seinen Kommentar ein: »Es freut mich sehr, daß Du Dich leicht mit Mathilde aussprichst, sie ist wirklich die richtige Instanz für Dich und hat Dich auch sehr gern. Mit Deiner anderen Schwester solltest Du Dich auch großmütig besser vertragen, sonst geht es Euch wie zweien Deiner Tanten, die sich auch nie vertragen haben als Kinder und zur Strafe dafür viele lange Jahre nicht voneinander losgekommen sind, denn Liebe und Haß sind gar nicht so verschieden voneinander.«[155]

In den folgenden Jahren, in denen Anna mehrfach zu Kuraufenthalten geschickt wurde, vertraute sie sich zunehmend dem Vater an. »Weißt Du, ich hätte Dir nicht das alles geschrieben, weil ich Dich sehr ungern quäle«, schrieb sie ihm am 7. Januar 1913, um dann in einer Nachschrift hinzuzufügen: »Ich habe Dir nicht mehr schreiben können, weil ich selbst nicht mehr weiß, aber Geheimnisse mache ich sicher keine vor Dir.«[156] Im selben Brief äußerte sie sich auch wieder über ihre älteste Schwester: »Ich möchte so gerne vernünftig sein, so wie Mathilde, und ich weiß nicht, warum bei mir alles so lange dauert.«[157]

Ein weiterer Hinweis auf Mathilde findet sich in einem Brief vom September 1913, nach ihrer Rückkehr aus den Sommerferien: »Mathilde war den ganzen Vormittag bei uns herüben, war sehr nett und schaut sehr gut aus. Sie hat mir ein verkleinertes Bild von sich, in einem wunderhübschen Rahmen, geschenkt, und ich habe es auch gleich aufgestellt.«[158] Mathilde war für Anna ein großes Vorbild, mit der sie sich in der Adoleszenz innerlich stark auseinandersetzte und zu identifizieren suchte, um ihre Unsicherheit als Frau zu überwinden.

Der frühe Tod der Schwester Sophie

Am 11. März 1914 brachte Sophie ihren Sohn Ernst Wolfgang, Freuds erstes Enkelkind, zur Welt. Freuds Kommentar am nächsten Tag lautete: »Sehr merkwürdig! Ein ältliches Gefühl, Respekt vor den Wundern der Sexualität!«[159] In diesem Zusammenhang sprach er auch von »Standeserhöhung« und »Übersetzung in den großelterlichen Rang«.[160] Während der Kriegsjahre 1916/17 hielt sich

Sophie mit ihrem Sohn zeitweise in Wien auf.[161] Am 1. Januar 1919 wurde Heinz Rudolf (»Heinerle«) geboren.

Ein Jahr später erkrankte Sophie, durch eine weitere Schwangerschaft geschwächt, an einer schweren Grippe und starb am 25. Januar 1920. Der Vater konstatierte in tiefer Trauer: »Die ganze Erkrankung war am fünften Tag zu Ende. Hinweggeweht! Nichts zu sagen. Es war die typische septische Pneumonie der Grippe.«[162]

Nach diesem plötzlichen Tod drängte Freud Mathilde und ihren Mann, so bald wie möglich nach Hamburg zu fahren, um ihren Schwager Max Halberstadt zu unterstützen.[163] Diesem teilte er mit, Mathilde sei »klug und herzlich, Robert ein guter Kerl und gegenwärtig sehr bewegt«[164]. Wenige Tage später schrieb er an Ferenczi: »Jahrelang war ich auf den Verlust der Söhne gefaßt, nun kommt der der Tochter. Da ich im tiefsten ungläubig bin, habe ich niemand zu beschuldigen und weiß, daß es keinen Ort gibt, wo man eine Klage anbringen kann. Des ›Dienstes ewig gleichgestellte Uhr‹ und des ›Daseins süße Gewohnheit‹ werden das übrige tun, um alles im gleichen weitergehen zu lassen. Ganz tief unten wittere ich das Gefühl einer tiefen, nicht verwindbaren narzißtischen Kränkung.«[165]

Nach einem gemeinsamen Sommerurlaub mit Max und Ernstl kam Anna auf die Idee, ihren Neffen für ein halbes Jahr mit nach Wien zu nehmen, und wandte sich mit diesem Anliegen an den Vater, von dem sie wußte, daß er Heinerle gegenüber Ernstl bevorzugte. Dabei berief sie sich auf die Einschätzung Mathildes: »Ich freue mich nur darüber, daß Du wenigstens in Seefeld einmal Gelegenheit haben wirst, Ernstl genauer kennen- und besser schätzen zu lernen. Wenn er auch vielleicht am ersten Tag keinen so guten Eindruck auf Dich macht, so bedeutet das noch nichts. Er ist, besonders wenn er sich von neuen Menschen beobachtet fühlt, immer verlegen und bedrückt und gibt sich dann sehr ungünstig. In Wirklichkeit aber ist er ein so reizender und hochanständiger Mensch, daß *ich mir einen eigenen Sohn nicht anders und besser wünschen würde*[166]. Auch Mathilde, die ihn seit Hamburg nicht gesehen hat, findet ihn ganz überraschend zu seinem Vorteil verändert und ist entzückt von ihm. Besonders seit Maxens Abreise von hier hat er einen großen Schritt vorwärts gemacht.«[167] Der Vater hielt Annas Wunsch aber entgegen, daß man die Kinder nicht auseinanderreißen solle und daß er es seiner nunmehr 60jährigen Frau nicht zumuten könne, eine solche Belastung auf sich zu nehmen.[168]

Vom 1. März bis zum 18. April 1922 hielt sich Anna Freud bei ihrem Schwager in Hamburg auf. Sie vertrat dessen Hausdame, die einen Krankenurlaub nehmen mußte.[169] In dieser Zeit berichtete sie von der »sehr gedrückten und mutlosen Stimmung« des Schwagers: »Er ist ein lieber und feiner Mensch, mit dem es sich gut ehrlich und aufrichtig sein läßt; das macht es leichter. Aber man möchte ihm so gerne aus einem ganz freudlosen Leben heraushelfen und das ist mehr als schwer, ganz unmöglich.« Sie versuche, mit ihrer »von Wien mitgebrachten guten Stimmung gegen seine trübe anzukämpfen – mit wechselndem Erfolg«[170].

Adoption des Neffen Heinerle

Freud hatte eine besondere Zuneigung zu Sophies jüngerem Sohn gefaßt. Da Heinerle[171] mit seinen 3½ Jahren »körperlich sehr schwach, das richtige Kriegskind«[172] war, brachte er ihn Ende September mit nach Wien, wo ihn Mathilde und Robert Hollitscher bei sich aufnahmen. Nach der Ankunft schrieb er an Max Halberstadt: »Heinerle war immer reizend, hat schon auf der Bahnfahrt ungezählte Onkel und Tanten bezaubert. [...] Hier hat er an

Robert und Math ein zärtliches Elternpaar gefunden, scheint sich auch als richtiger Charakterlump vorläufig sehr wohl zu fühlen. [...] Math ist selig mit ihm und Robert macht ihm alle Kunststücke vor. Heinerle hat ihm auch schon angetragen: haben wir uns lieb.«[173]

Weitere Briefe bezeugen, wie beglückend Freud den Kontakt mit dem Enkel empfand: »Bei uns ist das Erfreulichste, daß Mathilde den kleinen Heinele, den zweiten, jetzt 4jährigen Sohn unserer Sophie, zu sich genommen hat, wenigstens für ein Jahr. [...] Die beiden, Mathilde und ihr Mann, die ja eine selten gute Ehe führen, waren sehr nahe daran, im Egoismus à deux zu erstarren. Es ist merkwürdig, wie sehr sie um das Kind aufgetaut sind und was für zärtliche Eltern sie geben.«[174] Sie hätten »sich so gründlich in ihn verliebt«, schrieb er in einem weiteren Brief, »wie man es nicht hätte voraussehen können«, und auch er gestand sich ein, »daß ich kaum je einen Menschen, gewiß nie ein Kind so lieb gehabt wie ihn«.[175]

Anna bestätigte die Schilderung ihres Vaters in einem Brief an Lou Andreas-Salomé: »Heinerle belebt Mathilde und Roberts Haus unglaublich, blüht und gedeiht und hat schon 3 kg zugenommen.«[176] Lou ihrerseits erzählte, daß Hans Lampl, der gerade aus Wien und von einem Besuch der Freuds zurückgekehrt war, in Berlin »begeistert vom Heinerle aber auch von Mathilde und ihrem Mann [sprach], und wie prachtvoll das Heinerle es habe«[177].

Skeptischer urteilte Helene Gebert, Mathildes Schwägerin, die die 35jährige Mathilde und den 47jährigen Robert für »zu alt« für diese Erziehungsaufgabe hielt. Sie war in Sorge, daß Heinerles Heiterkeit »keine kindliche« sei.[178] Anna hielt dem entgegen, daß »da die Beurteilung durch viel Persönliches getrübt« sei.[179]

Am 18. April 1923 mußte sich Heinerle einer Mandeloperation unterziehen, die nach Annas Einschätzung gut verlaufen sei und »hoffentlich ohne Fieber und Nachblutung heilen wird«[180]. Doch der Schein trog. Wenige Wochen später, am 8. Juni 1923, schrieb sie an Lou Andreas-Salomé: »Bei uns ist etwas sehr schreckliches. Heinerle ist seit 10 Tagen schwer krank, die Ärzte glauben [ihn] verloren. Ungewöhnliches müßte kommen, daß er wieder gesund wird. Man glaubt, es ist eine Miliartuberkulose und gestern haben sich die ersten Gehirnerscheinungen gezeigt. [...] Er leidet schrecklich von rasenden Kopfschmerzen trotz Morphin und anderen Mitteln. Math und Robert sind ganz verzweifelt und erschüttert und Papa kränkt sich schrecklich. Ich bin fast immer hier, auch nachts, aber es ist alles umsonst und er will auch niemand außer Math um sich haben.«[181]

Mathilde sei in dieser schweren Situation »bewunderungswürdig ruhig und auf alles bedacht«, teilte deren Nichte Edith Rischawy zwei Tage später der beunruhigten Lou mit. Heinerles Zustand sei jedoch aussichtslos. Er sei »aus seiner gestrigen Bewußtlosigkeit kaum erwacht; Mathilde erkennt er noch manchmal. [...] Mathilde und Anna hatten bis jetzt immer noch gehofft; jetzt können sie auch nicht mehr.«[182]

Am 19. Juni 1923 stirbt Heinerle nach neuntägiger Bewußtlosigkeit. Anna, die vierzehn Tage bei ihrer Schwester in der Türkenstraße wohnte, schreibt an Lou: »Mathilde ist sehr erschüttert und fast krank«[183], worauf diese antwortet: »Unermeßlich die Lücke, die das kleine Heinerle läßt. Arme Mathilde, die Mutter geworden war.«[184] Ihre »Mutterschaft« hatte nur ein Dreivierteljahr gedauert.

Auch der Großvater war schwer getroffen. Mehr als drei Jahre später äußerte er rückblickend: »Ich habe eine geliebte Tochter im Alter von 27 Jahren verloren, aber dies vertrug ich merkwürdig gut«, wohl weil durch das Kriegselend »die Gefügigkeit gegen das Schicksal vorbereitet«

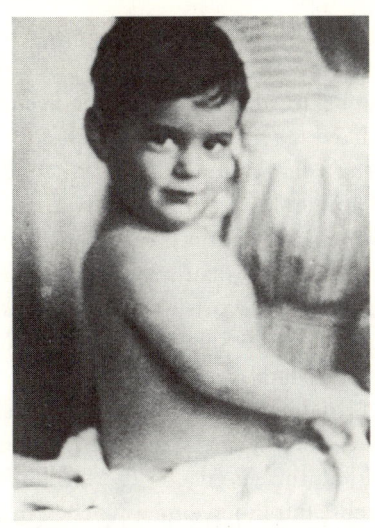

Heinerle Halberstadt, der »Adoptivsohn«
von Mathilde und Robert Hollitscher

gewesen sei. Aber den Tod seines 4jährigen Enkelkindes
habe er viel schwerer verwinden können. »Mir stand es für
alle Kinder und andern Enkel.«[185]

Die Trauer hielt bei Mathilde und Robert wie bei Sig-
mund und Anna über Monate an. Die Geburt weiterer
Enkelkinder ließ dann wieder Freude in der Familie auf-
kommen. Die drei Söhne hatten in den Jahren nach dem
Ersten Weltkrieg – Martin am 7. Dezember 1919 mit Esti
Drucker, Ernst am 18. Mai 1920 mit Lucie Brasch und
Oliver am 10. April 1923 mit Henny Fuchs – geheiratetet.
»Ernst meldete uns am 24. April [1924] die Geburt eines
dritten Sohnes«, teilte Freud seinem Neffen Sam mit.
»Zwei weitere Kinder sind unterwegs, Martins zweites und
Olivers erstes (in Düsseldorf). So gibt es Wachstum und
Verfall in der Familie wie bei Pflanzen, ein Vergleich, den
Du beim alten Homer finden kannst.«[186]

Familiäre Feriengestaltung

Daß die Innenbeziehungen der Familie Freud engen und bindenden Charakter hatten, zeigte sich auch und gerade in der Gestaltung der Sommerferien. In der auf das Reisen bezogenen Familienkorrespondenz werden eifrig Mitteilungen darüber ausgetauscht, wo sich wer aus der Familie derzeit befindet, wen man kürzlich getroffen hat oder demnächst treffen wird, wo es Kreuzungspunkte und Sammelstellen im Familienverkehr gibt. In diesen Mitteilungen sind immer auch »Math und Robert« präsent.

Aus Freuds Briefen läßt sich einiges über den familiären Kontakt in den Sommermonaten entnehmen. So schloß sich Martha Freud im August 1920 Mathilde und Robert an und verbrachte mit ihnen einige Wochen in Bad Goisern bei Ischl.[187] Zwei Jahre später kündigte Freud voller Vorfreude an: »Am 4. [August 1922] etwa wollen wir alle auf dem Salzberg beisammen sein, auch Oliver und Mathilde.«[188] Ende Juli 1923 kamen Mathilde und Robert nach Bozen, um mit den Eltern und Anna nach Lavarone zu fahren und dort ein paar gemeinsam Urlaubstage zu verbringen.[189] Ein Jahr später schrieb Freud von der Villa Schüler am Semmering: »Das Leben hier ist sehr behaglich, auch die Anwesenheit von Robert und Mathilde sehr erwünscht.«[190] Auch im Jahr darauf war Mathilde auf dem Semmering zu Besuch.[191] Im August 1928 bat Freud Mathilde erneut, auf den Semmering zu kommen: »Ein nettes Zimmer werden wir gewiß für Dich besorgen. [...] schieb es nicht auf, ich hoffe Dich bald zu sehen.«[192] Im Juni 1929 wandte er sich aus Schneewinkel an die Tochter: »Ich sage Dir nicht, wie schön es hier ist: ich will Dir das eigene Urteil nicht verderben. Nur soviel: das wäre der richtige Platz für Dich, es ist gewiß der richtige für uns.«[193]

Am 6. August 1930 hielt Freud in seinem Tagebuch fest:

»Mathilde angekommen.« Gemeint war Grundlsee im Salz-
kammergut, wo sich Mathilde gemeinsam mit den Eltern
und einer Gruppe nahestehender Analytiker wie Ruth
Mack Brunswick, Eva Rosenfeld, Dorothy Burlingham
und deren Familien aufhielt.[194] Den Sommer 1934 verbrachten die Freuds in Grinzing. Den dortigen Garten, so
berichtete Anna an Lou, habe der Vater täglich und stünd-
lich genossen, und fügte hinzu: »Eine Weile haben auch
Robert und Mathilde mit uns gewohnt und das war besonders nett.«[195]

Aus dieser Feriengestaltung und vor allem aus dem akti-
ven Werben des Vaters kann man ersehen, wie wichtig ihm
die Anwesenheit seiner ältesten Tochter und ihres Ehemannes – und überhaupt der emotionale Zusammenhalt
der Familie – selbst in den Sommermonaten war.

»Mathilde als Älteste die Brave und Weise …
immer wohltuend«

Als 1923 Freuds Krebserkrankung zutage trat und mehrere
Operationen notwendig machte, wurde er von den Frauen
des Hauses liebevoll umsorgt und gepflegt. »Ich brauche
nur zu erwähnen«, schrieb er gegen Ende des Jahres seinem
Neffen Sam, »daß ich die körperliche Kraft, die ich noch
aus diesem Debakel rette, den zärtlichen Aufmerksamkeiten meiner Frau und meiner beiden Töchter [Mathilde
und Anna] verdanke.«[196]

Auch in einem Brief vom Sommer 1924, den er wieder
auf dem Semmering verbrachte, ist spürbar, wie wichtig der
emotionale Rückhalt der Frauen für sein Wohlbefinden
war: »Ich bewohne diese schöne Villa als einziges männ-
liches Wesen mit sieben Frauen (Frau, Schwägerin, zwei
Töchter, drei dienstbare Geister, wenn das Wort auf sie

anwendbar ist) [...]. Trotz meiner zärtlichen Umgebung leide ich viel unter meiner Naseneiterung, die mir alles stört. Sonst hätte ich ja nichts zu klagen.«[197]

Mathilde scheint innerhalb dieser zärtlichen Umgebung »immer wohltuend« gewirkt zu haben. Für die Blumen, die sie ihrem Vater 1930 zu seinem Geburtstag geschenkt hatte, bedankte er sich mit den Worten: »Deine Blumen stehen vor mir während ich Dir herzlich danke und erinnern mich mit den anderen – Rosen, Orchideen, Maiglöckchen, wie unmöglich es ist, seinem Schicksal zu entfliehen.«[198]

Wahrscheinlich im selben Jahr wandte sich Mathilde an einen Freund ihres Bruders Ernst, den Architekten Felix Augenfeld, um einen speziellen Schreibtischsessel für ihren Vater anfertigen zu lassen. Über diesen Auftrag äußerte sich Augenfeld Jahrzehnte später in einem Interview mit dem Österreichischen Fernsehen: Eines Tages sei Mathilde Freud zu ihm gekommen und habe ihm gesagt: [...] *ich seh meinen Vater immer bei seinem Schreibtisch sitzen und lesen. Und wenn er liest, so nimmt er eine merkwürdige Körperstellung ein, das heißt, er hat einen ganz billigen Büro-Schreibtischsessel mit hölzernen Armlehnen, keine Kopfstützen. Da sitzt er so, daß er mit dem einen Bein über der Armlehne ist und dann hält er das Buch und sein Kopf hat keine Stütze. Wenn ich ihn so lesen seh, tut er mir immer leid. Kann man nicht einen Sessel bauen, der auf diese Gewohnheit Rücksicht nimmt, d. h., der eine gepolsterte Armlehne hat, so daß er das Knie drauflegen kann, und eine Kopfstütze? So daß er bequem sitzt – entweder links oder rechts, diagonal.*[199] Freud hat diesen auf seine etwas ungewöhnliche Lesehaltung hin entworfenen Sessel, der heute im Freud Museum London steht, bis zu seinem Lebensende gern benutzt.[200]

Ein weiteres Beispiel für Mathildes Umsicht läßt sich einem im November 1933 geschriebenen Brief an Bruder

Freuds Schreibtischstuhl
auf Anregung Mathildes von Felix Augenfeld entworfen

Ernst entnehmen, in dem sie ihre Sorgen um den Gesundheitszustand der Eltern zum Ausdruck brachte: *Du weißt wohl, daß Papa ziemlich argen Schnupfen hatte und Mama direkte Herzermüdungserscheinungen nach der Übersiedlung von der Hohen Warte; ich habe mir jetzt in den Kopf gesetzt, ein Haus für das ganze Jahr zu finden, aber was man sieht, ist alles so unmöglich.*[201]

Die Realisierung dieses Vorhabens gelang ihr zwar nicht. Mit vereinten Kräften war es aber möglich, ein geräumiges und komfortables Haus zu finden, in dem die Eltern nicht mehr Treppen steigen mußten. Das Haus befand sich in der Strassergasse 47 in Grinzing und diente den Freuds von 1934 bis 1937 als Sommerwohnung. Mit dieser neuen Adresse verband sich für Freud »der schönste Garten und das liebste Haus, in dem wir bisher den Sommer verbracht haben«, und heiter-ironisch fügte er hinzu: »Wir waren vor 1. Mai draußen und die Laune des Jahres hat uns einen unheimlich schönen, leider auch beschleunigten Frühling genießen lassen. Es wäre hier der richtige Ort – wenigstens für den Wiener – ›in Schönheit zu sterben‹.«[202]

Bezüge zur Psychoanalyse

Betrachtet man die Gründung der Psychologischen Mittwoch-Gesellschaft im Herbst 1902 als Beginn der »psychoanalytischen Bewegung«[203], dann verläuft Mathildes Jugendfreundschaft beinahe zeitgleich mit der Kindheit bzw. ersten Institutionalisierungsphase jener »wissenschaftlichen Gemeinschaft«[204]. Der Ausdruck »Kindheit unserer Bewegung« findet sich in einem Brief Freuds an Ferenczi. Nach seinem Eindruck schließe diese Kindheitsphase nunmehr mit dem »Nürnberger Reichstag« ab, womit der für den 30. und 31. Mai 1910 geplante Zweite Internationale Kongreß für Psychoanalyse gemeint war. »Ich hoffe, jetzt kommt eine reiche und schöne Jugendzeit.«[205] Gerade zu dieser Zeit endete der Briefverkehr zwischen Mathilde Freud und Eugen Pachmayr. Mathildes letzter Brief ist auf den 27. Mai 1910 datiert.

Die »Kindheit« der Psychoanalyse als historischer Kontext

Der Herbst 1902 bedeutete einen folgenschweren Einschnitt in Freuds wissenschaftlichem Leben. Dafür waren zwei Gründe ausschlaggebend.

Am 13. Oktober 1902 kam es zu einer denkwürdigen »Audienz beim Kaiser«, aus dessen Händen Freud die Ernennungsurkunde zum außerordentlichen Professor erhielt. Auf diesen Akt öffentlicher Anerkennung hatte er nach seiner 1885 verliehenen Habilitation immerhin 17 Jahre warten und sich mit der Stellung eines Privatdozenten begnügen müssen. Um die Wartezeit abzukürzen, hatte er seine sonstigen Skrupel abgelegt und sich der Protektion zweier ehemaliger Patientinnen, der Professorengattin Elise Gomperz und der Baronin Marie Ferstel, bedient.[206]

Der langersehnte Professorentitel änderte zwar wenig an Freuds Außenseiterstellung an der Universität. Er registrierte aber eine spürbare Erhöhung der öffentlichen Aufmerksamkeit und seines beruflich-gesellschaftlichen Status, was ihn zu folgender ironischen Äußerung veranlaßte: »Die Teilnahme der Bevölkerung ist sehr groß. Es regnet auch jetzt schon Glückwünsche und Blumenspenden, als sei die Rolle der Sexualität plötzlich von Sr. Majestät amtlich anerkannt, die Bedeutung des Traumes vom Ministerrat bestätigt und die Notwendigkeit einer psychoanalytischen Therapie der Hysterie mit $2/3$ Majorität im Parlament durchgedrungen. Ich bin offenbar wieder ehrlich geworden, die scheu gewordensten Verehrer grüßen auf der Straße von weitem.«[207] Die Beförderung erlaubte es Freud, höhere Honorare zu fordern, und last but not least stärkte sie seine Autorität als künftiger Führer der psychoanalytischen Bewegung.

Die Gründung der Mittwoch-Gesellschaft fiel ebenfalls in das Jahr 1902. In den 1890er Jahren hatte sich Freud innerhalb der »scientific community« der Neurologen, Psychiater und Psychotherapeuten sehr isoliert gefühlt. Echte Resonanz fand er nur bei Josef Breuer, mit dem er bis etwa 1894 eng zusammenarbeitete, und bei Wilhelm Fließ, mit dem er all seine klinischen Hypothesen und metapsychologischen Systematisierungsversuche besprach und von Zeit zu Zeit private »Kongresse« abhielt, bis es 1903 zum Bruch kam. Diese beiden Freunde waren, wie Ronald W. Clark ausführt, »Freuds Vertraute während der Empfängnis und Geburt der Psychoanalyse gewesen. Nun, als das Kind allmählich heran-

wuchs und die Freundschaft mit Fließ dem Ende entgegenging, ergab sich die Notwendigkeit, andere zu finden, mit denen eine gegenseitige geistige Befruchtung möglich war.«[208]
Die Mittwoch-Gesellschaft war auf die psychoanalytische Theorie als gemeinsamen Bezugspunkt zentriert und bildete ein sich zunehmend vergrößerndes Netzwerk sozialer Beziehungen um Freud als Vaterfigur und Mitarbeiter wie Adler, Stekel, Federn, Hitschmann, Rank, Sachs u. a., die sich teils als Schüler, teils als Kollegen empfanden. Die Teilnehmerzahl stieg von 5 im Jahre 1902 auf 17 im Jahre 1906 und erreichte 1910 das Maximum von 42. In den ersten Jahren stammten die Teilnehmer ausschließlich aus jüdischen Familien; die ersten Nichtjuden, die an den Sitzungen teilnahmen, waren C. G. Jung und Ludwig Binswanger im Jahre 1907. Eine Reihe von Hörern der Samstagabend-Vorlesungen an der Medizinischen Fakultät – insgesamt 28 – schlossen sich dem Freud-Kreis an.[209]
Die Gründung der Mittwoch-Gesellschaft bedeutete »den ersten erfolgreichen Schritt zu einem spezifischen Modell psychoanalytischer Schulbildung, in das Elemente aus beiden Vorläufermodellen, dem des Universitätsunterrichts und dem der Therapie, eingingen«. Daraus ergab sich »eine spannungsreiche Balance zwischen Institution und Privatheit, Distanzierung und Gefühlsbindung, Wissensvermittlung und affektiver Selbsterkenntnis«.[210]
War die Mittwoch-Gesellschaft über mehrere Jahre eher ein privater Diskussionszirkel gewesen, so änderte sich die Situation für Freud ab 1907 schlagartig: »Man erfuhr, daß die Psychoanalyse in aller Stille Interesse erweckt und Freunde gefunden habe, ja, daß es wissenschaftliche Arbeiter gebe, welche bereit seien, sich zu ihr zu bekennen. Eine Zuschrift von Bleuler hatte mich schon früher wissen lassen, daß meine Arbeiten im Burghölzli studiert und verwertet würden. Im Jänner 1907 kam der erste Angehörige

der Züricher Klinik, Dr. Eitingon, nach Wien, es folgten bald andere Besuche, die einen lebhaften Gedankenaustausch anbahnten; endlich kam es über Einladung von C. G. Jung, damals noch Adjunkt am Burghölzli, zu einer ersten Zusammenkunft in Salzburg im Frühjahr 1908, welche die Freunde der Psychoanalyse von Wien, Zürich und anderen Orten her vereinigte. [...] Die Latenzzeit war abgelaufen und an allen Orten wurde die Psychoanalyse Gegenstand eines sich steigernden Interesses.«[211]

Vergegenwärtigt man sich, daß am Burghölzli nicht nur Bleuler, Jung und Binswanger, sondern auch Abraham, Eitingon, Ferenczi, Jones, Brill u. v. a. erstmals mit der Psychoanalyse in Berührung kamen, so ahnt man den immensen Stellenwert, den diese internationale Anerkennung für Freud besaß.

Nach dem Ersten Internationalen Kongreß in Salzburg, von Freud noch als »Privatkongreß« bezeichnet, wurde aus der Mittwoch-Gesellschaft im April 1908 die »Wiener Psychoanalytische Gesellschaft« und im Oktober 1910 die »Wiener Psychoanalytische Vereinigung«. Aus Platzgründen tagte sie seither nicht mehr im intimen Rahmen der Freudschen Wohnung, sondern im medizinischen »Doktorenkollegium« in der Rotenturmstr. 19.[212]

Ein weiterer Schritt auf dem Wege der Internationalisierung der Psychoanalyse war eine Reise nach Amerika, die Freud im Herbst 1909 gemeinsam mit Jung und Ferenczi unternahm, um anläßlich der 20jährigen Gründungsfeier der Clark University in Worcester eine Vortragsreihe über Psychoanalyse zu halten. Auf der Rückfahrt an Bord des Dampfers »Kaiser Wilhelm der Große« schrieb er einen langen Brief an seine Älteste:

Liebe Mathilde,

Vielleicht erkennst Du an meiner Schrift, daß wir »kinematographirt« sind. Unser liebes Schiff ist ein Schnelldampfer u hat dieses rhythmische Zittern. Sonst aber liebe ich es sehr, nicht so groß wie der Washington u viel behaglicher. Auch ist das Wetter diesmal besser, ein Tag wie der gestrige läßt einen glauben, man sei auf dem Mittelmeer.

Amerika war eine tolle Maschine. Ich bin sehr froh, daß ich heraus bin u noch mehr, daß ich nicht dort bleiben muß. Auch kann ich nicht behaupten, daß ich sehr erfrischt u erholt zurückkomme.

Aber es war hochinteressant u für unsere Sache wahrscheinlich sehr bedeutungsvoll. Alles in Allem war es ein großer Erfolg zu nennen.

Dein letzter Brief hat mich wiederum sehr erfreut. Ich war am 20 mit Anna [Bernays, der ältesten Schwester] u ihrer ganzen Familie zusammen. Mein Schwiegersohn hat durch den Vergleich mit ihrem sehr gewonnen, Sophie ist viel hübscher geworden als die ihr früher so ähnliche Hella, dagegen hat Ditha mir u den Anderen diesmal einen vortrefflichen Eindruck gemacht, ein ganzer Mensch. Sie war den ganzen Tag unzertrennlich von mir u konnte sich für alles interessieren. Onkel Eli war in Canada abwesend, Lucie mit den beiden Kindern habe ich nicht gesehen, sie waren noch auf dem Land. Daß Ihr uns um den Nordpolrummel beneidet, ist sonderbar; wir haben uns gar nicht darum gekümmert. Cook ist, glaube ich, am Tage nach unserer Abfahrt angekommen.

Die Reise hat mich bis jetzt nichts gekostet. Alles Erübrigte habe ich bei Tiffany ausgegeben, aber die »Mitbrachten« leiden unter der Höhe der Dollarpreise. In Hamburg muß ich noch einige Lücken ausfüllen. Ich denke, daß ich erst am 2 Oktober ankommen werde, denn weder in Berlin noch in Hamburg kann ich unter einem Tag alle Pflichten erledigen.

Dieser Brief soll in Cherbourg an Land, wo wir Montag früh eintreffen werden. Die Zeit wird sehr rasch vergangen sein. Meine Reisegefährten waren immer sehr zärtlich u haben sich auch untereinander gut vertragen. Ferenczi wird sich wahrscheinlich noch in Wien aufhalten.

Wir fahren eben unter Newfoundland hin u darum ist es heute kälter als sonst. Es ist aber sagenhaft schön, alle Dekorationen sind aufgezogen, das Meer ist wie die Adria, übrigens weit u breit nichts zu sehen, gestern ein Segelschiff u ein Thunfisch oder Schweinsfisch nach Angaben eines Matrosen. Sonst Wasser, nichts als Wasser. Die Ruhe, die Überwindung Amerikas, das Leben auf dem Schiff sind köstliche Einflüsse.

East, West – Home best. Ich werde nicht böse sein wieder in unserem Winkel im IX. Bezirk zu sitzen.

Grüße Robert herzlich und nimm einen herzlichen Gruß von

Deinem alten Papa[213]

In der Gründung der Internationalen Psychoanalytischen Vereinigung, die 1910 auf dem Kongreß in Nürnberg erfolgte, kann man den endgültigen Abschluß der »privaten« Kongresse sehen. Mit den dort angebahnten Wegen der weiteren konsequenten Institutionalisierung begann die Jugend der psychoanalytischen Bewegung.

Die Anfänge der psychoanalytischen Bewegung aus der Sicht Mathilde und Martin Freuds

Die folgende Darstellung bezieht, ergänzend zu Mathildes Briefen, einige Beobachtungen ihres Bruders Martin aus dessen Buch »Glory reflected: Sigmund Freud – Man and Father« (1958) ein.[214] Während Mathilde in ihren Briefen keine Namen von Freuds Freunden, Schülern, Mitarbeitern oder Kollegen erwähnt, ist dies in Martins Darstellung anders. An Freuds Intimus Wilhelm Fließ kann er sich nur dunkel erinnern, betont aber, daß dessen Porträt auch nach dem Ende ihrer langjährigen Freundschaft seinen Ehrenplatz im Studierzimmer des Vaters behielt. Die Freundschaft mit Josef Breuer war lange vor Martins bewußter Erinnerung zu Ende gegangen, dennoch hätten zwischen beiden Familien weiterhin noch herzliche Kontakte bestanden.[215]

Die Kinder erlebten Vaters Ernennung zum Professor mit und erfreuten sich des freundschaftlichen Umgangs ihrer Eltern mit Baron und Baronin Ferstel, ohne die Hintergründe, die zu Freuds Professur geführt hatten, zu ahnen. Einmal lud die Baronin Mathilde und Martin ins Burgtheater zu einer Aufführung von Schillers »Wilhelm Tell« ein. Rückblickend stellte sich die Szene für Martin so dar: »Wir saßen in großer Bequemlichkeit und äußerst luxuriös in der Baronsloge. Nach der Vorstellung dankte meine Schwester unserer Gastgeberin zweifellos angemessen für die wunderschöne Zeit. Nach der Erzählung meiner Schwester – ich selbst habe keine Erinnerung an den Vorfall – war ich so hingerissen von der Schönheit des Dramas und der Freundlichkeit der Baronin, die uns eingeladen hatte, daß ich mich in ihre Arme warf und sie stürmisch küßte. Meine Schwester erinnert sich nicht an die Reaktion der Baronin. So wie ich sie mir aber noch vorstellen kann, glaube ich, daß sie genau verstand, was ich fühlte.«[216]

Was Jones in seiner Freud-Biographie als »Heraustreten aus der Isolierung« bezeichnete, war nach Martins Erinnerung keine willkommene Veränderung für seine Familie, denn sie bedeutete eine noch stärkere zeitliche Inanspruchnahme des Vaters als vorher.[217]

Die Sitzungen der Mittwoch-Gesellschaft fanden im Warteraum neben Freuds Behandlungszimmer statt. Die

Kinder hörten die Teilnehmer eintreffen, bekamen sie aber nur selten zu Gesicht. Als Martin einmal der Neugierde nicht widerstehen konnte und sich vor Ankunft der Gäste in den Raum begab, bot sich ihm ein erstaunliches Bild: »Neben jedem Stuhl stand auf dem Tisch immer ein Aschenbecher aus Vaters Sammlung, einige davon waren aus chinesischer Jade. Ich verstand die Notwendigkeit für diese Vielzahl von Aschenbechern, als ich eines Nachts von einem Tanzabend zurückkehrte und in das Wartezimmer schaute, das die Gäste gerade erst verlassen hatten. Im Zimmer stand noch dicker Tabaksqualm. Es schien mir ein Wunder zu sein, daß menschliche Wesen fähig waren, hier stundenlang zu sitzen, ja sogar zu sprechen, ohne zu ersticken.«[218]

Die zunehmende Öffnung des Freud-Hauses für Psychoanalyse-Interessierte, vor allem für auswärtige Gäste, beeindruckte die beiden ältesten Kinder nachhaltig und bestätigt die Feststellung des Vaters, daß sich die damalige Situation »gegen alle Erwartungen und wie mit einem Schlage«[219] änderte. Auch Oliver als Drittältester der Freud-Kinder war der Meinung, daß die Familie erst »relativ spät« die Bedeutung des Vaters erkannte. Die Jahre zwischen 1906 und 1909, als die ersten auswärtigen Besucher eintrafen, signalisierten einen »entscheidenden Bruch mit Freuds Vergangenheit«[220].

In gleicher Weise urteilte Mathilde in einem Brief an Eugen Pachmayr: *Ich denke eben darüber nach, wie sich unser Leben im letzten Jahr verändert hat, wir haben jetzt öfters Besuch von auswärtigen Schülern und Anhängern von Papas Theorien, dann werden wissenschaftliche Gespräche geführt, und wir erfahren von den Dingen etwas mehr als sonst [...]. Papas Ideen werden jetzt besonders in der Schweiz sehr propagiert und auch praktisch angewendet. Wir hatten jetzt zweimal Besuch aus Zürich von jungen Psychiatern, der letzte brachte auch eine reizende Frau mit, und da kommt eine Menge Anregung ins Haus. Bei solchen Gelegenheiten lernt man Wien kennen und lieben und schätzen«* (11. 3. 07).

Der erstgenannte war Max Eitingon, der sich im Januar 1907 bei Freud aufhielt.[221] Ihm folgte C. G. Jung, der gemeinsam mit seiner Frau und Ludwig Binswanger im Februar 1907 nach Wien kam.[222] Bei einem Stadtbummel mit Jung und seiner Familie erlebte Mathilde eine merkwürdige Episode, die sie ihrem Bruder Martin erzählte: Als plötzlich Soldaten die Straße absperrten, damit der Kaiser ungehindert durchfahren konnte, sei Jung mit einem schnellen »Verzeihung« losgerannt, »um sich, begeistert wie ein Junge, der Menge anzuschließen«, die den Kaiser sehen wollte.[223]

Andererseits zeigte sich Martin von Jungs Präsenz und Sprechgewandtheit, insbesondere von seiner Fähigkeit der Falldarstellung sehr beeindruckt: »Ich erinnere mich bis heute an einen Patienten, der in den ersten zwei Dritteln seines Lebens scheu und gehemmt gewesen war und sich in seinen späten Jahren zu einer kraftvollen und dominierenden Persönlichkeit entwickelte, und an die Geschichte eines Mannes, eines Schizophrenen, der hervorragend zeichnete und dessen Zeichnungen eine wundervolle Lebendigkeit zeigten. Keiner der beiden Fälle war, für sich genommen, sehr bedeutend. Vorgetragen von Jung wurden sie jedoch zu deutlichen Bildern.«[224]

Was Binswanger bei seinem ersten Besuch im Hause Freud als besonders wohltuend empfand, war die »ungezwungene freundschaftliche Atmosphäre«. Die »Abneigung« seines Gastgebers »gegen jede Förmlichkeit und Etikette, sein persönlicher Charme, seine Einfachheit, selbstverständliche Offenheit und Güte und nicht zuletzt sein Humor, ließen keinerlei Befangenheit aufkommen«. Auch Freuds Frau Martha, sekundiert von ihrer Schwester

Minna, sei »die Liebenswürdigkeit in Güte und Person« gewesen. »Die Kinderschar hielt sich bei Tisch sehr ruhig, obwohl auch hier ein völlig ungezwungener Ton herrschte.«[225]

Im Februar 1908 besuchte Sándor Ferenczi zum erstenmal Freud. Mit ihm ging Martin eine Art Männerfreundschaft ein, wohl wissend, daß Ferenczi die Rolle des Mentors übernahm, um ihn auf seinem Weg durch die Adoleszenz zum Erwachsensein zu unterstützen.[226]

Zu den weiteren Gästen von außerhalb gehörten: Karl Abraham im Dezember 1907, Abraham Brill und Ernest Jones im April 1908 sowie Oskar Pfister im April 1909. »Ich habe eine überaus liebenswürdige Aufnahme in seinem Haus gefunden«, schrieb Abraham an Eitingon. »Er selbst, Frau, Schwägerin & Tochter [Mathilde] führten mich durch Wien, in Kunstsammlungen, Café, zum Buchhändler Heller & zum Antiquar etc. Es waren entzückende Tage.«[227]

Mathilde verdankte den Gesprächen mit den Gästen ihres Vaters, daß sie von ihm selbst *ziemlich viel von seinen Ideen* erfuhr (11. 3. 07). Zu einer engeren Kooperation zwischen Freud und seiner Ältesten – wie später mit der Jüngsten – kam es nicht. Daß Mathilde sich das damals gewünscht hatte, geht aus ihrem bereits erwähnten Brief vom 22. September 1907 hervor. Darin warf sie die Frage auf, was sie tun könne, *um ein weniger unnützes Glied der menschlichen Gesellschaft zu werden.* Der Wunsch: *am liebsten möchte ich mit Papa arbeiten*, wurde sogleich als nicht realisierbar verworfen: *aber der kann mich nicht brauchen.*

In späteren Briefen erwähnte Mathilde noch den *Kongreß für Freudsche Psychologie in Salzburg* (12. 2. 08) und schließlich Freuds Amerikareise: *Papa ist selig, Amerika heil entkommen zu sein* (25. 10. 09).

Mathildes Berührungspunkte mit der geistigen Welt des Vaters

Freuds Bemühen konzentrierte sich anfangs in starkem Maße auf die wissenschaftliche Legitimation seiner Lehre. Die Orientierung am Unbewußten als zentralem Grundbegriff diente dazu, der Psychoanalyse eine streng wissenschaftliche Basis zu verschaffen. Diese Konzeption hatte sich in seiner Neurosenforschung der 1890er Jahre herauskristallisiert. In der »Traumdeutung« suchte er die Dynamik des Unbewußten am Modell der Traumarbeit und speziell am psychischen Mechanismus der Verdrängung nachzuweisen. Bei der Verdrängung bleiben mit dem Ich unvereinbare Vorstellungen, obwohl sie aus dem Bewußtsein ausgeschlossen sind, latent wirksam. Diese Wirkungen zeigen sich in den verschiedenartigen psychischen Störungen, aber auch im Traum und anderen Erscheinungen des normalen Seelenlebens. Dieser Hypothese waren auch die beiden Abhandlungen »Zur Psychopathologie des Alltagslebens« sowie »Der Witz und seine Beziehung zum Unbewußten« gewidmet.

Um seine Grundannahme des Unbewußten zu rechtfertigen, stellte Freud seine zunächst rein psychologische Theorie auf ein triebtheoretisches Fundament. Von herausragender Bedeutung sind in diesem Zusammenhang die »Drei Abhandlungen zur Sexualtheorie«. Hier erwies sich Freud nicht nur als induktiver Sexualforscher, sondern zugleich als entlarvender Denker, der die Fassade der bürgerlichen Welt nicht unberührt lassen wollte. Zu der Frage, was Freuds Zeitgenossen an dessen Beobachtungen und Interpretationen so empört haben mag, bemerkte Hans-Martin Lohmann: »Freud stellte nicht nur die immer noch konventionelle Meinung in Frage, Kinder seien ›unschuldig‹, d. h. frei von sexuellen Trieben; er ignorierte auch die

Trennung zwischen normalem und pathologischem Verhalten, zwischen geistiger Gesundheit und Krankheit. Auch in späteren Schriften hat Freud immer wieder darauf insistiert, daß der Übergang zwischen Perversion, Neurose und Gesundheit fließend sei, daß es keine klar definierte Grenze zwischen ihnen gebe, daß ›der Keim des Unaussprechlichen auch in der Psyche des Anständigsten verborgen‹ ruhe.«[228]

Nach Martin Freuds Darstellung war es eher ungewöhnlich, daß der Vater seine Arbeit im Familienkreis besprach. Nur in den Sommerferien 1899, als er mit dem Abschluß der »Traumdeutung« beschäftigt war, war es anders: »Er hatte uns allen davon erzählt, und uns sogar ermuntert, ihm unsere Träume mitzuteilen. Wir taten es mit Begeisterung. Er erklärte uns sogar mit einfachen Worten, was man von den Träumen, ihrem Ursprung und ihrer Bedeutung verstehen konnte.«[229]

Mathilde greift in ihren Briefen des öfteren typisch Freudsche Themen auf, die zu Schlagworten geworden sind. So schrieb sie von einem *schrecklichen Nervositätsanfall* (23. 9. 03) und *Papas Heilverfahren* (19. 9. 03), erzählt einen Witz (8. 10. 03) und fragt Eugen, was er von der prognostischen Bedeutung von Träumen hält (30. 10. 03). Auf die Thematik des *Unterbewußtseins* und des *Unbewußten* kommt sie mehrfach zu sprechen (8. und 26. 2. 07). Wiederholt bekundet sie ihr aufrichtiges Interesse an den geheimen Gedanken und Gefühlen ihres Brieffreundes, um sich dann auf ausführliche Reflexionen über die Bedeutung von *Geheimnis* und Offenheit in menschlichen Beziehungen einzulassen (26. 2. 07). Implizit geht es dabei um die Thematik von Abwehr und Verdrängung bzw. Wiederkehr des Verdrängten und Manifestation des latent Wirksamen in bestimmten Ausdrucksformen. So widmet sie sich in aller Ausführlichkeit der Reaktion ihres Unbewußten auf einen wichtigen Brief Eugens: *Ich hab Ihren Brief, seit ich ihn bekommen hab', nicht mehr gelesen und schaue ihn auch vorläufig nicht an: Ich will sehen, was das Unbewußte, das durch diese Methode zur Arbeit gezwungen wird, auf ihn zu antworten hat* (26. 2. 07).

Wieweit sich Mathilde die Lehren ihres Vaters angeeignet hat, ist schwer zu beurteilen. Neben den bereits erwähnten Korrekturen an Freuds »Gradiva«-Buch (1907) und der Teilnahme an seinem Vortrag »Der Dichter und das Phantasieren« (1907) in Hugo Hellers Kunstsalon[230] hat sie wohl des öfteren die einschlägigen psychoanalytischen Zeitschriften gelesen.

Ihre 17jährige Schwester Anna drängte sich mit ihrem Interesse an der Psychoanalyse viel kräftiger in den Vordergrund als Mathilde und schrieb von Meran aus an den Vater: »Ich habe hier auch einige von Deinen Büchern gelesen, aber Du darfst nicht entsetzt darüber sein, ich bin doch jetzt schon groß, und da ist es doch kein Wunder, wenn ich mich dafür interessiere. Könntest Du uns nicht auch die letzte Imagonummer, die ich in Wien versäumt habe, herschicken?«[231] Die defensiv einsetzende Anfrage erklärt sich daraus, daß sie in ihrem Erholungsurlaub nicht zuviel lesen sollte, um zu Kräften zu kommen. In seiner Antwort brachte der Vater ausdrücklich Mathilde ins Spiel: »Wenn ich eine freie Imagonummer finde, schicke ich sie Dir noch. Du mußt sie aber nicht in Meran lassen, denn sie gehörte eigentlich Mathilde.«[232]

Eine andere Form der Partizipation an Freuds Ideen war die Teilnahme an seinen Universitätsvorlesungen. Auch hierfür interessierte sich Anna bereits 1912/13, wie ihre Briefe aus Meran erkennen lassen.[233] Im Oktober 1915 erwähnte Freud ausdrücklich, daß sich unter den 70 Teilnehmern an seinem Universitätskolleg zwei Töchter, nämlich Mathilde und Anna, befanden.[234]

Anna wurde zunehmend in die Verlags- und Übersetzungsarbeit eingebunden. Einen speziellen Beitrag leistete aber auch Mathilde, indem sie drei Aufsätze von Marie Bonaparte aus dem Französischen übersetzte: den 1929 in der »Internationalen Zeitschrift für Psychoanalyse« veröffentlichten Artikel »Die Identifizierung einer Tochter mit ihrer verstorbenen Mutter (Kasuistischer Beitrag)«, den 1930 erschienenen Artikel »Eine kleptomane Anwandlung« und den 1933 in der »Imago« publizierten Aufsatz »Der Mensch und sein Zahnarzt«.

Die integrative Aufgabe der Freud-Familie in der Psychoanalyse

Hatte Martha Freud die üblichen Aufgaben einer Gastgeberin zu erfüllen, wenn sich Wiener oder auswärtige Psychoanalytiker zu Besuch in der Berggasse einstellten, so wurde sie dabei von ihren Kindern unterstützt, vor allem von Mathilde, die sich um die ausländischen Patienten des Vaters kümmerte, ihnen die Sehenswürdigkeiten Wiens zeigte, Theater- und Konzertkarten besorgte und gelegentlich bei der Wohnungssuche half.[235]

Seit Freuds Krebserkrankung im Jahre 1923 übernahm Anna eine zentrale Rolle bei der Pflege des Vaters. Sie wurde auch zu einer Art »Sekretärin-, Stütze-, Nachfolgertochter« bzw. »Tochter-Adjutantin« in der psychoanalytischen Bewegung.[236] Dadurch veränderte sich das Beziehungsgefüge um Freud als Mittelpunkt. »Alle, die Freud vor seiner Erkrankung gekannt hatten, konnten sich auf ihre bereits bestehende Beziehung zu ihm berufen. Diejenigen jedoch, die neu in Freuds Kreis traten, kamen in der Regel über seine Tochter zu ihm.«[237] Das gilt z. B. für Eva Rosenfeld, die 1924 als Freundin Annas in den engeren

Zirkel um Freud aufgenommen wurde, und für die Tiffany-
Erbin Dorothy Burlingham, die im Herbst 1925 nach Wien
kam. Mit Bezug auf sie sprach Freud drei Jahre später davon, daß »unsere Symbiose mit einer amerikanischen Familie (ohne Mann), deren Kinder meine Tochter mit fester
Hand analytisch großzieht«, sich immer mehr befestige.[238]

So erweiterte sich der »Töchter«-Kreis um Freud, »fast
als hätte der älter und kränker werdende Freud Sophies
Seele in diesen jüngeren Frauen wiederzufinden versucht.
Diese Töchter – die legitime und eifersüchtige Tochter
Anna Freud in vorderster Front – umgaben ihn wie einst
die guten Schwestern seiner Kindheit mit Bewunderung
und Liebe, beschenkten ihn und machten sich als seine
Gesandten nützlich«[239]. Zu diesem Kreis kann man Marie
Bonaparte, Helene Deutsch, Jeanne Lampl de Groot,
Marianne Kris, Ruth Mack Brunswick, Eva Rosenfeld und
Lou Andreas-Salomé rechnen.

Da Mathilde durch ihren Vater und später auch durch
ihre Schwester Anna mit dem engeren Kreis um Freud
kontinuierlich in Berührung kam, schloß sie Freundschaf-
ten mit einzelnen Analytikerinnen. So wurde sie eine enge
Freundin der zehn Jahre jüngeren Amerikanerin Ruth
Mack Brunswick, die 1922 nach Wien gekommen war, um
eine Analyse bei Freud aufzunehmen. Nach Roazens Einschätzung hatte sie um 1930 eine bevorzugte Stellung bei
Freud. Sie habe »freien Zugang zu ihm wie niemand sonst«
gehabt. Das bedeutete, daß sie zum Abendessen in seine
Wohnung kommen und ihn im Sommer in seinem Ur-
laubsort besuchen konnte. Abgesehen von einer starken
Sympathie spielte dabei Ruth Mack Brunswicks Vermitt-
lerrolle zwischen den amerikanischen Analytikern und
Freuds innerem Kreis eine Rolle. Sie war »die Verbindung,
über die wohlhabende Amerikaner zu Freud kamen; sie
kümmerte sich auch allgemein um die amerikanischen

analytischen Patienten in Wien«[240]. Sie gehörte »fast zur Familie«, schrieb Freud 1927.[241] Als sie 1928 in zweiter Ehe Mark Brunswick heiratete, war Freud einer der Trauzeugen. Daß sie eine enge Freundin Mathildes war, läßt sich auch daraus entnehmen, daß sie ihrem einzigen Kind den Namen Mathildes (»Tilly«) gab. Mathilde selbst bezeichnete Ruth, die 1938 in die USA zurückkehrte und dort 1946 starb, als ihre *liebste Freundin*[242].

Auch Eva Rosenfeld befreundete sich mit Mathilde.[243] Sie war ursprünglich die engste Freundin Anna Freuds gewesen, bevor Dorothy Burlingham in deren Leben trat.[244] In Annas Briefen an Eva Rosenfeld, die den Zeitraum von 1925 bis 1975 umfassen, gibt es zwischen 1929 und 1932 mehrere Hinweise, die auf Mathildes Integration in den Kreis um Freud hindeuten.[245] Eine kritische Äußerung Annas rückt aber auch die andere Seite ins Blickfeld: »Ich bin so froh, daß Du Mathilde sprichst und siehst. Ich glaube immer, wenn es gelingen würde, sie zu uns herüberzuziehen aus ihrem Kreis, in dem es ganz leer ist und zu dem sie gar nicht gehört, hätte sie ein viel besseres Leben«[246] – ein Hinweis auf den mit ihren geschäftlichen Beziehungen verknüpften Bekanntenkreis der Hollitschers, von dem wir nichts Näheres wissen.

Auch die Freud-Söhne übernahmen Funktionen in der psychoanalytischen Bewegung. So erwarb sich Ernst als Architekt bereits 1920, so Karl Abraham, »ein bleibendes Verdienst«[247] um die Einrichtung der Psychoanalytischen Poliklinik in Berlin, die Modellcharakter für alle weiteren psychoanalytischen Institute hatte. Jahre später entwarf er die neuen Räumlichkeiten der Wiener Psychoanalytischen Vereinigung, die im Juni 1936 eröffnet wurden.[248]

Martin Freud kümmerte sich als Jurist zunehmend um die Familiengeschäfte. Schon 1930/31 begann er damit, die geschäftlichen Angelegenheiten des verschuldeten Internationalen Psychoanalytischen Verlages zu ordnen.[249] In dieser Zeit geriet der Verlag in eine schwere Krise, die einen Wechsel in der Leitung unumgänglich machte. Im Januar 1932 verließ Martin seine bisherige Stellung bei einer Bank und löste den damaligen Verlagsleiter Adolf Storfer ab, dem schlechte Buchhaltung und undurchsichtige Investitionen vorgeworfen wurden.[250] Im April desselben Jahres, als dem Verlag der Bankrott drohte, wandte sich sein Vater mit folgendem Appell an die Vorsitzenden der Psychoanalytischen Vereinigungen: »Sie haben gehört, daß der Verlag meine Schöpfung ist, mein Kind. Und sie wissen, man will seine Kinder nicht überleben, will ihnen vielmehr die Existenz nach seinem eigenen Abgang versichern. Und da ich erkenne, welch schweren Zeiten der Verlag entgegengeht, ist mir in den Sinn gekommen, dass ich die I. P. V. auffordern könnte, sich seiner anzunehmen und für seine Zukunft zu sorgen.«[251] Freuds Appell wurde erhört. Mit finanzieller Hilfe der Internationalen Psychoanalytischen Vereinigung gelang es Martin, die Verlagskrise von 1932 zu überwinden.[252] An der Tätigkeit als Verlagsleiter gefiel ihm besonders, daß er mit all den Menschen zusammentreffen konnte, die mit der Psychoanalyse verbunden waren.[253]

Verlust der Heimat – Neubeginn im Exil

Der Weg in die Emigration
1933–1938

Mit dem Siegeszug des Faschismus in Italien, Deutschland und Spanien wurde die Situation der Juden in Europa zunehmend bedrohlicher. In Wien mußten die Juden nach der Machtübernahme des radikal antisemitisch eingestellten Hitler befürchten, daß es zum vielfach heraufbeschworenen »Anschluß« Österreichs an das Deutsche Reich kommen könnte. Wie die Familie insgesamt zögerten auch Mathilde und Robert Hollitscher, Wien zu verlassen. Dem im März 1938 getroffenen Familienentschluß zur Emigration nach London schlossen sie sich an und wohnten zunächst gemeinsam mit den Eltern, Tante Minna, Anna und der Haushälterin Paula Fichtl in einem Haus in der Elsworthy Road.

Als Juden lebten die Freuds in zwei konträren, teilweise feindselig einander gegenüberstehenden Welten: in der jüdischen Kultur und in der christlich-bürgerlichen Gesellschaft. Zu seiner jüdischen Herkunft stand Sigmund Freud, wollte sich aber von den Fesseln der jüdischen Religiosität und Auserwähltheitsidee befreien: »Was mich ans Judentum band, war – ich bin schuldig, es zu bekennen – nicht der Glaube, auch nicht der nationale Stolz, denn ich war immer ein Ungläubiger, bin ohne Religion erzogen worden, wenn auch nicht ohne Respekt vor den ›ethisch‹ genannten Forderungen der menschlichen Kultur. Ein nationales Hochgefühl habe ich, wenn ich dazu neigte, zu unterdrücken mich bemüht, als unheilvoll und ungerecht, erschreckt durch die warnenden Beispiele der Völker, unter denen wir Juden leben. Aber es blieb genug anderes übrig, was die Anziehung des Judentums und der Juden unwiderstehlich machte, viele dunkle Gefühlsmächte, umso gewaltiger, je weniger sie sich in Worten fassen ließen, ebenso wie die klare Bewußtheit der inneren Identität, die Heimlichkeit der gleichen seelischen Konstruktion.«[1]

Einerseits hatten die Freuds den Loyalitätskonflikt im Verhältnis zum Judentum zu bewältigen, andererseits standen sie vor der Schwierigkeit, sich in der christlich-bürgerlichen Welt zu behaupten. Durch die am eigenen Leib erfahrene Diskriminierung und die sich im 20. Jahrhundert zunehmend verschärfende Judenverfolgung erlebten sie die Ohnmacht der so hoffnungsvoll begonnenen und durch die Fortschritte der Naturwissenschaften so mächtig gesteigerten Aufklärungsbewegung. Daß die fremde Kultur des Bürgertums, so vertraut sie ihnen wurde, letztlich einen feindlichen Grundzug behielt und ihr pessimistisches Menschenbild bestimmte, hat entscheidend an der unbewältigten Problematik der Juden gelegen.

Österreich unter der NS-Bedrohung

Bereits kurz nach der Machtübernahme der Nationalsozialisten in Deutschland entschieden sich die beiden in Berlin lebenden Brüder Mathildes, Deutschland so schnell wie möglich zu verlassen. Für Ernst und Oliver sei das Leben in Deutschland »unmöglich geworden«, schrieb Freud seinem Neffen Sam. Ernst sei in London und bereite den Umzug seiner Familie vor, während Oliver mit seiner Frau und der Tochter Eva nach Frankreich übergesiedelt sei. »Du weißt aus den Zeitungen (ich bin nun ein regelmäßiger Leser des ›Manchester Guardian‹), wie ungesichert unsere Lage in Österreich ist. Das einzige, was ich sagen kann, ist, daß wir entschlossen sind, hier bis zum letzten auszuharren.«[2]

Schon 1933 bedrängten Freunde und enge Mitarbeiter Freud, in ein sicheres Land auszuwandern. »Vor allem die Misses Brunswick hat beim Abendessen immer wieder davon ang'fangen«, erinnerte sich die langjährige Haushälterin Paula Fichtl.[3] Auf Marie Bonapartes Nachfrage gab Freud zur Antwort: »In unseren Kreisen ist die Zaghaftigkeit ziemlich groß. Man befürchtet, daß die nationalsozialistischen Ausschreitungen in Deutschland auf unser Land übergreifen. Man hat mir sogar schon zur Flucht nach der Schweiz oder Frankreich geraten. Das ist Unsinn, ich glaube nicht an die Gefahr, und wenn sie doch kommen sollte, bin ich fest entschlossen, sie hier zu erwarten.«[4] Jones, der ihm – ähnlich wie Ferenczi[5] – vehement zur Flucht geraten hatte, entgegnete er: »Man kann mit Sicherheit erwarten, daß die Hitlerbewegung nach Österreich übergreifen wird, ja sie ist schon da, aber es ist unwahrscheinlich, daß sie eine ähnliche Gefahr wie in Deutschland bedeuten wird.«[6]

Am 12. Februar 1934 kam es in Österreich zu einem Generalstreik und einem offenen Schlagabtausch zwischen dem rechtsgerichteten Dollfuß-Regime und den Sozialdemokraten. Eine Woche später schrieb Freud an seinen Sohn Ernst in London: »Die Zukunft ist ungewiß, entweder ein österreichischer Fascismus oder das Hakenkreuz. Im letzteren Falle müssen wir weg; vom heimischen Fascismus wollen wir uns allerlei gefallen lassen, da er uns kaum so schlecht behandeln wird wie sein deutscher Vetter. Schön wird es auch nicht sein, aber in der Fremde ist es auch nicht schön, was ich Euch nicht zu sagen brauche, die Ihr es doch noch gut getroffen habt. Unser Verhältnis zu den beiden politischen Möglichkeiten der österreichischen Zukunft kann nur den Ausruf Mercutio's in ›Romeo und Julia‹ zitieren: ›A plague on both your houses.‹«[7]

Zwei Wochen später teilte er seiner ehemaligen Patientin Hilda Doolittle mit: »Für eine Weile fürchteten wir, nicht in dieser Stadt und diesem Land bleiben zu können – es ist unerfreulich, im Alter von 78 Jahren ins Exil gehen zu müssen –, doch jetzt glauben wir, daß wir wenigstens dieser Gefahr entronnen sind. Wir durchlebten eine Woche des Bürgerkriegs. Nicht viel persönliche Unannehmlichkeiten, nur ein Tag ohne elektrisches Licht, aber die Stimmung war scheußlich und ein Gefühl wie bei einem Erdbeben. Zweifellos gehörten die Rebellen zum besten Teil der Bevölkerung, doch ihr Erfolg wäre sehr kurzlebig gewesen und hätte eine militärische Invasion des Landes mit sich gebracht.«[8]

Am 25. Juli 1934 unternahm eine SS-Standarte mit 150 Mann einen Putsch, bei dem sie den Bundeskanzler Dollfuß ermordete. Doch der Umsturzversuch wurde rasch niedergeschlagen. Mussolini ließ italienische Truppen am Brenner aufmarschieren, um die Nationalsozialisten von einem Überfall auf Österreich abzuhalten.

»Verständigung mit Deutschland« trug Freud am 11. Juli 1936 in seine »Kürzeste Chronik« ein. Der nunmehrige Bundeskanzler Schuschnigg hatte sich notgedrungen dazu bereit erklärt, zwei Sympathisanten der deutschen Regierung in sein Kabinett aufzunehmen, seine Außenpolitik nach den deutschen Interessen auszurichten und alle am Putsch gegen Dollfuß beteiligten Nationalsozialisten zu amnestieren.[9]

Schuschnigg führte mehrere Jahre lang einen schweren Kampf, um die Unabhängigkeit Österreichs gegen die von Hitler-Deutschland drohende Invasion zu schützen. Freud habe ihm im Familienkreis oft »seine tiefe Bewunderung« ausgesprochen, berichtet Martin Freud.[10] Auch in seinem Brief vom 6. Februar 1938 an Eitingon äußerte sich Freud anerkennend über Schuschnigg: »Unsere in ihrer Art brave und tapfere Regierung ist gegenwärtig energischer in der Abwehr der Nazi als je zuvor, obwohl angesichts der letzten Vorgänge in Deutschland niemand sicher sein kann, wie es ausgehen wird.«[11]

Doch schon in den folgenden Wochen ging es Schlag auf Schlag. Am 14. Februar mußte sich Schuschnigg erneut dem Diktat Hitlers beugen und den Nationalsozialisten Seyß-Inquart als Innenminister in seine Regierung aufnehmen. Dies hielt ihn aber nicht davon ab, am 24. Februar in einer großen Rede leidenschaftlich für die Unabhängigkeit Österreichs einzutreten und am 9. März zu einer Volksabstimmung für ein »freies und deutsches, unabhängiges und soziales, für ein christliches und einiges Österreich« aufzurufen.

Der »Anschluß« Österreichs an das Deutsche Reich

Hitler reagierte auf dieses Unabhängigkeitsverlangen sofort und erzwang die Absetzung der für vier Tage später vorgesehenen Volksabstimmung und damit die Abdankung Schuschniggs, auf dem die Hoffnung der noch in Österreich gebliebenen Juden geruht hatte. Nach seiner Rücktrittserklärung am Abend des 11. März 1938 befahl Hitler den Einmarsch der Wehrmacht. Am 13. März wurde der »Anschluß« Österreichs an das Deutsche Reich verkündet, und am folgenden Tag wurde Hitler begeistert in Wien empfangen.

Im Nu stand Wien in einer Flut von Hakenkreuzzeichen. Auch über dem Eingang der Berggasse 19 wurde ein Tuch mit Hakenkreuz angebracht.

Der Wiener Schriftsteller Friedrich Torberg fragte sich, wozu diese Hakenkreuzzeichen dienten, und erkannte hellsichtig: »Sie dienten nicht. Sie herrschten. Es ging um sie, um sie und nicht um die Bedeutung, die sie etwa symbolisieren mochten. Es ging darum, daß man Hakenkreuzbanner flattern lassen durfte, Hakenkreuzfähnchen schwingen, Hakenkreuzabzeichen tragen. Darum ging es. Darum war der Höllenreigen losgebrochen, und darin bestand er. Die sich ihm hingaben, zuckend und brüllend, merkten wohl gar nicht, wie er ihnen zum Selbstzweck erstumpfte; wie vor dem tollen Gefühl, daß sie teilnehmen durften daran, alles andere dahinschwand. Dieses Gefühl nur berauschte sie, dieses Gefühl ihrer selbst, dieses Selbstgefühl. Sie fühlten sich. Oh, wie sie sich fühlten! Sie besahen das Hakenkreuz an ihrem Rockaufschlag: und fühlten sich. Sie erhoben die Hand, brüllten ihr Hitlerheil hervor: und fühlten sich.«[12]

Bereits am 15. März kam die Familie Freud erstmals mit den Nazis in Berührung. Freud notierte in sein Tagebuch: »Kontrolle in Verlag und Haus«. Martin Freud befand sich gerade in den Verlagsräumen in der Berggasse 7, als ein SA-Trupp hereinstürmte und eine Razzia durchführte. Trotz physischer Bedrohung gelang es ihm, heimlich einige belastende Dokumente zu vernichten. Zur selben Zeit drang ein anderer Trupp mit fünf SA-Männern in die Berggasse 19 ein und ließ sich von Martha Freud die Pässe und das im Safe befindliche Geld herausgeben.[13]

Am 22. März erschien die Gestapo zu einer Haussuchung in der Berggasse 19 und nahm Anna Freud zum Verhör mit. Die Eltern befürchteten, daß Anna – wie in solchen Fällen üblich – nicht zurückkäme und in ein KZ gebracht würde. Max Schur, Freuds Hausarzt, stand ihnen in dieser Paniksituation bei: »Die Stunden zogen sich endlos hin. Es war das einzige Mal, daß ich Freud tief bekümmert sah. Er ging im Zimmer auf und ab und rauchte ununterbrochen. Endlich, spät abends, kam Anna zurück. Freud, der selten seine Zuneigung offen zur Schau trug, zeigte an diesem Abend seine Gefühle ziemlich unverhüllt.«[14] Was in der Zwischenzeit geschah, läßt sich schwer rekonstruieren. Man weiß nur, daß sich Dorothy Burlingham mit dem amerikanischen Generalkonsul John Wiley in der amerikanischen Botschaft in Verbindung setzte und dieser den amerikanischen Außenminister Cordell Hull einschaltete.[15] Anna selbst registrierte einen mysteriösen Telefonanruf, der auf eine Intervention von außen hindeuten würde. Bei ihrem Verhör gelang es ihr dann, die Gestapo davon zu überzeugen, daß die Wiener Psychoanalytische Vereinigung keine »Terrororganisation jüdischer Ex-Soldaten« sei.[16]

Nach diesem dramatischen Vorfall sowie den intensiven Unterredungen mit Marie Bonaparte, Ernest Jones und Dorothy Burlingham kamen die Freuds zu dem Schluß, daß eine Emigration – auch und gerade zum Schutze Annas – unumgänglich sei. In den Worten Freuds: »Der Vorteil, den die Übersiedlung Anna bringen wird, ist all unsere kleinen Opfer wert. Für uns alte Leute (73 – 77 – 82) hätte die Übersiedlung nicht gelohnt.«[17]

Das Ende des
Internationalen Psychoanalytischen Verlags

»Es gibt kaum ein Sorgenthema, das während der zwei Dezennien vom Ende des Ersten Weltkriegs bis zu Freuds Emigration im Jahre 1939 tiefere Spuren in seinen Korrespondenzen hinterlassen hätte als das wechselvolle Schicksal des Internationalen Psychoanalytischen Verlags«, schreibt Ilse Grubrich-Simitis.[18] Die Gründung eines eigenen Verlags im Jahre 1919 hatte Freud dazu gedient, alle wichtigen Texte der Psychoanalyse veröffentlichen zu können und dabei von Verlegern unabhängig zu sein. In den zwanzig Jahren seines Bestehens publizierte der Verlag vier Buchreihen und vier Zeitschriften, von denen Freud zwei, die »Internationale Zeitschrift für Psychoanalyse« und die »Imago«, besonders am Herzen lagen. Auch Mathilde (als Übersetzerin), Anna (mit vielfältigen redaktionellen Aufgaben) und Martin (von 1932 bis 1938 als Verlagsleiter) waren in die Verlagsarbeit involviert.

In der Zeit von Martins Verlagstätigkeit entlud sich der Terror des NS-Regimes auch in verschiedenen Aktionen gegen das publizistische Wirken der Psychoanalytiker. Anläßlich der Bücherverbrennung vom 10. Mai 1933 wurden Freuds Schriften mit den Worten »Gegen die seelenzerfasernde Überschätzung des Trieblebens, für den Adel des menschlichen Geistes!« den Flammen übergeben.[19]

Mehr als die Bücherverbrennung in Berlin schadete dem Verlag die Beschlagnahmung des psychoanalytischen Bücherlagers bei dem Leipziger Buchhändler Volckmar im Frühjahr 1936. Volckmar büßte damit den deutschen Buchmarkt als Hauptabnehmer ein. Martin Freud gelang es immerhin, den gesamten Bestand von 7679 Exemplaren – auf eigene Kosten – nach Wien zu bringen.[20]

Bereits wenige Tage nach dem »Anschluß« setzten die Nationalsozialisten Dr. Anton Sauerwald als »kommissarischen Leiter« für die Wiener Psychoanalytische Vereinigung, das Wiener Psychoanalytische Ambulatorium und den Internationalen Psychoanalytischen Verlag ein. Tausende solcher kommissarischen Leiter übernahmen damals in Wien die Aufgabe einer »systematischen Wirtschaftsentjudung«. Den Juden sollte das abgenommen werden, was sie, nach den Worten des Reichsministeriums für Wirtschaft, »als Handels- und Geldparasiten aus dem ahnungslos schaffenden deutschen Volk gezogen hatten«.[21] Im April 1938 wurde der Internationale Psychoanalytische

Verlag aufgelöst. Die Bestände sollten vernichtet werden, doch blieben viele Bücher erhalten und wurden »auf Bibliotheken, Institute und Universitäten in Deutschland und Österreich verteilt, unter der Voraussetzung, daß sie unter Verschluß gehalten würden«[22].

Für Martin war damit das Kapitel Verlagsleitung beendet. Das galt auch für seinen Vater, der allerdings schon bald nach seiner Flucht nach neuen Möglichkeiten Ausschau hielt, um seine Zeitschriften herausgeben und publizistisch tätig sein zu können.

Vorbereitungen auf die Emigration

Nachdem die Entscheidung, Wien zu verlassen, gefallen war, mußten bis zur Ausreise noch fast drei Monate quälend sich hinziehender Wartezeit überstanden werden. Als erste bekam Minna Bernays am 5. Mai 1938 ihr Ausreisevisum. Da sie aber krank war und nicht allein reisen konnte, wurde sie von Dorothy Burlingham abgeholt und zunächst in die Schweiz gebracht; von dort reiste sie Ende Mai nach London weiter.

Die Verhandlungen der Freuds mit der Gestapo und den Finanzbehörden erwiesen sich als schwierig. Wie Freud seiner Schwägerin berichtete, sei besonders Anna dieser Situation gewachsen gewesen: »Fast alles was zu thun war, hat Anna besorgt. Die Männer wie Robert u Martin waren unbrauchbar, halb närrisch [...].«[23] Einige Tage später schrieb er erneut an Minna: »Wir sind zwischen Thür und Angel, wie jemand der einen Raum verlassen möchte, aber seinen Rock eingeklemmt findet. Mathilde und Robert sind schon frei [...]. Wir hängen noch an der Steuer. Anna bemüht sich mit viel Geschick und gutem Humor, uns loszumachen.«[24]

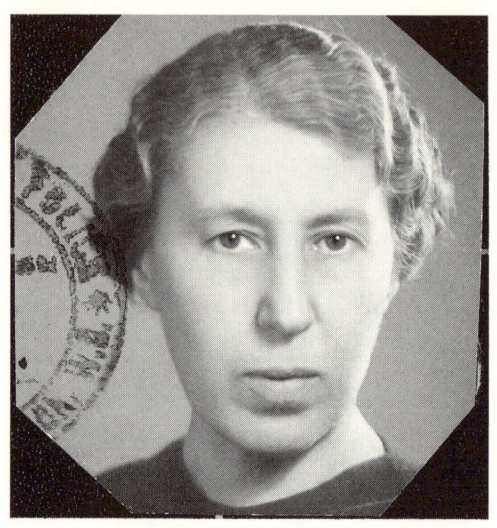

Mathilde in mittleren Jahren

Mathilde und Robert konnten am 24. Mai Wien verlassen. Über ihre Abreise berichtete Mathilde später: *Wir packten und ließen unsere Haushälterin [Ernestine Maresch] zurück, damit sie den Transport der Möbel und alles andere überwachte. Nachbarn, Freunde, alle unsere Kaufleute kamen, um Lebwohl zu sagen. Die Haushälterin, die Putzfrau, der Hausmeister des Hauses in der Türkenstraße standen weinend auf dem Pflaster; ein Mitglied der Firma, für die Robert in den letzten Jahren gearbeitet hatte, und einer meiner Lehrer kamen zum Westbahnhof – und so brachen wir auf zu einem neuen Leben in England.*[25]

Erst am 4. Juni war es für Sigmund, Martha und Anna soweit, daß sie in Begleitung von Josefine Stroß als »Leibärztin« (anstelle des erkrankten Max Schur) und Paula Fichtl ausreisen durften.

Von Wien nach London

Robert und Mathilde Hollitscher fuhren mit dem Orient-
expreß quer durch Österreich und Süddeutschland. Als sie
den Rhein bei Kehl an der französischen Grenze passier-
ten, konnten sie aufatmen. In Paris wurden sie von Marie
Bonaparte in Empfang genommen. Sigmund, Martha und
Anna Freud benutzten dieselbe Route. Als sie in London,
Victoria Station, eintrafen, wurden sie von Mathilde, der
Schwägerin Lucie und Jones begrüßt.

In London wohnten Mathilde und Robert Hollitscher
zunächst in dem Haus Nr. 39, Elsworthy Road, das ihnen
Ernst für drei Monate gemietet hatte. Hier zogen vorläufig
auch Sigmund, Martha, Minna, Anna und Paula Fichtl ein.
»Unser neues Haus«, schrieb Freud am Tag nach der
Ankunft an Eitingon, »hat von meinem Fenster aus kein
Gegenüber, sondern nur die Aussicht ins Grüne, das mit
einem reizenden, kleinen, von Bäumen umschlossenen
Garten anfängt. Es ist also so, als ob wir in Grinzing lebten,
wo jetzt der ›Gauleiter‹ Bürckel uns gegenüber eingezogen
ist.« Die Affektlage dieser Tage sei schwer zu fassen, heißt
es weiter: »Das Triumphgefühl der Befreiung vermengt
sich zu stark mit der Trauerarbeit, denn man hat das Ge-
fängnis, aus dem man entlassen wurde, immer noch sehr
geliebt [...].« Die frohen Erwartungen eines neuen Lebens
würden »durch die Unsicherheit gehemmt, wie lange ein
müdes Herz noch Arbeit wird leisten wollen«. Ein großer
Trost für Freud war die Fürsorge und Unterstützung
durch seine Kinder. In diesem Zusammenhang äußerte er
sich anerkennend über Mathilde, die der Mutter in der
Haushaltsführung zur Seite stand: »Math zeigt sich hier so
tüchtig wie Anna in Wien«, und Robert trage »den Kopf
wieder hoch«.[26] Auch in einem Brief an seinen Bruder
Alexander betonte er, daß »Robert und Mathilde sehr brav

wirtschaften, daß Martha wirklich ihr Leben genießt, und Anna wieder arbeitet wie immer, für sich und andere«.[27]

Sehr bekümmert waren die Neuankömmlinge über den Zustand Minnas, die an einer Lungenentzündung erkrankt war. Wenn Minna nicht krank im Bett gelegen hätte, wäre alles noch viel schöner gewesen, teilte Freud einige Tage später mit. Allerdings sei sie inzwischen außer Gefahr.[28]

Auf seine in Wien verbrachte Lebenszeit zurückblickend, schrieb Freud einen Brief an die Herausgeberin der englischen Zeitschrift »Time and Tide«, der am 26. November 1938 veröffentlicht wurde: »Als vierjähriges Kind kam ich aus einer kleinen mährischen Stadt nach Wien. Nach achtundsiebzig Jahren, mehr als einem halben Jahrhundert angestrengter Arbeit, mußte ich meinen Heimatsort verlassen, sah die von mir gegründete wissenschaftliche Vereinigung aufgelöst, unsere Institutionen zerstört, unseren Verlag von den Invasoren übernommen, die von mir veröffentlichten Bücher konfisziert und eingestampft, meine Kinder aus ihren Berufen vertrieben.«[29]

Vierzig Jahre in London
1938–1978

In Anna Freuds Nachruf auf ihre Schwester Mathilde heißt es: »Für sie, wie für alle ihre Zeitgenossen, war das Leben in der ersten Hälfte des 20. Jahrhunderts nicht ohne vielfache Schwierigkeiten. Einer sorglosen Existenz bis zum Ersten Weltkrieg folgten die Sorgen der Nachkriegsjahre, finanzielle und politische Umwälzungen, die Ängste und Bedrohungen der Hitler-Tage, erzwungene Emigration, ein Zweiter Weltkrieg. Gemeinsam mit ihrem Mann und selbständig nach seinem Tod im Jahre 1959 nahm sie die Aufgabe auf sich, in England eine neue Existenz zu gründen.«[30]

Freuds letztes Lebensjahr

Bereits Ende Juli wurde das Haus 20, Maresfield Gardens in Hampstead gekauft. Nach der Besichtigung meinte Freud, es sei »viel zu schön für uns; nicht weit von hier und von Ernst, der das Haus in eine Ruine verwandelt, um es für uns besser passend neu erstehen zu lassen«[31]. Ernst baute einen Lift ein, machte aus zwei Zimmern einen großen Raum, der Freud als Arbeitszimmer und Bibliothek diente, und schuf auf der Gartenseite eine Loggia.[32]

Im August trafen Freuds Möbel, Bücher und Antiquitäten aus Wien ein. Sie hatten den Transport gut überstanden und konnten in seinem neuen Heim so untergebracht werden, daß sie »aufs vorteilhafteste zur Geltung kamen«[33]. Mathilde und ihr Mann fanden eine eigene Wohnung, wieder »um die Ecke« des Elternhauses, in 2, Maresfield Gardens.[34]

Zu den ersten Anliegen, die Freud im Exil verfolgte, gehörte die Gründung eines neuen Verlages, der seine Zeitschriften und Bücher betreute. Mit finanzieller Unterstützung Marie Bonapartes und in Zusammenarbeit mit dem englischen Verleger John Rodker gründete er die »Imago Publishing Company«, die die Nachfolge des »Internationalen Psychoanalytischen Verlags« antrat. Bereits 1939 erschien die »Internationale Zeitschrift für Psychoanalyse und Imago« und setzte damit die Tradition der beiden bisherigen Zeitschriften unter einem Titel fort. Hier wurden Freuds letzte, bereits im Exil geschriebenen Arbeiten wie der »Abriß der Psychoanalyse« veröffentlicht. Im neugegründeten Verlag initiierte Freud auch eine chronologisch geordnete Ausgabe seiner Gesammelten Werke in 17 Bänden, die allerdings erst nach seinem Tod zwischen 1939 und 1952 erschien.

Sobald es ihm seine Kräfte erlaubten, nahm er die therapeutische Arbeit wieder auf und schrieb an seinem Buch »Der Mann Moses und die monotheistische Religion«. Die Fertigstellung und Veröffentlichung dieses letzten Werkes im Frühjahr 1939 war für ihn eine besondere Genugtuung.

Um dem Wachstum des Krebsgeschwürs Einhalt zu gebieten, wurde im September 1938 eine letzte Operation vorgenommen. Er erhole sich von der Operation, »die die ärgste war seit 1923«, schrieb Freud einen Monat später: »Kann noch nicht ordentlich essen und rauchen, spreche mit Anstrengung, die Schmerzen sind im Rückzug, ich arbeite wieder 3 Stunden täglich.«[35] Bis Juli 1939 führte er noch seine Praxis weiter. Dann wurde er zusehends schwächer. Er versuchte zwar »immer noch zu essen, ruhte aber den größten Teil des Tages. Sein Arbeitszimmer war nun

Sigmund und Martha Freud
im Garten ihres Londoner Hauses

auch sein Krankenzimmer; von seinem Bett aus konnte er den Garten mit den geliebten Blumen sehen.«[36]

Am 21. September erinnerte Freud seinen »Leibarzt« Max Schur an sein Versprechen, ihm, wenn es soweit sei, Sterbehilfe zu leisten: es sei jetzt nur noch Quälerei und habe keinen Sinn mehr. Nach einer Unterredung mit Anna gab ihm Schur an diesem und am nächsten Tag zwei Morphiuminjektionen, die bewirkten, daß er in ein Koma fiel und nicht mehr aufwachte. Er starb am 23. September um 3 Uhr morgens.[37] Seine Schwiegertochter Lucie äußerte in einem Brief an Felix Augenfeld, Freuds Sterben habe eigentlich schon am 3. September begonnen. Er sei aber »bis zuletzt, in den wenigen Stunden, zuletzt Minuten

des Tages, in denen ihn nicht Schlaf oder Schmerz ent-
führten, ganz er selbst« gewesen. »Alle seine Kinder und
Robert und ich und Dr. Schur und die Dr. Stross haben von
Freitag morgen bis Samstag gegen Mitternacht bei ihm ge-
sessen.«[38]

Am 26. September 1939 wurde Freuds Leiche einge-
äschert und die Asche in einer griechischen Urne aus
Freuds Sammlung im Krematorium Golders Green bei-
gesetzt. »Jeder von uns Menschen des zwanzigsten Jahrhunderts wäre anders ohne ihn in seinem Denken und
Verstehen«, sagte Stefan Zweig in seiner Trauerrede. »Jeder
von uns dächte, urteilte, fühlte enger, unfreier, ungerechter
ohne sein uns Vorausdenken, ohne jenen mächtigen Antrieb nach innen, den er uns gegeben.«[39]

Mathilde als Geschäftsfrau – 25 Jahre Leitung des Modegeschäfts »Robell«

Mathilde war zum Zeitpunkt der Emigration 50, ihr
Ehemann 62 Jahre alt. Schon wenige Monate nach ihrem
Einleben in London knüpfte sie an frühere Geschäftsbezie-
hungen an, um sich wieder in der Modebranche zu betätigen. Als grundlegend erwies sich dabei die Zusammenarbeit
mit Ernst und Anna Stiassny, einem Designer-Ehepaar aus
Innsbruck, das ebenfalls 1938 emigriert war. Beide hatten
gemeinsam mit dem Mitgesellschafter Schlesinger in Innsbruck das bekannte Modegeschäft »Stiassny & Schlesinger«
in der Anichstraße 4 geführt, das wenige Wochen nach dem
Anschluß »arisiert« und am 24. Juni 1938 zugunsten des
Landes Österreich beschlagnahmt wurde.

Bereits einige Wochen vor dem »Anschluß«, am 11. Februar 1938, gründete das Ehepaar Stiassny mit einer dritten

Gesellschafterin, die aber bald wieder ausschied, in London die Firma »Stiassny Ltd.«. Am 15. August 1938 trat Mathilde Hollitscher in diese Gesellschaft ein, und am 8. September wurde auf einer außerordentlichen Generalversammlung eine »Special Resolution« vereinbart, wonach sie als »permanent Director« dem Mitgesellschafter Ernst Stiassny in wesentlichen Punkten gleichgestellt wurde.[40]

Der einzige mir bekannte Kommentar Sigmund Freuds zu Mathildes Londoner Geschäft findet sich in einem Brief an Jeanne Lampl-de Groot vom 20. November 1938. Nachdem er erfreut mitteilen konnte, daß sein damals 24jähriger Enkelsohn Ernst W. Halberstadt durch die Anstellung in einer großen fotografischen Anstalt es »bis jetzt am weitesten gebracht« habe, fügte er hinzu: »Auch Mathildes Geschäft entwickelt sich hoffnungsvoll.«[41]

Der nächste Schritt war, daß Mathilde Freud und die »Stiassny Ltd.« am 6. Januar 1939 in der Baker Street ein Geschäft mit dem Namen »Robell« eröffneten.[42] Im »Jewish Chronicle« stand zu lesen, daß diese Geschäftsgründung einer Tochter Freuds auf große Beachtung gestoßen sei. Ihre Geschäftspartner, das Ehepaar Stiassny, seien bekannte Modedesigner aus Innsbruck, deren dortiges Geschäft auf die schönen Tiroler Trachten spezialisiert gewesen sei.

Der Bericht im »Jewish Chronicle« enthielt drei Fotografien der Geschäftsräume und der Einrichtung, die Ernst Freud entworfen hatte. Der Artikel endete mit einem Hinweis auf den berühmten Vater, wobei eine Brücke von den Hochzeitskleidern zu den paartherapeutischen Errungenschaften der Psychoanalyse geschlagen wurde: Für junge Hochzeitspaare sei es vielleicht nicht unangebracht, sich an den Namen Freud zu erinnern und einiges aus seiner Psychologie für die eigene Lebensgestaltung und Lebenskunst zu lernen.

A daughter of Freud

is a dress-designer now in London
——and the architect son of the famous Professor has designed her modern Salon

Robell

especially for the beautiful Tyrolean dresses that were shown there.

The premises of Robell, as Mme. Hollitscher has elected to call her London business, were specially designed for her by Dr.

WHEN a daughter of Freud opened a shop in Baker Street, London, the occasion provided interested comment all over the world. But it was not a new departure by a member of the famous scientist's family—it was the transference to and development in this country of a business which Mme. Hollitscher (Mathilde Freud) had established years ago in Vienna.

At the last State Ball held in Vienna before the Anschluss, a ball which was attended by Dr. Schuschnigg, many distinguished guests wore dresses designed and created by Mme. Hollitscher. In those happier times, before her family's exile, her energies found a natural outlet in a work in which she has gained distinction.

Here in London, Mme. Hollitscher has established herself in partnership with Mr. and Mrs. Stiassner, who were formerly important dress-designers in Innsbruck. Their salon in that once famous holiday resort was noted

Ernst Freud, her brother, the architect son of the famous professor. They house dresses for all occasions, each designed and carried out with the impeccable taste and attention to the tiniest detail of the model gown.

Sports dresses are a feature of the collection, and some of these come from Czecho-Slovakian makers who have been able to continue their association with Mme. Hollitscher and her partners. The

prices of the suits and dresses shown are extremely moderate.

A feature of Robell's London service is the designing on request of wedding ensembles. With such expert dress-designers to help her, no bride need fear that her wedding procession will not fulfil all the smartest requirements.

And, after all, it is perhaps not inappropriate that when two young people marry they should be able to recall the name of Freud and learn to apply to their dealings some of that psychology which will make life's wheels go round more smoothly.

In the centre picture is shown the "Robell" shop front; the top picture shows the modern treatment of the furnishing and the staircase; while the picture below shows part of the wardrobe accommodation, also designed by Dr. Ernst Freud.

A daughter of Freud

is a dress-designer now in London
– and the architect son of the famous Professor has designed her modern Salon

When a daughter of Freud opened a shop in Baker Street, London, the occasion provided interested comment all over the world. But it was not a new departure by a member of the famous scientist's family – it was the transference to and development in this country of a business which Mme. Hollitscher (Mathilde Freud) had established years ago an Vienna.

At the last State Ball held in Vienna before the Anschluss, a ball which was attended by Dr. Schuschnigg, many distinguished guests wore dresses designed and created by Mme. Hollitscher. In those happier times, before her family's exile, her energies found a natural outlet in a work in which she has gained distinction.

Here in London, Mme. Hollitscher has established herself in partnership with Mr. and Mrs. Stiassner, who were formerly important dress-designers in Innsbruck. Their Salon in that once famous holiday resort was noted specially for the beautiful Tyrolean dresses that were shown there.

The premises of Robell, as Mme. Hollitscher has elected to call her London business, were specially designed for her by Dr. Ernst Freud, her brother, the architect son of the famous professor. They house dresses for all occasions, each designed and carried out whith the impeccable taste and attention to the timest detail o f the model gown.

Sports dresses are a feature of the collection, and some of these come from Czecho-Slovakian makers who have been able to continue their association with Mme. Hollitscher and her partners. The prices of the suits and dresses shown are extremely moderate.

A feature o f Robell's London service is the designing on request of wedding ensembles. With such expert dress-designers to help her, no bride need fear that her wedding procession will not fulfil all the smartest requirements.

And, after all, it is perhaps not inappropriate that when two young people marry they should be able to recall the narre of Freud and learn to apply to their dealings some of that psychology which will make life's wheels go round more smoothly.

In the centre picture is shown the »Robell« shop front; the top picture shows the modern treatment of the furnishing and the staircase; while the picture below shows part of the wardrobe accomodation, also designed by Dr. Ernst Freud.

Das »Robell« war spezialisiert auf Alltags- und Sport-
kleidung, die teilweise von tschechoslowakischen Her-
stellern bezogen wurde, mit denen Mathilde und ihre Mitgesellschafter die frühere Geschäftsverbindung fortsetzten,
sowie auf Cocktail- und vor allem Hochzeitskleider. 25 Jahre, bis 1964, führte Mathilde als »permanent Director« und
damit als Hauptverantwortliche das Geschäft, und zwar
über den Tod ihres Mannes im Jahre 1959 hinaus. Nach dem
Eindruck ihres Neffen Anton Walter Freud war sie eine sehr
gute und kluge Geschäftsfrau, die das »Robell« gemanagt
habe. Ihr Mann habe die Bücher geführt. Das Geschäft sei
recht gut gegangen.[43] Auch Victor Ross erinnert sich deutlich an das »Robell«, das damals ein bekanntes Modegeschäft in London gewesen sei. Er kam von Zeit zu Zeit in
die Wohnung der Hollitschers, wohin er seine Mutter Eva
Rosenfeld in den 50er, 60er und 70er Jahren öfter chauf-
fierte. Seiner Einschätzung nach war sie eine tüchtige
Geschäftsfrau.[44]

Abschied von der Elterngeneration

Nach dem Tod Sigmund Freuds nahm Mathilde weiterhin
eine wichtige integrative Funktion innerhalb der Familie
wahr. Gemeinsam mit ihrer Mutter sowie Anna und Paula
Fichtl kümmerte sie sich um die schwerkranke Minna
Bernays, die intensiver Pflege bedurfte und im Januar 1941
in eine Klinik eingeliefert werden mußte.[45] Am 13. Februar,
knapp anderhalb Jahre nach ihrem Vater, verloren die
Freud-Kinder ihre »zweite Mutter«.

In dem angespannten bis aggressiven Verhältnis zwischen ihrer Mutter und Anna hat Mathilde offenbar aus-
gleichend gewirkt und dazu beigetragen, eine »Art von
Waffenstillstand aufrechtzuerhalten, indem sie häufig zu

Besuch kam und mit ihrer Mutter ausging«[46]. Martha störte sich daran, daß Anna so wenig Wert auf ihr Aussehen und ihre Kleidung legte. Anna hingegen konnte dem Interesse ihrer Mutter an guter Kleidung, Frisuren und Kosmetik wenig abgewinnen.

Eine erschütternde Nachricht erreichte die Familie im Winter 1946. In einem Rotkreuz-Brief wurde ihr mitgeteilt, daß die vier in Wien lebenden Schwestern Freuds – Rosa Graf (geb. 1860), Marie Freud (geb. 1861), Adolfine Freud (geb. 1862) und Pauline Winternitz (geb. 1864) – von den Nazis 1942 nach Theresienstadt deportiert worden waren. Dort starb wenige Wochen nach ihrer Ankunft Adolfine Freud. Rosa, Marie und Pauline wurden in Treblinka ermordet. Sigmund und sein Bruder Alexander hatten sich 1938 dafür entschieden, die vier in einer gemeinsamen Wohnung lebenden Schwestern in gesicherten finanziellen Verhältnissen zurückzulassen, ohne damit zu rechnen, daß ihnen schon bald »unter dem Titel einer Steuerschuld das ganze Geld weggenommen«[47] würde. Alle Bemühungen, sie ins Exil nachzuholen, scheiterten. 1940 wurden sie sogar zu viert »auf Einen Raum, der Wohn- und Schlafraum sein soll, beschränkt«[48]. Gänzlich außerhalb der Vorstellungskraft von Sigmund Freud dürfte es gelegen haben, daß seine hochbetagten Schwestern in Konzentrationslager transportiert und dort umgebracht würden. Als Anna Freud einmal von einer Freundin gefragt wurde, was die Nazis dazu bewogen haben könnte, vier hilflose alte Frauen in den Tod zu schicken, antwortete sie lakonisch: »Die Nazis wollten ihre Wohnungen haben.«[49]

Die Töchter der Freud-Schwestern hatten überlebt: Lilly Marlé in London, Margarethe Magnus in Kopenhagen und Rosi Waldinger Winternitz in New York. Martha Freud lud sie in ihr Haus ein und suchte ihnen familiären Beistand zu leisten.[50]

Am 26. Juli 1951 feierte Martha ihren 90. Geburtstag. Sie konnte sich daran erfreuen, daß vier Kinder und vier Enkelkinder in ihrer Nähe lebten und daß sie in ihrem Alltag mit Paula Fichtl eine zuverlässige und treue Begleiterin an ihrer Seite hatte. Schon bald nach ihrem Geburtstag wurde sie zunehmend schwächer, so daß eine Hauspflegerin engagiert wurde. In ihren letzten Wochen lebte sie ganz in der Vergangenheit, offenbar in Gedanken bei ihrer so früh gestorbenen Lieblingstochter Sophie, bis sie am 2. November 1951 starb.[51]

Die Freud-Kinder als Bewahrer
des väterlichen Erbes

Nach dem Tod Freuds lagen wesentliche Entscheidungskompetenzen, die die Bereitstellung biographischen Materials und die Veröffentlichung von Briefen betrafen, bei den fünf Freud-Kindern. Neben Anna und Ernst, der die Urheberrechte verwaltete, wurden auch Mathilde, Martin und Oliver in die Entscheidungsfindung einbezogen.

Wenn es nach Anna gegangen wäre, wären die 1937 von Marie Bonaparte erworbenen Briefe an Wilhelm Fließ überhaupt nicht veröffentlicht worden: »Mir ist jede Preisgabe von Persönlichem, soweit es meinen Vater betrifft, gegen den Strich und ich kann nicht einmal das Gefühl aufbringen, daß man es der Außenwelt schuldig ist. Ich habe ihn zu oft sagen hören, daß er meint, er hätte der Umwelt genug preisgegeben und der Rest sei sein persönliches Eigentum. Andererseits verstehe ich, daß andere eine andere Einstellung haben und will mir nicht das Recht zusprechen, die meine durchzusetzen.«[52] Die an vielen Stellen gekürzte Erstausgabe, die 1950 erschien, stellte bekanntlich einen heftig kritisierten Kompro-

Martin, Ernst und Mathilde Freud,
Marie Bonaparte, Anna Freud

miß dar, der erst durch die Ausgabe von 1985 korrigiert wurde.[53]

Als es um die erste Veröffentlichung der Braut-Briefe im Rahmen der Freud-Biographie von Ernest Jones (1953, 1955 und 1957) ging, suchte Anna wiederum Auslassungen zu erzwingen und nahm einen stark zensurierenden Einfluß.[54] Aus ähnlichen Diskretionsgründen wandte sich anfänglich auch Mathilde gegen deren Publikation, weil sie annahm, auf diese Weise den Wünschen des Vaters zu entsprechen.[55] Schließlich gab Ernst den Ausschlag für eine Veröffentlichung, wie sich einem Brief Annas an Jones entnehmen läßt: »Ihre Frage nach den Brautbriefen hat einen beträchtlichen emotionalen Aufruhr in unserer ansonsten unemotionalen Familie ausgelöst. Mathilde und ich fanden,

249

wir müßten sie als zu intim einfach ungelesen für die Zukunft aufbewahren. Ernst meint das Gegenteil; er fand, man müsse einem Biographen jede denkbare Hilfe geben. Martin ist unschlüssig, neigt aber mehr zu der Auffassung von Mathilde und mir. Ich glaube, am Ende werden wir uns Ernsts Ansicht anschließen.«[56] Letztlich war es nur ein relativ kleiner Teil der Brautbriefe, der in die Jones-Biographie und in die erste, von Ernst und Lucie Freud herausgegebene Briefsammlung von 1960 einging.[57]

Als 1956 die Vorbereitungen zu Freuds 100. Geburtstag anstanden, beteiligte sich Mathilde mit ihren Geschwistern an der Aufgabe, »über die Flut von Vorschlägen, wie dieses Jubiläum gefeiert werden sollte, zu entscheiden«. Die Kinder »wollten sichergehen, daß das Werk ihres Vaters ständig und im richtigen Geist verfügbar gemacht würde«[58]. Zu diesem Zweck schrieb Martin die bereits erwähnte biographische Darstellung »Glory Reflected« (1958). Anna unterzog sich der Mühe, die englische Ausgabe der Werke Freuds, die »Standard Edition«, zu überprüfen.[59] Und Ernst gab »eigentlich gegen den Willen«[60] seiner Geschwister die erste Sammlung mit persönlichen Freud-Briefen heraus, »um jenen, die Sigmund Freud nur aus seinem Werk kennen, ein Bild des Menschen zu geben«[61].

Ernst war in den folgenden Jahren an der Herausgabe weiterer Freud-Briefe beteiligt, zum Beispiel an Oskar Pfister (1963) und Karl Abraham (1965), sowie an der Korrespondenz zwischen Freud und Arnold Zweig (1968). Er ergriff auch die Initiative zu einer Bildbiographie,[62] die ein Pendant zu seiner Briefsammlung sein sollte, aber erst sechs Jahre nach seinem Tod fertiggestellt wurde und 1976 unter dem Titel »Sigmund Freud. Sein Leben in Bildern und Texten« erschien.

1967 beschlossen die Freud-Geschwister dem damals in Planung befindlichen Freud-Museum in Wien Bücher und

Kunstgegenstände aus dem Familienbesitz zu übergeben. Darüber hinaus einigten sie sich, dem von Kurt Eissler begründeten Sigmund-Freud-Archiv ein Konvolut von etwa 2500 Freud-Briefen zu schenken.[63] Auch in Mathildes Testament scheinen diese Verfügungen festgehalten worden zu sein.[64] 1971 kehrte Anna Freud zum erstenmal seit ihrer Emigration nach Wien zurück. Sie setzte sich dafür ein, in der alten Wohnung in der Berggasse 19, die inzwischen in das Freud-Museum umgewandelt worden war, eine repräsentative psychoanalytische Bibliothek einzurichten und diesen Ort zu einem Treffpunkt für alle an der Psychoanalyse Interessierten zu machen.[65]

Die beiden letzten Lebensjahrzehnte Mathildes

Robert Hollitscher soll in seinen letzten Lebensjahren schwer krank gewesen sein, er starb am 7. März 1959 im Alter von 83 Jahren.[66]

1960 mußte sich Mathilde einer Gallenblasenoperation unterziehen.[67] Dennoch blieb sie an der Geschäftsführung des »Robell« beteiligt, bis sie 1964 ihren Anteil an die Miteigentümer, das Ehepaar Stiassny, »für einen sehr guten Preis« verkaufte.[68]

Erwähnenswert ist auch, daß Mathilde bis ins hohe Alter neben ihrer eigenen Wohnung zwei weitere Apartments verwaltete, die ihr Bruder Ernst für sie hergerichtet hatte.[69] Anton Walter Freud hat diese von Roazen stammende Darstellung bestätigt. »Ja, sie hatte wenige Jahre nach der Emigration in Hampstead, Linfield Gardens 22, ein Haus auf Hypothek gekauft, das damals im Krieg sehr billig zu haben war. Das Haus hatte drei Geschosse. Die Hollitschers wohnten im Parterre, die beiden anderen Wohnungen

Altersbild des Ehepaars Hollitscher

Ernestine Maresch, Mathildes Haushälterin

hatten sie vermietet.«[70] Auch Victor Ross erinnerte sich, daß das Haus, in dem Mathilde lebte, teilweise von ihr verwaltet wurde. Er habe des öfteren Gespräche zwischen seiner Mutter Eva Rosenfeld und Mathilde Hollitscher mit angehört, in denen es um Fragen der Hausverwaltung (und »property speculations«) ging. Er vermutet, sie habe teilweise von dieser Tätigkeit gelebt.[71]

Nach dem Tod ihres Ehemanns hatte Mathilde in ihrer Haushälterin Ernestine Maresch (»Tini«), die 1938 mit ihr von Wien nach London übergesiedelt war, eine »unersetzliche« Begleiterin bis an ihr Lebensende. Zwischen beiden habe eine tiefe Verbundenheit bestanden, und doch sei der soziale Abstand – eine Art »Verhältnis zwischen Herrschaft und Bedienung« – bestehen geblieben.[72]

Nach dem Tod ihrer Eltern war es Mathilde, die sich für den Zusammenhalt der Freud-Familie verantwortlich fühlte und die Familientreffen arrangierte, wobei sie ihre in London lebenden Neffen Stephan Gabriel, Lucian und Clemens Raphael, die drei Söhne von Ernst, und Anton Walter, den Sohn von Martin, einzubeziehen suchte.[73] Die in London lebenden Freud-Kinder sollen oft morgens miteinander telefoniert haben, um sich mitzuteilen, was sie am Abend davor unternommen und erlebt hatten.[74] Wieweit Anna in diese geschwisterliche Kommunikation einbezogen war, ist unklar. Wie Ernestine Maresch erzählte, haderte Mathilde gelegentlich mit Anna, weil diese durch Klinik und Psychoanalyse so absorbiert war, daß für die »leiblichen Verwandten« kaum noch Platz blieb.[75]

Am 25. April 1967 starb Martin als erster der drei Freud-Söhne im Alter von 77 Jahren in London. Auch die beiden anderen hatten gesundheitliche Probleme, so daß Mathilde in einem Brief an Anna klagte: *Was für eine Familie sind wir geworden! An welchen Patienten soll man zuerst denken?*[76] Oliver starb am 24. Januar 1969 im Alter von 77 Jahren in North Adams, Mass. (USA). Ihm folgte ein Jahr später, am 7. April 1970, der jüngste Bruder Ernst in London. Als Anna von seinem Tod erfuhr, schrieb sie einem Freund: »Es war mein letzter Bruder. Jetzt sind nur mehr meine ältere Schwester und ich übrig. Aber so ist es eben.«[77] Ernst war 78 Jahre alt geworden. Neben Anna war er unter den Geschwistern derjenige, der nach dem Tod des Vaters dessen Arbeiten am meisten Aufmerksamkeit gewidmet hatte.[78] In diesen Jahren litt Mathilde an Neuralgien und Herzbeschwerden, die das Einsetzen eines Herzschrittmachers erforderlich machten.[79]

Etwa 1970 lernten die Zwillingssöhne Eugen Pachmayrs, Heinrich und Johann, beim Skifahren in der Schweiz Anton Walter Freud kennen, der den Namen Pachmayr aus

Anna und Mathilde Freud im Jahre 1972

Erzählungen kannte. Daraufhin sei es zu der schon erwähnten Einladung bei Mathilde gekommen.[80] Wie beide
mir gegenüber bestätigten, sei Mathilde mit ihrem Jugendfreund »fast schon verlobt« gewesen, doch sei ihr Vater
gegen die Beziehung gewesen, warum, wüßten sie auch
nicht.[81] Eugen Pachmayr war am 25. Juli 1963 im Alter von
77 Jahren gestorben.

In den 1970er Jahren pflegten Anna und Eva Rosenfeld
gemeinsam Mathilde in ihrem Apartment zu besuchen. In
ihrem letzten Brief an Eva Rosenfeld schlug Anna vor, der
damals 88jährigen Mathilde eine Badewanne zu schenken:
»Ich bin sehr enthusiastik über den Plan mit Mathildes
Badewanne. Sie braucht es wirklich. Ich könnte es auch al-
leine finanzieren, aber vielleicht freut sie ein gemeinsames
Geschenk mehr. Kannst Du es ›set in motion‹, bitte«[82],
worauf Eva antwortete: »Der Arzt will nicht die flache

Wanne. Er will Mathilde nicht in Versuchung führen, allein zu baden. Da er das Attest geben müßte, um die Sache in Gang zu bringen, ist der Plan zunichte. Ich kann mir kein Urteil erlauben, vielleicht ist es ein weises Verbot.«[83]

Nach einer Operation im Dezember 1977 verfiel Mathilde zusehends. Anna besuchte sie täglich und telefonierte viele Stunden mit deren Betreuerin Ernestine Maresch (»Tini«). Nach zwei Monaten schrecklicher Schmerzen starb Mathilde am 20. Februar 1978.[84]

Über Mathildes letzte Lebensjahre teilte Anna Freud mit: »Sie behielt bis zu ihren letzten Tagen die Klarheit ihres Gedächtnisses und die Schärfe ihrer Urteilskraft. Freude an Natur und Literatur und ein warmes Interesse an ihren Freunden begleiteten sie durch ihr ganzes Leben. Daß ihr Familien- und Freundeskreis sich von Jahr zu Jahr unvermeidlich verkleinerte, war ihr tiefstes Bedauern. Ihr 90. Geburtstag [am 16. Oktober 1977] mit bewundernden Glückwünschen von vielen Seiten war das letzte freudige Ereignis vor Krankheit und Tod.«[85]

Bemerkenswert ist, daß die älteste Freud-Tochter trotz ihrer schweren Krankheiten am längsten von allen Geschwistern lebte. Sophie war im Alter von 26 Jahren gestorben, Martin, Oliver und Ernst wurden 77 bzw. 78 und Anna 86 Jahre alt. Mathilde starb wie ihre Mutter im Alter von 90 Jahren.

Abschließende Betrachtungen

Fragmente eines Lebensbildes

Ein Grundproblem jeglicher Biographik ist, wieweit damit
die »Wahrheit« eines Lebens *gefunden* oder eher eine
»künstliche und fiktive Kontinuität« *erfunden* wird?[1]
Michael Molnar hat zu Recht darauf hingewiesen, daß die
Biographie »eine sehr konventionelle und altmodische
literarische Form« sei. Um eine echte Spiegelung des oft
chaotischen Lebens zu finden, müsse man zu Romanen wie
Sternes »Tristram Shandy« oder Joyces »Ulysses« greifen.
Molnar wünscht sich, daß Biographen bescheidener seien
und ihre Perspektive nicht verabsolutierten.[2]

Über Mathildes Kindheit gibt es einige Anekdoten, aber
was sich sonst über die Bedingungen ihres Heranwachsens
sagen läßt, ist fast alles aus der Perspektive des Vaters gesehen oder aus dessen Lebensdaten erschlossen. Am meisten
erfahren wir über ihre Adoleszenz. In den Jugendbriefen
an Eugen Pachmayr spricht sie mit *eigener Stimme* und berührt die Hauptthemen dieser Lebensperiode, in der sich
ihre Individualität entwickelt und ausgeprägt hat. Was in
der mittleren und späten Phase ihres Werdegangs geschah,
läßt sich in einigen wesentlichen Punkten erfassen und drei
Sphären zuordnen. Mathildes persönliche Sicht der Geschehnisse wird hier gelegentlich an brieflichen Äußerun-
gen deutlich, zumeist blitzt sie nur schlaglichtartig auf.

Zur ersten Sphäre kann man ihre Ehe, die Beziehungen
zur Familie des Ehemannes, ihren Freundeskreis und das
Geschäftsleben rechnen. Die »drei großen lebensgefährlichen Erkrankungen«[3] – das zweimalige Auftreten von

Diphtherie (1892 und 1897) und die mißglückte Blinddarmoperation (1905) – sind ebensogut dokumentiert wie
der Schwangerschaftsabbruch (1912) und der tragische
Tod des an Kindes Statt angenommenen Neffen Heinerle
(1923). Die Ehe mit Robert Hollitscher, die über 50 Jahre
bestand, hat der krankheitsanfälligen Mathilde offenbar
Halt und Sicherheit geboten. Über ihre Ehekonflikte und
Konfliktlösungen, die Sexualität, die Gestaltung ihres Pri-
vatlebens und ihre späteren Interessensgebiete wissen wir
wenig. Auch über ihre Weltanschauung und politische Einstellung gibt es keine Zeugnisse.

In der Familie ihres Ehemannes war die Schwägerin
Marie Rischawy, die zuerst in Meran und seit dem Ersten
Weltkrieg in Altaussee eine Pension führte, ein wichtiger
Bezugspunkt. Über deren Tochter Edith Rischawy, die den
Hollitschers nahestand, erfahren wir hauptsächlich aus der
Korrespondenz zwischen Anna Freud und Lou Andreas-
Salomé.

Der Freundeskreis von Mathilde und Robert Hollitscher
ließ sich anhand der vorliegenden Quellen nicht erschlie-
ßen. Ganz vereinzelt steht eine Aussage ihrer Schwester
Anna aus dem Jahre 1929 da: »Ich glaube immer, wenn es
gelingen würde, sie zu uns herüberzuziehen aus ihrem
Kreis, in dem es ganz leer ist und zu dem sie gar nicht gehört, hätte sie ein viel besseres Leben.«[4]

Zu den weitgehend offengebliebenen Fragen gehört die
nach Mathildes beruflicher Sphäre. Wie sie selbst als Jung-
verheiratete schrieb, sei sie *durch das tatenlose Dahinleben
der Krankheitsjahre ganz auf den Standpunkt des Schauens
und Genießens statt Lernens und Arbeitens gestellt.* Deshalb
habe sie ihrem ursprünglichen Wunsch – *ich hätt gern selber
studiert* – nicht nachgehen können (15. 1. 10). Im Verhältnis zu Eugen Pachmayr zeigte sie sich sehr interessiert an
seinem Medizinstudium und drängte ihn, es ernst zu neh-

men und möglichst bald erfolgreich abzuschließen – eigene Heiratswünsche und Lebensperspektiven haben dabei sicherlich eine Rolle gespielt. Man kann sich vorstellen, daß ein ähnliches Muster im Sinne einer aktivierenden Einflußnahme in der Beziehung zu Robert Hollitschers Geschäftstätigkeit zum Tragen gekommen ist. Darauf deutet der Satz Young-Bruehls hin, Mathilde sei »mit den Schwierigkeiten, ihr Seidenimportgeschäft auch in der Kriegszeit aufrechtzuerhalten, sehr beschäftigt und belastet gewesen«[5].

Wie mag es dazu gekommen sein, daß Mathilde – im Alter von etwa 45 Jahren – doch noch eine Berufstätigkeit als Modedesignerin begann? Welche Rolle hat dabei das bereits bestehende Netzwerk geschäftlicher Beziehungen gespielt, in dem sich Robert Hollitscher als Handelsagent seit Jahrzehnten bewegte? Auf welchem Wege hat sich Mathilde ihre berufliche Qualifikation angeeignet? Hat sie bereits in Wien ein eigenes Modegeschäft gegründet? Was hat es zu bedeuten, daß sie am 24. Mai 1938 bei ihrer Abreise aus Wien davon sprach, *alle unsere Geschäftsleute* seien zur Verabschiedung gekommen?[6]

Schon im Ersten Weltkrieg sahen sich viele Frauen aufgrund der Abwesenheit ihrer Männer zu beruflicher Selbständigkeit veranlaßt, um die Existenz ihrer Familien zu sichern. Die Weltwirtschaftskrise der 1930er Jahre mag dann Mathilde den entscheidenden Anstoß zu ihrem Eintritt ins Berufsleben gegeben haben. Erinnert sei an ihren Notruf im November 1933: *Unsere Sorgen wachsen riesenhaft, es gibt überhaupt kein Geschäft mehr und nur Verluste und Schwierigkeiten.*[7] Der ökonomische Druck führte zu stärkerer beruflicher Betätigung der Frauen. In der Modebranche gab es auffallend viele weibliche Modeschöpfer. Damals kam eine Tendenz zu »eleganter Weiblichkeit« auf, die an die Stelle der »androgynen Jugendlichkeit« der

1920er Jahre trat.[8] Möglicherweise hat sich Mathilde gerade von dieser elegant weiblichen Tendenz, die auch ihre eigene Kleidung charakterisierte, sehr angesprochen und zu eigenen Kreationen herausgefordert gefühlt.

Letztlich bleibt unklar, unter welchen Rahmenbedingungen Mathildes später Berufseinstieg möglich wurde. Fest steht, daß sie mit der vagen Ahnung ihrer Jugendzeit mehr als zwanzig Jahre später ernst gemacht hat: *Aber wenn ich* müßte*! So ging's vielleicht doch* (15. 1. 10). Dazu war psychische Kraft und Entschlossenheit nötig sowie die Fähigkeit, sich auf ihre geschwächte Physis einzustellen und mit ihren Energien klug hauszuhalten.

Nach der Emigration war Mathilde noch 25 Jahre als Geschäftsfrau aktiv. Die Hollitschers erlangten dadurch wieder ihre wirtschaftliche Unabhängigkeit, die sie in der Weltwirtschaftskrise vorübergehend verloren hatten. Was mag die Tätigkeit als Leiterin eines bekannten Modegeschäfts in London für sie bedeutet haben? Was gehörte zu ihrem Verantwortungsbereich? War sie weiterhin auch als Modedesignerin tätig, und sah sie darin Chancen für ihre Persönlichkeitsentfaltung?

Die Vermutung liegt nahe, daß es für sie ein großes Glück – und eine erhebliche Stärkung ihres Selbstgefühls – bedeutete, mit einer solchen beruflichen Aufgabe betraut zu sein. Auch nachdem sie aus dem »Robell« ausgeschieden war, betätigte sie sich weiterhin als Hausverwalterin. Man darf annehmen, daß es dabei nicht nur um ihre wirtschaftliche Existenzsicherung ging, sondern daß sie auf die mit Lustgewinn und Machtgefühl verbundenen Tätigkeiten des Organisierens und Bestimmens noch nicht verzichten wollte.

Auch hinsichtlich der zweiten Lebenssphäre – der Beziehungen zu ihrer Herkunftsfamilie, insbesondere zu den Eltern und Geschwistern – sind viele Fragen offengeblieben. Charakteristisch für Mathilde ist ihre enge Bindung an die Eltern und Geschwister. Sie genoß die Wertschätzung und den Respekt der anderen Familienmitglieder als die »Vernünftige« (Schwester Anna), die »chronisch Invalide, die sich wunderbar normal verhält« (Vater) und »die Brave und Weise auch heute noch, immer wohltuend« (Lou Andreas-Salomé). Natürlich ist dieses Bild einseitig und läßt Verdrängungen und Verleugnungen außer Betracht. Vielleicht ergibt sich ein noch differenzierteres Bild, wenn die Familienbriefe der Freuds veröffentlicht sind.

An der Psychoanalyse als dritter Lebenssphäre hat Mathilde schon als Jugendliche partizipiert. Mit Otto Rank beteiligte sie sich 1906 an den Korrekturarbeiten von Freuds »Gradiva«-Studie. Als ab 1907 die ersten Psychoanalyse-Interessenten – Eitingon, C. G. Jung, Binswanger, Abraham, Ferenczi u. v. a. – in ihr Elternhaus kamen, war sie bei manchen Fachgesprächen sowie den Stadtbesichtigungen und Ausflügen mit von der Partie. Sie nahm auch an Freuds Universitätsvorlesungen teil, las psychoanalytische Zeitschriften und Bücher, übersetzte Artikel von Marie Bonaparte, befreundete sich mit den Analytikerinnen Ruth Mack Brunswick und Eva Rosenfeld und war auch nach dem Zweiten Weltkrieg an wichtigen Entscheidungen über Freuds Nachlaß beteiligt, z. B. der Veröffentlichung von Briefen ihres Vaters und der Bereitstellung biographischen Materials. Dennoch blieb sie Außenseiterin der psychoanalytischen Bewegung, weil sie keine Lehranalyse und Ausbildung absolviert hatte und in fachlichen Auseinandersetzungen nicht mitsprechen konnte.

Der Blick von außen –
divergierende Sichtweisen

Als Paul Roazen im November 1966 mit der damals 79jäh-
rigen Mathilde Hollitscher ein Interview führte, gewann er
den Eindruck, daß sie sich, obwohl wenig erfahren in bezug auf Interviews, relativ entspannt auf das Gespräch ein-
lassen konnte.[9] Er habe sie als gefühlvoll und intelligent, als
»a distinguished person in her own right« erlebt. In diesem
Urteil sah Roazen sich durch eine ihrer Schwägerinnen bestätigt, die sie ihm gegenüber als »both charming and lady-
like« beschrieb. Sie schien sich eine gewisse spontane
Wärme bewahrt zu haben und wirkte auf ihn »somehow
more feminine« als ihre berühmte Schwester Anna.[10] Auf
die Frage, weshalb sie nicht selbst Analytikerin geworden
sei, antwortete Mathilde, sie sei als Jugendliche zu krank
gewesen, um ein Studium für eine berufliche Karriere pla-
nen zu können.

Victor Ross charakterisiert Mathilde als »weltgewitzigt,
weltgewandt und selbstbewußt«, da sie wie ihr Bruder
Ernst »in der Welt herumgekommen« sei. Im Unterschied
zu ihrer Schwester Anna, die hinsichtlich Kleidung und
Schmuck schlicht und betont unmodern wirkte, sei sie
»sehr weltlich« und ausgesprochen »modebewußt« gewesen. Auch ihre Wohnungseinrichtung entsprach hohen
ästhetischen Ansprüchen, war »stattlich«, wenn auch nach
dem alten Geschmack der Jahrhundertwende in Wien.[11]

Anton Walter Freud zeichnet hingegen ein kritischeres
Bild seiner Tante in den letzten Lebensjahren. Sie sei, »wie
viele Erstgeborene in großen Familien, sehr herrisch und
anspruchsvoll« gewesen.[12] So habe sie z. B. ihre Haushälterin »ausgenutzt«. Ernestine Maresch »mußte alles für die
zwei machen, fast wie eine Sklavin«, habe dann aber am
Ende »alles geerbt«. Nach der Emigration, als die Hollit-

schers zunächst mit den Eltern und Anna zusammen lebten, wollte sie »die Führung des Hauses übernehmen«, doch habe die Mutter das als Einmischung empfunden und sich dagegen verwahrt. Auch eine andere Anekdote läßt Mathilde nicht gerade in einem günstigen Licht erscheinen: Anton Walters Frau habe vor dem Einzug in ihre erste Wohnung einen Teppich gekauft und Mathilde gebeten, ihn für ein bis zwei Wochen bei sich aufzubewahren. Mathilde aber habe abgelehnt: »No, it wouldn't be convenient.«[13]

Der Charakterisierung als herrisch und anspruchsvoll steht Lou Andreas-Salomés schon zitierte Feststellung entgegen, Mathilde sei »als Älteste, die Brave und Weise auch heute noch, immer wohltuend« gewesen. Diese Einschätzung wurde allerdings mehrere Jahrzehnte früher in einer ganz anderen Lebensphase getroffen. Dennoch mag ein dominanter Zug schon in der Beziehung zu dem eher passiv und zurückgezogen wirkenden Robert Hollitscher im Sinne einer funktionierenden Komplementärbeziehung hervorgetreten sein. Es ist aber auch gut denkbar, daß erst die langjährige Verantwortung als Geschäftsfrau ein hohes Maß an Führung und Abgrenzung sowie eine gewisse Rigidität erforderte und ihren Niederschlag in entsprechenden Charakterzügen fand.

Das Repräsentative
an Mathilde Freuds Frauenschicksal

Als ich Mathildes Jugendbriefe zum erstenmal in einem Vortrag vorstellte,[14] bekam ich von einer befreundeten Kollegin zu hören, die Briefinhalte seien sowohl persönlich bewegend als auch soziologisch bedeutsam. Sie identifizierte sich mit Mathildes jugendlicher Wachheit und

Lebendigkeit, ihrem Bildungsdrang und ihrer sprachlichen Ausdrucksfähigkeit, die auch ihrem Vater nicht entgangen war: »Ich bin jedesmal erstaunt, wie gut das Frauenzimmer schreibt.«[15] Andere Zuhörer waren sichtlich betroffen von der mißglückten Blinddarmoperation, die dieses blühende Leben mit einem Schlag aus seiner gewohnten Bahn warf und Mathilde zu einer passiven Schonhaltung und zum Rückzug von der öffentlichen Sphäre zwang, bis sie in den mittleren Lebensjahren doch noch berufliche Verantwortung übernehmen konnte.[16]

Auffällig ist, wie abwehrend die 16jährige auf Annäherungsversuche junger Männer reagierte. In der beschriebenen Szene mit Otto schilderte sie sich als *kühl und gleichgültig herablassend* (30. 10. 03). Ähnlich zurückweisend verhielt sie sich gegenüber Jascha, obwohl sie zeitweise in ihn verliebt war. Als er zärtlich – nach ihrem wohl recht ängstlichen Empfinden *rasend verliebt* – auf sie zuging, *grauste* es sie, und sie wurde *kalt wie ein Stein* (8. 12. 03). Dieses Verhalten entsprach den Erwartungen der Schicklichkeit, die an eine höhere Tochter gestellt wurden.

Eine solche Gefühls- und Triebabwehr einer jungen Frau weckt Erinnerungen an Fallstudien Freuds. Im Falle Katharinas aus den »Studien über Hysterie« formulierte Freud den schon klassisch zu nennenden Satz: »Angst bei jungen Mädchen hatte ich so oft als Folge des Grausens erkannt, das ein virginales Gemüt befällt, wenn sich zuerst die Welt der Sexualität vor ihm auftut.«[17] Schon harmlosspielerische Zärtlichkeiten junger Männer können alarmierend wirken. Wie oft werden junge Frauen – auch heute noch – von ihren Müttern negativ auf »die Männer, die nur das eine wollen«, eingestimmt. Zu solchen Müttern läßt sich assoziieren, daß sie ihre eigene Geschlechtlichkeit und Sexualität nicht frei ausleben können, nicht Subjekte ihres eigenes Begehrens sind. Deshalb haben es ihre Töchter schwer, bei ihnen ein Identifikationsmodell für weibliche Leidenschaft in der Sexualität zu finden.[18] Dies führt oft zu subtiler Entwertung bis hin zu offener Ablehnung der nicht mehr vorbildlich erscheinenden Mütter, die ihrerseits in einen Strudel der Gefühle geraten, wobei Neid und Besorgtheit sich mischen.[19] Eine zentrale Entwicklungsaufgabe der weiblichen Adoleszenz kann man darin sehen, sich von der konflikthaften Auseinandersetzung mit der Mutter zu lösen und den »eigenen Innenraum« zu entdecken, um zu einer neuen Einstellung zu sich selbst zu gelangen: »Das, was ich bei Dir suche und wünsche, kann ich in mir selbst finden.«[20] Um sich zu einer solchen Haltung zu befähigen, bedarf es einer komplexen Balance zwischen Identifizierung und Abgrenzung.

Wie konnten junge Frauen damals mit ihren Liebessehnsüchten umgehen? Freud selbst hat bekanntlich die Entdeckung gemacht, daß die hysterischen Symptome seiner Patientinnen in engem Zusammenhang mit ihrem unerfüllten Liebesleben standen: »Wer die Sprache der Hysterie zu deuten versteht, kann vernehmen, daß die Neurose nur von der verdrängten Sexualität der Kranken handelt.«[21] Was vom Unbewußten aus wirkt, sind sexuelle Wünsche, Liebessehnsüchte, aber auch feindselige Tendenzen wie Neid und Eifersucht, Machttendenzen, Affekte aller Art – sozusagen das drängende ungelebte Leben. In diesem Zusammenhang sei an die bei Mathilde und Anna aufgetretenen Unterleibsschmerzen erinnert, die dem Blinddarm zugeschrieben und auf operativem Wege zu »beseitigen« versucht wurden, obwohl sie ein medizinisch »letztlich immer noch unverstandenes Geschehen« darstellen.[22] Daß in solchen Fällen Mutter und Tochter mit auffallender Regelmäßigkeit gemeinsam zum Chirurgen kommen, deutet darauf hin, daß sich beide in einer akuten Lebenskrise befinden: »Die aufblühende adoleszente Patientin wird in der Szene greifbar konterkariert von einer Mutter, die sich eher in der Nähe des Verblühens, der Menopause, befindet.«[23] Insofern kann der Unterbauch der Tochter als Projektionsfeld eines charakteristischen Mutter-Tochter-Konflikts betrachtet werden.

Das komplementäre Zusammenspiel zwischen Tochter und Vater

Mathilde, Sophie und Anna mußten sich ebenso wie ihre Mutter und Tante Minna mit einer Bildung nach dem »altbewährten« Höhere-Töchter-Modell begnügen. Sie wurden ganz traditionell auf ihre Rollen in Haus und Familie vorbereitet. Hier setzte sich die Definitionsmacht des pater familias in der sozialen Konstruktion von Wirklichkeit durch.

Manchen Hörern des erwähnten Vortrags über Mathilde Freud tat es besonders leid, daß ihr Wunsch nach einer Zusammenarbeit mit dem Vater nicht in Erfüllung ging, weil er sie damals *nicht brauchen* konnte (22. 9. 07). Vielleicht hätte sie zu einem etwas späteren Zeitpunkt eine ähnliche Entwicklung als Analytikerin machen können wie Anna. Möglicherweise hat sie, wie es bei den Ältesten öfter der Fall ist, der Jüngeren den Weg bereitet.

Charakteristisch für Mathildes Komplementarität in diesem Zusammenspiel mit dem Vater ist, daß sie seiner väterlichen Autorität keinen erkennbaren Protest entgegensetzte. Sie blieb die gehorsame Tochter. Nur bei der Partnerwahl ergriff sie selbst die Initiative. Als sich Freud gegen Eugen Pachmayr als Heiratskandidaten aussprach, nahm sie das enttäuscht, aber wohl noch ohne größeren Widerspruch hin. Von ihrer Entscheidung für Robert Hollitscher ließ sie sich hingegen durch die anfängliche Skepsis ihres Vaters nicht mehr abbringen.

Was den Verlauf ihrer Adoleszenz betrifft, sah sich Mathilde in einem Dilemma. Wäre sie, dem väterlichen Wunsch entsprechend, bis zu ihrem 24. Lebensjahr zu Hause geblieben, um »für die Aufgaben der Ehe und vielleicht des Kinderhabens ganz erstarkt«[24] zu sein, dann wäre sie mit familiären und gesellschaftlichen Pflichten beschäftigt worden. Freie Zeit zu eigenem Nachdenken, Lesen und Studieren hätte es kaum für sie gegeben. Höhere Töchter wurden geradezu systematisch von sich selbst abgelenkt und zur Geselligkeit verdammt, um nicht auf »dumme Gedanken« – wie Frauenrechte, Sexualität, Emanzipation – zu kommen.[25]

Die von Mathilde gewählte Alternative war, schon in jungen Jahren zu heiraten. Auch wenn sie den Übergang in die Ehe gut vollzogen zu haben scheint, stellt sich aus heutiger Sicht die Frage, ob die Adoleszenz für sie eine »zweite Chance« zur Verarbeitung von in der »ersten«, der kindlichen Sozialisation, nicht bewältigten Konflikten, Mangelerfahrungen und Traumatisierungen war. Eine solche Chance ist, wie bereits angesprochen, an einen inneren Entwicklungsspielraum, ein »psychosoziales Moratorium« im Sinne Eriksons, gebunden.[26]

Freud selbst hat den Wert der Adoleszenz, sich der eigenen Freiheit zu freuen und mit Muße zu studieren, hoch angesetzt. So ermahnte er seinen Jugendfreund Eduard Silberstein, seine Zeit nicht mit »burschikosen Vergnügungen« des Studentenlebens oder mit täglichen »Sklavendiensten« wie Lektionengeben zu vergeuden: »Ich begreife die fieberhafte Hast nicht, mit der Du der Jugend entfliehen willst. Bedenke, daß Du, wenn einmal erwachsen und ausgebildet, den tausend Anforderungen unterworfen sein wirst, die Deine eigene und die noch zu erwerbende

Familie, das bürgerliche und das öffentliche Leben, vielleicht auch noch die wissenschaftliche Arbeit an Dich stellen werden. [...]; denn ist die Jugend vorbei, so kann man Dir jeden Moment übelnehmen, in dem Du bloß Dich im Auge hast. [...] In jedem Falle – nütze Deine Zeit für Dich; die Jugend ist nur die Schonzeit, die das Schicksal unserer Kräftigung gönnt.«[27]

Hier formulierte Freud in mustergültiger Weise das, was heute unter psychosozialem Moratorium verstanden wird. Diese Schonzeit zur Kräftigung behielt er aber einseitig den Männern vor – erst den Freunden, dann den Söhnen. Die jungen Frauen sollten statt dessen in den väterlichen »Hafen« einlaufen und in diesem geschützten Bereich »unbestimmt lange« verbleiben.[28] Dieses Frauenbild kann als »Geborgenheit unter der Bedingung von Einschränkung« bezeichnet werden, bei der eine Ablösung der Töchter aus der Definitionsmacht ihrer Väter nicht vorgesehen ist.[29] Rohde-Dachser spricht von einer Theorie der »Nicht-Individuation«, die den festgelegten Bahnen entsprach, in denen ein Frauenleben zu Freuds Zeiten verlief: »Die Schritte des Mädchens heraus aus der väterlichen Familie in die des Ehemannes und dort in die Rolle der Hausfrau und Mutter waren vorgezeichnet. Ausgreifendere Ambitionen im Sinne ›männlicher‹, das heißt: außerfamilialer ›Selbstverwirklichung‹, galten in der Regel als weibliche Fehlentwicklung.«[30]

Die Forderung nach einem psychosozialen Moratorium für weibliche Jugendliche ließ sich erst in der zweiten Hälfte des 20. Jahrhunderts durchsetzen. Eine wesentliche Rolle spielten dabei »die soziale und institutionelle Etablierung von Mädchen- und Frauenbildung, denn die soziale und institutionelle Ermöglichung von Bildungsprozessen und der damit verbundene Freiraum stellen wesentliche Bedingungen adoleszenter Integrationsprozesse dar«[31].

Auf die Geschichte dieser mühsam errungenen Frauenrechte zurückblickend, schreibt Eva Jaeggi treffend: »Voll
Trauer kann man sich nachträglich ausmalen, wieviel Be-
gabung und wichtige geistige Bewegungen uns durch dieses fehlende Moratorium der Frauen über Jahrhunderte
hinweg entgangen sind!«[32]

An der Thematik der Weiblichkeit zeigt sich das Erfor-
dernis, auch die Person eines Theoretikers und Schulen-
gründers kritisch zu hinterfragen. Es spricht nicht gegen
Freuds bleibendes Verdienst als Diskursivitätsbegründer,
wenn Psychoanalyse und Tiefenpsychologie an bestimmten Stellen über ihn hinausgehen und Anschlüsse an andere
avantgardistische Richtungen suchen. Wer einseitig auf die
Strategie »Zurück zu Freud« baut, riskiert nach Michael
Buchholz die Schaffung eines Ursprungsmythos: »Wenn
eine Wissenschaft sich allzu sehr an ihren Gründer bindet,
behindert sie in schwer einzuschätzender, aber wirkungs-
voller Weise ihre eigene Weiterentwicklung und institutio-
nalisiert Glaubenssysteme mit allen fatalen Folgen, wie
z. B. die Geschichte der Häresien und Dissidenzen.«[33]

Die Psychoanalyse hat sich von Anfang an in einem
Spannungsfeld bewegt: zwischen einer progressiven Strö-
mung, die sich in neuartiger und kritischer Weise der Erforschung des Unbewußten gewidmet hat, und einer konservativen Gegenströmung, die vor allem am unkritischen
Festhalten an einer paternalistischen Weiblichkeitstheorie
erkennbar wird.[34]

Adoleszenz und Geschlechterspannung sind sowohl im
Hinblick auf Freuds persönliche Entwicklung als auch im
Hinblick auf die für den Schöpfungsprozeß der Psycho-
analyse maßgeblichen Fälle der Anna O. und Dora eine
vieldiskutierte Thematik geblieben, die durch Mathildes
Jugendbriefe aus einer anderen Perspektive ergänzt wird.
Man darf gespannt sein auf die in den nächsten Jahren be-

vorstehende Veröffentlichung weiterer Korrespondenzen mit weiblichen Angehörigen der Familie Freud. Dazu gehören: der von Ingeborg Meyer-Palmedo zur Publikation vorbereitete Briefwechsel zwischen Sigmund Freud und seiner Tochter Anna, der von Thomas Aichhorn transkribierte Briefwechsel zwischen Anna Freud und August Aichhorn, der von Albrecht Hirschmüller bearbeitete Briefwechsel zwischen Sigmund Freud und seiner Schwägerin Minna Bernays sowie die von Ilse Grubrich-Simitis, Gerhard Fichtner und Albrecht Hirschmüller geplante Edition des vollständigen Briefwechsels zwischen Sigmund Freud und Martha Bernays.

Trotz seines Befangenseins in konservativen Auffassungen über Weiblichkeit und die angemessene Rolle der Frau gewinnt man den Eindruck, daß Freud ein liebevoller Vater war, der seinen Kindern Orientierung in der Realität vermitteln, persönliche Anerkennung geben und Mitgefühl aussprechen konnte. Abschließend sei aus jenem anrührenden Trostbrief Freuds zitiert, in dem er sich der damals 20jährigen Mathilde liebevoll zugewandt hat: »Ich will Dir keine schönen Illusionen geben, weder jetzt noch ein anderes Mal, ich halte sie für schädlich und weiß, daß die Ahnung, es seien Illusionen, den Genuß an ihnen aufhebt. Aber es braucht auch keine. [...] Dein Spiegel wird Dich darüber beruhigen, daß nichts Gemeines und Abschreckendes in Deinen Zügen liegt, und Deine Erinnerung wird Dir bestätigen, daß Du Dir noch in jedem Kreis von Menschen Respekt und Einfluß erobert hast. Somit war ich über Deine Zukunft, soweit sie von Dir abhängt, beruhigt, und Du kannst es auch sein [...].«[35]

DIE JUGENDBRIEFE
MATHILDE FREUDS
AN EUGEN PACHMAYR
1903–1910

Transkription und textkritische Noten
von Michael Schröter
Anmerkungen
von Günter Gödde

Königssee, 12. Sept. 1903.

Lieber Eugen!
Den herzlichsten Dank für Deine guten Sachen, die Du uns geschickt hast; Du hast wirklich einen guten Geschmack, denn Deine Lieblingssachen sind auch unsere geworden.

Mit vielen Grüßen
Oliver.

Lieber Eugen!
Du hättest uns gar nicht erst »Guten Appetit« wünschen müssen, den haben wir schon von selbst gehabt. Mit vielem Dank und herzlichen Grüßen

Dein Ernst

Lieber Eugen!
Die guten Sachen, die Du uns geschickt hast, waren wirklich kein kleines »bisserl«, sondern ein großes »bisserl«. Sie haben uns sehr gut geschmeckt.
Mit vielem Dank und Grüßen

Deine Sophie.

Auch ich danke Dir vielmals und sende Dir herzliche Grüße!

Anna.[1]

1 Vermutlich in Handschrift von Sophie Freud.

Lieber Freund! Sehen Sie, das ist immer so, wenn man viele Geschwister hat! Die nehmen einem alle guten Ideen weg, so daß einem selbst nichts mehr zum Schreiben bleibt. Ich kann Sie nur nochmals versichern, daß die »Lieblings-chosen« herrlich waren und allseitig ausgezeichnet geschmeckt haben. Mit herzlichsten Grüßen

Ihre Thilde.

Wien, 19. IX. 03.

Mein lieber Freund!

Ich bin wieder einmal ganz verzweifelt über mich und alles mögliche. Wenn heute nicht Samstag wäre, hätte ich Ihnen garnicht geschrieben, denn was können Sie Armer dafür, daß ich vor Nervosität ganz verdreht bin und nächstens einmal Papas Heilverfahren an mir werde erproben müssen. Meine Karte aus Schellenberg werden Sie ja erhalten haben, unsre Reise war nicht die angenehmste, im Gegenteil, denn die Umstände machten sie zu der ärgsten, die wir je hatten.

21. IX. 03. – Meine guten Vorsätze sind zunichte geworden, ich hatte soviel zu tun und war dabei so wenig wohl, daß ich gar keine Zeit, besonders aber keine Ruhe zum Schreiben hatte. Heute endlich wollte ich mich dazu aufraffen, aber da mußte ich fortgehn und habe Fräulein gebeten, Ihnen nur ein paar Worte zu senden und hoffe, daß Sie das Billett noch Dienstag bekommen haben.[2]

23. IX. 03. – Ich traue mich garnicht mehr, Ihnen heute zu schreiben, so lange habe ich Sie jetzt vergeblich auf Brief

2 Dieses Billett, um »Frl. Thilde« zu entschuldigen – sie mußte »mit Frau Professor in die Stadt« –, ist ebenfalls erhalten. Es trägt das Datum des 22. 9. und ist unterschrieben mit »Irene Modern«.

warten lassen, aber durch Hinausschieben wird ja meine Schuld nur noch größer und deshalb bitte ich Sie noch heute abend, mir wegen meines Schweigens nicht böse zu sein.

Wie sehr die Stadt mich heuer bedrückt und verwirrt hat, kann ich Ihnen garnicht sagen, ich war so elend, daß ich nicht ein Wort schreiben konnte, meine Gedanken und meine Finger versagten vollständig. Dazu kam noch die Ungemütlichkeit, die nach der Rückkehr vom Lande in jedem Hause herrscht, das für Monate so abgebrochen wird wie unsres – die damit verbundene Arbeit und Mühe, alles wieder ins alte Geleise zu bringen, anstrengend besonders dann, wenn man sich nach Luft, Licht und grüner Freiheit sehnt. Denken Sie nur, lieber Freund, daß ich mehrmals Briefe an Sie begann, aber nicht imstande war, sie zu vollenden, ich konnte keinen Satz zu Ende schreiben ohne gräßliche Fingerschmerzen, konnte keinen klaren Gedanken mehr fassen. Und wenn ich nicht schreiben kann, kann ich nicht existieren, ich war verzweifelt und verbrachte die ganze Zeit in Tränen. Gott sei Dank, jetzt ist dieser schreckliche Nervositätsanfall vorbei, ich kann wieder schreiben, bin wieder ein Mensch. Nach all diesen Gründen können Sie mir wirklich nicht böse sein, nicht wahr? –

Montag hatte ich mich schon wieder ein bißchen aufgerafft, da kamen aber Besucher aus Rußland, Schwester und Nichte von Jascha[3], und belegten mich ganz mit Beschlag. Ich mußte ihnen Stadt und Geschäfte zeigen, sie überall herumführen, heute waren wir den ganzen Vormittag in Schönbrunn und den ganzen Nachmittag bei Großmama. Kurz, ich habe wieder gar keine Zeit, aber ich werde es so einrichten, daß ich abends schreiben kann, Sie sollen nicht

3 Jakob Nathanson, wahrscheinlich der Sohn von Hermann Nathanson, einem Bruder von Freuds Mutter Amalia, lebte in Odessa.

zu kurz kommen, auf keinen Fall! Jetzt muß ich Ihnen noch zur Bekräftigung des Vorhingesagten erzählen, daß ich, seit wir in Wien sind, noch nicht bei Hasi[4] war, ich wollte ihr nicht antun, mich in dieser verzweifelten Verfassung sehn und sprechen zu müssen.

Auf Ihren lieben Brief zurückkommend: wie verschieden sind doch unsre Ansichten über den Beginn des Winters! Sie, lieber Eugen, freuen sich auf die Geselligkeit, die jetzt wieder beginnen soll, und ich bin unglücklich über die Stadt und die Menschen, die rein nur zur Belästigung da zu sein scheinen. Allerdings muß man da in Betracht ziehen, wie verschieden wir die letzten Sommerwochen verbracht haben, Sie in streng geregeltem Leben in einem Institut, ich in ungebundenster Freiheit in dem schönsten Erdenfleckchen! Es muß allerdings für Sie sehr trübselig gewesen sein, ohne Kameraden, an die Sie doch so sehr gewöhnt sind, und noch dazu ohne Bobi! Wenn er wirklich den ganzen Winter jeden Tag im Institut ist und Sie im Gymnasium, das muß ja ganz einsam und traurig für Sie sein, Ihren alten Freund nicht in nächster Nähe zu haben und sich mit ihm aussprechen zu können. Aber vielleicht finden Sie in Ihren andern Kameraden einstweilen Ersatz für Bobi, ich wünschte es Ihnen von Herzen! –

Ihr Ausflug nach Starnberg, um Willy zu besuchen, ist sehr interessant. Der große Schreck, weil es zwei wildfremde Familien waren, mit denen Sie gehn sollten, ist kein gutes Zeichen dafür, daß Sie Ihre Schüchternheit ernstlich bekämpfen wollen. Als junger Mann ist es doch sehr angenehm, Leute kennenzulernen, wenn es einmal auch nicht auf dem ganz gewöhnlichen Weg geschieht. »Des Bürgermeisters Töchterlein« klingt ja ganz romantisch, war sie wenigstens noch ein liebes Mädel? Lieber Eugen, hätten Sie

---

4 Mathildes engste Freundin. Ihr Name wurde nicht ermittelt.

doch nur einen Moment daran gedacht, daß Sie für ein 13jähriges Mädchen ja eine Respektsperson sind, besonders wenn besagtes Mädchen schüchtern ist! Oh, es ist zu schade! Wenn Sie mir jetzt im Königsseer Zimmer gegenüber an meinem Tisch säßen, könnte ich Ihnen diese ganze Schüchternheit ausreden, ich bin ganz überzeugt! Aber so geht es nicht gut, ich will Sie nicht mit all diesen Dingen plagen, wir müssen das auf nächsten Sommer in K. aufschieben, wenn Sie nicht bis dahin »schüchternlos« geworden sind. (Bitte, entsetzen Sie sich nicht über das Wort, mir ist gerade kein passender Ausdruck eingefallen.) –

Von mir habe ich Ihnen diesmal wirklich wenig zu erzählen, ich habe mich in der letzten Woche meist mit Ausgrabung meiner Zimmerschmuckschätze beschäftigt, eingedenk des schönen Imperativs: Schmücke Dein Heim! Viele Ärger hatte ich auch schon, darunter einen mit P., der die ganze Zeit, die er nicht auf der Technik zubringt, in der Berggasse promeniert. Was soll ich da anfangen? Der Mensch erinnert an einen Spion, der seinen Feind überwachen muß, er wußte natürlich die Zeit und den Tag unsrer Ankunft. –

Meine zweite Haupt- und Nebenbeschäftigung ist, mir über mein Geistesheil den Kopf zu zerbrechen. Pläne haben Papa, Mama und ich genug, aber Entschluß ist noch keiner vorhanden. Ich kann nicht mehr schreiben, Kopf und Finger sind todmüde.

1000 herzliche Grüße
von Ihrer Thilde.

Wien, 28. IX. 03.

Mein lieber Freund!

Kennen Sie Verwandte, die sofort gekränkt sind, wenn man einen Nachmittag mal nicht mit ihnen verbringt? Das ist ein Jammer! Glauben Sie, daß ich einen Moment Ruhe habe? Ich hatte mir vorgenommen, mich nicht zu sehr in Anspruch nehmen zu lassen, aber es gelang mir absolut nicht, denn nach einmaligem Versuch waren sie so gekränkt, daß ich es weiter nicht riskieren konnte. So war ich also sehr brav, führte sie überall herum und habe wenigstens das Gefühl, eine ausgezeichnete Nichte und Kousine zu sein, und das ist ja auch etwas wert. Nach meiner Korrespondenz fragen die natürlich nicht, ob Sie einen Brief bekommen oder nicht, ist ihnen gleichgültig, deshalb benütze ich ein halbes Stündchen vor einem eingeladenen Mittagessen zu diesen paar Zeilen.

Ich freue mich sehr, endlich wieder etwas von Ihnen zu hören, es sind Mittwoch 2 Wochen, daß ich garnichts von Ihnen weiß, nicht einmal eine Karte haben Sie mir in der langen Zeit geschickt! Ihr Gymnasium muß ja schon wieder in vollem Gang sein, fehlt Ihnen Bobi sehr? Was haben Sie während dieser himmlisch schönen Wochen an Ausflügen gemacht? – Sind Sie noch einmal am Starnberger See gesegelt? Sie sehen, lieber Freund, ich bin ein lebendiges Fragezeichen geworden, Sie müssen aber auch sehr brav sein und alles ausführlich beantworten, damit wir endlich wieder in unser gewohntes Geleise kommen und uns *pünktlich* alle Neuigkeiten mitteilen können. Wenn diese Woche zu Ende ist, werden gleichzeitig auch alle aufregenden Ereignisse aufhören, keine besondere Arbeit, keine Verwandtenbesuche, die einem die Zeit rauben – kurz, die schönste Briefschreibezeit.

Ich war dieser Tage noch ganz besonders in Anspruch genommen durch eine allerdings sehr wichtige, aber nicht sehr angenehme Sache. Ich hatte nämlich im Frühjahr unternommen, mich für einen Kurs einzusetzen, den einige meiner Kameradinnen bei einem sehr beliebten Professor im heurigen Winter einrichten wollten. Damals hatten sich eine ganze Anzahl gemeldet, aber jetzt mußte ich an alle, die teilweise noch auf dem Land sind, schreiben, ob sie Zeit und Lust haben u. s. w. Heute früh habe ich an den Professor selbst geschrieben, aber was hatte ich mit diesen Anfragen zu tun, bis ich alle Zu- oder Absagen beisammen hatte! Und dazwischen werde ich von allen Ungeduldigen gequält, antelephoniert, mit Briefen und Karten bestürmt, daß es nicht mehr zum Aushalten war. Am ärgsten war Alice, die mir aus Grundlsee täglich in den höchsten Tönen der Ungeduld geschrieben hat. Gott sei Dank, morgen wird die Sache mit der Antwort des Professors ein Ende nehmen.

29. IX. 03. – Mittwoch abend soll ich mit Tante und Kousine ins Burgtheater zu »Pitt und Fox« gehn. Kennen Sie das Stück? Ich freue mich aufs Wiedersehn mit meinem geliebten Burgtheater, Baumeister[5] spielt, und jedenfalls wird es der Mühe wert sein, hinein zu gehn. Und morgen früh erwarte ich sicher einen Brief von Ihnen, ich kann mir zwar lebhaft vorstellen, daß er sehr vorwurfsvoll sein wird, aber doch endlich wieder eine Nachricht! Lieber Freund, mir scheint fast, daß Ihr letzter Brief in einem ganz andern, viel kühleren Ton gehalten war als die vorhergehenden. Ist das die Folge unsrer offenen Aussprache, oder irre ich mich? Mir ist unsre Korrespondenz so sehr ein liebgewohntes Bedürfnis geworden, daß ich mir nicht vorstellen kann, wie es ohne wäre. Hoffentlich ist all das, was ich in Ihrem Brief zwar nicht geschrieben fand, aber zwischen den Zeilen las, nur in meiner Phantasie vorhanden und wir bleiben so gute Kameraden wie bisher!

Mittwoch, 30. IX. 03. – Heute ist zwar mit der ersten Post nichts aus München gekommen, jetzt eben mit der zweiten

---

5 Bernhard Baumeister (1828–1917), seit 1852 Schauspieler am Burgtheater.

auch nichts, aber ich glaube, daß Sie durch die erste Schulzeit sehr angestrengt sind und deshalb nicht geschrieben haben. Eben sind Tante und Kousine fortgefahren, jetzt bin ich wieder frei, aber aus dem heutigen Theater ist nichts geworden, weil Tante wegen ihres Passes früher reisen mußte, als zuerst in Aussicht genommen war.

Heute morgen war ich zum erstenmal in meinem Leben draußen auf dem Centralfriedhof. Bisher hatte Papa immer gesagt, er wolle nicht, daß ich die Gräber besuche, solange ich, dem Himmel sei Dank, dazu keine Ursache habe. Heute war ich aber doch mit den Verwandten bei Großpapas Grab, während gleichzeitig nicht weit von uns die Beerdigung eines alten Freundes von Papa war. Ich kann garnicht sagen, welch einen wunderbaren Eindruck so ein weiter Friedhof macht, mit seinen vielen 1000 Grabstätten, dem Blumenduft, der Stille und wohltuenden Ruhe, die wie ein Hauch über der Ebene liegen. Die Menschen, die zwischen den Gängen dahingehn, sind nicht wie die andern, die man auf der Straße begegnet, sie gehn still, gemessen und leise sprechend, dunkel gekleidet, mit Blumen in den Händen. Hier und dort ein langer Trauerschleier, ein verweintes Gesicht, die einen ruhig und ergeben, die andern laut schluchzend, verzweifelt. Kinder kamen und legten Blumen auf das Grab ihrer Mutter und sahen mit großen erstaunten Augen in die fremde, stille Welt ringsum. –

Es war wunderschön im ganzen. Bei der Rückfahrt bat ich den Kutscher, uns über den Ring zu führen; wie verschieden das Bild von dem vorhergehenden war, können Sie sich garnicht denken, lieber Freund! Es war ein wundervoller Vormittag, und bei der Bellaria (Sie kennen ja den Plan von Wien so gut) trafen wir auf sämtliche Regimenter, die in der Früh den Zar Nikolaus II. auf der Westbahn begrüßt hatten. Die Mannschaft war natürlich in Paradeuniform mit Eichenzweigen am Helm, frisch, munter und lustig alle, und die Leute in dichten Reihen herum, um besonders feschen Offizieren zuzuwinken. Der große Kontrast wirkte wunderschön und tief – der heutige Vormittag war in jeder Beziehung denkwürdig für mich. –

Wenn jetzt wieder ruhige Tage kommen, werde ich mein Tagebuch wieder regelmäßig führen und überhaupt fleißig schreiben. Ob ich mein sehnlichst erwünschtes Ziel auch erreichen werde?? Wenn ich schöne Bücher lese, steigen mir immer drohende Zweifel auf, aber ich will nicht verzagen, sondern mutig vorwärtsstreben. Vielleicht gelingt es doch! –

1. Oktober 1903. – So, heute schicke ich den Brief endgültig ab und warte nicht länger, bis ich ihn gleich mit einer Antwort verbinden kann. – Habe ich Ihnen schon von einem herrlichen Buch erzählt, das ich heuer las und das »Briefe, die ihn nicht erreichten« betitelt und von einem nicht genannten Autor geschrieben ist? Das sollten Sie lesen, lieber Freund! Ich habe Ihnen heute so wenig zu erzählen wie seit lange nicht. Ich bin müde und abgespannt und sitze den ganzen Tag zuhause, weil ich vom Fortgehn regelmäßig Kopfschmerzen bekomme. Meine Kurse werden noch diese Woche geregelt werden, dann beginnt die Arbeit wieder, Gott sei Dank, diese geringe geistige Beschäftigung ist mir unerträglich geworden. Wenn man so wenig zu tun hat, kommen einem lauter unnötige Gedanken und machen einen nicht vergnügter. Also, für heute endlich Schluß! Hoffentlich höre ich bald wieder und nur Gutes von Ihnen!

Thilde.

Wien, 8. X. 03.

Mein lieber Freund!

Also endlich wieder im alten Geleise! Vielen Dank für Ihren lieben, langen Brief, der endlich wieder einmal ein anständig langer, ausführlicher war und auch in unserm altgewohnten Freundschaftston. Die Wies'n hat Sie zurückgehalten, mir zu schreiben! Lieber Freund, das ist eigentlich kein sehr triftiger Grund, aber diesmal muß ich ihn wohl gelten lassen. Erinnern Sie sich vielleicht, wer heuer in Königssee bekannt hat, daß er abstinent sei? Und dieser selbe Mensch sitzt auf der Wies'n und trinkt und schwärmt nachher ganze Seiten lang seiner Freundin von dem Bier vor. Das ist die Konsequenz, die die Münchner in der Abstinenz haben!

Aus Ihrem Brief klingt ganz München heraus, in Ausdrücken, Stimmung und Empfinden. Schön muß es allerdings sein, und besonders gemütlich, wenn das Oktoberfest ist. Ich habe mir vorgenommen, wenn ich einmal nach München gehe, es nur in dieser Zeit zu tun, um all diese Momente des Vergnügens, die Sie mir so anschaulich beschreiben, auch einmal durchzukosten. Jetzt ist es aber schon zu Ende, nicht wahr? Da ist also zu hoffen, daß Sie wieder Zeit haben werden wie jeder andre vernünftige Mensch auch.

Die Erwähnung der Preisverteilung für die landwirtschaftliche Ausstellung erinnert mich an einen alten Witz aus den »Fliegenden«, der folgendermaßen lautete: Programm für die landw. Ausstellung: 10^h Ankunft des Viehtransports, 11^h Ankunft der Festgäste, 12^h gemeinschaftliches Mittagessen. Mama hat das oft auf unsre Buben im Sommer gesagt, wenn sie jeder ein andres Tier aus dem Wald mitgebracht haben. Ich habe ja gar nie gewußt, was für ein Feinschmecker Sie sind, lieber Freund! Also Vanillesauce oder Marasquincrème, das kann man sich ja für

den nächsten Besuch in Königssee merken, in Rubrik
»Lieblingschosen« mit einschließen, nur fürchte ich, bis
man sich von Fonstner nach Villa Sonnenfels[6] diese Dinge
verschafft, sind sie einigermaßen ungenießbar geworden.

Sie tun ja so empört, als hätte ich wirklich behauptet, daß Sie »eigentlich wirklich ein schrecklich blöder
Mensch« seien, weil Sie auf die Wies'n gehn, um Bier zu
trinken und Würstl zu essen. Das ist gewiß ein großes
Vergnügen und sehr amüsant und zugleich gemütlich,
wenn es noch dazu gut ist, habe ich absolut nichts dagegen.
Blöd kann man auch nicht gleich alles nennen, und um
Natur zu genießen, geht man ja wahrscheinlich nicht auf
die Wies'n. –

Bobi hat ja wirklich recht, wenn er Sie »treuloses Scheu-
sal« nennt. Nicht besuchen und auch nicht schreiben, das
hält ein wirklich treuer Freund doch nicht aus. Sehen Sie,
es ist entschieden einer meiner größten Fehler, daß ich
manchmal zu sanft bin. Es wäre Ihnen wirklich recht ge-
schehn, wenn ich Ihnen auch in ähnlichem Ton geschrieben hätte wie Bobi, nur nicht in so drastischer Weise natürlich, sondern mit feiner Ironie in Andeutungen und
Umschreibungen etc. Da bin ich durch P. sehr eingeübt,
aber damals war ich gerade auch nicht in der Stimmung
dazu, sondern hatte einfach das Verlangen, wieder einmal
etwas von Ihnen zu hören. In Zukunft werde ich Ihnen bei
hoffentlich nicht mehr oft vorkommenden ähnlichen Er-
eignissen ganz in dem Ton, den Sie gerecht finden, schreiben, ich bereite nicht gern andern eine Enttäuschung! –

Was Sie mir von Ihrem Professor erzählen, erinnert mich
sehr an unsern Deutsch-Professor voriges Jahr, von dem
ich Ihnen wahrscheinlich auch erzählt habe. Die hin-

6 In der Villa Sonnenfels am Königsee verbrachten die Freuds in
den Jahren 1902 bis 1904 ihre Sommerferien.

reißende Beredsamkeit, das Aufgehn in seiner Lehrerpflicht, die ihm nur ein Vergnügen ist, das Klarlegen aller
Dinge, bis sie einem greifbar vor Augen stehn, und dabei
die Strenge und Genauigkeit – alles stimmt. Diesen großartigen Menschen habe ich nach großer Mühe auch heuer
für uns gewonnen, zu einem Deutschkurs. Vielleicht interessiert es Sie auch, von meinen vorläufig bestimmten Stunden zu erfahren. Papa hat neulich gesagt, daß ich im Tag
höchstens 2 Stunden lernen soll, auf Befehl unseres Hausarztes, damit ich nicht wieder so schlecht aussehe wie vorigen Winter. Also habe ich Montag 2 Stunden nachmittags
Deutsch bei meinem geliebten Professor H., Dienstag eine
St. Kunstgeschichte, verbunden mit Museumswanderungen, Mittwoch 1½ St. Anatomie mit besonderer Berücksichtigung der bildenden Kunst, Donnerstag 1½ St. röm.
Geschichte, Freitag ist noch frei für Englisch, Samstag 1 St.
Chemie des täglichen Lebens und eine St. Geschichte der
französ. Revolution. Mittwoch und Montag werde ich
wahrscheinlich vormittags noch Zeichnen und Malen lernen, außerdem will ich es versuchen, meine Stenographie
zu verbessern, und sonst fleißig im Haus helfen. Dann
werde ich noch die interessanten volkstümlichen Universitätskurse besuchen und damit oder dadurch, wie Papa sagt,
genügend »gebüldet« werden. –

Ich muß Sie auch in aller Eile noch bitten, mir ein paar
schöne Bücher zu nennen, die des Wünschens wert sind.
Bitte, nicht daran vergessen!

9. X. 03. – Gestern hatte ich keine Zeit mehr, will deshalb
jetzt rasch vollenden, damit Sie den Brief morgen früh haben. Ich komme eben aus der Oper, aber nicht von einer
Vorstellung, sondern von der Besichtigung sämtlicher
Räumlichkeiten wie Bühne, Orchester, Garderoben, Rüst-
kammer, Toilettenmagazin, Koulissenmagazin etc. Es war

riesig interessant und überdies durch P.s manchmal ausgezeichnete Witze gewürzt, der mich eingeladen hatte, mit ihm, seiner Schwester und noch zwei jungen Mädchen die Oper zu besichtigen. Der Führer hat uns Regen und Donner vorgemacht, Blitzschlag und einfaches Herdfeuer erklärt und Koulissen auf- und abgezogen. Alle Vorrichtungen sind wirklich ausgezeichnet praktisch. –

Es ist bis Abgang der Post nur mehr so wenig Zeit, daß mir wegen der Eile alles, das ich Sie fragen wollte, aus dem Gedächtnis geschwunden ist. Beneiden wollte ich Sie, fällt mir eben ein, wegen Ihrer Freiheit. Wenn Sie Lust haben, da oder dorthin zu gehn, setzen Sie sich auf die Elektrische und fahren hin, etwas für uns Mädchen ganz Unausführbares, Unschickliches, Unmögliches. Wenn ich einmal sagen wollte, daß ich das Verlangen hätte, einen Friedhof zu besuchen, würde man mich wahrscheinlich für melancholisch halten und Dr. Rie[7] zur Untersuchung hertelephonieren. Eigentlich ist es ein Jammer mit uns Mädeln und unsrer Unselbständigkeit, und da geht es mir von meinen Freundinnen noch am besten. –

Ich muß abbrechen und Sie aufs nächste Mal vertrösten. Ich freue mich sehr auf Ihren hoffentlich langen Brief und sende Ihnen indes 1000 herzliche Grüße

Thilde

18. Oktober 1903.

Mein lieber Freund!

Heute nur ein paar Worte mit fremder Feder und fremdem Papier, um Ihnen innigen Dank zu sagen für Ihre reizenden Überraschungen. Wie sehr ich mich damit gefreut habe,

---

7 Oskar Rie (1863–1931), enger Freund und Kinderarzt der Familie Freud.

kann ich garnicht so erzählen, denn es würde Ihnen nur dumm erscheinen. Factum ist, daß ich mich riesig gefreut habe. Ob Sie es so berechnet haben oder ob es bloßer Zufall war, weiß ich nicht, denn zuerst am Freitag in der Früh kam Ihr Brief, sehr nett, kühl und kurz. Mit der zweiten Post erhielt ich das entzückende Buch mit dem lieben Glückwunsch und dann zwar nicht den Schreiber des Briefes, aber den des Buches in eigener Person. Ich muß sagen, daß ich über das Bild am meisten erfreut und überrascht war, denn Sie hatten mir doch erst geschrieben, daß kein Bild von Hertz[8] aufzutreiben sei, und dann habe ich ihn mir eigentlich ganz anders vorgestellt. Darüber schreibe ich Ihnen noch im sehr bald folgenden Brief – ein schöner, markanter Kopf ist er aber und kommt natürlich eingerahmt über meinen Schreibtisch. Bruder Rausch[9] lacht einem aus dem Titelblatt so recht herzerfreuend und erfrischend entgegen – er steht im Bücherfach neben dem H. v. Schwaben[10] und hat seinen Vetter freudigst begrüßt. Nochmals also vielen, vielen Dank, lieber Freund! Ihr Briefchen war ein Stück echt deutscher Herzlichkeit und Freundschaft und hat mich *viel mehr gefreut* (ganz offen und doch geheim gesagt) als viele der Gratulationen, die ich in Menge bekommen habe.

Mit herzlichstem Gruß Tilde

8 Wilhelm Hertz (1835–1902), Lyriker und Versepiker.

9 »Bruder Rausch, ein Klostermärchen« ist ein 1882 von Wilhelm Hertz veröffentlichtes Epos.

10 Das Epos »Heinrich von Schwaben« hat Heinrich Hertz 1867 veröffentlicht.

20. Oktober 1903.

Mein lieber Freund!

Sie müssen ja wirklich von mir geglaubt haben, daß ich plötzlich mit 16 Jahren sehr schreibfaul werde, weil ich Ihnen als Antwort auf Ihre lieben Sendungen nur ein paar Worte geschickt habe. Dem ist aber garnicht so, sondern es war wieder nur Zeitmangel, dafür sollen Sie jetzt vollauf entschädigt werden, wenn mir nicht meine langen Finger von der Kälte so steif geworden wären, daß sie den Federstiel nicht halten können. Ich glaube, diese paar Zeilen geben ein treffendes Bild von der Kälte, die gegenwärtig bei uns herrscht. –

Also nochmals vielen, herzlichen Dank, lieber Freund! Daß Sie überhaupt noch an meinen Geburtstag gedacht haben, ist ja an und für sich reizend von Ihnen, und daß Sie mir dann noch Hertz' Bild und den Bruder Rausch geschickt haben – dafür müßte man einen Ausdruck erst erfinden. (Ich glaube, »echt freundschaftlich« ist vielleicht ganz passend.) – Denken Sie, den Bruder Rausch habe ich bisher erst einmal durchgeblättert, so wenig Zeit hatte ich. So ein Geburtstag, d. h. mein Geburtstag, ist immer ein Ereignis und hat alle möglichen Folgen. Diesmal war es wieder ganz besonders reizend, ich muß Ihnen ein bißchen davon erzählen und fürchte fast, daß es ein bißchen viel werden wird – dafür verlange ich aber, daß Sie im gleichen Fall das gleiche tun, ja? –

Bei uns ist es Sitte, daß jedes von uns Kindern einen langen Wunschzettel schreibt und ihn ein paar Tage vor dem, also sagen wir dem 16. veröffentlicht. Die Kinder machen immer großes Aufhebens von den Geschenken, und meist vertraut mir Sopherl[11] an, was jeder ausgesucht hat. In der Früh von jedem Morgen, das muß ich jetzt noch einschal-

11 Sophie Freud.

ten, stehe ich auf Annerls[12] Drängen um ¼ 8^h auf und gebe den Kindern Frühstück und ihre Brötchen für die Schule mit. Am 16. haben sie mich statt ins Speisezimmer in den Salon geführt, und dort fand ich meinen Geburtstagstisch gedeckt. Die Kinder haben mir alle reizende Sachen geschenkt, Dinge, die gerade für ein junges Mädchen sehr passend sind. Fräulein hat mir ein Bild geschenkt, das Sie vielleicht auch kennen, es heißt »Bienêtre« von Nonnenbruch[13] und hat mich in einem Schaufenster am Graben entzückt. An Büchern habe ich bekommen: Muthes Geschichte der Malerei in 5 Bänden, eine neue englische Literaturgeschichte in 4 Bänden, ein herrliches Werk, dann »Bismarcks Briefe an seine Braut und Gattin«, »Away with Twitty« von Mulliner und das Abonnement auf den »Kunstwart«, die »Kunst für Alle« und Velhagen und Klasings Monatshefte. Ihr guter Rat ist leider zu spät gekommen, kann aber immer noch zu Weihnachten verwertet werden. Unter den Kleinigkeiten war besonders hübsch ein Merkbuch für Geburtstage und eines für Konzerte und Theater.[14] Die erste Eintragung ist schon geschehen, nämlich gestern abend Sappho im Deutschen Volkstheater.[15] Sie wissen ja gewiß, wo das liegt, nicht wahr, lieber Freund?

Mama hat mich aufgefordert, meine Freundinnen zu einer Mädchenjause einzuladen, aber ich habe dankend abgelehnt. Bis ich nicht wirkliche Gesellschaften mit jungen Leuten und jungen Damen haben kann, verzichte ich auf Mädchenjausen, denn ich bin endlich zu dem Schluß gekommen, daß man anregend sprechen doch nur mit jungen Leuten kann. Freilich ist mir mein Hasi darum nicht

12 Anna Freud.
13 Max Nonnenbruch (1857–1922), Porträt-, Genre- und Historienmaler.
14 Vgl. S. 114.
15 Trauerspiel von Franz Grillparzer.

minder lieb und teuer, man braucht ja auch eine Freun*din*, die gleiche Interessen und Empfindungen hat – aber es ist doch etwas ganz anderes mit Freun*den*. Da sind oft ganz dieselben Dinge im Gespräch wie zwischen Mädchen, aber doch von einem ganz andern Gesichtspunkt aus betrachtet und deshalb so interessant – wenigstens mir.

Kehren wir also zu unserm Hertz zurück. Da möchte ich vor allem riesig gerne wissen, wie und wo und wann Sie das Bild aufgetrieben haben, nachdem Sie mir doch erst vor kurzem schrieben, Ihre Bemühungen wären erfolglos geblieben. Daß es von Lenbach[16] gemalt ist, macht den Kopf, auch wenn es nicht Hertz wäre, an und für sich interessant wegen Lenbachs eigenartiger Auffassung. Ich habe mehrere Porträts von seiner Hand gesehn und würde seine Werke fast daran erkennen, wie er den Menschen auffaßt. Es ist da zwischen den einzelnen Leuten in Auffassung und Wiedergabe nicht viel Unterschied, fand ich. Hertz' Kopf ist sehr schön, männlich stark und energisch aussehend, hat aber einen viel ernsteren und härteren Ausdruck, als ich mir gedacht habe. Bei manchen seiner Gedichte würde man eher einen weich veranlagten, schwärmerischen Menschen als Autor denken als so einen ernsten, charaktervollen, deutschen Gelehrten – wie er nämlich aussieht. –

22. X. 03. – Ich habe wieder schrecklich viel zu tun gehabt, außer mit Bedankungsbriefen mit meinen Kursen, die Montag begonnen haben. Es gibt hier eine Vereinigung der Universitätsdozenten, namens »Athenäum«,[17] die den Zweck hat, Frauen und Mädchen auf dem Wege der Vorträge in sämtliche Wissenschaften einzuführen. Die Kurse

16 Franz von Lenbach (1836–1904), berühmter Porträtist und »Malerfürst« in München.

17 Zum Athenäum vgl. S. 74 f.

finden im »Anatomischen Institut«, Währinger Straße 13 statt und erfreuen sich des besten Rufes. Dahin gehe ich jetzt auch, und zwar in Geschichte, Anatomie, Chemie, Kunstgeschichte und Deutsch. Gestern habe ich die ersten Vorträge über Anatomie und deutsche Lyrik gehört, beide sehr interessant. Die Hauptsachen habe ich mitstenographiert, es geht heuer ganz gut damit und sogar leserlich.

Es ist doch riesig interessant, den Lehrgang an verschiedenen Anstalten wie Gymnasien und Hochschulen vergleichen zu können. Aus den Wiener Gymnasien höre ich ziemlich viel, durch einen Bekannten von Hasi auch aus der Universität, seit neuester Zeit auch von der Technik, wo P. jetzt als stud. techn. sitzt. Das Interessanteste auf diesem Gebiet sind aber Jaschas Schilderungen von der Universität in Odessa. Jede Woche ist ein neuer Empörungsskandal, Verhaftungen und Verbannungen folgen auf dem Fuße. Jascha selbst ist sehr bedroht, weil er der Obmann sämtlicher Studentenvereine ist, auf diese Leute hat die Polizei ein besonders wachsames Auge. Was ist heuer bei Ihnen am Gymnasium eigentlich alles los? Werden Sie nicht im Frühjahr maturieren, lieber Freund? Bitte, schreiben Sie mir darüber!

Noch um einen Rat wollte ich Sie bitten; kennen Sie vielleicht irgendeine Einrahmung, entweder in Pappe oder sonst etwas, die ein Bild gut abschließt und – fast die Hauptsache daran – nicht teuer ist? Ich habe nämlich außer dem Hertz noch zwei Bilder für mein Zimmer einzurahmen, und meine Kasse ist etwas erschüttert. Was soll man da also anfangen? Sie haben doch sicher auch zahlreiche Bilder in Ihrem Zimmer, sind die alle in kostbaren Holzleisten? Schön ist es ja, aber leider eben auch teuer! –

Ich nehme eben Ihren Brief in die Hand, den ich am 16. bekam, und finde darin eine lange Rede über »Abstinent[-]« und »Temperenzler«, die beiden Schlagworte, die man in Wien auf Schritt und Tritt hören kann. Ich hab ja damals in meinem Brief über die ganze Trinkgeschichte nur geschrieben, um Sie ein bißchen zu ärgern, denn ich wußte ja sehr gut, daß Sie Temperenzler sind und nur »bei festlichen Gelegenheiten« (vide Sommerbesuch bei einer Freundin) trinken, und auch dann nur ein bißchen. Die lateinischen Verben habe ich zwar durch meine Gymnasiastenbrüder gekannt, die Belehrung aber dennoch demütigst hingenommen. –

Heute werde ich im Athenäum wieder zwei Vorlesungen hören, »Römische Geschichte« und »Biologie«. Die Kurse nehme ich noch nicht alle bestimmt, sondern besuche von allem, das mich interessiert, die ersten Stunden. Wenn der Unterrichtende und seine Sprechart mir sympathisch sind, inskribiere ich dann für den betreffenden Gegenstand. –

Wissen Sie, lieber Freund, daß ich in meinem Zimmer nicht weniger als 3 Thumseebilder habe? Da ist eines nur Ansicht der Villa mit dem Plateau und Landungsplatz, das zweite der Blick über den ganzen See von der Straße aus und das dritte ein Glasbild, das am Fenster hängt. Genug Erinnerungen an einen schönen Sommer, nicht? –

So, meine Athenäum-Stunde hat geschlagen, also Schluß! Nochmals vielen Dank und herzlichste Grüße

von Ihrer Mathilde.

Wien, 30. Okt. 03.

Lieber, schlimmer Eugen!

Ich schreibe Ihnen heute nur, um Ihnen meine Empörung darüber auszudrücken, daß ich am Mittwoch, am Donnerstag, ja nicht einmal am Freitag eine Zeile von Ihnen erhalten habe. Heut sind es genau 14 Tage seit dem letzten Lebenszeichen, ich kann mir weder vorstellen, daß Sie so viel zu tun noch daß Sie auf einmal den Begriff für

Wochentage gänzlich verloren haben sollten. Was ist also allen Ernstes los mit oder bei Ihnen? Ich möchte sehr bald über diesen Punkt einige Aufklärung von Ihnen haben und will Ihnen indes einiges von mir erzählen, denn daß ich viel nach Ihren Angelegenheiten frage, sind Sie ja garnicht wert.

Also meine Hauptbeschäftigung gegenwärtig ist das Studieren. Ich finde diese freie Universität für Frauen, wie sie da am Athenäum ist, eine großartige Einrichtung, kann mir aber auch sehr genau vorstellen, wie groß für die jungen Leute die Verlockung sein muß, Vorlesungen zu schwänzen, weil ja absolut kein Lernzwang und keine Kontrolle ist. An mich ist die Versuchung noch nicht herangetreten, doch glaube ich, daß ich früher, als es schließt, weggehn würde, wenn am selben Abend in der Burg etwas Interessantes am Repertoire stünde. Das ist aber, glaub ich, kein arges Verbrechen.

Außer dem Athenäum habe ich einen entzückenden deutschen Lesekurs bei meinem vorjährigen Deutschprofessor, den ich Ihnen einmal glaube beschrieben zu haben. Wir lesen jetzt Grillparzers Trilogie »Das goldene Vließ«, für die ich eigentlich nie geschwärmt habe, die aber im gemeinsamen Lesen einen sehr schönen und tiefen Eindruck macht. Nur ist es mir immer so schrecklich, etwas wie die Medea oder den Schluß des Nibelungenlieds gemeinsam laut zu lesen, der Konflikt oder der Seelenschmerz der Heldin regt mich so auf, daß ich immer wünsche, es schon beendet zu haben und nur von diesem tragischen Geschick so wenig wie möglich mehr zu erfahren. Deshalb habe ich mich bis jetzt nicht entschließen können, zum Lohengrin zu gehn, denn ich würde verzweifeln, wenn ich den Schmerz der Elsa nicht nur hören, sondern auch dargestellt sehn müßte. – Als zweites Lektürestück kommt Schillers »Demetrius« an die Reihe, dann Tasso und dann Faust

I. Teil. Ich bin sehr neugierig, ob ich mit den wunderbaren Erklärungen unsres Professors den Faust endlich ganz verstehn werde. Ich muß Ihnen dann jedenfalls darüber schreiben. –

Beantworten Sie mir, lieber Freund, die eine Frage. Glauben Sie an Träume und ihre Deutung in bezug auf Ereignisse, die daraus entstehn? Ich habe über das Zeugs immer gelacht, aber wenn nun mal zufällig so eine Deutung eintrifft, was soll man dann davon halten? –

Eben bemerke ich mit Entsetzen, daß es mir garnichts geholfen hat, einen kleineren Bogen als gewöhnlich genommen zu haben, denn ich habe so eng geschrieben, daß es garnicht weniger ist als sonst. Und ich wollte Ihnen nur eine kurze Strafpredigt halten, es scheint indes, daß meine Feder sich in diese Abschweifung von der Tagesordnung nicht fügen will. Ich möchte, trotzdem ich mir zu Anfang fest vorgenommen habe, es nicht zu tun, Sie doch fragen, was all Ihre Freunde treiben und was in Ihrem Gesellschaftskreis los ist. Sie haben mir in Königssee, auf einem Baumstamm im Wald sitzend, so interessant von Ihren Freunden und deren Kousinen und Freundinnen erzählt, daß ich jetzt gern von all den Menschen, die Sie mir so lebhaft vor Augen geführt, auch weiter etwas erfahren möchte. Wie geht es dem hübschen Mädchen, die Sie auf dem Eis kennengelernt haben und die immer von allen so umschwärmt, zuletzt aber verlassen wurde? Ist das dieselbe, die einem der jungen Leute – ich erinnere nicht mehr genau, ob es Bobi war – direkt auf englisch sagte, daß sie ihn liebe?

Ich habe mich erst vor kurzem, als ich mit Hasi von einem Mädchen in dem ähnlichen Falle sprach, lebhaft an Ihre Erzählung erinnnert, und daß ich Ihnen sogar ihre Worte, diese 3 Worte, ins Englische übersetzt habe. Übrigens kann ich auch oft, wenn ich, wie fast täglich, mit Hasi

zusammen bin, nicht begreifen, daß Ihnen das entzük-
kende Bild im Dirndlkostüm damals nicht gefallen hat. So
etwas Süßes wie mein Hasi gibt es garnicht nochmal, aber
ich vergesse ganz, daß ich mir verlorene Mühe mache, indem ich Ihnen von ihr vorschwärme. –

Übrigens muß ich Ihnen noch erzählen, was mir neulich vormittag passierte, als ich, ganz erwachsene junge
Dame, mit Sopherl an der Hand in die Stadt ging. Es
schlägt 12 Uhr auf der Votivkirche, ich überschreite den
Schottenring und trete in die Hohenstaufengasse ein. Die
erste Quergasse ist die Schottenbastei, in der die Realschule liegt – an der Ecke pralle ich mit einem jungen
Mann zusammen, den ich bei näherem Hinsehn als Otto
erkenne. Er strahlt über das ganze Gesicht und begrüßt
mich äußerst kameradschaftlich (wir hatten uns seit dem
Frühjahr nicht gesehn), fragt, plaudert und zwingt mich
dadurch, an der Ecke stehn zu bleiben. Mir dämmert auf,
daß ich selten jemand gesehn habe, der mir so mißfällt, und
daß es sich nicht schickt, auf der Straße mit einem jungen
Mann stehnzubleiben, ich zwinge ihn also wieder dadurch,
daß ich weitergehe, sich entweder zu verabschieden oder
mitzugehn. Er tut letzteres einige Schritte weit, bis ich ihm
höchst liebenswürdig adieu sage und, jeder Zoll eine Königin, mit Soph an der Hand weiterschreite.

Er hatte mir erzählt, daß er mich einmal von der Elektri-
schen aus gesehn hat, ich ihn aber nicht, und sich nach
Sommer, Tanzstunde etc. erkundigt. Ich war so kühl und
gleichgültig herablassend, daß ich mich nachher an der
nächsten Straßenecke, Helferstorferstraße, ordentlich auslachen mußte, denn die ganze Begegnung war zu komisch
gewesen. Seine Liebe scheint den langen Sommer über-
dauert zu haben, meine entschieden nicht, also war es auch
keine. Vorigen Winter war er mir wenigstens noch sympathisch, aber jetzt finde ich ihn abscheulich. Ich glaube

fast, daß Sie das Wort, das ich so hasse, »wetterwendisch«,
schon wieder für mich in Bereitschaft haben, aber diesmal,
finde ich, war es lang genug, daß er mir gefiel, einen ganzen
Winter über, aber jetzt kann ich es nicht mehr finden. So
ein Sommer macht viel aus, dazu trug auch bei, daß er sich
im Frühjahr einmal häßlich benommen hat. Aber da neulich sein entsetztes Gesicht zu sehn über meine Kälte, war
großartig. –

P. ist jetzt unter die Turner gegangen und hat mir heute
morgen einen Wahlspruch zum Schluß eines höchst lang-
weiligen Briefs geschickt; er lautet: frisch, fromm, fröhlich,
freud. Wie finden Sie das? –

Jetzt weiß ich Ihnen aber auch garnichts mehr zu erzählen, als daß Mausi,[18] mein süßes kleines Kousinchen, bei
mir ist und mich zwischen je 3 Worten von rückwärts an-
bläst – ich muß mich dann natürlich mit Gleichem revan-
chieren –, so daß ich absolut nicht mehr weiß, was ich da
alles dummes Zeug geschrieben habe. Bitte, ziehen Sie
Mausis Anwesenheit beim Lesen des Briefs in Rechnung.

In einer Viertelstunde muß ich im Anatomischen Institut
sein und dort einen sehr interessanten Vortrag von Dr. M.
über Elektrizität und Elektrotechnik hören. Das »muß« ist
aber hier nicht in seiner sonstigen Bedeutung aufzufassen,
sondern bedeutet nur die festgesetzte Stunde. –

Sagen Sie mir bitte, lieber Eugen, ob Sie nicht finden,
daß 16 Jahre für ein Mädchen schon sehr alt und erwachsen
sind? Ich komme mir furchtbar erwachsen vor und bedaure, aber nur sehr selten, doch, daß ich nicht älter, öfter
aber, daß ich nicht jünger bin. Ich glaube, die sweet sixteen
ist ein Alter, in dem man meist sehr verdreht ist, um von
mir auf andre zu schließen. Lieber Eugen, wenn Sie mir

18 Caecilie Graf (1899–1922), Tochter von Freuds Schwester
Rosa und Heinrich Graf.

während der beiden Feiertage nicht einen *sehr langen* Brief schreiben, ist Ihnen auf ewig sehr böse

Ihre tief empörte Freundin Thilde.

27. Nov. 03.

Heute sind es gerade 6 Wochen, daß ich, außer einer lakonischen Karte aus Moosberg, keine Zeile von Ihnen gesehn habe. Sind Sie verdorben-gestorben, versunken-vergessen, oder was ist sonst los?

Thilde.

Wien, 8. Dez. 03. –

Mein lieber Freund!

Sie sind – um einen echt Wiener Ausdruck zu gebrauchen – wirklich großartig! *Ein* Samstag, an dem die Fernpost eine kleine Enttäuschung bringt, und sich deshalb so aus dem Konzept bringen lassen! Was hätte ich denn eigentlich machen sollen, da ich nicht nur an Samstagen, sondern auch an sämtlichen übrigen Tagen der Woche den erwarteten Brief nicht bekam? Seit wann sind Sie so egoistisch geworden? Konnten Sie sich im Ernst einreden, daß ich Ihnen sofort antworten würde, wenn der Brief auch 20 Seiten lang war, nachdem Sie auf zwei von mir (wie Mama mit Vorliebe sagt) nicht einmal »Muh« gemacht hatten? Sind wir denn nicht Menschen des 20. Jahrhunderts und bekanntlich auf einer so hohen Intelligenz-Stufe wie keine andren Lebewesen sonst – und da gibt es im Süden Deutschlands, im Zentrum der Zivilisation, einen Menschen, dem in 6 Wochen nicht die Idee kommt, eine Postkarte für 5 Pfennig zu kaufen, zu beschreiben und abzuschicken???!!!, wenn besagter Mensch zu einem Brief schon keine Zeit hat? – So, jetzt ist mir beim Nachlesen der Atem ausgegangen, und das bestimmt mich, diese höchst eindrucksvollen Fragesätze aufzuhören, denn Sie könnten ja vielleicht auch gerade aus Sympathie einen unerhörten Schnupfen haben, und einen Nervenshock, noch dazu auf solche Entfernung hin und in dieser schlechten Jahreszeit, möchte ich doch nicht auf das Gewissen meiner Feder laden! –

Jetzt sollte ich, nachdem ich Ihren Wunsch, von mir zu hören, auf großem Bogen mit kleiner Schrift so schön erfüllt habe, eigentlich aufhören und abschicken – aber es tut mir so leid um den schönen, zugrunde gerichteten Briefbogen, denn ich habe nur mehr wenige und mein Taschengeld geht zur Neige, daß ich mich von all diesen triftigen Gründen doch zum Weiterschreiben bewegen lasse.

Sie verdienen es wirklich ganz und gar nicht, böser, böser Eugen! Sie haben sich unerhört häßlich benommen und garnicht gescheit auch noch dazu. Denn daß man in 6 Wochen nicht Zeit für eine Postkarte findet, das glaube ich Ihnen nicht. Ich habe Ihnen aber so viel zu erzählen, daß ich mit der Strafpredigt doch aufhören muß, sonst ist es Abend, und ich rege mich noch immer »brieflich« über Ihre Schlechtigkeit auf, wohlgemerkt brieflich, denn innerlich und mündlich geschieht das durchaus nicht. Und schließlich muß ich Ihnen ja auch wieder gut sein, nachdem Sie reuig Ihre Schuld eingestanden haben; sonst kommen wir ja auch garnicht mehr in Fluß, und jetzt stehn ja die Weihnachtsferien vor der Tür, wo Sie soviel Zeit haben. Also einen ehrlichen, deutschen Händedruck zur Versöhnung – und gehn wir zur Tagesordnung über. Nach dem Ausspruch der Dichter soll es ja nach einem kleinen Bösesein immer viel hübscher sein als vorher, ich glaube auch gern, daß es so sein wird, wenn Sie jetzt nur brav sind und mir jede Woche einmal schreiben – das gehört dazu. Also Tagesordnung.

Jetzt nehme ich erstmal Ihren langen Brief wieder zur Hand und sehe nach, was darin zu beantworten ist. Erste Seite erregt im höchsten Grade meine Mißbilligung: Sie machen mir die freundliche Mitteilung, daß lange Stockungen in unserm Briefwechsel heuer noch oft eintreten werden. Also, jetzt bitte ich Sie ernstlich, schauen Sie dazu, daß das wirklich nicht der Fall ist, es wäre zu arg. Sehen Sie, lieber Freund, ich finde, wenn Sie nächste Woche wieder keine Zeit haben und bis nachts, sagen wir ½1^h zu arbeiten haben, dann nehmen Sie eine Postkarte und schreiben bis ¾1^h stenographiert ein paar Worte drauf, wie es Ihnen geht, was los war und so weiter. Ich meine, das ist wirklich nicht zu viel verlangt und auch nicht so schwer zu erfüllen, natürlich ist mir ein Brief lieber, aber besser als garnichts ist eine Karte doch.

Jetzt folgt die erbarmungswürdige Beschreibung Ihrer Tätigkeit. Deutsche Schularbeit (wie ist sie übrigens geworden?) wechselt ab mit Schießstunden und langen Aussprachen mit Bobi, dazwischen je eine halbe Stunde von wirren Träumen gestörten Schlafs – kurz, es ist entsetzlich. Dann kommt aber doch zum Schluß die Erkenntnis der Schuld in den Worten: ich hätte meine Zeit besser einteilen sollen, dann wäre es vielleicht gegangen. Ist mir ganz aus der Seele gesprochen. Daß Sie einem Turnverein beigetreten sind, finde ich sehr vernünftig, Sie müssen ja entschieden noch größer werden, und dafür soll Turnen das beste Mittel sein, wie ich von P. gehört habe.

Für Fifi will ich mich gern um die Adresse des jungen Mädchens bemühen, denn seine Verlegenheit kann ich mir sehr gut vorstellen, aber ich vermute, daß der Name Pokorny-Eden heißt, denn das ist ein in Wien bekannter, während ich Bokorny noch nie gehört habe. Ich werde beides nachschlagen, konnte es aber bis jetzt noch nicht tun, weil ich ins große Telegrafengebäude, wo das Buch aufliegt, nicht gut allein gehn kann und sich keine Gelegenheit geboten hat, es mit Fräulein oder Hasi zu tun. Vielleicht geht es morgen.

Sie wollen gern wissen, was ich mir alles über Sie während dieser langen Zeit gedacht habe. Das ist bald gesagt. Im Anfang dachte ich, daß Sie sehr viel zu tun hätten und deshalb nicht schrieben. Dann war eine Woche, die mir etwas rätselhaft schien, denn für Nichtzeithaben war es zu lang, und ich wußte sonst nicht viel, was ich als Grund annehmen sollte. Schließlich wurde es mir gleichgültig, ich erwartete gar keinen Brief mehr und nahm mir bloß vor, am Freitag ein paar Worte zu schreiben. Natürlich hat mich Ihr langes Schweigen etwas geärgert, aber ich muß sagen, Sie haben mich jetzt so dran gewöhnt, daß ich mich kaum noch ärgern werde. Man gewöhnt sich eben schließlich an so mancherlei. – – –

Daß Ihre Schüchternheit etwas besser geworden ist, lieber Eugen, freut mich riesig. Ganz gut muß es ja nicht auf einmal werden, das würde, glaube ich, Ihre alten Freunde in großes Erstaunen versetzen, aber ein Fortschritt ist jedenfalls schön. Daß Sie das Rotwerden aufgegeben haben, ist auch »sehr lobenswert«. –

Ich freue mich, daß Sie es aufgegeben haben, mir Ihre verschiedenen Bekannten und deren Freunde und Verwandte und die Beziehungen zueinander zu erklären, es ist wirklich vergebene Mühe, denn solche Sachen begreife ich nie, nicht einmal die Verhältnisse in meiner eigenen Familie. –

Aber jetzt kommt eine ungeheure Empörung über den Inhalt Ihrer letzten Seite. Die Geschichte mit dem Geständnis und Ihre sarkastischen Bemerkungen dazu: Ich muß sogar einen frischen Bogen dazu nehmen.

Wie ich Ihre Anspielungen auf diesen Gegenstand gelesen habe, wußte ich zuerst überhaupt nicht, wovon Sie eigentlich sprechen. Denn die ganze Geschichte hat mich gerade noch 2 oder 3 Tage nachher amüsiert, dann habe ich sie vollständig vergessen. Sie scheinen jetzt im Ernst zu glauben, daß ich verliebt war, und zwar in Otto. Der Gedanke ist mir so unbeschreiblich lächerlich, daß ich Ihnen garnicht sagen kann, wie sehr. Erstens erregt das Wort verliebt in mir schon von vornherein so ein Gefühl des Ekels, daß ich es garnicht anhören kann, und besonders wenn es so unrichtig angewendet ist. Die ganze Geschichte mit Otto ist folgende: Voriges Jahr in der Tanzstunde hat er mir gefallen, das leugne ich nicht im geringsten. Ich habe mich immer sehr gut mit ihm unterhalten können, [wir] hatten eine Menge gleicher Gedanken, und so weiter. Von Verliebtsein kann dabei keine Rede sein, das liegt überhaupt garnicht in meinem Charakter, außer daß ich für verliebt eine andre Vorstellung habe als viele andre. Das ist ja möglich.

Sie nennen mein Benehmen Otto gegenüber abscheulich. Das hat mich gefreut, weil es so offen von Ihnen gesagt ist, es war vielleicht auch mit dem Ausdruck am richtigsten bezeichnet, aber ich bin in letzter Zeit darauf gekommen, daß ich überhaupt oft abscheulich bin, so hat mir das keinen besonderen Eindruck gemacht. Und ich bedenke eigentlich nie, was ich sage oder tue, rede immer frisch von der Leber weg, wie es mir gerade einfällt. Das ist vielleicht nicht immer recht, aber ich werde es deshalb doch weiter tun, die gesellschaftliche Lüge hasse ich (zum öfteren Entsetzen meiner Mama). Otto gefällt mir heuer garnicht mehr, er grinste so abschreckend, und ich war in meiner freimütigsten Laune an dem Vormittag. Übrigens stellen Sie sich die ganze Sache auch ein bißchen zu arg vor, ich habe Otto seitdem mehrmals getroffen, und er hat mich strahlend freundlich gegrüßt.

Ein Gutes hatte aber Ihre Erwähnung der Sache doch, Sie haben mich an ein Versprechen erinnert, das ich nicht mehr im Gedächtnis hatte, das ich Ihnen vor sehr langer Zeit gegeben haben muß, wie ich glaube. Ich hatte Ihnen versprochen, Ihnen zu sagen, wenn ich mich in jemand verlieben würde. Mich graust es bei dem Wort, ändern wir es in sehr gut gefallen – das war also heuer im Sommer der Fall, 3 oder 4 Tage lang, aber es war ganz anders, als die Geschichte sonst bei andern Mädeln der Fall ist (ach Gott, ich werde noch über meine Fälle fallen), und er war Jascha. Ich glaube, wenn wir wieder im Königsseer Wald säßen, würde ich Ihnen alles genau erzählen, aber auf dem Papier geht es nicht. Aber als er anfing, rasend verliebt zu werden (ich muß so sagen, denn er war es wirklich), grauste es mich, und ich wurde kalt wie ein Stein und ärgerte mich. Das ist also die Geschichte. Jetzt ist sie fast vergessen, aber er schreibt noch hie und da, doch auch schon kühler, Gott sei Dank. Ich erinnere mich nicht mehr, ob Sie mir damals das

Gegenversprechen gegeben haben, aber Sie müssen, wenn Sie es getan haben, es wirklich auch genau so erfüllen wie ich. –

Heute ist Donnerstag, ich muß ins Athenäum, und wenn ich Sie wäre, würde ich Ihnen erzählen, wie abgehetzt und schrecklich beschäftigt ich bin. Aber lassen wir das jetzt, ich schicke den Brief so ab und schreibe Ihnen vielleicht morgen oder wie ich Zeit habe immer ein paar Zeilen. Wenn Sie meinen ganz fertigen Brief auf einmal haben wollten, müßten Sie bis Dienstag warten. Also für heute genug und adieu! Bitte schreiben Sie mir ganz gewiß endlich wieder einmal bis Mittwoch, wenn es auch wenig ist, bitte! Das können Sie mir doch gewiß zu Gefallen tun.

Also herzlichste Grüße und Fortsetzung folgt.

Thilde.

Wien, 25. Dez. 03.

Mein lieber Freund!

26. Dez. – Groß von Entschlüssen, wie ich immer bin, habe ich gestern diese 7 Worte gleich nach Eintreffen der Morgenpost geschrieben, um Ihnen sofort für Ihre reizende Sendung zu danken. Aber weiter bin ich, wie Sie sehn, nicht gekommen, viel Ruhe kann man ja schließlich vom ersten Feiertag auch nicht verlangen. Aber ich habe wirklich bereut, Ihnen nicht, wie ich wollte, vorher geschrieben zu haben, damit das kleine Schweinchen Ihnen meine Wünsche für das Weihnachtsfest bringe. Jetzt geschieht es nachträglich – aber nicht minder herzlich. Was man Ihnen wünschen kann, ist, wie ich glaube, daß Sie viel mit Bobi zusammen sind, Ihre andern Freunde einigemal sehn und sich dabei gut unterhalten, ein paarmal ins Prinzregententheater und in Konzerte gehn und last not least – viel freie Zeit zum Schreiben haben.

Sie haben mir mit Ihrem lieben, lieben Brief samt Inhalt eine riesige Freude bereitet, der Kalender ist (ich sage nicht mehr so oft reizend und entzückend) wirklich süß und steckt bereits zum täglichen Gebrauch in meinem Anhängetäschchen – von Ihrem Bild kann ich dasselbe natürlich nicht sagen, sonst werden Sie zu eitel und eingebildet, es ist aber sehr hübsch, und es hat mich sehr gefreut, daß Sie mir endlich eines geschickt haben. Alle 3 Aufnahmen geben ein schrecklich erwachsenes Bild von Ihnen, geradezu beunruhigend erwachsen, Fräulein hat ganz dasselbe gefunden, Sie scheinen sich seit Königssee wirklich verändert zu haben. Am besten getroffen finde ich das linke von den beiden Bildern mit Hut.

Ihr Brief hat außerdem gestern eine sehr wohltätige Wirkung auf mich gehabt; es war nämlich ¼11ʰ und ich noch im Bett mit ganz verschlafenen Augen und offenen Haaren (von denen ich übrigens vermelden kann, daß sie mehr und schwärzer sind als je), und als Fräulein an der Tür rief: »die Post ist da«, bin ich zu ihrer großen Freude sehr rasch munter geworden. Zugleich mit Ihrem Brief bekam ich eine rührende Karte von P., der sich in letzter Zeit sehr vernachlässigt gefühlt hat, denn ich beantworte seine Briefe meist nicht unter 5 Wochen. (Das erinnert mich äußerst lebhaft an einen guten Bekannten, der ähnliche Dinge tut, vor kurzem aber Besserung – wenigstens für die Feiertage – gelobt hat.)

Was ist bei Ihnen alles zu Weihnachten los gewesen? Erzählen Sie mir bitte, was Sie bekommen haben; ich suche schon wieder einmal Anhaltspunkte für schöne Bücher und Bilder. Bei uns war das Fest heuer nicht ganz so heiter wie sonst durch den Todesfall, von dem ich Ihnen letztes Mal schrieb. Aber am Abend selbst kam die richtige Weihnachtsstimmung auch über uns mit dem Duften der Tannenzweige und dem geheimnisvollen Knistern des Gold-

und Silberpapiers und all der kleinen, reizenden Sachen, die auf dem Baum sind. Ich habe ein sehr schönes Bild bekommen, einen Frauenkopf von Stuck[19] in einem himmlischen Rahmen, eine Reise- und Sommerschreibmappe, wie man sie nicht herrlicher träumen kann – im Sommer können Sie sie auf meinem Königsseer Tisch bewundern –, eine reizende kleine Vase von Fräulein, verschiedenes Zeugs zum Anziehn, unter anderm eine süße rosa Blouse, ein liebes, kleines Uhranhängsel und eine Broche, die ich mir selbst ausgesucht habe und so liebe, daß ich sie küssen könnte. Sie hat die Form eines Ruders mit langem Griff, und unten auf dem Schaft sitzt eine Perle. Ganz mein Geschmack, sowohl Ruder wie Perle. –

Gestern nachmittag war ich bei einer Freundin eingeladen, die ihr Zimmer ganz im Secessionsstil eingerichtet hat, mit allen jungen Malern wie Peter Altenberg[20] und seinen Freunden verkehrt und jede andre Form als Secession als unschön bezeichnet. Merkwürdigerweise hat mir ihr Zimmer riesig gefallen, da habe ich zum erstenmal gesehn, daß Secessionsfarben und -formen auch sehr behaglich sein können und nicht einmal so sehr verdreht.

In meinem Zimmer sind jetzt mehrere Neuerungen eingeführt worden, die es sehr hübsch und gemütlich machen und mir »schrecklich gut« gefallen. Ich habe nämlich einen neuen Schreibtisch und dahinter ein Eckfach, auf dem eine große Statue aus der Niobidengruppe, Schiller- und Goethe-Büsten, eine reizende Vase stehn und malerisch geordnet meine Kunstzeitschriften liegen. Auf dem Schreibtisch steht eine Statue »Die Nacht«, eine Klythia, eine Bronzestatuette von Michelangelo, und nach den

19 Franz von Stuck (1863–1928), Mitbegründer der »Münchner Secession«, seit 1895 Lehrer an der Münchner Akademie.

20 Peter Altenberg (1859–1919), Schriftsteller und Lebenskünstler, Autor der Gruppe »Jung-Wien«.

Feiertagen kommt noch eine Isis aus Papas Sammlung dazu, die vielleicht schon auf dem Altar eines ägyptischen Priesters gestanden hat. Und neue, entzückende Bilder habe ich auch, eine neue Methode, mir selbst Rahmen dazu zu machen und sie auf eine sehr hübsche Art aufzuhängen. Das Bild vom Hertz hängt an einer hellgrauen Schnur auch an der Wand, an der mein Schreibtisch steht. –

Haben Sie einmal von der Künstlervereinigung in Worpswede[21] etwas gehört? Ich habe neulich entzückende Bilder der dortigen Künstler gesehn, die wirklich großartig realistisch aufgefaßt und sehr fein ausgeführt sind. – Haben Sie neulich einmal irgendetwas Schönes im Prinzregententheater gesehn? In einer der letzten Nummern des Simplicissimus war so eine glänzende Karikatur von Possart[22] unter dem Spitznamen »Galerie berühmter Zeitgenossen«, haben Sie sie nicht gesehn? Ich habe einen ganzen Abend darüber gelacht, es war zu gut. –

28. Dez. 03. – Gestern bin ich wieder nicht zum Schreiben gekommen, denn am Vormittag mußte ich mit Mama Bedankungsbesuche machen, und nachmittags bis 10^h abends war Tanzgesellschaft bei Hasi, ich habe mich riesig gut amüsiert und sehr viel getanzt und Neues gelernt. Denken Sie, wie schön Hasis Mama das macht, wir waren mit der Haustochter nur 4 Mädchen, und Herren waren zwischen 10 und 15. Heute vormittag war ich zuerst beim Zahnarzt wie seit Wochen fast alltäglich, dann bei einer Freundin, Fanny, etwas ausrichten, und zum Schluß bis Mittag bei Hasi, Aussprache über gestern, über Weihnachten, ihren

21 Berühmte »Künstlerkolonie« am Teufelsmoor bei Bremen, in der u. a. Heinrich Vogeler, Paula Becker, Otto Modersohn, Rainer Maria Rilke und Clara Westhoff lebten.
22 Ernst Possart (1841–1921), Generalintendant des Münchner Hoftheaters.

Kousin etc. Jetzt soll sie gleich wieder erscheinen, um mit mir in die Stadt zu gehn und auf ein paar Augenblicke Alicens Weihnachtsgeschenke zu besichtigen. Mir fällt eben ein, daß ich Ihnen seit undenklichen Zeiten keinen richtigen Brief geschrieben habe, nichts von meinem Arbeiten, Lesen und Schreiben erzählt. Eben kommt Hasi, Fortsetzung folgt.

29. Dez. 03. – Hasi hat zwar gestern, so lieb und süß sie ist, sofort gesagt, ich solle nur ruhig weiterschreiben, sie wolle indes etwas lesen. Aber natürlich konnte ich kein einziges Wort mehr finden und hab also lieber aufgehört, da Hasi auch vor Neuigkeiten dem Sterben nahe war. Wir waren zusammen in der Stadt und bei Alice, sind abends erst zum Nachtmahl heimgekehrt. Den ganzen heutigen Vormittag war ich natürlich wieder beim Zahnarzt und sitze jetzt mit erfrorenen Händen und reuevollem Herzen an meinem Schreibtisch. Diesen Brief hier kriegen Sie am Mittwoch, da hätte ich eigentlich schon Antwort darauf haben sollen, ich habe fast jede Hoffnung verloren, daß wir noch einmal in unser gewohntes Geleise kommen. –

Also jetzt einmal wieder wie ein Brief aus alten Zeiten: Haben Sie in München etwas von einem Maler gehört, der Gustav Klimt[23] heißt, dem Verbande der Wiener Secession angehört, die denkbar verrücktesten Sachen malt und gegenwärtig in unserm Secessionsgebäude eine Ausstellung seiner Werke veranstaltet hat? Dieser Klimt hat im Auftrage der Wiener Universität 3 große Wandgemälde vollführt, die die Medizin, die Jurisprudenz und die Philosophie darstellen – sollen. Außerdem hat er Fresken im japanischen Stil, Porträts, Allegorien und Landschaften gemalt, wird aber wegen unerhörter Verrücktheit und

23 Gustav Klimt (1862–1918), vgl. S. 76 f.

Modernität für junge Mädchen als höchst verderblich und schädlich betrachtet, und die Anzahl derjenigen glücklichen Geschöpfe von 16–20, die ihn dennoch gesehn haben, ist nicht groß. Ich gehöre auch dazu, habe eines Tages mit Papa und Mama die Ausstellung besucht und mich als einziges Wesen unter 35 Jahren in dem geräumigen Gebäude gefunden. Ich fand die ganze Bildersammlung riesig interessant und habe – was bei Klimt schon etwas sagen will – bei einigen Gemälden Sinn und Inhalt gefunden und mir auch eine eigene Ansicht darüber gebildet. Ich möchte schrecklich gern mit Ihnen noch darüber sprechen, denn die Sache lohnt der Mühe, aber Sie müssen mir erst sagen, ob Sie Klimt kennen, sonst habe ich Sie schon mit dieser langen Besprechung sehr gelangweilt. –

Das zweite, was ich Ihnen schon seit langem erzählen wollte, ist ein Plan, den ich vor mehreren Wochen gefaßt habe und der nach und nach auch ausgeführt wird. Ich habe nämlich ein englisches Buch gelesen, das »Ships that pass in the night« heißt, von Harraden[24] ist und mir wirklich sehr gut gefallen hat. Ich habe Fräulein, die mir immer mehr Freundin als Fräulein wird, davon erzählt, und da sie nicht Englisch kann, ist in mir der Wunsch entstanden, ihr das Buch zu übersetzen. Die Idee wurde der Engländerin mitgeteilt, die sie vollkommen billigte, mir aber riet, mit etwas Leichterem zu beginnen und »The Ships« für eine Zeit zu lassen, da ich mich beim Übersetzen heimischer fühlen würde. So habe ich also zum schweren Anfang ein leichtes englisches Märchen genommen, das mir auch sehr sympathisch ist, »The Waterbabies« von Kingsley[25], und

24 Betrice Harraden (1864–1936), namhafte, der Frauenbewegung nahestehende Schriftstellerin in London.
25 Charles Kingsley (1819–1875), englischer Dichter, Geistlicher und Romanschriftsteller, schrieb auch Kinderbücher wie z. B. das Märchen »Water Babies«.

bereits ein paar Seiten begonnen. Es geht ganz gut, nur braucht man sehr viel Ruhe dazu, und die habe ich nicht immer.

Wenn es Sie interessiert, von den Schicksalen dieses ersten Versuches noch weiteres zu erfahren, will ich es Ihnen gern melden. Mein Plan geht nämlich auch noch dahin, die Übersetzung, wenn sie gut genug ausgefallen ist, einem Buchhändler zum Verlegen anzubieten. Es wäre doch herrlich, wenn ich mir zum Beispiel Geld für Vergnügungen oder Toilettesachen selbst verdienen könnte, wenn es auch nur ein ganz bescheidener Anfang ist! Auf eigenen Füßen stehn, besonders wenn man nicht dazu gezwungen ist, denke ich mir wunderschön. Die Engländerin meint, daß das Buch noch nicht ins Deutsche übersetzt ist; ich hatte aber bis jetzt nie den Mut, darnach zu fragen. Würden Sie mir das zuliebe tun und sich gelegentlich einmal darnach erkundigen, lieber Freund? Ich wäre Ihnen sehr dankbar – aber wenn es Ihnen nicht gut möglich sein sollte, dann lassen Sie es nur ruhig bleiben – es geht auch ohne.

Ich habe mich übrigens gleich, nachdem ich Ihnen meine Absicht es zu tun geschrieben, nach der Adresse der Familie erkundigt, die Fifi im Sommer kennengelernt hat – aber ganz ohne Erfolg. Fräulein, die Kleinen und ich sind im Telegraphenbureau gewesen, haben beide Bände des großen Adreßbuches durchgeschaut, sowohl die Namen mit B wie die mit P, und nicht einmal etwas Ähnliches gefunden. Bitte sagen Sie Bobi, daß ich sehr bedaure, ihm nicht aus der Verlegenheit geholfen haben zu können – aber was in meinen Kräften stand, habe ich getan. –

Kommende Woche beginnen wir in unserm deutschen Lesekurs mit der Lektüre des »Faust«. Ich bin begierig, ob ich ihn mit den gemeinsamen Erklärungen endlich ganz verstehn werde – vielleicht hilft es doch etwas. Dieser Tage steht mir noch ein großer Genuß bevor, nämlich Fiesco[26] in der Burg, ganz neu einstudiert und geradezu glänzend besetzt. Die Kritik war zwar nicht sehr begeistert, aber ich hoffe doch auf Befriedigung meiner hochgespannten Erwartungen. –

Ich habe neulich ein sehr hübsches Buch von Voß[27], »Villa Falconieri« gelesen. Kennen Sie's? Keine sehr ernsthafte oder besonders bildende Lektüre, aber fesselnd wegen der ausgezeichneten Landschafts-Malerei – ich muß so sagen – und der Entwicklung der Charaktere. Ich möchte riesig gern, daß Sie es auch kennen, lieber Eugen, oder daß wir irgendein Buch überhaupt beide lesen, um wieder einmal ein vernünftiges Gespräch führen zu können; der Inhalt unsrer letzten Briefe läßt sich eigentlich in 2 Worte zusammenfassen: Vorwürfe und Entschuldigungen. Das muß entschieden anders werden, und ich habe mich heute schon bemüht, einen löblichen Anfang zu machen. (Allerdings habe ich mir's bequem gemacht, Vorwürfe zu machen hatte ich nicht, und die Entschuldigungen habe ich mir einfach erspart.) –

Ich habe da neben mir ein Päckchen der himmlischesten Lindt-Schokolade liegen, die noch von Weihnachten stammt, im Laufe des heutigen Nachmittags aber bedeutend zusammengeschmolzen ist. Das liebe ich besonders, während des Schreibens was Gutes zu essen zu haben, etwas Gemütlicheres gibt's gar nicht. –

Neulich habe ich auch wieder ein Tagebuch begonnen, denn im Herbst habe ich mein sommeriges nicht fortgeführt, jetzt soll alles Bemerkenswerte kurz und sachlich aufgezeichnet werden. Ich glaube, daß ich Ihnen noch eine

26 Schillers »Die Verschwörung des Fiesco zu Genua«.
27 Richard Voß (1851–1918), freier Schriftsteller in der Villa Falconieri in Frascati bei Rom, Vorliebe für pikant-sentimentale Unterhaltungsromane und Sittenstücke.

Menge Sachen zu erzählen hatte, aber ich muß schließen, sonst kommt wieder kein Ende. Denn in ein paar Minuten erscheint Hasi zur Stunde und dann die Engländerin.

Ich habe noch eine Bitte: Haben Sie hübsche Bilder aus Zeitschriften ohne Verwendung dafür? Bitte, denken Sie, wenn dies der Fall sein sollte, an mich! – Gegenleistung nach Wunsch, am liebsten lange Briefe. – Also Schluß für heute! Ich werde meinem Prinzip untreu und bitte um gnädigste Verzeihung wegen der Verzögerung.

Mit 1000 Grüßen
Ihre Thilde.

Wien, 16. X. 04. [Farbige Bildpostkarte mit Dame]

[Poststempel: Wien 31. XII. 05]
Herzliche Neujahrsgrüße von einer alten Freundin, die Ihnen wohl einen längeren Brief schuldig ist, jetzt aber nur zu diesen wenigen Zeilen Zeit findet, um Ihnen ein frohes Studienjahr 1906 zu wünschen.

Mit schönsten Grüßen
Mathilde Freud.

Levico Grand Hotel, 3. VII. 06.

Lieber Eugen! In Eile – denn vor lauter Faulenzerei ist man mit Schreiben immer in Eile – einen herzlichen Gruß von hier, wo es einfach reizend schön ist. Ich treibe fleißig Kur mit Trinken, Baden, Essen, Faulenzen, liege den ganzen Tag wie ein Eidechs an der Sonne und fühle mich unbeschreiblich wohl. Habe hier einen Münchner kennengelernt, der Ihre Familie kennt oder einen sehr guten

Freund Ihres Vaters. Lassen Sie mich einmal ein paar Worte hören!

Mit besten Grüßen Ihre Mathilde F.

Levico 6. VII. 06.

Lieber Eugen! Ich bekomme in dieser Minute Ihren Brief, der über Wien etwas verzögert ist, und muß Sie fragen, ob Sie mein Billet noch aus Wien, ungefähr vom 21. Juni geschrieben, nicht erhalten haben. Da habe ich nämlich – nur nicht in so schöner poetischer Form – ganz demselben Gedanken Ausdruck gegeben wie Sie heute, Ihnen die gleiche Frage gestellt und sie auch mit: »ich meine Nein« beantwortet. Inzwischen müssen Sie meine Karte aus Levico erhalten haben, und ich bitte Sie auf jeden Fall, mir gleich auf einer Karte Antwort zu geben, ob mein Briefchen wirklich verloren ist, ich müßte Ihnen dann rasch alles darin Erzählte wiederholen. Ich freue mich riesig, wenn unsre liebe alte Freundschaft ihre Auferstehung feiert, und grüße Sie bis dahin vielmals. Entsetzen Sie sich nicht über meine Schrift, ich schreibe hier immer liegend, da wird's nicht anders. Herzlichst Ihre old friend

Mathilde.

[Gedruckter Briefkopf: Grand Hôtel, Neues Kurhaus]

Levico, 13. Juli 06.

Lieber Eugen! Sie wissen doch, seit Nansen ist der dreizehnte ein Glückstag – also ein gutes Omen für uns beide, daß es gerade heute regnet und ich nicht hinauskann. Sonst hätte ich wohl noch kaum Zeit gefunden, einen ordentlichen Brief zu schreiben. Im Sessel geht es für mehr als eine Karte doch nicht. –

Ja, was soll ich Ihnen denn schreiben? Erst einmal dan-

ken für Ihre verschiedenen Briefe, mit denen ich mich riesig gefreut habe – es ist sehr hübsch und interessant für
mich, wie langsam aus dem, was Sie mir erzählen, und der
Art, wie Sie es mir erzählen, Ihr Bild sich wieder zusammenstellt. Es kommt mir auch mit jedem Wort bekannter vor und doch in vielem ganz neu. Ich muß Ihnen
erzählen, damit Sie mich verstehn, in welch merkwürdigen
Seelenzustand ich durch meine Krankheit geraten war. Das
ist jetzt zum Glück alles wieder überwunden.

Als ich im Mai vorigen Jahres nach einem durch den
Meraner Aufenthalt sehr feschen Frühjahr den ordentlichen Blinddarmanfall bekam, der 14 Tage dauerte und
schließlich zur Operation führte, traten plötzlich vor der
unangenehmen Krankheit alle Interessen zurück. Es gab
keinen andern Gesprächsstoff als Operation, Gesundwerden, Nachkur, Sommerpläne etc. Manchmal dachte ich
wohl, wenn Eugen das wüßte, aber das war auch alles; lernen, lesen, schreiben, alles hatte aufgehört, es war viel wichtiger, daß ich ruhig blieb und meine Schmerzen nicht erneuerte. Dann kam die Operation, auf die ich mich freute,
die mich aber so sehr enttäuscht hat, an dem einen bösen
Tag 2 Narkosen mit ihren schauderhaften Folgen und dann
Wochen im Sanatorium, endlich wieder zuhause, dann langsam Gehen, Stehen, Sitzen lernen, endlich die Reise nach
Alt Aussee und das langsame Feschwerden im Sommer.
Während dieser Zeit hatte ich beinahe alles, was sich vorher
begeben, vergessen. Ich wußte die Namen meiner Schulfreundinnen nicht mehr, ich erinnerte kein einziges Buch,
das ich gelesen hatte, ich wußte nicht mehr, was ich je anderes getan hätte als im Sessel liegen und mich schonen.

22. Juli 06. – Eine lange Pause von 9 Tagen, nicht wahr?
Der Regentag damals war kein echter, nach einer halben
Stunde wieder heller Sonnenschein, und man mußte hin-

aus ins Freie. Seither bin ich wieder um ein gut Teil fescher geworden, habe jeden Tag Tennis gespielt, und zwar so viel, daß der Doktor schon wieder Ruhe und Faulenzerei verordnet hat. Also wird wieder im Sessel gelegen und gekritzelt.

Sie können sich schwer vorstellen, mit welchen Hindernissen das Schreiben hier verbunden ist! Auf den Knien ein hartes, großes Buch, auf diesem ein Heft, als Unterlage – alles in beständiger Rutschbewegung. Die Tinte auf einem Sessel daneben, von oben aus den Bäumen die schrecklichsten Tiere auf mich herunterfallend. (Unser Deutschprofessor hat das participe présent nie leiden können. Aber schließlich ist man leider schon so lange aus der Schule.)

Soll ich in meiner Erzählung von neulich fortfahren? Ich glaube, es genügt, Ihnen mit ein paar Worten zu erzählen, daß mein Winter bis Jänner noch ärger war als der Sommer. Ich bin mit immerwährenden Schmerzen am Sofa gelegen, konnte dabei nicht einmal etwas lesen. Mein Kopf war nicht imstande, vernünftige Gedanken in sich aufzunehmen, es war ganz leer und öde drinnen. Endlich im Frühjahr wurde es besser, ich konnte wieder leben wie ein andrer Mensch, war sehr viel im Theater, nur in einer Gesellschaft, dafür war sie aber auch sehr hübsch. Jetzt im Mai – Juni war es in Wien sehr heiß und ich zum Schluß wieder ziemlich kaputt, die Levico-Kur soll die letzten Überreste der blassen Wangen und der Müdigkeit beseitigen. Mittwoch bin ich hier schon zu Ende und gehe zu Papa, Mama etc. etc., die nur 3 Stunden Wagenfahrt von hier entfernt sind, in Lavarone, einem entzückenden Nest, beinahe 1200 m hoch zwischen den Bergen gelegen. Dort wird mit Rudern, Fischen, Baden und Tourenmachen Nachkur gehalten, damit ich zum kommenden Winter endlich wieder ganz fesch bin.

Jetzt, wo ich so viele hübsche Karten von Ihnen bekomme, werden Sie mir wieder mit jedem Tag bekannter, ich hatte in meiner öden, langen Krankheit kein ordentliches Bild mehr von den Menschen, mit denen ich nicht unmittelbar beisammen war.

24. Juli 06. – Wieder eine Pause, dafür heute Schluß. Ich bin hier nämlich mit einer jungen Dame, deren Mann vorgestern angekommen ist. Natürlich mußten wir ihm gestern den Ort zeigen, ihn am See rudern etc. Von Schreiben war da keine Rede.

Morgen gehe ich nach Lavarone (Hotel du Lac S. Tirol), freue mich sehr auf die Zeit da droben. Wir sind seit Thumsee zum erstenmal wieder ohne Haus, wohnen 9 Mann hoch im Hotel. Wo gedenken Sie heuer hinzugehn? Das Valsugana ist wunderschön! Daß es so weit von München ist, ist mir noch ganz besonders leid, weil Papa mir für den September eine Reise versprochen hat, entweder München, Nürnberg oder Venedig. Wir wollten nach der Lage des Sommerortes entscheiden, und da dürfte es Venedig werden, umso mehr als wir vielleicht alle noch an den Gardasee gehn, und von da ist es ja nur ein Katzensprung. Ich komme aber auf jeden Fall bald nach München. Meine Levicoer Reisegefährten sind ganz wahnsinnige Münchenschwärmer und haben mir soviel davon erzählt, daß ich mir mehr als je wünsche, es kennenzulernen. –

Jetzt habe ich eben Ihre Briefe überlesen, die ich hierher von Ihnen bekommen habe, und sie haben ganz eigen auf mich gewirkt. Wieviel Poesie! Mondschein im Kämmerlein, Rosen, gemütliche Plauderei mit einem Freund in der Weinstube. Sie sind doch ganz der Alte geblieben, lieber Freund! Aber ich, fürcht' ich, habe mich sehr verändert, so ein trauriges Jahr geht auch nicht an einem vorüber, ohne Spuren zu hinterlassen. Ich habe lange gebraucht, um aus all meinen trüben Stimmungen herauszukommen, jetzt ist

es mir ja endlich gelungen, und ich bin sehr lustig und guter Dinge, aber manche Empfindung, die ich früher hatte,
kann ich jetzt bei mir nicht mehr entdecken, und um vieles
ist mir leid. Aber das läßt sich nicht mehr ändern, erzählen
Sie mir nur recht viel schöne und poetische Dinge, ich
freue mich riesig damit.

Ich habe Sie recht beneidet um Ihre Fahrt an den Thumsee voriges Jahr, ich liebe den reizenden Fleck herzlich und
wäre so gern wieder einmal dort. Ein Glasbild vom Thumsee hängt beständig an meinem Fenster in Wien, und wir
schwärmen alle in der Erinnerung noch immer von unserm
damaligen Sommer. Ich glaube, Sie würden uns alle sehr
verändert finden, wenn wir uns plötzlich wiedersähen.
Innerlich und äußerlich sind wir alle anders geworden, die
Buben große Leute mit Bärten, die Mädchen auch schon
sehr groß, Papa hat seinen 50. Geburtstag gefeiert, und so
fort.

Spät nachts.[28] – Lieber Eugen, ich sage Ihnen gute Nacht
und Schluß für heute. Von Schreiben war keine Rede mehr,
Unruhe mit Packen und Abschied. So höre ich in der Mitte
auf und vertröste Sie auf die Ruhe in Lavarone, wo ich hoffentlich wieder imstande sein werde, einen ordentlichen
Brief zu schreiben. Hier ist mir's nicht gelungen. Ich sage
Ihnen viele, viele Grüße, hoffe bald fortsetzen zu können
und auch bald wieder von Ihnen zu hören. Versuchen Sie
zu ignorieren, daß ich so viel von meiner Krankheit gesprochen, sie steht in ihrer ganzen Traurigkeit noch unausgesprochen zwischen uns und hat für mich in jeder Beziehung zu viel bedeutet, als daß ich sie bloß übergehn
könnte. Das wird in Zukunft besser werden! Ich bemühe
mich jetzt mich zu erinnern, wann wir den letzten Brief

28 Dieser Schlußteil des Briefes mit Bleistift geschrieben.

– meinerseits – gewechselt haben, eine wirre Geschichte mit verschiedenen Trudels fällt mir ein – alles andere Erinnern hat die Narkose mitgenommen. Sie müssen mir zu Hilfe kommen als guter, alter Freund und mir über die Zeit, die in meinem Kopf als öde Leere erscheint, in der ich mich ohne Gedächtnis nicht mehr finde, eine Brücke bauen.

Auf baldiges Wiederschreiben beiderseits, nur nicht wieder kreuzen!

Ihre Mathilde

Bitte empfehlen Sie mich Ihren lieben Eltern, die ich ausgezeichnet erinnere.

Wien, 12. XII. 06.

Lieber Eugen! Ich habe Sie wahrhaftig nicht in der Absicht, es zu tun, gequält, obwohl Sie indirekt an meinem längeren Schweigen schuld waren. Sie haben mich letztesmal so lang auf Nachricht warten lassen, daß ich bei Erhalt Ihres Briefes mir vornahm, nicht wieder so bald zu antworten, um Ihnen nicht zu zeigen, daß es mich freuen würde, öfter etwas von Ihnen zu hören, als es bei Ihren langen Pausen der Fall ist. Doch war ich weder krank – was ich mir hoffentlich für die kommende Zeit abgewöhnt habe – noch ernstlich böse, ich kam aber in letzter Zeit sehr wenig zum gemütlichen Schreiben, es gab viel zu tun, Wohnungssorgen, Zahnarzt, tausend Dinge zu besorgen, Weihnachten so nahe. Damit Sie aber Ihre Freundin nicht ganz verkennen, will ich Ihnen noch erzählen, daß ich in den letzten Tagen schon Gewissensbisse hatte und Ihnen heute oder morgen sicher ein paar Zeilen geschrieben hätte.

Heute ist endlich die Wohnung, die wir dazubekommen, frei geworden, und jetzt wird das Getue angehn. Maurer und Maler, Tapezierer, Ofensetzer werden von nun ab unsern Umgang bilden. Außer Teppiche- und Möbelbesorgungen tue ich noch fleißig tanzen und harre sehnsüchtig auf Eis. Bald schicke ich Ihnen auch eine Einladung zu meinem ersten Ball und erwarte *ganz bestimmt*, daß Sie kommen, seit P., mein ehemaliger Freund, so bequeme Verbindungen zwischen uns geschaffen hat. Für heute also Schluß, eben kommt der Tapezierer, ich grüße Sie vielemale recht herzlich, ich schreibe, wie ich Zeit habe, länger, tun Sie desgleichen, ohne zu warten.

Ihre alte Freundin
Mathilde

Wien, 5. Feber 07.

Lieber Eugen! Sie sind mir ein netter Freund mit Ihren guten und schönen Vorsätzen! Wenn das alte Sprüchwort wahr ist, dann sind Sie gegenwärtig mindestens vor dem Höllentor angelangt, wenn Sie nicht gar schon mitten drinnen sind und Ihre Sünden aus tiefstem Herzen bereuen. Dann ist für Sie wahrscheinlich das beste, eine Menge schlechter Vorsätze zu fassen, die Sie dann im entgegengesetzten Sinn ausführen, um so aus der bösen Hölle wieder herauszufinden. Dazu wünsch' ich Ihnen gutes Gelingen, und nächstens seien Sie nicht gar so schreibfaul!

Mir kommt bei nochmaligem Lesen Ihres letzten Lebenszeichens vor, daß Sie ein Billet oder einen kurzen Brief von mir nicht erhalten haben, in dem ich Sie fragte, ob Sie über mein Bild so sprachlos seien – resp. schreiblos. Ich bin aber nicht mehr ganz sicher, ob ich Ihnen überhaupt noch einmal geschrieben habe, es sind so viel Dinge in letzter Zeit dazwischen gekommen, die mein ganzes Interesse in Anspruch nehmen! Erstens haben mich unsre Wohnungsverhältnisse sehr in Atem gehalten, mehr als Sie sich vorstellen können – dann hat die Neueinrichtung meines Zimmers sehr viel Zeit und Interesse beansprucht, schließlich hab ich sämtliche Jourbesuche erledigt und war auf Kränzchen, Haustanzereien und einem großen öffentlichen Ball. Auch ein seltsames, mich sehr beschäftigendes Wiedersehn mit einem guten, treuen Freund hab' ich in dieser Zeit erlebt, und alte Zeiten hab' ich beim Neuordnen meines sämtlichen Besitzes und aller Briefe mit besonderer Lebhaftigkeit wieder durchgelebt. Es war eigentlich von Neujahr bis jetzt eine schöne, bewegte Zeit, an inneren und äußeren Vorkommnissen reich. Einen ausgezeichneten Eiswinter hatten wir ja auch, ich war noch nie so viel in Schneeluft draußen gewesen und hab mich riesig wohl dabei gefühlt.

Von meinem Zimmer werd' ich Ihnen nicht viel schreiben, das können Sie alles sehn, wenn Sie im Frühling herkommen, und Frühling ist bald! Heut sind zum erstenmal die linden Lüfte erwacht und haben mir auf der Straße die Haare zerzaust; der Schnee schmilzt in den Straßen, und die Sonne lacht so unbeschreiblich golden. Bald ist wieder alles grün und voll Blumen! –

Jetzt muß ich für heute beschließen, ich muß erst Probe halten mit meinem Stubenmädelkleid zum nächsten Kostümkränzchen, dann zu einem reizenden Jour gehn und abends in die Tanzstunde. Leben Sie für heute wohl, lieber Freund Faulpelz, morgen ist Fortsetzung.

8. Februar 07. – Das Morgen hat sich naturgemäß über mehrere Tage erstreckt, in denen es wieder verschiedene wichtige Dinge zu tun gab. Ich fahnde nach einem Waschtischservice, das sich nirgends finden lassen will, und suche krampfhaft einen passenden Leselampenschirm, eben waren zwei Männer da, die meine Mittellampe anmontiert haben; ich hab mich nämlich vom Gas ganz emanzipiert und der Elektrizität zugewendet.

Sie sind doch ein komischer Kauz, lieber Freund, mit

Ihrer seltsamen Stimmung gegen Geselligkeit, die Ihrem inneren Bedürfnis garnicht entspricht. Nicht wahr, es ist ganz hübsch, sich ein paar Wochen lang so aus vollem Herzen zu amüsieren, sich für einige Zeit auszutoben? Ich tu ja heuer zum erstenmal mit, und da gefällt's mir noch sehr gut. –

Wissen Sie, daß ich vor diesem Brief hier sitze, als wäre er nicht von mir geschrieben, so fremd kommt mir das vor? Und es gelingt mir nicht mehr, mir vorzustellen, was Sie sich wohl bei dem hier denken werden, inwieweit es Sie interessiert oder nicht, denn Sie, lieber Eugen, mit Ihrer Faulheit im Briefschreiben, schieben gewaltsam so lange Pausen zwischen unsren Gedankenaustausch, daß es mir immer schwerer wird, mich durch die Fülle der dazwischen kommenden Ereignisse zu Ihnen und Ihrem Gedankenkreis durchzufinden. 10 oder 14 Tage lang beschäftigt mich wohl die Frage, warum Sie wieder nichts hören lassen, aber dann kommt irgendein Gefühl dazu – Sie werden es auch kennen –, das sagt: Ach was, kümmre dich doch nicht darum, das steht wahrhaftig nicht dafür! – Und von dem Moment an, wo man diesem Gedanken Raum läßt, kommen einem andre Dinge an die Bewußtseinsoberfläche und nehmen das Interesse für sich ein. – Unsre Freundschaft – durch die jahrelange Pause gefestigt – wird wenig berührt von den unregelmäßigen Mitteilungen, aber das gegenseitige Verständnis leidet sehr darunter.

Nun schreiben Sie mir aber daraufhin ja nicht, lieber Freund, ohne Lust und Freude dazu zu haben; denn Briefwechsel mit einem guten Freund soll doch ein angenehmes Aussprechen und Sich-Mitteilen sein. Nein, bitte sagen Sie mir doch ganz offen, ob Sie dieses Verlangen, mir zu schreiben, wirklich nicht öfter haben als einmal in 6–8 Wochen; ich werd Ihnen auch weiter antworten wie bisher, aber ich kämpfe mit jedem Wort, das mir aus der Feder will, weil ich meine, Sie interessiert das nicht, und das Wort will klüger sein als ich und behauptet manchmal: ja. Aus Ihren spärlichen Briefen erfahre ich das nicht, deshalb frag ich Sie selbst darum. Und wenn Sie Zeit *und Lust* haben, antworten Sie mir bald, ja? Wenn Sie aber wirklich nicht zum Schreiben Lust haben vor – sagen wir – Ende März, dann lassen Sie's ruhig. Freundschaft ist vor allem gegenseitige Aufrichtigkeit, und die Pausen können ihr nichts anhaben; sie besteht auch so. –

Jetzt überlese ich das Geschriebene und wundre mich: also das habe ich mir gedacht? Denn schreiben wollen hab ich es nicht, aber nach Papas Theorie zeigt Schreiben ganz besonders gut die Gedanken und Empfindungen des Unterbewußtseins, das immer das Wahre, Richtige und Ungekünstelte denkt. –

Also für heute Schluß und Streusand drauf. Ich grüße Sie als Ihre gute alte Freundin, die erst Brief von Ihnen haben will, wenn es ohne Pflichtgefühl und Gewissensbisse geschieht, das Schreiben desselben nämlich. Herzlichst Ihre

Mathilde

Wien, 26. Febr. 07.

Lieber Eugen! Ich fasse einen kurzen Entschluß und setze mich hin, Ihnen zu schreiben, das Papier, das ich gewählt hab', deutet auf einen langen Brief – aber ich glaub, Ihnen ist es um die Bälde diesmal mehr zu tun. Ich hab Ihren Brief, seit ich ihn bekommen hab', nicht mehr gelesen und schaue ihn auch vorläufig nicht an: Ich will sehen, was das Unbewußte, das durch diese Methode zur Arbeit gezwungen wird, auf ihn zu antworten hat.

Es erinnert sich vor allem, ihn mit einer gewissen Spannung erwartet, bedächtig geöffnet und gelesen und mit einer ganz angenehmen Empfindung gewohnheitsgemäß in die Tasche gesteckt zu haben. Ich glaube, daß das Unbewußte hier mit wenig Worten ganz viel gesagt hat; es hat sich auch gefreut, in der verhältnismäßigen Bälde Ihrer Antwort den Beweis dafür geliefert zu sehen, daß Sie, ohne sich zu zwingen, öfter als einmal im Vierteljahr schreiben können, und schließlich hat es sich sehr gefreut, daß Offenheit richtig aufgefaßt wurde.

Wahrscheinlich wäre seine Freude verdoppelt worden, hätten Sie auf Offenheit mit *ganz* gleicher Münze geantwortet. In Ihrem Fall aber stand Ihnen die Wahl der Münze zu, und Sie haben in bester Freundschaft die gleiche gewählt, wenn sie auch, Ihrem Fall angepaßt, eine andere Gestalt hat. Ich war ja die Fragende, und Sie hatten als Beantworter den ungleich schwereren Posten. Und das Unbewußte konstatiert hier, daß ihm Ihr offenes Eingestehn des Geheimnisses, Ihr Riegelvorschieben, das gewiß aus guten Gründen geschieht, ganz gleich gilt mit irgendeiner Antwort, die Sie sonst gegeben hätten; ich muß mich hier vom Unbewußten losmachen: trotzdem ich jetzt ja auch nicht weiß, warum Sie nicht öfter schreiben, hab' ich das gute Gefühl, es zu wissen. Nicht die Ursache, aber daß überhaupt eine vernünftige Ursache vorhanden ist. Natürlich hab' ich dieser Ursache nachforschen wollen und glaub' ungefähr erraten zu haben, was sich hinter Ihrem Vorhang birgt. Aber zur Sache tut das ja nichts, und da Sie mir eine Zeit prophezeien, in der ich es erfahren werde – nämlich, wenn ich alt bin –, will ich bis dahin die Genugtuung, richtig geraten zu haben, aufschieben. Sollt' ich aber in jungen Jahren noch einmal so fast sterben wie schon einmal, dann werd' ich es Ihnen melden, und Sie müssen mir das Geheimnis ganz lüften. Die Hand drauf und Punktum mit Streusand! Jetzt lese ich Ihren Brief noch einmal.

Mit dem Punktum ist es doch noch nichts, ich hab' eben

Ihren ganzen Brief überlesen und sag' Ihnen, mein lieber Freund, daß es einer war, wie ich ihn lang schon gewünscht hab'. Offen trotz des Vorhanges, und das ist die Hauptbedingung bei Freundschafts-Mitteilungen. –

Ich hab' für heute nicht mehr viel Zeit und will Sie nicht länger warten lassen. Nur noch ein paar Worte. Unsre Sommerpläne haben eine ausgesprochene Richtung zur Nordsee über Berlin-Hamburg; auf dem Rückweg will ich mir München erzwingen – wenn es nur irgend geht. –

Mein Zimmer ist jetzt ganz komplett und wirklich reizend, sogar ein hübsches Waschservice hab' ich gefunden, obwohl Wien auch darin gegen München sehr benachteiligt ist. Was mit Kirchberg[29] geschieht, hab' ich noch immer nicht erfahren, soll ich jetzt darum fragen, da ich weiß, daß Ihnen irgendetwas Hand und Mund zu gewissen Zeiten bindet? Von Ihren Eroberungen in Kirchberg und den Erlebnissen mit Trudl hab' ich noch nichts erfahren, genau genommen verdienten Sie es nämlich eigentlich wirklich nicht, daß ich Ihnen schon geantwortet habe, wenn ich bedenke, wie lange Sie nichts von sich haben hören lassen. Ich hoffe, daß Sie recht haben, wenn Sie Nachricht für sich fordern, daß Sie sie im Grunde doch verdienen, und schließlich sieht man seinem Freunde vieles nach.

Wie denken Sie sich jetzt eigentlich unsern Briefwechsel für die nächste Zukunft? Weiter so planlos oder wie sonst? Ich erwarte in Ihrem nächsten Brief irgendetwas darüber, mein lieber Freund, sagen Sie einmal Ihre Meinung und

29 In Kirchberg gab es ein Kurhaus und Schlößl, das ursprünglich dem 1895 verstorbenen Kurarzt Eugen Pachmayr gehört hatte. Seine Witwe, Anna Pachmayr, führte den Kurbetrieb in Kirchberg bis zum Jahre 1905/06 weiter. Danach kam es zur Zwangsversteigerung, bei der der Justizrat Oskar Pachmayr, der Bruder des Verstorbenen, den Besitz auch im Namen seiner Geschwister ersteigerte (vgl. Schöndorfer 1992, S. 105).

wieder genauso offen wie im letzten Brief. Wissen Sie, was in diesem vielbesprochenen Schriftstück mich wundern gemacht hat? Das eine Wort: vom tiefen Schmerze, und diesem einen muß ich nachforschen und Sie fragen: ist das ganz so gemeint wie gesagt? Denn der Gedanke macht unruhig.

Für heut also Schluß; ich muß Toilette machen zum Tanzen! Vergessen Sie nicht Ihre Zukunftsvorschläge im nächsten, und bis dahin in bester Freundschaft Ihre

Mathilde

Wien, 11. März 07.

Lieber Freund! Vielen Dank für Ihren lieben Brief, mit dem ich mich sehr gefreut hab'; ich hätt ihn schon früher beantwortet, wenn wir nicht Gäste aus der Schweiz[30] hiergehabt hätten, die uns sehr in Anspruch nahmen.

Ich hab' auch schon bemerkt, daß wir so oft zur selben Zeit dieselben Gedanken haben, ich hab wahrhaftig Dienstag von genau 5^h bis 6^h an Sie geschrieben, ich weiß es gewiß, weil ich direkt nach dem Tee mich an den Schreibtisch setzte und um 6^h, wie Papa herüberkam, aufstand. Mich hat riesig interessiert, daß Sie mir von Ihrem sogenannten »Wahn« erzählt haben, es erklärt mir sehr vieles; ich hab' mit dem Glauben an die Ungeschwächtheit unsrer Freundschaft doch recht behalten und mich mit unsren letzten Briefen auch so sehr gefreut. Sie können ganz ruhig sein, ich grüble nicht über Ihr Geheimnis nach, und wenn wir's jetzt zu einem schönen Briefwechsel bringen, so soll's mir sehr recht sein. –

Meine heurige Tanzzeit geht auch ihrem Ende zu: ich hab Samstag vermutlich zum letztenmal getanzt und mich

30 C. G. Jung mit seiner Frau und Ludwig Binswanger.

herrlich amüsiert; jetzt macht's mir schon nichts mehr, um ½ 6ʰ schlafen zu gehn und um ½ 9ʰ wieder aufzustehn, schließlich gewöhnt man ja alles. Nur gibt's leider als Katzenjammerkur kein Eis mehr. Gestern bin ich zu diesem Zweck nach Schönbrunn gefahren – aber das nützt nicht so gut.

Ich möchte es gern so machen wie Trudl und auf 2 Jahre nach England gehn, obwohl es mir heuer in Wien besser gefallen hat als sonst, aber ein bißchen Herauskommen aus dem Alltäglichen tut doch gewiß gut, und England kennenlernen ist sicher der Mühe wert. Vielleicht würden Sie, lieber Eugen, nach meiner Abreise sich auch als von mir geheilt erklären, welch ein Glück, daß ich gar keine Aussicht habe, von Wien wegzukommen! … außer im Sommer. Und denken Sie, ich fange an zu hoffen, daß aus der Nordsee nichts wird; wir Kinder fürchten uns geradezu vor kaltem, salzigem Wasser, seit wir den Süden so liebgewonnen haben, und wollen Mama jetzt durchaus wieder umstimmen. Vielleicht gelingt es! – Erzählen Sie mir doch einmal, lieber Freund, ob mit dem Thumseehäuschen ein Umbau beabsichtigt ist. Wenn das so groß würde, daß viele Leute bequem drin wohnen können!? –

Ist bei Ihnen der Winter auch noch so hartnäckig? Unsrer will uns absolut nicht freigeben, nach drei himmlisch schönen Frühlingstagen schneit und windet es wieder, daß es ein Graus ist, und in der Nacht frieren die Wasserlachen in der Berggasse wieder zu. Haben Sie vor, zu Ostern in Reichenhall zu bleiben? Wie schön muß es zu der Zeit draußen schon sein! Ich will heuer den Frühling genießen, soviel es nur geht. Gleich nach Ostern beginnen wir mit Tennis und wollen dann regelmäßige Ruder- und Kraxelpartien unternehmen, so ein Luft- und Lichthunger überkommt einen mit der Zeit in der Stadt! –

Ich denke eben darüber nach, wie sich unser Leben im

letzten Jahr verändert hat, wir haben jetzt öfters Besuch von auswärtigen Schülern und Anhängern von Papas Theorien, dann werden wissenschaftliche Gespräche geführt, und wir erfahren von den Dingen etwas mehr als sonst; ich höre von Papa selbst ziemlich viel von seinen Ideen, jetzt kommt endlich ein lang erwartetes Buch[31] heraus, und ich hab' mich mit einem jungen Schüler[32] in die Korrektur geteilt. Papas Ideen werden jetzt besonders in der Schweiz sehr propagiert und auch praktisch angewendet. Wir hatten jetzt zweimal Besuch aus Zürich von jungen Psychiatern[33], der letzte brachte auch eine reizende Frau mit, und da kommt eine Menge Anregung ins Haus.

Bei solchen Gelegenheiten lernt man Wien kennen und lieben und schätzen, denn es ist doch wunderschön; nur haben wir's in manchen Dingen sehr schlecht. Ich bin letzte Woche zwei Tage lang auf der Tour gewesen um eine Kleinigkeit für das Samstags-Kränzchen; ich brauchte einen Orden im Biedermeierstil für meinen Haupttänzer und wollte etwas besonders Hübsches haben – und da war in ganz Wien nichts derartiges aufzutreiben. Ja, so etwas hätte sich die Dame in München bestellen müssen, sagte man mir; wenn ich Zeit genug gehabt, hätt ich Sie wahrhaftig drum gebeten, so hab' ich mir alles selbst gemacht, und schließlich, nach Überwindung großer Schwierigkeiten, kam ein reizendes Ding heraus. Man ist hier doch noch schauderhaft geschmacklos in vielen Sachen, außer in Toilettedingen, als da sind besonders Kleider und Hüte. –

Ich muß Sie doch einmal fragen, lieber Eugen, so komisch mir selbst die Frage vorkommt, ob in München auch die berühmte Operette »Die lustige Witwe« gespielt wird.

31 Freuds »Gradiva«-Studie (1907a).
32 Otto Rank.
33 Vor Jung und Binswanger hatte Max Eitingon Freud besucht.

Sie ahnen garnicht, was die Leute hier in Wien für ein Taumel ergriffen hat über diese fesche Dame; es wird noch überall von nichts anderem gesprochen, jeder summt die Musik, jedes Klavier, jedes Grammophon, jedes Werkel spielt den bekannten Walzer, Abend für Abend ist das Theater voll von begeisterten Zuhörern. In wenig Wochen haben wir die 400. Aufführung in ununterbrochener Reihenfolge, und sämtliche Kritiker und alle Leute in Wien, die etwas mitzureden haben, machen sich die größten Sorgen über diesen Umstand. Gestern las ich in der »Schaubühne« einen ausgezeichneten Aufsatz darüber, in dem gesagt wird, der Beifall, den die lustige Witwe hier findet, sei eine Demonstration des Publikums, das jahrelang mit Hauptmann, Sudermann etc. gequält worden sei und nun seinen wahren Geschmack deutlich genug dartue. Wien sei nur empfänglich für diese leichte, tänzelnde, liebelnde Musik, und die hie und da gezeigte Vorliebe für ernstere, schwerere Kost sei anerzogen gewesen. Ich hab wirklich angefangen, darüber nachzudenken, und finde, daß der Mann in sehr vielem recht hat, was eigentlich eine betrübende Erscheinung ist. –

Neulich habe ich auch eine Ausstellung japanischer Farbenholzschnitte gesehn, die mir ausgezeichnet gut gefallen haben. Für die Darstellungen der japanischen Frau kann ich mich zwar nicht begeistern, aber die Naturschilderungen sind von einem unendlich feinen und intimen Reiz, der mich sogar dazu verleitet hat, mir einen kleinen Holzschnitt zu kaufen. Nur mit dem Rahmen und passenden Wandplatz ist die Sache schwer, keine Beleuchtung ist geeignet für das zarte Ding. Haben Sie irgendetwas Schönes in letzter Zeit gelesen, lieber Freund? Ich werde reichlich mit Abhandlungen und Aufsätzen versorgt, aber ich sehne mich schon, wieder einmal ein ordentliches, schönes, warmes Buch zu lesen, haben Sie irgendeinen Vorschlag für mich? –

Was ist mein Brief für ein kunterbuntes Ding geworden! So bunt und unruhig, wie die ganze Zeit jetzt bei uns ist. Es ist die richtige Übergangszeit vom Winter zum Frühling. Wir sind in unsrer Wohnung noch immer nicht fertig, Salon und Terrasse werden erst angestrichen; ich hab heuer den ganzen Winter niemand bei mir sehn können und hoffe jetzt endlich zu Ostern auf einen gemütlichen Abend; wenn's geht, kommen da die verschiedensten Leute zusammen, ich hab' so gern in Gesellschaft alle Elemente vertreten. Was meinen Sie dazu, die leerstehende Stelle als »treuer Jugendfreund aus der Ferne« besetzen zu wollen? –

Am 9. April bin ich Kranzeljungfer bei Hansis Hochzeit und habe als Herren einen Münchner versprochen bekommen, bin sehr neugierig, wer das ist. Er soll nett sein und fesch – wie man bei uns sagt –, auf letzteres würde ich sogar verzichten, aber Hansi und ihre Mutter nicht. –

Jetzt hab ich Ihnen aber genug erzählt von den auseinanderliegendsten Dingen und mache Schluß. Diese Woche beginnen wohl die Universitätsferien und Sie ziehen nach Kirchberg – ich wünsch Ihnen schönstes Wetter bei angenehmer Tätigkeit und mir bald eine Antwort, jedenfalls Übersiedlungsnachricht!

Tausend Grüße! Ihre Mathilde

Wien, 27. III. 07.[34]

Lieber Eugen! Ich fange plötzlich an, Ihnen zu schreiben, obwohl wenig Aussicht vorhanden ist, daß ich heute weit mit dem Briefe komme. Aber einen Moment der Schreiblust soll man doch nicht so vorübergehn lassen.

---

34 Dieser und der nächste Brief sind adressiert nach Reichenhall, Bad Kirchberg. Ebenso dann: 29. 5., 22. 7., 28. 12. 07; 27. 4. 08; 18. 8. 09.

Für Ihren lieben, noch aus München datierten Brief besten Dank, ich wollte ihn schon eher beantworten, bin aber jetzt sehr froh, es nicht getan zu haben. Ich wollte Sie nämlich fragen, ob Sie zu den Feiertagen in München wären, da Papa und ich die Absicht hatten, in Begleitung von Papas Bruder,[35] der ein alter, treuer Verehrer Ihrer Heimatstadt ist, hinzukommen. Eines Tages war das schon fast beschlossene Sache, da meinte Onkel plötzlich, zu Ostern wären nicht nur alle Geschäfte, sondern auch die Galerien und Museen bei Ihnen daheim geschlossen, und ich bekäme dann von München ein ganz falsches Bild. Am selben Tag wollte ich noch bei Ihnen anfragen, ob das wirklich so sei, da wurde Papa um ein Consilium in Görlitz[36] in Schlesien angegangen, und da er sonst keine Zeit hat, fährt er zu Ostern da hin und meine schöne Reise fällt nun – bei offenen oder geschlossenen Galerien gleicherweise – ins Wasser. Wie gut nun, daß ich Ihnen nichts davon geschrieben hatte, sich erst an und dann wieder abzukündigen, ist doch zu dumm. Aber schade ist's doch sehr.

Wie schön wäre es aber gewesen, wenn Sie zu meinem Abend in Wien erschienen wären! Er – der Abend – findet zwar nicht statt, aber eingeladen sind Sie guter, alter Freund trotzdem zu einem ganz gewöhnlichen, gemütlichen in der Familie Freud. Ich hab' meine Gesellschaft vorläufig aufgegeben, weil Mama die ganze Zeit nicht wohl war, sie hatte eine sehr unangenehme Infektion, deren lateinischen Namen ich mir nie merken kann, von der jetzt noch eine Entzündung der Iris zurückgeblieben ist, sitzt den ganzen Tag mit einer dunklen Schutzbrille auf dem

35 Alexander Freud.
36 Diesen Fall erläutert Freud in einem Brief an C. G. Jung vom 14. 4. 1907, in: Freud & Jung 1974, S. 36 ff.

Sofa und braucht Ruhe. Der zweite Grund ist, daß der junge Schauspieler, von dem ich Ihnen einmal schrieb und den wir alle besonders gern bei uns gesehn hätten, plötzlich nach Rumänien und der Bukowina abreisen mußte, er ist zur Mitwirkung bei einer Vortragstournee zugunsten der armen ausgeraubten und abgebrannten Rumänen aufgefordert worden und Hals über Kopf abgereist. Wenn er zurück ist und Mamas Augen wieder gut sind, wollen wir weiter sehn, was sich tun läßt. –

Samstag, 6. April 07. – Lieber Eugen! Ostern schon so lang vorbei und bei uns eine unruhige hastige Zeit mit beispiellos schlechtem Wetter! Hansi heiratet Dienstag, ich habe die ganze Woche die Arbeiten für sie fertig gemacht und an meinem Kranzeljungferkleid genäht. Es ist schon nicht mehr ganz Reform, wenn Sie mich dem Fortschritt erhalten wollen, müssen Sie mir bald einmal einen Vortrag halten über das Thema. Auch unser erstes Tennis in der heurigen Saison ist gewesen und zu Ostern gerade ein ganz weher Fuß von mir, der so arg war, daß ich die beiden Feiertage mich absolut nicht vom Haus wegrühren konnte.

Was ist bei Ihnen los, mein schlimmer Freund? Keine Zeile, wo Sie zu Ostern waren, ob Sie wirklich in Kirchberg sind oder was Sie sonst die ganze Zeit über treiben! Zwar bin ich Ihnen Brief schuldig, aber eine ganz kleine Verständigungskarte hätten Sie mir schon schicken können. – Mein Onkel und eine der Tanten sind wirklich in München gewesen und wieder einmal ganz begeistert, wie schön und wie gemütlich es ist. Ich muß alles dran setzen, bald hinzukommen. –

Habe ich Ihnen nicht in früheren Zeiten oft von einem jungen Mann geschrieben, den wir beide P. nannten nach einer seiner hervorstechendsten Eigenschaften? Auch, daß

wir nach sehr seltsamen Vorkommnissen ganz ausein-
anderkamen? Ich weiß nicht, ob Sie sich noch daran erinnern. Am Palmsonntag im Tanzstundenschlußkränzchen
ist er plötzlich aufgetaucht, und da mein Haupttänzer in
Rumänien weilte, hatte ich eine Quadrille für ihn frei, und
es gab keine Möglichkeit, ohne Aufsehen zu erregen, ihm
zu entrinnen. Ich hab' also mit ihm getanzt und ganz interessante Erfahrungen gemacht; auch eine, die mich beinahe
ängstlich gemacht hätte: dieser tolle Mensch trägt in seiner Brieftasche einen Kartenbrief herum, den ich ihm vor
2 Jahren geschrieben habe des Inhalts, daß ich ihn bitte,
mir die Adresse eines ihm bekannten Gymnasialprofessoren zu verschaffen, die ich für einen Vortrag brauchte.
Soll man nun nicht beinahe Mama recht geben, die mich
immer warnt, wenn sie mich beim Briefschreiben trifft: ich
solle nichts oder nur so wenig als möglich Geschriebenes
aus der Hand geben? Eugen, sagen Sie mir aufrichtig, geben Sie meine Briefe irgendjemand zu lesen? Bitte, vergessen Sie nicht, mir zu antworten, und seien Sie nicht böse
oder gekränkt über die Frage! –

Jetzt lese ich Ihren Brief noch einmal, um zu sehn, was
es zu beantworten gibt. Haben Sie den G'wissenswurm[37]
schon gekannt, bevor Sie ihn mit der Glöckner sahen? Die
Lies gibt sonst hier die Medelsky, und der Dusterer ist eine
Glanzrolle von Kainz. Er sieht darin unbeschreiblich echt
aus, wie der Stangerbauer in Königssee, den ich wegen seiner besonderen Grobheit besonders gut im Gedächtnis
habe. – Das Gedicht von Schaukal, das Sie mir geschickt
haben, ist ganz reizend. Ich hab es nicht gekannt und finde,
daß es die Frühlingsföhnstimmung ungewöhnlich gut und
fein wiedergibt, mir wenigstens ist fast jedes Wort aus der
Seele gesprochen. –

37 Eines der Hauptwerke von Ludwig Anzengruber.

Lieber, alter Freund, Sie sollten in Reichenhall um 6^h aufstehn, die Wette mit Ihrer Mutter gewinnen und nach Wien kommen, es wäre wunder-wunderhübsch, und aufstehn in der Früh ist doch nicht gar so schwer, vielleicht läßt Ihre Mutter sich auch auf 7^h herbei. Wissen Sie, ich hab's sehr gut darin; da ich Papa und 5 hungrigen Kindern Frühstück geben muß, die alle auf die Minute fortgehn müssen, werde ich durch meine Pflicht genötigt, aufzustehn. Am Sonntag, wenn dieser Zwang wegfällt, hab ich Mühe, mich aufzuraffen, besonders wenn es regnet. Das Wetter ist etwas so Gräßliches in letzter Zeit, daß einem die letzte Hoffnung auf den Frühling vergeht. Wenn es nur Dienstag nicht regnet – bitte, wünschen Sie es mir recht von Herzen, vielleicht hilft das. –

Ich sehe, daß ich Ihnen auch Antwort geben soll auf die Frage, was ich mit meinem Vergleich mit Trudl gemeint hab'. Ich glaub', gar nichts Besonderes; es war so ein Jux, der mir durch den Kopf ging und von dem ich mir gar keine Rechenschaft gab. Jedenfalls dank' ich für das Kompliment des nicht Beschwerdengemachthabens. Für unordentlich halte ich mich eigentlich nicht und bin es wahrscheinlich auch nicht mehr als jedes andre Mädel, besonders auf die Dauer, nicht wahr? Jetzt wollte ich Ihnen eigentlich noch eine Menge erzählen, aber im Moment fällt mir garnichts mehr ein. Es ist wie gewöhnlich gegen Abend eine solche Unruhe bei uns, ein solches Getue von Besuch, allen Kindern, einigen Freunden und Freundinnen, daß man sein eigenes Wort auf der Zunge festhalten muß, sonst rutscht es einem davon in den Tumult. Etwas Gescheites wird nicht mehr aus meinem Brief, und lang genug ist er auch. Mein lieber, alter Freund, lassen Sie mich nicht lange auf Antwort warten, es liegt mir, grade diesmal, so viel daran, bald zu erfahren, wie es Ihnen geht und was Sie treiben!

Wünschen Sie mir für mein erstes Kranzeljungfersein gutes Wetter und seien Sie vielmal und herzlichst gegrüßt von Ihrer

Mathilde

Wien, 26. April 07.

Lieber Eugen! Ich hab eine schlechte Briefschreibezeit jetzt, den Kopf immer voll und im Haus eine Menge zu tun. Mit Ihrer eiligen Karte habe ich mich riesig gefreut, wie schön, soviel zu tun zu haben, sich nützlich oder gar unentbehrlich machen können, und noch dazu in der Natur und der allerschönsten Gegend. Wir Städter wissen wirklich vom Frühling nichts, wir machen ja jeden Sonntag einen wunderschönen Ausflug und sehen dann, wie groß die Blätter an den Weißdornhecken geworden sind und um wieviel mehr die Primelköpfchen aus dem Boden gucken. Aber alles Dazwischenliegende entgeht uns, und dabei haben wir noch einen Garten, also die Baumknospen direkt vor dem Fenster.

Ist bei Ihnen in dem bevorzugten Land denn besseres Wetter als bei uns? Papa nennt unsern Frühling in Wien Frierling, denn es sind direkte Wintertemperaturen, und was von Grün schon draußen ist, erfriert oder verfault von dem endlosen Regen. –

Lieber Eugen, ich weiß, daß Sie wohl mein Freund, aber kein Freund vom Fragenbeantworten sind, und doch möchte ich sehr gern von Ihnen wissen, ob Sie mit dem Thumseehäuschen auch irgendeine Veränderung gemacht haben. Mich interessiert es nämlich sehr, und wenn Sie sich überwinden können und ein paar Minuten Zeit zum Schreiben haben, sein Sie so gut und lassen es mich wissen. In letzter Zeit ist bei uns wieder einmal ein neuer Sommerplan aufgetaucht, und der spricht von Bayern; eine ganze Woche lang gehn wir jetzt schon nach Bayern, das sind sehr gute Aussichten. –

Soll ich Ihnen ein bißchen erzählen, was ich treibe? Ich bin nicht so brav wie Sie, der sich in der Buchführung unterrichten läßt, dafür lerne ich Tennis von neuem, und im Mai fange ich das Schwimmen an. Bin überhaupt sehr viel unterwegs, auch auf Streifereien im Wienerwald trotz Sturm und Regen. Am Sonntag hat endlich meine Gesellschaft stattgefunden und ist sehr nett gewesen. Wie schade, daß Sie Ihre Wette nicht gewonnen haben und deshalb die Wienreise wieder verschoben haben! Mama ist zum Glück wieder ganz wohl und spürt von ihren Augen garnichts mehr; meine Freundin Hansi hat unter meiner Assistenz geheiratet, ich habe das Brautjungfersein sehr hübsch gefunden, wohl auch weil ich einen sehr netten Kranzelherrn hatte, einen jungen Architekten, der sich jetzt in Rom ansiedeln will. Hansi ist gegenwärtig in Bellagio und sehr selig, hübscher als je.

Wien ist, wie jedes Jahr um diese Zeit, eine interessante Stadt geworden, es gibt die schönsten Kunstausstellungen, und beinahe zu jeder Theatervorstellung könnte man gehn. Kainz ist endlich seit Ostern wieder da und tritt fast jeden Abend auf, Harden[38] aus Berlin wird einen Vortrag halten, auf den ich mich schon so freue, und eine Feier für Karl Henckell[39], der mir außerordentlich sympathisch ist, wird am Dienstag stattfinden. Der junge Schauspieler, von dem ich Ihnen schrieb, ist aus Rumänien zurück und hat sehr interessante Dinge und Erlebnisse berichtet – ich komme überhaupt mit den verschiedensten Leuten zusammen, und jeder bringt etwas Anregung mit.

38 Maximilian Harden (1861–1927), vgl. S. 130 f.
39 Karl Henckell (1864–1929), Lyriker und Lieddichter, arbeitete eng mit Richard Strauß zusammen.

Wie steht's in dieser Beziehung mit Ihnen, lieber Freund? Kommen Ihre Freunde Sie wohl besuchen, oder sind Sie da ganz allein draußen in Gesellschaft der Direktors und der schönen Veilchen? Die Sie mir geschickt haben, sind ganz entzückend und haben bei ihrer Ankunft noch geduftet, jetzt liegen sie im Tagebuch – vielen Dank für den lieben Frühlingsgruß! Morgen werd ich – hoffentlich – die ersten Himmelschlüssel pflücken, es soll nur nicht regnen! Ist's nicht hübsch, daß die meisten und schönsten dieser Blumen »am Himmel« wachsen? Der Himmel ist ein kleiner Berg mit der denkbar schönsten Aussicht auf Wien. –

Für heute, lieber Eugen, Schluß mit den allerherzlichsten Grüßen und bitte, antworten Sie bald Ihrer Freundin

Mathilde.

Wien, 1. Mai 07.

Lieber Eugen! Das nenne ich einmal eine nette Post aus München, mit der ersten Ihr Brief aus Reichenhall, mit der zweiten der von zuhause. Und was für eine prachtvolle Maiüberraschung, die endliche Verwirklichung der lang geplanten und oft besprochenen Reise nach Wien! Ich bin sehr brav und antworte Ihnen sofort auf Ihre Fragen: Erstens bin ich nicht verreist, zweitens weiß ich ein nettes Hotel für Sie; es hat den großen Vorteil, von der Stadt nicht weit und von uns sehr nahe zu sein: Adresse ist Berggasse 19 [... *unleserlich*]; es ist wohl ziemlich einfach da, ich glaube sogar, nicht einmal ein Bett, sondern nur eine Ottomane steht zu Ihrer Verfügung; aber das Nette an diesem Hotel ist – meiner Ansicht nach –, daß die Wirtsleute sich auf den Logiergast herzlich freuen, was in den meisten Hotels nicht der Fall ist – Ihr Kirchberg will ich gern ausnehmen. Da man aber in diesem Hotel nicht mit jedem Zug aus der Fremde Gäste erwartet, so müssen Sie der etwas rückständigen Wiener Art schon zu Gefallen tun, sich telegraphisch mit Bahnhofankunftszeit anzukündigen, damit wenn möglich die Freudsche Jugend Sie in Empfang nehmen kann. Wenn Sie wirklich nur so kurz bleiben, müssen wir ja jede halbe Stunde benützen. Was ich mit Theater machen soll, ist mir noch nicht ganz klar, in der Burg Husarenfieber,[40] in der Oper Othello. Wir wollen noch sehen, was da wird! Ich wünsche Ihnen eine recht gute Reise und für hier schönstes Maiwetter, damit Sie unser Wien im rechten Glanz sehen. Von uns allen die herzlichsten Grüße, und jeder freut sich ganz besonders auf Sie. Eine riesengroße Freude ist es Ihrer alten Freundin Mathilde, ihren lieben, alten Freund endlich bei sich zuhause begrüßen zu können.

Und Mama läßt Ihnen mit den schönsten Grüßen »herzlich Willkommen bei uns« sagen.

Wien, 14. Mai 07.

Lieber alter Freund! Solch eine Gluthitze ist, und da soll ich Ihnen einen langen Brief schreiben – und Sie verdienen doch einen als Antwort auf Ihren sehr netten, auch langen. Und aufrichtige Wahrheit ganz ohne Komplimente soll ich Ihnen sagen, ja tu ich das denn nicht immer? Heut' wird einem das auch noch leichter als sonst, weil es gar so arg heiß ist.

Jetzt schlüpft mir in die Feder: Lieber Freund, Sie sind doch ein ganz merkwürdiger Kauz; so sind Sie mir vorgekommen. Und wenn man Sie nicht kennt und keine

40 Ein Stück von Gustav Kadelburg und Fritz Skowronnek, das Mathilde am 13. 4. 1907 im Burgtheater erlebte.

Ahnung hat, wer Sie sind, muß man sich über Ihr stilles, zurückhaltendes Wesen entschieden wundern. Ich hatte nicht mehr genau in Erinnerung, wie Sie früher gewesen, und da war ich im Anfang wohl etwas erstaunt über Sie; aber am Freitag war ich schon wieder ganz eingewöhnt und in die alten Königsseer Zeiten zurückversetzt; die Zeiten, deren Reiz viel mehr in dem lag, was wir verschwiegen, als in dem, was wir miteinander besprachen. Der Verkehr mit den Menschen hier im lauten, lärmenden Wien ist allerdings verschieden von dem unsrigen, wie Sie wohl auch an dem kleinen Ausschnitt (aus dem großen Kreise), den Sie hier bei uns trafen, bemerkt haben werden. Wir haben uns ja immer mehr geschrieben als gesagt, was bei den Leuten in Wien fast komisch wäre. –

Jetzt kann ich nicht weiterschreiben, denn meinem weit offenen Fenster direkt vis à vis ist eben ein Werkel[41] erschienen und spielt natürlich die Lustige Witwe. So, es ist wieder fertig und fortgefahren, eigentlich wollte ich jetzt mit Papa weggehn, er geht wählen, zum ersten Mal ist heute das allgemeine Wahlrecht in Kraft getreten. Es ist aber so heiß auf der Straße, daß ich mich nicht entschließen kann, mein rotes Kleid mit einem andern zu vertauschen, ich gehe überhaupt kaum mehr weg außer zum Tennis oder zu einer Partie oder ins Theater. Die Berliner[42] sind ja hier und spielen wirklich großartig. –

Sie müssen mir alles erzählen, lieber Eugen, was Sie bei Ihrem Hiersein vergessen haben; wollten Sie mir wohl auch Antwort geben auf meine Frage von unlängst, ob Sie meine Briefe auch niemandem zu lesen gaben? Bitte holen Sie es nach! Ich habe all Ihre Grüße bestellt und nun einen

41 Drehorgel.
42 Gemeint ist das von Otto Brahm geleitete Berliner Lessing-theater, das im Mai 1907 am »Theater an der Wien« gastierte.

ebensolchen Pack Dank zurückzusagen. Mama freut sich sehr, daß Ihnen die Mohntorte so gut geschmeckt hat, und Papa desgleichen über die Zigarren; alle Kinder lassen Sie vielmals grüßen. Nun will ich Ihren Brief noch einmal lesen.

Eugen, soll ich Ihnen aufzählen, ja wenn ich es könnte, wie viele Blütenbäume es jetzt in Wien oder allein im Prater gibt? Aber der erste ist jedes Jahr der schönste – das ist schon wahr –, und als Symbol ist er sehr schön. Wenn unsre Freundschaft solch ein Auferstehungssymbol gebraucht hat, will ich ihn gern als solches annehmen – für mich ist er in dieser Beziehung zwar überflüssig, aber Ihnen soll er ein schönes, wichtiges Symbol bleiben für lange.[43]

Sie fragen mich, ob ich glaube, daß das, was Sie Ihre Langweiligkeit nennen, sich jemals bessern kann? Lieber Eugen, wissen Sie, daß ich früher wohl geantwortet und auch sicher geglaubt hätte: das kann mit etwas Selbstüberwindung ganz gut werden! Und wissen Sie auch, daß ich das jetzt nicht mehr kann, seit ich weiß, daß es ein Etwas gibt, das starken Einfluß auf Sie hat, Sie erregen und beunruhigen kann, Sie zu etwas verleiten und von etwas vielleicht abhalten kann, Ihr Geheimnis!? das ich nicht kenne. Ich weiß ja nicht, was der Grund zu Ihrem Wesen ist, wie kann ich da sagen, ob es sich voraussichtlich ändern wird?

Und Sie bitten mich zu verzeihen, daß Sie mich Ihren Zweifel an unsrer Freundschaft zwischen den Zeilen lesen ließen. Mein lieber Freund, Sie ließen mich etwas ganz anderes zwischen den Zeilen lesen, etwas, wofür ich Ihnen sehr dankbar bin, Sie haben mir damit etwas Liebes getan – ich glaube nicht, daß ich es mir nur einrede. Ihre Angst

43 Ende des Bogens. Der nächste beginnt mit: »II. Meine lila Bogen sind schon wieder mal zu Ende.«

macht mir auch angst. Was kann Sie veranlassen, meine Antwort ängstlich zu erwarten? Bitte, schreiben Sie mir davon, vielleicht kann man Ihnen helfen, sich davon zu befreien, vielleicht kann ich dazu helfen? Es klingt eingebildet, nicht wahr, aber ich meine es nur in herzlichster Freundschaft. Und es freut mich so sehr, daß Sie wieder Vertrauen zu mir gefunden haben, mein schlimmer Freund, hatten Sie es denn ganz verloren? Das hab' ich doch nicht geglaubt. –

Jetzt sollten Sie einmal mein Myrtenstöckerl sehn, wie sich das in diesen Tagen der Hitze herausgemacht hat! Jedes Ästchen hat ganz frischgrüne Spitzen, über Nacht wachsen sie immer ein ganzes Stück. Ich habe seit Samstag eine kleine Influenza mit sehr viel unangenehmen Gliederschmerzen, heute ist es schon etwas besser, und ein Gewitter zieht langsam auf – da wird es ganz gut werden. Meine Finger sind ganz müde und mein Kopf auch – so lange Briefe schrieb ich früher nie in einem Zug. Für heute also Schluß mit den herzlichsten Grüßen – haben Sie meinen Brief zuhause vorgefunden, und wie war das Konzert am Montag?

Ihre Mathilde

Wien, 29. Mai 07

Lieber alter Freund! Ich komme heute voraussichtlich nicht zu einem so langen, ausführlichen Brief, wie ich ihn als Antwort auf Ihre beiden gern schreiben möchte, also nur ein paar Worte zur Bestätigung mit herzlichstem Dank. Ihr Traum scheint – für mich sehr schmeichelhaft – ein bloßer Wunschtraum gewesen zu sein, aber ist denn garnichts von unsrer so verschiedenen Tanzart drin vorgekommen? Alles, was Sie mich fragen, werde ich Ihnen ordentlich beantworten, hoffentlich geht es noch diese Woche. Nur ein Wort über Ihre Angst: Ich kann Sie versichern, daß jeder Mensch, der nicht ganz stumpf in den Tag hinein lebt und einen Hang zum Nachgrübeln hat, sie schon einmal verspürt hat, ich selbst hatte sie schon oft. Aber unser, der Jugend, schönes Vorrecht, der Leichtsinn in solchen Dingen, hilft uns drüber hinweg, und das sollte er bei Ihnen auch. Doch davon später mehr. In Kirchberg soll es nur recht toll zugehn, das gibt soviel Lust zur Arbeit für weiter! Bitte um Angabe, wo Sie Beginn der nächsten Woche sein werden, ob Stadt- oder Landsitz. 1000 Grüße herzlichst Ihre Mathilde

Montag abds. 3. VI. 07

Lieber Eugen! Ein Brief ist im Werden, konnte aber heute nicht zu Ende kommen. Nur damit Sie nicht umsonst warten diesen kurzen Gruß, vielen Dank für Ihre heutige Karte, die schönen Rosen und die reizenden Bilder.

Herzlichst Mathilde.

[Ansichtspostkarte: Weidling am Bach
Datum des Poststempels: 8. 7. 07][44]

Lieber Eugen! Ich komme zu keinem Brief, hoffe aber sehr bald von Ihnen eine Zeile zu sehn. Wir fahren am 14., dann wie voriges Jahr Lavarone, Hotel du Lac. Hier eine reizende Mittagsstation im Wienerwald, Sonne, blauer Himmel und Erdbeeren. Herzliche Grüße

Th. F.
[*mit unterschrieben von*] Ernst Freud,
Friedrich Z[...?], Oskar L[...?]

44 Mit Bleistift.

[Ansichtspostkarte: Schloß Runkelstein bei Bozen]
L. E.! Auf der Lavarone-Reise zweite Station bei wundervoll kühlem Wetter, und morgen[45] sind wir in Lavarone, wo ich heute, Donnerstag, die wegen Zeitmangels liegen gebliebene Karte vollende. Es ist herrlich schön, wir armen Städter atmen auf, Wien ist wieder einmal ganz vergessen. Weshalb lassen Sie garnichts von sich hören, lieber Freund? Ich werde bald das schuldig gebliebene Stück meines Briefes verfassen.

H[erzliche] G[rüße] Math. F.

Lavarone 30. VII. [07]
Lieber Eugen! Ich kann nichts sagen als: was ist los mit Ihnen? Kein Lebenszeichen seit Wochen, keine Reaktion auf meine Karten! Ich wollte Ihnen schon einen Brief schreiben, aber ich habe fast nicht mehr das Gefühl, daß er in Ihre Hände und dann auch zu Ihrem Verständnis gelangt! Das Band zwischen uns ist lang, aber wenn Sie es noch mehr in die Länge ziehn, wird es auch immer dünner – nicht zu seinem Vorteil. Ich bin heute 14 Tage in Lavarone, schwelge in Schönheit, Luft, Sonne, Blumen, habe sogar anregende, nette Gesellschaft. Noch zwei Wochen hier, dann gehts in die Berge vom Grödnertal, immer schöner soll es werden, immer noch ein Stück höher hinauf. Steigen, fliegen Sie doch mit!

Mathilde.

Wien, 22. Sept. 07
Lieber Eugen! Ich habe schon Gewissensbisse, weil ich Ihnen so lange auf Ihren lieben Brief nicht geantwortet.

45 Bis hier mit Bleistift.

Aber im Sommer hatte ich damals grade eine Periode besonderer Faulheit, bald mit, bald ohne Grund, und die erste Zeit in der Stadt gibt es so viel zu tun, daß Briefschreiben außer an den reisenden Vater zur Unmöglichkeit wird. Heute ist ein Sonntag mit trübem Wetter, und zwischen zwei Besuchen erwischt man hie und da eine freie halbe Stunde.

Sie wissen heuer, ganz gegen die Ordnung, lieber Freund, noch nichts von meinem herrlichen Sommer außer spärlichen Kartennotizen. Es war in Lavarone noch schöner als voriges Jahr, noch sonniger, noch südlicher, ich hab mich, wenn eine Steigerung noch möglich war, heuer noch glücklicher gefühlt. Und ich ging sehr ungern fort, als es für Papa und Mama zu heiß wurde und wir über mein geliebtes Trient nach Waidbruck fuhren und von da mitten in die Dolomiten hinein. Es ist gewaltig schön in Wolkenstein, von allen Seiten grüßten die Gruppen und die Kofels ins Fenster, und die Edelweiß konnte man schon eine Stunde vom Haus so mühelos und zahlreich pflücken, daß ich fast keine Freude mehr dran hatte. Aber zum Sommergenuß bin ich dort nicht gekommen, es war mir zu kahl und zu kalt, und bis auf eine entzückende Tour und einen lieben Freund hab ich keine angenehme Erinnerung an Wolkenstein. Wir verlangten bald wieder Wärme und stiegen um 1000 m hinunter nach Kärnten. Das waren dort in Annenheim ein paar herrliche Wochen, wir lebten fast wie in Thumsee damals den ganzen Tag im Boot oder im Bad. Ich hab ja heuer endlich schwimmen gelernt und hatte Tag für Tag unbeschreiblichen Genuß und Freude, mehr fast als für einen Menschen gut ist. Gegen Mitte September verließen wir den Ossiachersee, Papa fuhr nach Rom und wir gegen Wien, auf der Strecke machten wir noch einmal Halt am Fuß des Schneebergs und Semmerings und hatten dort noch ein paar göttliche Tage. Dann trieb uns die Sehnsucht vorzeitig nachhause, und seit einer knappen Woche sind wir wieder in der

Berggasse, und ich sitze heute zum erstenmal wieder gemütlich an meinem Schreibtisch.

Jetzt habe ich Sie au fait gesetzt, mein lieber Freund, und muß Ihnen nur noch danken für Ihre lieben Karten aus letzter Zeit. Sie sind gewiß ein guter Cicerone für München, und warten Sie nur, einmal ganz plötzlich werd' ich kommen und Sie gehörig in Anspruch nehmen. Heuer ist es nicht zusammengegangen, und außerdem hab ich noch eine Fahrt zu meiner verheirateten Freundin Hansi vor, so daß Papa von solchen Plänen nichts mehr wissen wollte.

Ich nehme Ihren letzten Brief mit Absicht nicht zur Hand, lieber Freund, weil ich glauben will, daß Ihre damalige Stimmung nur so vorübergehend war und ich den Eindruck von Ihrer einmaligen Trübgestimmtheit nicht in mich aufnehmen will. Ich möchte sehr gern sehr bald wissen, wie's Ihnen geht, was Sie treiben, ob Sie auch so heiter sind, wie ich es wünsche, und ob Sie sich wie ich für den langen kalten Winter solch einen Schatz von strahlender Sonne und Glücksgefühl mitgebracht haben. Man braucht davon schon ein ganz gut Teil auf, bis es wieder Frühling wird.

Sie müssen mir auch noch mehr von Kirchberg erzählen und von Ihrer Tätigkeit, ich hörte zufällig, wie in Wolkenstein eine alte Dame erzählte: »Ach, ich war jetzt in Kirchberg, da war es sehr schön, nur manchmal gab es hartes Rindfleisch.« Also sorgen Sie für nächste Saison als guter Wirt vor!

Sie dürfen sich nicht dafür rächen, lieber, alter Freund, daß ich Sie so lange auf Antwort warten ließ, und [müssen] mir recht bald einen gemütlichen, altgewohnten Brief schreiben.

Ich bin noch nicht sicher, was ich heuer im Winter treiben werde, um ein weniger unnützes Glied der menschlichen Gesellschaft zu werden, am liebsten möchte ich mit Papa arbeiten, aber der kann mich nicht brauchen.

Ich muß wahrhaftig aufhören, ich wollte noch ausführlich und gemütlich reden, aber ein neuer Besuch ist da, und dann braucht man mich bei Tisch, und morgen ist Fortsetzung unmöglich. Also Ende. Nur wollte ich Ihnen noch erzählen: erinnern Sie sich an den jungen Schauspieler, den Sie im Frühjahr bei uns sahen? Den sah ich gestern in seiner ersten Rolle, und der Mann macht seine Sache wirklich ausgezeichnet, mit sehr viel Natürlichkeit und Temperament.

Bitte grüßen Sie mir Ihren Freund Max[46], dem ich verdanke, daß Sie Böser wieder etwas von sich hören ließen, und schreiben Sie mir bald!

Ich grüße Sie vielmals, mein lieber alter Freund, als Ihre alte Freundin

Mathilde.

Wien, 30. Sept. 07.[47]

Lieber alter Freund! Sie sollen diesmal belohnt werden, Sie haben mir nach langer Zeit wieder einmal einen langen, netten, freundschaftlichen Brief geschrieben, und der verdient es schon, daß ich Ihnen so bald antworte. Nur kurz allerdings, aber dafür rasch.

Ich habe mich riesig gefreut zu hören, daß mein Brief dazu beigetragen hat, Sie aus einer trüben Stimmung zu reißen. Von diesem hoffe ich, daß er sie in bester Laune antrifft, besonders da das herrliche Wetter, das einen so vergnügt macht, angehalten hat. Ich glaube, der liebe Herrgott hat es auf meinen speziellen Wunsch so verfügt. Ich bin daher auch noch immer so kreuzfidel, fühle mich wirklich glücklich durch diese immerwährende Sonne.

46 Im Pachmayr-Material befindet sich eine beschriebene, auf den 11. XII. 06 datierte Visitenkarte von »Max Mayer, stud. ing.«.
47 Zuerst nach Bad Kirchberg bei Reichenhall geschickt, umadressiert nach München. Ebenso: 25. 10. 09.

Im Haus geht alles auch fast wieder seinen normalen Gang, Papa ist seit 3 Tagen da, und Tante Minna, die aus Meran am Mittwoch einrückt, ist die letzte. Dann ist der Winterfahrplan wieder an seinem Platze. Am 18. oder 20. Okt. fahre ich mit meiner Freundin, die ihre Eltern hier besucht, gemeinsam auf ihr Gut und bleibe bei ihr, solang es mich freut. Meine Adresse dort: Kuttenberg in Böhmen – Frau Teller. Wie schade, daß Ihr Freund Bobi nicht im Fasching nach Wien reist, wo Sie ihn hätten begleiten können und hier ein paar hübsche Bälle mitmachen. Jetzt hätte es wahrhaftig keinen Sinn. Sie fragen mich, ob ich neulich abends an Sie gedacht habe – es mag wohl sein, weil ich grade in den Tagen dachte, ob Sie auf meinen Brief bald antworten würden.

Gestern haben wir eine so entzückende Partie gemacht wie im ganzen Sommer nicht viele; wir waren am Hermannskogel – wo damals auch mit Ihnen –, und die schönen Wälder leuchteten in allen Farbenschattierungen von gelb bis rot, die Fernsicht war wunderbar klar und dazu sommerliche Wärme. Ich hab' mir beide Arme voll Laub nachhause gebracht – einen Kaminstrauß, wie die Kinder es nennen.

Was ist eigentlich mit Ihnen los, lieber Eugen? Haben Sie denn vor, den Winter in Kirchberg zuzubringen, daß Sie sich als Provinzler bezeichnen? Wie ist's denn dann mit Ihrem Studium? Sein Sie ein braver Freund und erzählen mir bald einmal etwas von Ihren Winterplänen. Ich hab vor, von meiner Reise zurück ordentlich Italienisch zu lernen, sonst weiß ich noch nichts Genaues. Haben Sie etwas Neues, Gutes zum Lesen loben gehört oder selber erprobt? Ich habe einen noch fehlenden Spitteler[48] vor, sonst garnichts. Jetzt ist's Zeit, Tennistoilette zu machen.

---

48 Carl Spitteler (1845–1924), Schweizer Epiker, Erzähler, Lyriker und Essayist, Nobelpreisträger für Literatur.

Sie sollten diesen Brief bloß als Dank für den Ihren haben. Lassen Sie bald wieder von sich hören. Mit herzlichstem Gruß

Ihre alte Freundin Mathilde

Kuttenberg, 25. Okt. 07.

Mein lieber alter Freund! Wenn Sie wüßten, was ich seit Tagen für Gewissensbisse habe und wie ich doch jeden Tag wieder vor der Unmöglichkeit stehe, Ihnen einen richtigen, gemütlichen Brief zu schreiben! Ich bin seit Samstag d. 19. hier bei meiner verheirateten Freundin Hansi zu Gast und führe ein wunderschönes, angenehmes Leben mit lieben Menschen, zum erstenmal meines Lebens im Herbst auf dem Land. Ich sitze auch täglich eine Zeit am Schreibtisch, und da kommt unter fortwährendem Plaudern der notwendige Brief nachhause und hie und da eine Karte an Freunde nur mit Mühe zustande. Nicht wahr, Sie können sich's vorstellen? Heute hab ich beschlossen, statt des abendlichen Lesens vor dem Einschlafen mein Gewissen Ihnen gegenüber durch einen netten Brief nach alter Weise erleichtern zu wollen.

Lieber Freund, Sie haben mir im Verlauf von 2 Wochen 3 große Freuden gemacht, für die ich Ihnen heute danken will. Aber hören Sie erst: es war mein Geburtstag, und mit der Frühpost aus Deutschland kam von Ihnen nichts. Das war seit ich weiß nicht wieviel Jahren nie gewesen, und ich konnte es auch kaum begreifen. Am Nachmittag kam auch nichts. Mein Geburtstag war wieder einmal wunderschön mit Geschenken und Besuchen und Liebem von allen Seiten, und doch hatte ich immer das Gefühl wie von einem Loch im Ganzen, einem Mangel gegen sonst, weil von Ihnen keine Zeile gewesen war. Am nächsten Morgen dann bekam ich Ihre verspätete, liebe Karte und dann auch die großartig frisch erhaltenen Blumen. Ich brauch Ihnen doch wohl nicht mehr zu sagen, wie sehr ich mich mit beidem gefreut habe und daß ich Ihnen sehr und vielmals für das treue Gedenken danke. Von Wien aus konnte ich Ihnen das nicht mehr sagen, weil ich schon am Freitag packte und Samstag früh mit meiner in Wien gewesenen Freundin herkam.

Und seit ich da bin, hab' ich jeden Morgen zu Hansi gesagt: »Du, heute muß ich aber Eugen schreiben«, und draus geworden ist nie etwas. Da bekam ich vor 2 Tagen von Wien aus Mörikes Buch nachgeschickt – sagen Sie nur, lieber Eugen, um ein Kuttenberger geflügeltes Wort zu gebrauchen – »wie komm' ich dazu«? Ich hab vergebens nach einem begleitenden Brief ausgeschaut – ist es, wie auf den Buchhändlerzetteln immer steht: zur Ansicht – auf Wunsch zur gefälligen Retournierung? Ich weiß bis jetzt nur, daß es »sehr auf Wunsch« ist, und dank Ihnen vielmals; gehört hatte ich davon, gelesen hab ich es noch nicht, nur durchgeblättert und mich über einige naive Eintragungen und die reizend feinen Zeichnungen gefreut. Jedenfalls, mein alter Freund, herzlichsten Dank, es war ein lieber [Gruß] ins Böhmerland.

Hier ist eine ganz andere Atmosphäre als zuhause, Hansis Mann ist Miteigentümer einer der größten Zuckerfabriken Österreichs, und die Zuckerpreise, die Rübenernte etc. werden viel erörtert. Mir zuliebe treibt man jetzt ein wenig Schöngeisterei und ist sogar von Mörikes Buch ehrlich entzückt gewesen. Ich bin aber gern hier, das Haus und seine Bewohner sind liebenswürdig, behaglich und so ganz ohne Prätentionen, sie sind sehr glücklich, und meine Freundin hab' ich wirklich gern. Man lernt das Leben auch einmal von einer andern Seite betrachten. Und ein herrlicher Park ist hier, in dem ich unter fallendem Laub die meiste Zeit des Tages träume. Mein lieber alter Freund, Freund seit langem her und noch auf lange hinaus, schreiben Sie mir recht bald, ich bin in Kuttenberg in Böhmen – bei Frau Teller.

Helf ich Ihnen denn durch meine Briefe in dem harten Kampf? Ich wollte, ich könnt' es, und ich täte es!

Tausend herzliche Grüße!

Ihre Mathilde

Wien, 13. XII. 07.

Lieber Eugen! Sie sind doch ein ganz komischer Kauz! Wenn Sie sich schon nach Wochen zu ein paar Zeilen aufraffen, dann ist es nichts anderes als die Einladung zu einem Ball, auf den ich doch nicht gehn kann. Ich laß die Kegelgesellschaft schön grüßen, unterhalten Sie sich sehr gut und denken Sie drüber nach, wie es wäre, wenn Sie einmal ein vernünftiges Wort hören ließen. Ich fahre nach dem 6. Januar nach Hamburg mit Mama, unterhalte mich indes hier noch ausgezeichnet und bin riesig fidel. Sonst erzähl ich Ihnen nichts, denn Sie sind es wirklich nicht wert bei Ihrer entsetzlichen Faulheit.

Viele Grüße, die Sie nicht verdienen!

Ihre Mathilde

Wien, 28. Dez. 07

Lieber alter Freund! Erst einmal herzlichsten Dank für mein schönes Kalenderl, das seinen gewöhnlichen Platz schon eingenommen hat, Dank für Ihre lieben Wünsche und zum Schluß noch für den letzten Brief. Ich hoffe, Sie bekommen diesen meinen noch morgen, früher konnte ich nicht mehr schreiben.

Wissen Sie, ich bin eigentlich froh, lieber Eugen, daß Sie mich wegen Ihres Kommens erst gefragt haben, und da Sie verlangt haben, ich soll offen sein, so kann ich es ja wirklich. Ich rate Ihnen ganz ernstlich, kommen Sie jetzt nicht; Sie wollen doch mit mir und ich will mit Ihnen möglichst viel beisammen sein, und das ginge nicht. Mittwoch ist doch Neujahr mit den üblichen Besuchen, und dann beginnen unsre Reisevorbereitungen, am 8. fahren wir vielleicht; Mama und ich müssen beide noch zum Zahnarzt, haben Hausschneiderei, Abschiedsbesuche in Menge, denn jetzt beginnen die Jours alle, Besorgungen. In der Weihnachtszeit hat man ja alles verschoben, so weit es ging, ich habe außerdem am 4. ein Kränzchen, also für eine Woche sind wir reichlich besetzt. Ich habe das Gefühl, daß ich nicht einen gemütlichen Tag für Sie hätte, und das soll doch nicht sein. Also, tun Sie's nicht, lieber Freund, ich bitte Sie darum! Sparen Sie Ihr Geld und Ihre Reiselust für meine Rückkehr aus dem Norden auf. Sie wissen ja, wie ich das meine, und werden sicher beistimmen, es könnte jetzt nicht gemütlich werden.

Im übrigen will ich Ihnen in aller Eile noch erzählen, ich muß nämlich schleunigst fort, für die Sylvester-Lotterie einkaufen, daß Weihnachten sehr schön war und sehr gemütlich – ich hab für mich ein ganz kleines extra Bäumchen, das über meinem Schreibtisch in der Ecke steht und herrlich duftet, von den guten Sachen ist schon vieles abgefressen, wie die Buben sagen. Im Theater war ich auch zweimal hintereinander, Burg: Julius Caesar und Heinrich IV., eines großartiger als das andere. Gestern war Kainz-Vorlesung,[49] und Donnerstag hab ich getanzt. Ich schreib noch bald ausführlicher, ich hoffe Sie werden nicht mißverstehn, daß ich so offen war.

Herzlichste Grüße
Ihre Mathilde

49 Es handelte sich um eine Lesung von Grillparzers »Libussa« am 27. 12. 1907.

29. Jan. 08.

Lieber Eugen! Also soll ich es doch glauben, daß Sie über mein offenes Nein gekränkt oder geärgert waren? Es scheint doch so zu sein. Ich schick Ihnen diese paar Zeilen, mühsam im Streckessel geschrieben, um Sie wissen zu lassen, daß ich nicht in Hamburg bin. 2 Tage vor der schon bestimmten Abreise bin ich schwer erkrankt und hab' 3 entsetzliche Wochen verbracht, jetzt bin ich schon wieder Rekonvaleszentin. Es war mit einem Wort ein Glück, daß Sie damals nicht gekommen sind, und ich werde mich drüber freuen, mögen Sie es nun aufgefaßt haben, wie Sie wollen. Entschuldigen Sie meine Schrift, besser geht's noch nicht. Viele Grüße!

Mathilde F.

Wien, 31. Jan. 08.

Lieber Eugen! Ich wollte, heut wäre Dezember, und ich könnte das alte Jahr beschließen mit der Erinnerung an diese dumme, dumme Krankheit und mich ordentlich auf das neue freuen. Aber leider geht die Zeit nicht zurück – nein, sie rast vorwärts, an mir vorbei, und ich lieg im Lehnsessel und bin so müde, daß ich mich nicht einmal ordentlich kränken kann über alles, was ich versäume. Heute ist ja schon ein Fortschritt, ich sitze zum erstenmal wieder am Schreibtisch, und da schreib ich Ihnen gleich, denn heute früh hab ich Ihren Brief bekommen – wir haben schon wieder einmal am selben Tag geschrieben – und mich so damit gefreut. Aus Ihren Worten klang wirkliche Herzlichkeit, wie ich schon kaum mehr gedacht hatte, daß Sie sie bei etwas mich Betreffendem so echt und wahrhaft finden würden. Ich hab mich sehr gefreut und dank Ihnen sehr.

Es geht mir schon besser, ich hatte – die Ärzte sagen, noch im Zusammenhang mit meiner damaligen Operation – eine leichte Bauchfellentzündung mit entsetzlichen Schmerzen und Fieber und bin noch furchtbar müde. Wahrscheinlich werd ich noch auf längere Zeit zwischen Sofa und Strecksessel hin und her pendeln müssen – wenn Sie Zeit und Lust haben, schreiben Sie mir. Es freut mich sehr und zerstreut mich auch so. Erzählen Sie mir, was jetzt im Stocken ist – das macht ja nichts. Ich bin schon sehr müde, kann nicht mehr. Auf Wiedersehn!

Herzliche Grüße!
Ihre Mathilde

6. Februar 08.

Lieber Eugen! Es sollte ein langer Brief werden, aber das Sitzen strengt mich zu sehr an, ich bin heute wieder sehr müde. Also nur diese Karte! Vielen, vielen Dank, wie war das lieb von Ihnen!, ich hab schon viele Briefe draus gelesen und bin entzückt über die Urwüchsigkeit der Anschauung und der Ausdrucksweise. Ich wünschte Ihnen oft und oft, solch einen angenehmen Tag machen zu können – wenn auch mit anderm Anlaß – vielleicht, bis ich wieder gesund bin, wird es gehn. Da ist schon wieder Besuch – also Schluß, vielen Dank, bitte, schreiben Sie mir wieder! herzlichste Grüße!

Ihre Mathilde

12. Febr. 08.

Lieber Eugen! Vielen schönen Dank für Ihren Brief, ich freue mich wirklich sehr, wieder so regelmäßig von Ihnen zu hören. Ich hoffe sehr, daß Ihre Eltern wieder ganz wohl sind und Ihr Haus influenzafrei, in Wien hatte die Epidemie furchtbare Dimensionen angenommen, bei uns sind alle krank gewesen, aber jetzt sind die Fälle nur mehr vereinzelt. –

Heute schreib ich Ihnen wieder einmal im Liegen, deshalb dürfen Sie über die wackelnden Buchstaben nicht strenge ins Gericht gehn. Ich bin zum erstenmal ausgefahren und doch von der Luft sehr müde und angegriffen, obwohl mir's im allgemeinen entschieden besser geht. Grad 5 Wochen bin ich heute krank, und was hab' ich nicht alles in der Zeit versäumt. Am 21. ist ein sehr, sehr hübsches Kränzchen, bei dem ich eröffnen soll, und ich kann mich nicht entschließen, endgültig abzusagen. Mein Arzt hat mir immer wieder Hoffnung gemacht, und nun wird es doch voraussichtlich nicht gehn! Und ein paar so schöne Konzerte waren und Vorträge, die ich alle so gern gehört hätte. Mein Ersatz für all dies ist Lesen, und dann sind alle Freunde und Bekannte so sehr nett und aufmerksam; ich hab sehr viel Besuch und mein Zimmer ganz voll Blumen, und eine Menge Bücher und gute Sachen bringt man mir. Und doch ist Gesundsein schöner. Meine Freundin Hansi hat vor ein paar Tagen ein Baby bekommen, sie ist in Wien, und ich hoffe morgen zu ihr zu können und Susi zu sehn.

Mein Brief ist so gar nicht heiter geworden, wie ich gern gewollt hätte – aber es geht schlecht, ich bin selbst nicht heiter. Nur eines ist mir eine frohe Idee: daß ich im Frühling wahrscheinlich wieder nach Levico gehe, wo ich so gern war. Und am Ende kommen wir über den Sommer nach Berchtesgaden. Im April ist nämlich ein Kongreß für Freudsche Psychologie in Salzburg,[50] und da wird Papa hinüberfahren sich etwas ansehn. –

Bitte, lassen Sie mich wissen, was Sie von oder über Ihren Freund Max gehört haben!

50 Erster Internationaler Kongreß für Psychoanalyse am 26. 4. 1908.

14. Febr. – Meine neueste schlechte Gewohnheit, die Briefe immer liegen zu lassen – aber heute muß er doch fort. Es geht mir viel besser, ich bin heute schon im Volksgarten ein bißchen spazieren gegangen. Das Wetter ist ja so wunderschön. Viele herzliche Grüße! Wenn nur schon ganz Frühling wäre.

Ihre Mathilde

25. Febr. 08.

Lieber Eugen! Ich bin in diesen Tagen garnicht früher dazu gekommen, Ihnen die letzte Karte aus Kirchberg zu bestätigen. Für den freundlichen Gruß vom Thumsee danke ich vielmals und bitte, ihn aufs herzlichste zu erwidern.

Ich hab Ihnen von Neuigkeiten und Wichtigkeiten eine, für mich sehr bedeutungsvolle und schöne, mitzuteilen: Ich fahre – wahrscheinlich Samstag – nach Meran zu lieben Bekannten und denke, lange dort zu bleiben und mich ausgiebig zu sonnen. Die Einladung ist mir jetzt grade so zur rechten Zeit gekommen, ich freue mich rasend auf die Wärme und die herrliche Luft. Mit Ihrem langen Brief, auf den ich schon warte, müssen Sie sich entweder beeilen, lieber Freund, damit ich ihn noch hier bekomme – oder nein, schreiben Sie mir lieber erst nach Meran, im fremden Haus freut einen jeder Brief von Freunden doppelt. Meine Adresse dort ist: bei Dr. Raab – Untermais – Villa Raab. Von wann an ich dort bin, werde ich Sie noch wissen lassen.

Sonst ist nicht viel los bei uns, ich hab jetzt ein paar Reisevorbereitungen, und die sind ja immer ein angenehmes Geschäft. Viel Abschiedsbesuch ist auch da, und ich bin in sehr guter Stimmung wegen der schönen Aussicht. Die Goethe-Briefe werd ich nach Meran mitnehmen. Also nächstens schreib ich Ihnen noch ein paar Worte. Für heute viele herzliche Grüße

von Ihrer Mathilde

Meran, 4. März 08.

Lieber Eugen! Wie schön war das, daß ich gleich am ersten Tag hier Ihren Brief bekommen hab, ganz laut Programm. Ich kann heute nicht drauf antworten, man hat hier gar keine Zeit – nur viel Dank und herzliche Grüße senden, Ausführliches folgt, bis ich Ihr ganzes hab. Meine Reise war sehr gut gelungen, und hier bin ich bei so lieben Menschen, in so einem gemütlichen Haus, daß ich mich riesig wohl fühle und auf dem besten Wege bin, wieder ganz gesund zu werden. 2 Tage war Schnee hier, aber heut herrliche Frühlingssonne, ich bin stundenlang auf dem Balkon gelegen und hab mich anscheinen lassen. Wenn Sie irgendein schönes Buch haben, bitt' ich drum, ich werd's pünktlich zurücksenden. Den Brief von Max hätt ich gern gelesen, und auf die Fortsetzung Ihrer Erzählung bin ich sehr neugierig. Tausend Grüße! Ihre Mathilde

Meran, 11. IV. 08.

Lieber Eugen! Vielen Dank für Ihren lieben Brief und die Ausstellungsschrift! Ich hab zum Schreiben fast keine Zeit, mir gehts sehr gut, ich fühl mich riesig wohl und gesund. Grüßen Sie bitte Regine[51] herzlich von mir, warum hab ich nichts weiteres von ihren Schicksalen erfahren? Ich hab immer auf Ihren Fortsetzungsbrief gewartet. Wegen des Sommers bestehn die herrlichsten Pläne, ich darf aber nichts verraten, das noch nicht fest bestimmt ist. Die Entscheidung wird in der Woche nach Ostern fallen. Sie ahnen garnicht, was für Münchenwerber Raabs sind, die wohnen nämlich jeden Sommer in Tutzing. Gehn Sie wohl über Ostern nach Kirchberg? Ich freue mich sehr auf die Feier-

---

51 Erste Erwähnung von Eugen Pachmayrs späterer Ehefrau Regine Steinhaus, vgl. S. 100 und 110–113.

tage, ein sehr lieber Besuch aus Wien kommt her. Bei uns zuhause gehts nach schweren Tagen wieder gut, Annerl ist fesch und munter, ich bin so unsagbar selig über das Wetter, es ist eine Luft wie in Lavarone, alles blüht und grün. Bitte, lassen Sie mich wissen, ob Sie in Kirchberg sein werden und ob Sie glauben, daß Regine sich mit ein paar Blumen aus unserm Garten freuen würde. Ich hab es so gut und möchte ihr sehr gern eine kleine Freude machen. Auf Wiedersehn hoffentlich im Ausstellungstheater, fröhlichste Feiertage, und viele Grüße von

Ihrer alten Freundin Mathilde

Meran, 27. IV. 08.

Lieber Eugen! Ich hab so lange geschwiegen, damit ich Ihnen gleich Definitives mitteilen kann, heute hat sich's also entschieden, wir haben in Berchtesgaden den neuen Dietfeldhof gemietet. Was das Schönste dabei ist: ich werde höchstwahrscheinlich nicht vor dem Sommer mehr nach Wien zurückgehn, sondern ungefähr Mitte Juni mit Raabs nach Tutzing gehn und dort bis 28. Juni bleiben, bis meine Leute nach Berchtesgaden kommen. Tutzing bedeutet für mich München, Ausstellung, Galerien etc. Ich möchte auch Regine und Ihren Freund Max kennenlernen und denke mir die ganze Sache so wunderschön. Vielleicht sind auch Ihre Eltern noch in der Stadt, ich würde mich riesig freuen, sie zu besuchen. Kurz, ich freue mich im ganzen schrecklich, spare schon aus Leibeskräften für München. Sonst gehts mir sehr gut, Regine hat lieb gedankt, lassen Sie doch bald wieder etwas von sich hören. Herzliche Grüße! Ihre Math

Meran, 14. Mai 08.

Lieber alter Freund! Am Tag, als ich grad bei Ihnen anfragen wollte, warum Sie nur mehr durch Drucksachen und Muster ohne Wert mit mir verkehren, kam Ihr Brief. Ich will jetzt garnichts mehr sagen, sondern Kraft sammeln für eine ungeheure mündliche Strafpredigt, die hoffentlich außer ihrem Seltenheitswert auch guten Erfolg haben wird. Ich freu mich riesig auf die Tage in München, in Tutzing werd ich wohl nur als Absteigquartier sein. Seit Jahren höre ich jetzt von München schwärmen und bin sehr begierig, wie es mir unter Ihrer Führung gefallen wird. Und noch dazu die Ausstellung! Mit dem Gartenfest bin ich schon einverstanden, aber ich kann ja nicht auf Münchnerisch tanzen. Vielen Dank für den lieben Thumsee-Gruß. Mir gehts gesundheitlich ausgezeichnet, ich schwimme jetzt täglich, und im übrigen spare ich Unternehmungslust und Geld für München. Wie fesch und heiter werden wir beide da sein. Jetzt gehe ich todmüde schlafen, grüßen Sie mir bitte ganz München und Ihr Dachstüberl und am besten meinen alten nichtsnutzigen Freund Eugen.

Ihre Mathilde

16. VI. 08

Lieber Eugen! In letzter Stunde noch eine Änderung, die mich zu meinem großen Ärger meine gestrige Karte zu widerrufen zwingt. Ich fahre doch nicht heute, weiß aber auch noch nicht, ob morgen oder erst Donnerstag abend, da es von Raabs, resp. der ältesten Tochter abhängt. Wenn noch Zeit ist, daß ich Ihnen schreibe, werd ich's tun, sonst telegraphiere ich Ihnen, wann mein Zug ankommt, und Sie sind dann am Bahnhof. Ich bin schon sehr ungeduldig, muß halt dann durch besondere Feschheit alles einbringen. Mein Urlaub ist bis zum 1. Juli verlängert worden. Am

Ende telegraphiere ich Ihnen wegen Rosenheim und erwarte Sie dort, wenn ich bei Tag reise. Tausend Grüße

Ihre Mathilde

[Postkarte, Poststempel Tutzing] 30. VI. 08.
L. E.! Ich fahre doch morgen am Mittwoch und bin in M. (Bahnhof) von 12^h 35 bis 1^h 15, hoffe Sie dort zu sehn.

Beste Grüße auch an Regine
Ihre M. F.

Wien, 24. Okt. 08.
Lieber Eugen, lieber alter Freund, ich hab Ihnen heute für 2 liebe Briefe mit lieben, guten Worten und ein schönes Buch zu danken, und das geschieht so spät und so kurz, weil ich Ihnen auch noch erzählen muß, daß ich mich 2 Tage nach meinem Geburtstag verlobt hab. Ich hoffe, alle Ihre guten Wünsche zum 16. werden in Erfüllung gehn und ich werde mich immer so glücklich fühlen wie in diesen Tagen. Mein Bräutigam heißt Robert Hollitscher,[52] ich kenn ihn schon fast 3 Jahre, und wir passen so gut zusammen wie nur möglich. Die letzten Tage sind mir in großem Trubel vergangen, ein ununterbrochener Strom von Besuchen und Blumen hat sich in unser Haus ergossen, ich hab kaum Zeit zu diesen paar Zeilen gefunden und komm nicht zu mir selber.

26. X. 08. – Lieber Eugen, die mitfolgende Karte[53] hab ich aus Zeitmangel nicht fertig geschrieben, und dann wollt ich auch noch vieles dazusagen, aber im Trubel hab ich's ver-

---

52 Erste Erwähnung von Mathilde Freuds späterem Ehemann, vgl. S. 104 ff.
53 Die Sendung besteht aus zwei numerierten Briefkarten.

gessen. Gestern kam Ihre Karte, ich hatte ja schon Gewissensbisse, daß ich Ihnen nicht früher davon geschrieben, mein lieber alter Freund, aber ich konnte selbst nichts sagen bis zum letzten Augenblick und hab auch Papa und Mama erst nach ein paar Tagen eingeweiht. Ich hab Ihnen ja im Sommer eine Andeutung über Robert gemacht, er weiß auch von unsrer Freundschaft und daß die trotz der Veränderungen in meinem und der wahrscheinlichen auch in Ihrem Leben fortbestehn wird. Bitte, Eugen, teilen Sie Regine, der ich Antwort auf Brief und Strümpfe schuldig bin, und auch Max meine Verlobung mit, ich komme jetzt zu keinem Brief, aber Ihnen werd ich, sobald ein bißchen Ruhe ist, die Vorgeschichte meiner Verlobung erzählen und alle weiteren Zukunftspläne. Bitte sagen Sie es auch Ihren lieben Eltern, das erspart mir eine separate Mitteilung. Ich schicke Ihnen tausend herzlichste Grüße und bin wie immer auch für ferner Ihre beste und getreueste Freundin

Mathilde

18. Dez. 08.

Lieber alter Freund, was denken Sie wohl von mir? Vor Wochen haben Sie mir so einen schönen lieben Brief geschrieben, und ich hab Ihnen gar nicht geantwortet! Ich bin buchstäblich zu keiner Karte gekommen in der letzten Zeit, denken Sie, den ersten Brief an meine in Berlin verheiratete Schwägerin hab ich vorgestern geschrieben, es war der erste Tag mit etwas Ruhe in den 2 Monaten. Ich bin nämlich wieder einmal fast 3 Wochen mit Schmerzen in meiner alten Wunde zu Bett gewesen und hatte dabei Wohnungs-Einrichtungs- und Ausstattungssorgen, und mein Bräutigam war doch die halben Tage da, wie's mir bißchen besser ging, mußten wir Besuche machen und Einladungen absolvieren – also daß ich wenig Zeit hatte, werden Sie mir glauben.

Ich sehe doch jetzt, daß ich sehr undeutlich schreiben muß, nachdem Sie den Namen meines Bräutigams nicht richtig lesen konnten. Er heißt Robert, das stimmt, und dann Hollitscher, aber der Schriftsteller[54] ist nicht mit ihm verwandt. Er ist groß, blond, hat blaue Augen, ist 33 Jahre alt, sieht aber viel jünger aus, ist sehr lieb, gescheit, selten fein empfindend, und wir verstehn und vertragen uns fabelhaft gut. Von seinem Beruf schreib ich Ihnen doch, er ist Vertreter von großen ausländischen Seidenfabriken, also mal ganz was anderes als Psychologe. Wir haben schon eine sehr schöne Wohnung gefunden, und denken Sie, so nahe von der Berggasse, in der Türkenstraße, und Möbel nach Zeichnungen auch sehr hübsche bestellt, die Hochzeit wird wahrscheinlich im Februar sein.

Das wären so kurz gefaßt alle Neuigkeiten der letzten Zeit, jetzt möcht ich aber auch gern wissen, was bei Ihnen los ist, wie's Ihnen geht, ob Sie auch weiter nach Ihren schönen Anfängen brav waren. Wie gehts den Eltern, was machen Max und Regine, was ist in Kirchberg Neues? Bitte rechnen Sie nicht mit einer geplagten Braut, sondern schreiben Sie wieder mal, und bestellen Sie bitte allen Freunden frohe Weihnachten. Ihnen selber wünscht die schönsten und freudigsten Festtage Ihre Sie herzlichst grüßende treue alte Freundin

Mathilde

---

54 Arthur Holitscher (1869–1941), Erzähler, Dramatiker und Essayist.

Wien, 31. XII. 08.

Lieber guter alter Freund, nicht die Spur einer Idee von Zeit hab ich, aber Sie müssen doch einen Neujahrsgruß haben und tausend Dank für Ihren lieben Weihnachtsgruß und das reizende Bücherl, mit dem ich eine Riesenfreude gehabt hab. Es ist wirklich lieb und herzlich ausgedacht. Also viel Glück, viel Gutes und Schönes für Sie, Arbeitslust und alles andre, das ich Ihnen laut und leise oft gewünscht hab. Viele schöne Grüße!

Ihre Mathilde.

[Ansichtspostkarte:
Il Campidoglio – Palazzo Senatorio ora Communale
Datum des Poststempels: 11. IV. 09]

L. E.! Die anscheinend treulos gewordene Freundin schickt dem alten Freund herzlichste Ostergrüße. Sie ist natürlich nicht in Rom, aber es geht ihr bis auf einige Influenzen ebenso gut als dort vielleicht. Sie ist bereits eine alte erfahrene Frau, mit dem Gatten und dem heiligen Ehestand sehr zufrieden, sie ist den ganzen Tag sehr beschäftigt, aber sie verspricht doch bald einen Brief. Und sie dankt auf das innigste für Ihren lieben Glückwunschbrief. Und – sie würde sich ganz riesig freuen, wenn der Eugen einmal etwas von sich hören ließe und von sich und seinen Freunden berichten würde, ohne es mit einer eben erst verheirateten Freundin, die viele Pflichten hat, aber doch deshalb an ihre alten Freunde nicht vergißt, so genau zu nehmen. Mein Mann läßt unbekannterweise bestens grüßen! Und ich grüße ganz München, besonders das liebe Dachkammerl herzlichst samt seinem Bewohner. Empfehlungen Eltern, Grüße Max, Regine etc. Ihre alte Freundin Math.

[Postkarte] Ammerwald, 6. VIII. 09.
Lieber Eugen, man erzählt mir, daß Sie uns hier besuchen
wollen, ich freu mich sehr, meinen alten Freund wiederzu-
sehn, aber tummeln Sie sich, ich fahre vielleicht schon am
10.–12. wieder fort.

Herzlichste Grüße
M. H.

[Postkarte] Ammerwald, 9. VIII. 09.[55]
Lieber Eugen, ich bin am Donnerstag auf ein paar Stunden
in München, und zwar von 3^{h}46 – 8^{h}13 abds., und würd
mich sehr freuen, wenn ich Sie am Bahnhof träfe, um ein
bißchen durch die Stadt zu wandern. Ich komm von
Oberammergau – ist der Max in der Stadt? Dieselbe Karte
schreibe ich Ihnen nach Kirchberg, weil ich nicht sicher
bin, daß Sie in der Augustenstr. sind. Wenn noch Zeit ist,
bitte lassen Sie mich wissen, ob ich Sie treffe. Auf Wiedersehn

mit herzlichen Grüßen
M. H.

[Postkarte] 18. Aug. 09.
Lieber Eugen, ich bin noch auf nichts anderes als Postkarten eingerichtet, will Ihnen aber doch schnell mitteilen,
daß ich damals ganz gut nachhaus gekommen bin. Für ein
richtiges österreichisches Trinkgeld bin ich die Nacht über
allein in einem Halbcoupé I. [Klasse] geblieben, und mein
Mann war pünktlich am Bahnhof. Er war sehr erstaunt

55 Eine Postkarte mit gleichem Inhalt und ähnlichem Wortlaut,
nach »Bad Kirchberg, bei Reichenhall« gerichtet, ist außerdem erhalten.

über all meine Reiseerlebnisse und läßt Ihnen schönstens danken, daß Sie mich so ein großes Stück weit begleitet, beschützt und getröstet haben. Natürlich hätte er mir entgegenfahren wollen – aber dafür war's schon zu spät. Hier zuhause ist's schon wieder sehr schön, wir führen ein höchst behagliches Leben in größter Ungeniertheit; denn die Stadt ist ganz ausgestorben, niemand Bekannter ist da. Wie stehts mit Ihrer Kur? Ich glaub, Sie wollen ja auch schon wieder in die Stadt! Bitte grüßen Sie mir Ihre l[ieben] Eltern auf das herzlichste! Ebenso meinen alten Freund Eugen!

M. H.

Wien, 25. Okt. 09.

Lieber Eugen, meine Antwort auf Ihre lieben Zeilen verzögerte sich so lang, weil ich schon wieder einmal seit mehr als 6 Wochen krank bin – und da dauert es immer eine Weile, bis ich einen Tag erwische, an dem ich für's Schreiben wohl genug bin. Mein erster verheirateter Geburtstag war trotzdem sehr schön, und es hat ihm nicht geschadet, daß Sie trotz Ihrer unerhörten Schlechtigkeit im Schreiben sich doch noch an den 16. Okt. erinnert haben. Haben Sie herzlichen Dank für Ihre Glückwünsche und für das reizende Buch! Und bessern Sie sich, wenn das auf Ihre alten Tage noch möglich ist, ein bißchen und lassen Sie den Wienern öfters ein Lebenszeichen zukommen. Mein Mann läßt Sie sehr schön grüßen, desgleichen ich Ihre lieben Eltern. In der Familie ist außer meinem Kranksein gar nichts Neues, die Kinder werden erschreckend groß und größer – Papa ist selig, Amerika heil entkommen zu sein. Von allen soll ich Grüße sagen. Von mir Ihnen die schönsten Grüße!

Ihre alte Freundin Mathilde

[Bildpostkarte mit Wintermotiv
Datum des Poststempels: 2?. XII. 09]
[*Aufdruck*] Fröhliche Weihnachten! [*handschriftlich*] und
ein glückselig's Neues Jahr wünschen Mathilde und [*in anderer Handschrift*] Robert Hollitscher

Wien, 15. Jänner 10.

Lieber Eugen, alter Freund, ich bin sehr böse auf Sie, denn ich hatte mir Ihr langes Schweigen dahin gedeutet, daß Sie mich zu Neujahr mit der Tatsache der vollendeten Prüfung überraschen wollten, und nun bin ich arg enttäuscht. Ich hab grade in letzter Zeit lebhaft an Sie im Zusammenhang mit den Examen gedacht, weil ich ein Buch in die Hand bekam, das die Geschichte eines jungen Studenten ganz Ihrer Art behandelt. Natürlich endet es mit den ausgezeichnet bestandenen Prüfungen, und so will ich natürlich, daß die Geschichte von Eugen Pachmayr auch endet.

Ich kann mich aber schrecklich gut in Ihre Lage hineinversetzen, ich könnte gewiß nicht das Geringste mehr ernsthaft lernen, weil ich mich durch das tatenlose Dahinleben der Krankheitsjahre ganz auf den Standpunkt des Schauens und Genießens statt Lernens und Arbeitens gestellt hab. Aber wenn ich *müßte*! So ging's vielleicht doch, und Sie *müssen*, lieber Freund, und so muß es sich auch zusammenbringen lassen. Ob das bei der Medizin geht, weiß ich ja nicht, aber wenn, dann müßten Sie fort von München, schon vor dem ersten Resultat, und irgendwo, aber auch nicht in Kirchberg, für das Resultat arbeiten, und wenn Sie nur noch ein paar Leute haben, die Ihnen Kraft und Ausdauer dazu so herzlich wünschen wie ich, so muß es auch gelingen. Und Sie haben's doch noch viel besser als ein Jurist, die Medizin bietet doch so viel wirklich Interessantes – Sie wissen doch, wie sehr sie mich grad immer interessiert hat, ich hätt gern selber studiert.

19. I. 1910. – Neulich wurde ich im Schreiben gestört, so will ich heute nur hinzufügen, daß ich bald einen Brief von Ihnen erwarte, in dem Sie mir das unverrückbar festgesetzte Datum der ersten Prüfung mitteilen, nicht wahr, das tun Sie?

Und nachdem ich ordentlich gezankt hab, muß ich mich auch für das reizende Merkbüchlein[56] bedanken, das mich wieder sehr gefreut hat. Wie geht es allen Ihren Leuten? Ich denke, weil Sie gar nichts davon erwähnen, gut. Bei uns gibts auch gar keine Neuigkeiten zu erzählen, wir sind eigentlich immer fidel und glücklich, obwohl ich von Gesundsein weit entfernt bin. Aber ich kann doch ausgehn, mit meinem Mann alles teilen, was uns beiden Freude macht, kann auch meinen häuslichen Pflichten sehr gut nachgehn, ich geh auch in Gesellschaft und kann auch Leute bei uns sehn – aber bei allem muß ich mich sehr schonen und ja nicht übermüden und an einem Tag nur nicht zu viel unternehmen, sonst muß ich es am nächsten büßen. Also gehts immer schön so fort.

In der Berggasse – womit von der Türkenstraße aus Familie Freud gemeint ist – ist es sehr lebhaft. Papa hat wie immer furchtbar viel zu tun, und Mama und Tante teilen sich in das häusliche Regiment. Die Kinder alle sind in letzter Zeit mächtig herangewachsen, Martin verbindet mit dem Jusstudium Skilaufen, Eislaufen, Fechten und sehr häufiges Tanzen, Oli geht ganz in der Technik auf, Ernst tanzt unablässig von einem Hausball zum andern, Sopherl tanzt auch schon viel, und Annerl ist noch ein bißchen bleichsüchtig und verstimmt, wird sich aber auch sehr bald

56 Vgl. S. 114.

zu einem großen Mädel entpuppt haben. Es kommt jetzt schon manchmal vor, daß Papa, Mama und Tante allein zu einem Nachtmahl zuhause sind, und wenn Sie sich noch gut an unser Haus erinnern, lieber Freund, werden Sie ermessen können, was das bedeutet.

Ich hab Ihnen auch noch nicht erzählt, daß ich zu Neujahr mit Annerl und meinem Mann am Semmering war, hab da zum erstenmal wirklich weißen Schnee gesehn und ein paar herrliche Tage verbracht in strahlend warmer Sonne, blauem Himmel und wunderbarer Rodellandschaft. Sie müssen das von Kirchberg ja kennen, es ist ja fast schöner als im Sommer.

28. I. 1910. – Lieber Eugen, es ist schon eine Schande, wie lang der Brief unfertig da liegt, jetzt muß ich schnell noch Grüße an alle Ihre Leute beifügen und schließen. Mein Mann grüßt Sie bestens, und ich hoffe bald wieder von Ihnen zu hören. Herzlichst in alter Freundschaft

Ihre Mathilde

Wien, 16. April 10.[57]

Lieber alter Freund Eugen, Sie haben sich wieder einmal ordentlich über Ihre alte Freundin wundern müssen – da haben Sie aber sofort eine Erklärung: Ihren Brief bekam ich im Sanatorium, wo ich zur Abwechslung wieder einmal operiert worden bin. Jetzt bin ich schon wieder halbwegs auf den Beinen, d. h. momentan auf der Chaiselongue, und da sollen Sie schnell einen kurzen Brief haben.

Lieber Freund, Ihr Brief hat so viel des Erfreulichen für mich gebracht, daß er mir gerade in den schlechten Krankheitstagen eine doppelt große Freude zu lesen war, ich habe

---

57 Mit Bleistift bis zum neuem Datum.

auch zu Ostern recht oft an Sie gedacht, wenn Regine aus Paris zurückgekommen war und Sie beide wunderschöne Tage miteinander verbracht haben. Liebe Regine, dieser Brief ist auch an Sie – denn ich kann noch schwer schreiben –, und Sie werden doch beide nicht von mir verlangen, daß ich Eugens Frage »ob er da nicht etwas Liebes gefunden habe« des Langen und Breiten beantworte. Lassen Sie sich an einem einfachen (aber kräftigen) Ja genügen, mit dem Hinzufügen »nicht nur etwas sehr Liebes, sondern auch sehr Passendes« und mit der größten Menge der allerherzlichsten Glückwünsche dazu.

27. Mai 1910. – Lieber Eugen, zu meinem Brief vom vorigen Monat hab ich noch einiges hinzuzufügen; daß es mir besser geht, sehn Sie schon aus der Tintenschrift, aber ganz gut ist's noch immer nicht. Damals auf der vorigen Seite waren meine Kräfte zu Ende, ich wollte den Brief nicht so unfertig abschicken, und dann hab ich auch immer noch auf eine zweite Nachricht von Ihnen gehofft. Daß sie nun wirklich gekommen ist und daß sie so Gutes enthielt – haben Sie herzlichsten Dank dafür! Ich habe mich so *namenlos* gefreut, mit Ihnen beiden, Regine und Eugen, und mit allem zusammen. Lieber Eugen, wie glücklich müssen Sie sein, und Sie Regine wie stolz, daß es Ihnen gelungen ist! Was sagen nun Ihre lieben Eltern? Wissen sie schon von der Verlobung? Kann ich meinen Leuten in der Berggasse davon Mitteilung machen? Mein Mann schickt Ihnen seine herzlichsten Wünsche, ihm hab ich es natürlich längst erzählt.

Was sind nun Ihre weiteren Pläne? Im Herbst gibts ja, wie Sie mir schreiben, noch einige Nüsse zu knacken, aber ich glaube, die werden Ihnen furchtbar leicht fallen. Die Hauptsache ist doch, daß nur wieder mal ein Anfang gemacht ist. Ich möchte sehr gern von einem von Ihnen, wer mehr Zeit hat – aber am liebsten von beiden zusammen – alles Neue hören, dann schreibe ich auch wieder einen ausführlichen Brief, jetzt bin ich ja noch immer Rekonvaleszentin und sehr schnell müde.

Also nochmals alles Schönste, Beste für Eugen und Regine

von Mathilde und Robert
und die allerherzlichsten Grüße.

ANHANG

Zeittafel

1856 Am 6. Mai wird Sigmund Freud als Sohn des 41jährigen Kaufmanns Jakob Freud und seiner 21jährigen Frau Amalia, geb.
Nathanson, im mährischen Freiberg (Příbor) geboren.

1861 Am 26. Juli wird Martha Bernays als Tochter des 35jährigen
Kaufmanns Berman Bernays und der 31jährigen Emmeline,
geb. Philipp, in Hamburg geboren.

1875 Am 4. August wird Robert Hollitscher, der spätere Ehemann
Mathilde Freuds, geboren.

1882 Im April lernen sich Sigmund Freud und Martha Bernays
kennen, und am 17. Juni kommt es zur heimlichen Verlobung.

1885 Ende August schließt Freud seine mehr als dreijährige klinische Ausbildung, in der er sich auf Neurologie spezialisierte,
am Wiener Allgemeinen Krankenhaus ab.

1886 Im April eröffnet Freud in der Rathausstraße 7 eine nerven-
ärztliche Privatpraxis.
Am 14. September wird die Hochzeit nach jüdischem Zere-
moniell in Hamburg gefeiert. Ende September bezieht das
junge Ehepaar seine erste Wohnung im »Sühnhaus« in der
Maria-Theresia-Straße 8. Dort beginnt Freud im Oktober
seine Ordination.

1887 Am 16. Oktober wird *Mathilde* als erstes Kind des Ehepaars
Freud geboren.

1889 Am 7. Dezember wird Mathildes ältester Bruder Martin geboren.

1891 Am 19. Februar wird der zweite Bruder Oliver geboren.
Im September beziehen die Freuds eine neue Wohnung in der
Berggasse 19, in der sie bis zum 5. Juni 1938 wohnen und in
der Freud fast 47 Jahre lang seine Praxis betreibt.

1892 Am 6. April wird der dritte Bruder Ernst geboren.
Mathilde erkrankt im Alter von 5 Jahren lebensgefährlich an
Diphtherie.

1893 Am 12. April wird die Schwester Sophie geboren.

1895 In der Nacht vom 23. zum 24. Juli träumt Freud den »Traum von Irmas Injektion«, der als »Mustertraum« in die »Traumdeutung« eingeht. In ihm spielt auch Mathildes Erkrankung an Diphtherie eine Rolle.

Am 3. Dezember wird die jüngste Schwester Anna geboren.

1896 Im Januar zieht Minna Bernays zur Familie Freud und bleibt bei ihr bis zu ihrem Tode.

Am 23. Oktober stirbt Freuds Vater.

1897 Im März erkrankt Mathilde ein zweitesmal lebensgefährlich an Diphtherie.

1898 Ab Oktober besucht Mathilde das Lyzeum von Dr. Salka Goldman.

1901 Ab Mitte Juli verbringen die Freuds ihren Sommerurlaub im »Seewirt« der Familie Pachmayr am *Thumsee* (bei Bad Reichenhall). Dort lernen sich Mathilde und ihr Jugendfreund *Eugen Pachmayr* kennen.

1902 Im August verbringen die Freuds ihren Sommerurlaub in der Villa Sonnenfels am *Königssee*, wo es zu einem zweiten Treffen zwischen Mathilde und Eugen kommt.

1903 Im Juli/August werden die Familienferien wiederum in der Villa Sonnenfels am Königssee verbracht. Auch in diesen Ferien treffen sich Mathilde und Eugen und beginnen im September ihren *Briefwechsel*, der bis 1910 anhält.

Im Herbst besucht Mathilde »volkstümliche Universitätskurse« am Athenäum.

1905 Im Mai wird Mathilde am Blinddarm operiert. Die Blutgefäße öffnen sich jedoch wenige Stunden nach der Operation, so daß sie beinahe an inneren Blutungen gestorben wäre.

1906 Im Sommer hält sich Mathilde zu einem längeren Kuraufenthalt in Levico auf.

1908 Am 18. Oktober, zwei Tage nach ihrem 21. Geburtstag, verlobt sich Mathilde mit dem 12 Jahre älteren Kaufmann *Robert Hollitscher*.

1909 Am 7. Februar findet die Hochzeit statt. Bald darauf ziehen Mathilde und Robert in eine Wohnung in der Türkenstraße, nicht weit von Mathildes Elternhaus in der Berggasse entfernt.

1910 Am 27. Mai gratuliert Mathilde Eugen Pachmayr und Regine Steinhaus zur Verlobung. Damit endet der Briefwechsel zwischen Mathilde und Eugen.

1912 Mathilde muß eine Schwangerschaft unterbrechen lassen und bleibt kinderlos.

1920 Am 25. Januar stirbt die jüngere Schwester Sophie während einer Grippeepidemie in Hamburg.

1922 Im September adoptieren Mathilde und Robert Hollitscher Sophies jüngeren Sohn Heinerle.

1923 Am 19. Juni stirbt Heinerle an einer Miliartuberkulose.

1931 Aus Briefen Sigmund und Mathilde Freuds von 1931 und 1933 läßt sich entnehmen, daß Robert Hollitscher in der Zeit der Weltwirtschaftskrise keine Einkünfte mehr hat und auf Zuwendungen durch Freud angewiesen ist. Wahrscheinlich hat Mathilde in dieser Zeit ihr Modegeschäft gegründet.

1934 Am 7. Februar feiert das Ehepaar Hollitscher seine Silberhochzeit.

1935 Am 4. August wird Robert Hollitscher 60 Jahre alt.

1937 Am 16. Oktober wird Mathilde 50 Jahre alt.

1938 Am 11. März marschieren deutsche Truppen in Wien ein und erzwingen den »Anschluß« Österreichs an Nazideutschland. In dieser Zeit wird Anna durch die Gestapo verhört. Es kommt zu einer Hausdurchsuchung in der Berggasse 19.
Am 24. Mai emigrieren Mathilde und Robert Hollitscher über Paris nach London.
Am 4. Juni verlassen Sigmund, Martha und Anna Freud Wien und treffen nach einem Zwischenaufenthalt in Paris am 6. Juni in London ein.
Am 15. August tritt Mathilde Freud in die Firma Stiassny Limited ein, wo sie seit 8. September als »permanent director« der Gesellschaft geführt wird. Diese Position als vollwertige Mitgesellschafterin neben Ernst und Anna Stiassny behält sie bis Anfang der 1960er Jahre.

1939 Am 6. Januar eröffnet Mathilde mit Ernst und Anna Stiassny das Modegeschäft »Robell« in der Baker Street.
Am 23. September stirbt Sigmund Freud im Alter von 83 Jahren.

1941 Am 13. Februar stirbt Minna Bernays im Alter von 75 Jahren.

1942 Vier Schwestern Freuds, die in Wien zurückbleiben mußten, werden in Konzentrationslager deportiert und ermordet.

1951 Am 2. November stirbt Martha Freud im Alter von 90 Jahren.

1959 Am 7. März stirbt Robert Hollitscher im Alter von 83 Jahren.

1963 Am 25. Juli stirbt Eugen Pachmayr im Alter von 77 Jahren.

1967 Am 25. April stirbt Martin im Alter von 77 Jahren.

1969 Am 24. Januar stirbt Oliver im Alter von 77 Jahren.

1970 Am 7. April stirbt Ernst im Alter von 78 Jahren.

1977 Am 16. Oktober feiert Mathilde ihren 90. Geburtstag.

1978 Am 20. Februar stirbt Mathilde im Alter von 90 Jahren.

1982 Am 8. Oktober stirbt Anna als letztes der Kinder von Sigmund und Martha Freud im Alter von 86 Jahren.

Anmerkungen

Vorwort

1 Sigmund Freud an Wilhelm Fließ, 4. 7. u. 7. 8. 1901, in: Freud 1985c, S. 488 u. 492.

2 In Freuds Brief steht »Pachmeyer«.

3 Sigmund Freud an Alexander Freud, 23. 8. 1901 [LoC], Transkription von Christfried Tögel.

4 Sein Grabstein auf dem Friedhof in Bad Reichenhall trägt die Lebensdaten: 10. Februar 1886–25. Juli 1963.

5 In deutscher Übersetzung: Mein Vater Sigmund Freud, 1999.

6 Vgl. Freud 1989a; vgl. Gödde 1990a u. 1990b.

7 Vgl. Freud 1969a.

8 Grund für diesen Quellenmangel ist, daß Freuds wichtiger Briefwechsel mit Wilhelm Fließ bereits in den Jahren 1901 und 1902 stagniert und 1904 zum endgültigen Abschluß kommt und daß die Korrespondenzen mit C. G. Jung (ab 1906), Karl Abraham (1907), Ludwig Binswanger (1908), Sándor Ferenczi (1908) und Oskar Pfister (1909) erst einige Jahre später einsetzen. Die wichtigste psychoanalysehistorische Quelle jener Zeit sind die »Protokolle der Wiener Psychoanalytischen Vereinigung«, die Otto Rank seit 1906 geführt hat (vgl. Nunberg & Federn 1962 u. 1967).

9 Der von Freud übersetzte Essay scheint nicht von John Stuart Mill, sondern von dessen Lebensgefährtin Harriet Taylor zu stammen und bereits vor ihrer Heirat mit Mill entstanden zu sein (vgl. Schröder 1976, S. 9).

10 Sigmund Freud an Martha Bernays, 15. 11. 1883, in: Freud 1988, S. 64 f.

11 Freud auf dem Vortragsabend vom 11. 3. 1908, zit. nach Nunberg & Federn 1962, S. 331.

12 Sigmund Freud an Martha Bernays, 15. 11. 1883, in: Freud 1988, S. 65.

13 Appignanesi & Forrester 1992, S. 11 u. 14 f.
14 Freud 1908d, S. 158.

Herkunft und Kindheit

1 Sigmund Freud an Martha Bernays, 19. 6. 1882, in: Freud 1988, S. 11.
2 Sigmund Freud an Martha Bernays, 18. 8. 1882, in: Freud 1988, S. 37.
3 Der nächstjüngere Bruder Julius (geb. 1857) starb bereits im ersten Lebensjahr. Es folgten fünf Schwestern: Anna (geb. 1858), Regine (»Rosa«, geb. 1860), Marie (»Mitzi«, geb. 1861), Adolfine (»Dolfi«, geb. 1862) und Pauline (»Paula«, geb. 1864) sowie als Jüngster der zehn Jahre jüngere Bruder Alexander (geb. 1866).
4 Freud 1917b, S. 26; vgl. 1900a, S. 404 Fn.
5 Lohmann 1998, S. 9; vgl. Harsch 1993, S. 23 f.
6 Krüll (1979, S. 124 u. 256) verweist auf ein Dokument über Jakob Freuds wirtschaftliche Lage in den Jahren 1852 bis 1855, wonach er zu den sechs umsatzstärksten Wollhändlern in Freiberg gehörte.
7 Vgl. Jones 1953, S. 84.
8 Sigmund Freud an Anton A. Roback, 20. 2. 1930, in: Freud 1960a, S. 412.
9 Sigmund Freud an Wilhelm Fließ, 2. 11. 1896, in: Freud 1985c, S. 212.
10 A. Freud Bernays 1940, S. 140 f.
11 Vgl. Anzieu 1988.
12 Sigmund Freud an Martha Bernays, 2. 2. 1886, in: Freud 1988, S. 136.
13 Freud 1900a, S. 198 f.
14 Freud 1925d, S. 34.
15 Bernfeld 1949, S. 113.
16 Freud 1925d, S. 35.
17 Vgl. Bernfeld 1951, S. 159.
18 Freud 1925d, S. 35.
19 Zit. nach Jones 1953, S. 86.
20 Zum Folgenden vgl. Louven 1991, S. 250 ff.; Stephan 1992, S. 21 ff.; Behling 2002.

21 Vgl. Bernays 1858; vgl. auch Freud 1895d, S. 86 ff.

22 Bemerkenswert ist, daß Jacob Bernays in seinen religiösen Überzeugungen streng orthodox blieb und daher keine reguläre Professur erhielt. Sein Bruder Michael hingegen ließ sich taufen, so daß einer Universitätskarriere nichts mehr im Wege stand. Er entfremdete sich dadurch aber von seiner Familie (vgl. Behling 2002, S. 33 f.).

23 Das Insolvenzverfahren ergab eine Verschuldung von 60 000 Mark. Bernays wurde angelastet, daß er über Einnahmen und Ausgaben keine Bücher geführt habe und auch keine Auskünfte geben könne, wo die Gelder geblieben seien. Die Gefängnisstrafe verbüßte er von Oktober 1868 bis 30.Juli 1869 (vgl. Behling 2002, S. 22 f.).

24 Vgl. Behling 2002, S. 20.

25 Jones 1953, S. 129.

26 Louven 1991, S. 251.

27 Sigmund Freud an Minna Bernays, 21. 2. 1883, in: Freud 1960a, S. 45.

28 2.–28. 9. 1884, 1. 9.–10. 10. 1885, 22.–30. 12. 1885 sowie 28. 2.–2. 3.1886; jeweils bei Besuchen Freuds in Wandsbek. Vgl. Freud 1960a, S. 495 f.

29 Bernfeld 1946, S. 104 ff.

30 Freud 1899a, S. 543.

31 Vgl. Gödde 1990a, S. 10 f.

32 Eissler 1974a, S. 66 u. 71; vgl. King 1995, S. 257 ff.

33 Eissler 1974a, S. 81 u. 89; vgl. Sigmund Freud an Martha Bernays, 9. 9. 1883, in: Freud 1988, S. 48.

34 Vgl. Sigmund Freud an Martha Bernays, 14. 7. 1882, 25. 9. 1882, 5. 7. 1885, in: Freud 1960a, S. 24 f., 39 f. u. 163, und in: Jones 1953, S. 138 ff.

35 Jones 1953, S. 143.

36 Jones 1953, S. 145; vgl. Louven 1991, S. 253.

37 Sigmund Freud an Martha Bernays, 1. 7. 1882, in: Jones 1953, S. 145.

38 Sigmund Freud an Martha Bernays, 4. 7. 1882, in: Jones 1953, S. 153.

39 Sigmund Freud an Martha Bernays, 23. 3. 1885, in: Jones 1953, S. 162.

40 Emmeline Bernays, zit. nach E. L. Freud 1988, S. 8.

41 Die *Chirurgische* Abteilung (bis 11. Oktober 1882); die Abteilung für *Innere Medizin* von Hermann Nothnagel (bis 30. April 1883); die *Psychiatrische* Klinik von Theodor Meynert (bis 30. September 1883); die Abteilung für *Syphilis*, die vertretungsweise von Abraham Anscherlik geführt wurde (bis 31. Dezember 1883); die Abteilung für *Nervenkrankheiten* unter Primararzt Franz Scholz (bis 28. Februar 1885); die Abteilung für *Augenkranke*, der Ernst Fuchs vorstand (bis 31. Mai 1885); die Klinik für *Hautkranke*, die von Moriz Kaposi geleitet wurde (bis 30. August 1885). Vgl. Tögel 1996a, S. 24–36.

42 Bernfeld 1951, S. 160.

43 Freud 1925d, S. 35 f.

44 Bernfeld 1951, S. 177.

45 Bernfeld 1944, S. 72.

46 Sigmund Freud an Martha Bernays, 21. 10. 1885, in: Freud 1960a, S. 179.

47 Sigmund Freud an Martha Bernays, 24. 11. 1885, in: Freud 1960a, S. 189.

48 Freud 1893f, S. 23.

49 Vgl. Gödde 1993 u. 1994.

50 Jones 1953, S. 251.

51 Zit. nach Jones 1953, S. 175.

52 Sigmund Freud an Carl Koller, 13. 10. 1886, in: Freud 1960a, S. 228.

53 Louven 1991, S. 255. Vgl. die detaillierte Darstellung bei Jones 1953, S. 176 ff.

54 Louven 1991, S. 256. Vgl. Jones 1953, S. 183.

55 Freud 1925d, S. 39 f.

56 Sigmund Freud an Carl Koller, 1. 1. 1887, in: Freud 1960a, S. 230.

57 Sigmund Freud an Martha Bernays, 19. 6. 1884, in: Freud 1960a, S. 120.

58 Sigmund Freud an Josef Breuer, 23. 6. 1884, in: Freud 1960a, S. 121.

59 Sigmund Freud an Martha Bernays, 2. 2. 1886, in: Freud 1960a, S. 208 f.

60 Sigmund Freud an Emmeline und Minna Bernays, 16. 10. 1887, in: Freud 1960a, S. 231 f.

61 Appignanesi & Forrester 1992, S. 67 f. u. 177 f.

62 Sigmund Freud an Emmeline und Minna Bernays, 16. 10. 1887, in: Freud 1960a, S. 231 f.

63 Die ältesten Söhne von Josef Paneth, Freuds Studienfreund und Kollege am Physiologischen Institut, und von Professor Max Kassowitz, an dessen Kinderkrankeninstitut Freud, wie oben erwähnt, kinderneurologische Sprechstunden abhielt.

64 Sigmund Freud an Emmeline und Minna Bernays, 21./24. 10. 1887, in: Freud 1960a, S. 232 ff.; vgl. Junker 1989, S. 24 f.

65 Vgl. Tögel 1996a, S. 40.

66 Sigmund Freud an Wilhelm Fließ, 24. 11. u. 28. 12. 1887, 4. 2., 28. 5. u. 29. 8. 1888, in: Freud 1985c, S. 1 ff., bes. S. 8.

67 Sigmund Freud an Minna Bernays, 13. 7. 1891, in: Freud 1960a, S. 238.

68 Jakob Freud an Mathilde Freud, 27. 6. 1894 [LoC], Transkription von Christfried Tögel.

69 Bezieht sich auf den Krieg zwischen der Türkei und Griechenland im Frühjahr 1897 (Freud 1985c, S. 260).

70 Sigmund Freud an Wilhelm Fließ, 31. 5. 1897, in: Freud 1985c, S. 266.

71 Sigmund Freud an Wilhelm Fließ, 20. 8. 1898, in: Freud 1985c, S. 353.

72 Sigmund Freud an Wilhelm Fließ, 26. 4. 1896, in: Freud 1985c, S. 194.

73 M. Freud 1958, S. 36.

74 Sigmund Freud an Wilhelm Fließ, 23. 10. 1898, in: Freud 1985c, S. 363.

75 Sigmund Freud an Wilhelm Fließ, 15. 11. 1897, in: Freud 1895c, S. 307.

76 Sigmund Freud an Wilhelm Fließ, 27. 6. 1899, in: Freud 1985c, S. 391.

77 Sigmund Freud an Wilhelm Fließ, 1. 8. 1899, in: Freud 1985c, S. 399.

78 Sigmund Freud an Wilhelm Fließ, 6. 2. 1896, in: Freud 1985c, S. 178.

79 Wahrscheinlich handelt es sich um einen im Wienerwald gelegenen Sommerwohnsitz der befreundeten Familie Bondy (Brief vom 13. 2. 1896, Freud 1985c, S. 180, Fn. 4).

80 Sigmund Freud an Wilhelm Fließ, 26./28. 4. 1896, in: Freud 1985c, S. 194.

81 Sigmund Freud an Wilhelm Fließ, 12. 8. 1896, in: Freud 1985c, S. 207.

82 Sigmund Freud an Wilhelm Fließ, 1. 5. 1898, in: Freud 1985c, S. 342.

83 Sigmund Freud an Wilhelm Fließ, 18. 5. 1898, in: Freud 1985c, S. 343.

84 Jones 1953, S. 186.

85 Mit Freud eng befreundeter Kinderarzt.

86 Sigmund Freud an Wilhelm Fließ, 17. 3. 1897, in: Freud 1985c, S. 246.

87 Sigmund Freud an Wilhelm Fließ, 9. 11. 1899, in: Freud 1985c, S. 422 f.

88 Vgl. Hirschmüller 1989, S. 131.

89 »Injektion nach Behring haben er (Rie) und Kassowitz abgelehnt«, schreibt Freud am 7. 3. 1897 an Fließ (Freud 1985c, S. 246).

90 Vgl. Schur 1973, S. 140, Fn. 17.

91 Freud 1901a, S. 187.

92 Gay 1990, S. 67.

93 Freud 1900a, S. 450; vgl. Gay 1992, S. 71 u. 79.

94 Gay 1990, S. 71.

95 A. Freud 1978a, S. 3.

96 A. Freud 1978a, S. 3.

97 Anna Freud an Sigmund Freud, 7. 1. 1913 [LoC], Transkription von I. Meyer-Palmedo; Anna Freud an Lou Andreas-Salomé, 4. 12. 1925, in: Andreas-Salomé & A. Freud 2001, S. 489 ff.

98 M. Freud 1958, S. 48 f.

99 Vgl. Behling 2002, S. 161.

100 Young-Bruehl 1988a, S. 57.

101 M. Freud 1958, S. 31.

102 Freud 1900a, S. 134.

103 Zit. nach Jones 1955, S. 456.

104 Freud 1871a, S. 101.

105 Volkelt 1875, S. 18; vgl. dazu Gödde 1991, S. 91.

106 Sigmund Freud an Wilhelm Fließ, 16. 1. 1898, in: Freud 1985c, S. 320.

107 Vgl. Jones 1955, S. 456; Eissler 1974b, S. 106 ff.

108 Zit. nach Jones 1955, S. 450.

109 Freud 1900a, S. 116.

110 Freud 1900a, S. 116.

111 Vgl. im einzelnen Hirschmüller 1989, S. 128 ff.

112 Sigmund Freud an Wilhelm Fließ, 8. u. 16. 10. 1895, in: Freud 1895c, S. 146 u. 148.

113 Die Verführungshypothese wurde und wird oft einseitig unter dem Aspekt des äußeren traumatisierenden Eingriffs – des Kindesmißbrauchs – gesehen. Der psychologische Kern dieser Theorie enthüllt sich aber erst bei genauerer Betrachtung. Für Freud wirkt nämlich nicht allein die frühkindliche Erfahrung – die passive Verführung durch Geschwister oder Erwachsene – traumatisch, sondern ihre Aktualisierung als unbewußte Erinnerung, nachdem der Betroffene die sexuelle Reife erlangt hat (vgl. Gödde 1999, S. 152 ff.).

114 Vgl. Freud 1896c, S. 144.

115 Sigmund Freud an Wilhelm Fließ, 8./11. 2. 1897, in: Freud 1985c, S. 245.

116 Eine 1893 geborene Tochter seiner Schwester Anna Bernays.

117 Sigmund Freud an Wilhelm Fließ, 31. 5. 1897, in: Freud 1985c, S. 266.

118 Vgl. Sigmund Freud an Wilhelm Fließ, 21. 9. 1897, in: Freud 1985c, S. 284.

Die Adoleszenz einer höheren Tochter im Spiegel ihrer Briefe und Selbstzeugnisse

1 Sigmund Freud an Wilhelm Fließ, 4. 7. 1901, in: Freud 1985c, S. 488.

2 M. Freud 1958, S. 76 f.

3 M. Freud 1958, S. 77.

4 Freud 1900a, S. 203.

5 M. Freud 1958, S. 77.

6 Sein Grabstein auf dem Friedhof in Bad Reichenhall trägt die Lebensdaten: 10. Februar 1886 – 25. Juli 1963.

7 Die erste Ehefrau Eugen Pachmayrs.

8 Anna Freud an Sigmund Freud, 28. 7. 1919 [LoC]. Den Hinweis auf diesen Brief verdanke ich Ingeborg Meyer-Palmedo, die derzeit den Briefwechsel zwischen Sigmund und Anna Freud bearbeitet und auch diesen Brief transkribiert hat.

9 Für die diesbezügliche Recherche danke ich Thomas Guillery.

10 Mündliche Mitteilung von Thomas Guillery.

11 Zit. nach Schöndorfer 1992, S. 105.

12 Vgl. Schöndorfer 1992, S. 105 ff.

13 Jakob Nathanson, wahrscheinlich der Sohn von Hermann Nathanson, einem der beiden Brüder von Mathildes Großmutter Amalia Freud, stammte aus Odessa.

14 Gay 1995, S. 404.

15 Roazen 1993, S. 131.

16 Wahrscheinlich Freuds in Amerika lebende Schwester Anna Bernays und deren Tochter Judith.

17 Sigmund Freud – Wilhelm Fließ, 23. 10. 1898, in: Freud 1985c, S. 362 f.

18 Vgl. Young-Bruehl 1988a, S. 72.

19 Fellner 1986, S. 103.

20 So Karl Renner mit einem Kurs über Staatstheorie, Max Adler mit einem Kurs über Gesellschaftsphilosophie, Carl Grünberg mit Vorlesungen über Wirtschaft und Emil Zuckerkandl mit Vorlesungen über Anatomie.

21 Im Wintersemester 1900/01 stehen 41 ordentlichen Hörerinnen an der Universität Wien 965 Hörerinnen im Athenäum gegenüber; im Wintersemester 1905/06 sind es 120 gegenüber 1114 und 1910/11 303 gegenüber 753 (vgl. Fellner 1986, S. 101).

22 Fellner 1986, S. 99 ff.

23 Fellner 1986, S. 109 ff.

24 Anderson 1994, S. 35.

25 Vgl. Vergo 1978/79, S. 71 ff.

26 Vgl. Schorske 1980, S. 216 ff.; Gödde 1999, S. 209 ff.

27 Beatrice Harraden (1864–1936), die in Dresden aufgewachsen war und an Colleges in Cheltenham und London studiert hatte, war eine namhafte Schriftstellerin, die in den literarischen Kreisen Londons eine wichtige Rolle spielte und der Frauenbewegung nahestand.

28 Appignanesi & Forrester 1992, S. 78.

29 Sigmund Freud an Mathilde Freud, 26. 3. 1908, in: Freud 1960a, S. 287.

30 Sigmund Freud an Wilhelm Fließ, 14. 9. 1900, in: Freud 1985c, S. 465.

31 Sigmund Freud an Martha Freud, in: Freud 2002, S. 127 f.

32 Vgl. Tögel 1989, S. 107.

33 Vgl. Tögel 1989, S. 153 ff.

34 Vgl. Tögel 1989, S. 107.

35 Mathilde Hollitscher an Sigmund Freud, 15./16. 7. 1910 [LoC], Transkription von Ch. Tögel.

36 Vgl. Mathilde Hollitscher an Sigmund Freud, 15./16. 7. 1910 [LoC], Transkription von Ch. Tögel.

37 Auf S. 106 ff. u. 155–161.

38 Die Gespräche mit Anton Walter Freud (geb. 1921) fanden am 23. und 25. Januar 2003 statt.

39 Die Gespräche mit den Zwillingsbrüdern Heinrich und Johann Pachmayr (geb. 1923) fanden am 23. und 25. Januar 2003 statt.

40 Sigmund Freud an Mathilde Freud, 26. 3. 1908, in: Freud 1960a, S. 286 f.

41 Sigmund Freud an Martha Bernays, 2. u. 3. 8. 1882, in: Jones 1953, S. 129 f.; vgl. Stephan 1992, S. 26 f.

42 Sigmund Freud an Mathilde Freud, 26. 3. 1908, in: Freud 1960a, S. 288.

43 Kaplan 1991, S. 157.

44 Siehe S. 177 ff.

45 Appignanesi & Forrester 1992, S. 79.

46 Sigmund Freud an Eugen Pachmayr, 31. 7. 1909, eingeklebt bei 1. Seite von: Sigmund Freud: Der Witz und seine Beziehung zum Unbewußten. Leipzig und Wien (Deutike) 1905. Die Transkription stammt von Michael Schröter.

47 Vgl. Sigmund Freud an Sándor Ferenczi, 25. u. 27. 4. 1909, in: Freud & Ferenczi 1993, Bd. I/1, S. 113 u. 117; Sigmund Freud an C. G. Jung, 16. 5. 1909, in: Freud & Jung 1974, S. 247.

48 Sigmund Freud an C. G. Jung, 4. 10. 1909, in: Freud & Jung 1974, S. 273; vgl. auch Sigmund Freud an Sándor Ferenczi, 11. 10. 1909, in: Freud & Ferenczi 1993, Bd. I/1, S. 145.

49 Vgl. Sigmund Freud an C. G. Jung, 6.3.1910, in: Freud & Jung 1974, S. 332; Sigmund Freud an Sándor Ferenczi, 17. 3. 1910, in: Freud & Ferenczi 1993, Bd. I/1, S. 231. Appignanesi & Forrester (1992, S. 669, Anm. 92) erwähnen auch einen – unveröffentlichten – Brief von Sigmund Freud an Oskar Pfister, 17. 3. 1910 [LoC].

50 Young-Bruehl 1988a, S. 56.

51 Aus der Heiratsurkunde des Standesamts München IV ist zu entnehmen, daß Regine Steinhaus am 4. Juni 1887 geboren wurde und aus Tarnopol in Galizien stammte.

52 Bei dem Briefkonvolut liegende Briefkarte.

53 In einem Gespräch am 25. 1. 2003.

54 Mündliche Mitteilung von Thomas Guillery sowie Heinrich und Johann Pachmayr.

55 Dafür spricht zunächst, daß sich die erste Eintragung auf eine Veranstaltung vom 8. Juni 1901 bezieht. Zudem ist die chronologische Reihenfolge oft nicht eingehalten. So wird die Auflistung im Januar 1903 unterbrochen, um noch frühere Theaterbesuche von 1899, 1900 und 1902 nachzutragen, und in der Sommerpause 1906 findet sich ein »Nachtrag aus den Jahren 1900–1901« mit 14 Aufführungen im Burgtheater. Ganz am Ende gibt es schließlich einen kurzen Nachtrag, der sich auf Kunstausstellungen vom Winter 1906/07 bezieht. Auch die – ausgereift wirkende – Handschrift deutet darauf hin, daß das vorliegende Merkbüchlein zu einem späteren Zeitpunkt geschrieben wurde.

56 Vgl. Keil-Budischowsky 1983, S. 322; Hadamowsky 1988, S. 409 (mit ausführlicher Darstellung des Repertoires).

57 Lothar 1905, S. 631.

58 Vgl. Keil-Budischowsky 1983, S. 322.

59 Mathilde Hollitscher an Sigmund Freud, 22. 9. 1910 [LoC], Transkription von Ch.Tögel.

60 S. Zweig 1944, S. 30.

61 Beller 1993, S. 166.

62 Ludwig Speidel, zit. nach Beller 1993, S. 140.

63 Vgl. Keil-Budischowsky 1983, S. 347 f.

64 Zit. nach Beller 1993, S. 192.

65 Keil-Budischowsky 1983, S. 188.

66 Hadamowsky 1988, S. 629.

67 S. Zweig 1944, S. 32.

68 Auch nach dem Ersten Weltkrieg blieb er Mitglied der Wiener Psychoanalytischen Vereinigung, war aber nicht mehr bei den Zusammenkünften anwesend. Vgl. Mühlleitner 1992, S. 143 f.

69 Vgl. Worbs 1983, S. 145.

70 Freud 1907e, S. 695.

71 Ungern-Sternberg 1994, S. 78.

72 Worbs 1983, S. 146.

73 Ungern-Sternberg 1994, S. 76.

74 Über den Zusammenhang zwischen dem literarischen Schaffen und unbewußten Phantasien, die ihn auslösen und strukturieren, heißt es: »Noch in vielen der sogenannten psychologischen Romane ist mir aufgefallen, daß nur eine Person, wiederum der Held, von innen geschaut wird; in ihrer Seele sitzt gleichsam der Dichter und schaut die anderen Personen von außen an. [...] Von der an den Phantasien gewonnenen Einsicht her müßten wir folgenden Sachverhalt erwarten: Ein starkes aktuelles Erlebnis weckt im Dichter die Erinnerung an ein früheres, meist der Kindheit angehöriges Erlebnis auf, von welchem nun der Wunsch ausgeht, der sich in der Dichtung seine Erfüllung schafft; die Dichtung selbst läßt sowohl Elemente des frischen Anlasses als auch der alten Erinnerung erkennen« (Freud 1908e, S. 220 f.). In einem zwei Tage nach dem Vortrag geschriebenen Brief an C. G. Jung sprach Freud von einem »Einbruch in ein von uns kaum gestreiftes Gebiet, auf dem man sich bequem niederlassen könnte« (Freud & Jung 1974, S. 114).

75 Albrecht et al. 1987, S. 212 f. u. 242 f.

76 So hat sie in den Jahren 1899: 1, 1900/1901: 17, 1902: 9, 1903: 16, 1904: 19, 1905: 20, 1906: 35, 1907: 40, 1908: 14 und 1909: 13 Aufführungen in ihrem Concert- und Theater-Merkbüchlein notiert.

77 S. Zweig 1944, S. 29.

78 Behling 2001, S. 153.

79 Vgl. Jones 1953, S. 186.

80 S. Zweig 1944, S. 38.

81 S. Zweig 1944, S. 26.

82 Beller 1993, S. 163.

83 Beller 1993, S. 103.

84 Zur Adoleszenzproblematik vgl. die Überblicksarbeiten von Mertens 1994, S. 130–178, und Bohleber 1996, S. 7–40.

85 Kaplan 1991, S. 48.

86 Zit. nach Kaplan 1991, S. 230.

87 Fonrobert 2001, S. 87.

88 Sigmund Freud an Mathilde Freud, 26.3.1908, in: Freud 1960a, S. 287.

89 Wachenheim 1973, S. 20; vgl. Richarz 1997, S. 75.

90 Vgl. Flaake & King 1992b, S. 31.

91 Erikson 1959, S. 144 f.

92 Vgl. Caspary 1933, S. 53.

93 Wachenheim 1973, S. 28.

94 M. Freud 1958, S. 111.

95 Young-Bruehl 1988a, S. 72.

96 Annas Wunsch, Psychoanalytikerin zu werden, hat der Vater jedoch mehr als zehn Jahre danach trotz anfänglichen Widerstrebens gefördert (vgl. Young-Bruehl 1988a, S. 72; Stephan 1992, S. 280).

97 M. Freud 1958, S. 170.

98 Vgl. Roazen 1993, S. 178.

99 New York Times v. 24. 2. 1978.

100 Mill & Taylor 1851, S. 75 f.

101 Vgl. Erikson 1950, S. 257.

102 Flaake & King 1992a, S. 15 f.

103 Vgl. Stierlin 1975, S. 48 ff.

104 Vgl. A. Freud 1960.

105 Freud 1905d, S. 128; vgl. Freud 1930a, S. 462 f.

106 Freud 1905, S. 126.

107 Vgl. King 1999, S. 21.

108 Flaake 2001, S. 9.

109 Vgl. Hontschik 1987, 1988 u. 1994. Den Hinweis auf diese Problematik verdanke ich Ludger M. Hermanns.

110 Reiche 1989, S. 185.

111 »Etwa um die Jahrhundertwende waren die Chirurgen jener Zeit mit dem Problem konfrontiert, daß eine Peritonitis als Folge so gut wie jeder weit fortgeschrittenen Appendizitis einem Todesurteil gleichkam. Sie bemühten sich daher, möglichst frühzeitig zu operieren. Dennoch betrug die Letalität ca. 25 %, es starb also jeder vierte dieser überwiegend jungen Patienten: Es gab noch keine Antibiotika, keine parenteralen Ernährungs- und Infusionstherapien, keine Intensivstation, kein modernes Anästhesie-Monitoring. So war es von überzeugender Logik, noch früher als früh zu operieren, am besten vor einem Appendizitis-Anfall. Jedem Patienten mit wiederkehrenden Unterbauchschmerzen wurde nun unmittelbar die Appendektomie empfohlen« (Hontschik 1994, S. 55).

112 Anna Freud an Sigmund Freud, 7. 1. 1913 [LoC], Transkription von I. Meyer-Palmedo.

113 Vgl. Gödde 1994, S.42 ff.

114 Roazen 1993, S. 122.

115 Flaake & John 1992, S. 204.

116 Gilligan 1984.

117 Flaake & John 1992, S. 206.

118 Inwieweit auch die charakterliche Einschätzung dabei eine Rolle gespielt hat, läßt sich schwer beurteilen.

119 Vgl. Kaplan 1991, S. 129 ff., bes. S. 166; Richarz 1997, S. 69 f.

120 Beller 1993, S. 87.

121 Arendt 1976, S. 83.

122 Kaplan 1991, S. 26.

123 Richarz 1997, S. 69.

124 Sigmund Freud an Martha Bernays, 1. 7. 1882, in: Jones 1953, S. 145.

125 Zit. nach Clark 1979, S. 108 f.

126 M. Freud 1967, S. 203, übs. von Gay 1987, S. 674 f.

127 M. Freud 1958, S. 15.

128 Beller 1993, S. 223.

Die mittlere Lebensphase

1 Kosename von Robert Hollitscher.

2 Mathilde Hollitscher an Sigmund Freud, 15.–16. 7. 1910 [LoC], Transkription von Ch. Tögel.

3 Hinweise auf diese Krankheitsphase finden sich, wie schon erwähnt, im Briefwechsel Freuds mit Ferenczi und Jung (Freud & Ferenczi 1993, Bd.I/1, S. 113 u. 117; Freud & Jung 1974, S. 243 u. 247).

4 Sigmund Freud an C. G. Jung, 4. 10. 1909, in: Freud & Jung 1974, S. 273; vgl. auch Sigmund Freud an Sándor Ferenczi, 11. 10. 1909, in: Freud & Ferenczi 1993, Bd. I/1, S. 145.

5 Vgl. Sigmund Freud an C. G. Jung, 6. 3. 1910, in: Freud & Jung 1974, S. 332; Sigmund Freud an Sándor Ferenczi, 17. 3. 1910, in: Freud & Ferenczi 1993, Bd. I/1, S. 231.

6 Sigmund Freud an C. G. Jung, 2. 5. u. 26. 5. 1910, in: Freud & Jung 1974, S. 348 u. 355.

7 Sigmund Freud an C. G. Jung, 5. 7. 1910, in: Freud & Jung 1974, S. 375.

8 Oskar Rie, der ärztliche Kollege und Freund, der zur selben Zeit mit seiner Familie in Lavarone Urlaub machte.

9 Mathilde Hollitscher an Sigmund Freud, 15.–16. 7. 1910 [LoC], Transkription von Ch. Tögel.

10 Mathilde Hollitscher an Sigmund Freud, 22. 9. 1910 [LoC], Transkription v. Ch. Tögel.

11 Sigmund Freud an Ernest Jones, 3. 9. u. 7. 9. 1912, in: Freud & Jones 1993, Bd. 1, S. 153 u. 156.

12 Wenn man davon ausgeht, daß die hier angesprochene Operation im Jahre 1905 durchgeführt wurde, müßten es sieben Jahre sein.

13 Sigmund Freud an Oskar Pfister, 2. 9. 1912, in: Freud & Pfister 1963, S. 57.

14 Sigmund Freud an Familie Freud, 3. 9. 1912 [FM], Transkription von I. Meyer-Palmedo.

15 Sigmund Freud an Ludwig Binswanger, 2. 9. 1912, in: Freud & Binswanger 1992, S. 198.

16 Sigmund Freud an Ernest Jones, 7. 9. 1912, in: Freud & Jones 1993, Bd. 1, S. 157 u. Fn. 4.

17 Sigmund Freud an Ernest Jones, 14. 9. 1912, in: Freud & Jones 1993, Bd. 1, S. 159.

18 Sigmund Freud an Sándor Ferenczi, 2. 10. 1912, in: Freud & Ferenczi 1993, Bd. I/2, S. 129.

19 Anna Freud an Sigmund Freud, 21. 8. 1920 [LoC], Transkription von I. Meyer-Palmedo.

20 Anna Freud an Lou Andreas-Salomé, 6. 8. u. 11. 8. 1924, in: Andreas-Salomé & A. Freud 2001, S. 339 u. 341.

21 Sigmund Freud an Sam Freud, 19. 12.1925, nach der Transkription von Tom Roberts.

22 Sigmund Freud an Ernst Freud, 7. 10. 1927, in: Molnar 1996a, S. 233.

23 Sigmund Freud an Sam Freud, 6. 12. 1929, in: Molnar 1996a, S. 111.

24 Felix Deutsch war Freuds Leibarzt in den 1920er Jahren. Helene Deutsch gehörte zu den führenden AnalytikerInnen der Wiener Psychoanalytischen Vereinigung.

25 Sigmund Freud an Mathilde Hollitscher, 16. 7. 1935 [LoC], Transkription von I. Meyer-Palmedo.

26 Vgl. Molnar 1996a, S. 340.

27 Anna Freud an Sigmund Freud, 16. 12. 1912 [LoC], Transkription von I. Meyer-Palmedo.

28 Anna Freud an Sigmund Freud, 26. 11. 1912 [LoC], Transkription von I. Meyer-Palmedo.

29 Anna Freud an Sigmund Freud, 31. 1. 1913 [LoC], Transkription von I. Meyer-Palmedo.

30 Sigmund Freud an Anna Freud, 2. 2. 1913 [LoC], Transkription von I. Meyer-Palmedo.

31 Sigmund Freud an Max und Sophie Halberstadt, 26. 9. 1915 [LoC], Transkription von I. Meyer-Palmedo.

32 In Freuds »Kürzester Chronik« findet sich an diesem Tag die Eintragung: »Paul Hollitscher †« (Molnar 1996a, S. 343).

33 Anna Freud an Ernst Freud, 30.12.1935, in: Molnar 1996a, S. 343.

34 Anna Freud an Sigmund Freud, 28. 8. 1916 [LoC], Transkription von I. Meyer-Palmedo.

35 Sigmund Freud an Mathilde Hollitscher, 13. 8. 1928 [LoC], Transkription von I. Meyer-Palmedo.

36 Sigmund Freud an Mathilde Hollitscher, 16. 7. 1935 [LoC], Transkription von I. Meyer-Palmedo.

37 Anna Freud an Lou Andreas-Salomé, 18. 4. 1923, in: Andreas-Salomé & A. Freud 2001, S. 173.

38 Anna Freud an Lou Andreas-Salomé, 3. 1. 1924, in: Andreas-Salomé & A. Freud 2001, S. 266.

39 Anna Freud an Lou Andreas-Salomé, 25. 1. 1924, in: Andreas-Salomé & A. Freud 2001, S. 276.

40 Lou Andreas-Salomé an Anna Freud, 17. 7. 1924, in: Andreas-Salomé & A. Freud 2001, S. 333.

41 Lou Andreas-Salomé an Anna Freud, 22. 9. 1924, in: Andreas-Salomé & A. Freud 2001, S. 357.

42 Anna Freud an Lou Andreas-Salomé, 30. 12. 1924, in: Andreas-Salomé & A. Freud 2001, S. 393.

43 Lou Andreas-Salomé an Anna Freud, 6. 1. 1925, in: Andreas-Salomé & A. Freud 2001, S. 396.

44 Lou Andreas-Salomé an Anna Freud, 21. 5. 1925, in: Andreas-Salomé & A. Freud 2001, S. 447.

45 Anna Freud an Lou Andreas-Salomé, 1. 6. 1925, in: Andreas-Salomé & A. Freud 2001, S. 449.

46 Lou Andreas-Salomé an Anna Freud, 21. 1. 1926, in: Andreas-Salomé & A. Freud 2001, S. 501 f.

47 Lou Andreas-Salomé an Anna Freud, 4. 7. 1926, in: Andreas-Salomé & A. Freud 2001, S. 522.

48 Hans Lampl war ein Mitschüler von Martin Freud und als dessen Freund seit Jahren regelmäßig bei der Familie Freud zu Gast. 1921 ging er zur psychoanalytischen Ausbildung nach Berlin und machte eine Analyse bei Hanns Sachs. 1922 wurde er als Arzt gemeinsam mit Franz Alexander an der Psychonanalytischen Poliklinik in Berlin angestellt. 1925 heiratete er Jeanne Lampl-de Groot. Nach der Machtübernahme Hitlers gingen die Lampls nach Wien und emigrierten 1938 nach Holland (vgl. Mühlleitner 1992, S. 199).

49 Hermann Nunberg war 1915 nach Wien übergesiedelt und trat im selben Jahr der Wiener Psychoanalytischen Vereinigung bei. Er machte eine persönliche Analyse bei Paul Federn. 1925 wurde er zum Lehranalytiker bestellt und 1930 in den Lehrausschuß der Wiener Vereinigung gewählt. 1932 emigrierte er in die USA (vgl. Mühlleitner 1992, S. 236 f.).

50 Anna Freud an Lou Andreas-Salomé, 6. 12. 1929, in: Andreas-Salomé & A. Freud 2001, S. 575 f.

51 Anna Freud an Lou Andreas-Salomé, 14. 3. 1930, in: Andreas-Salomé & A. Freud 2001, S. 580.

52 Vgl. Young-Bruehl 1988a, S. 281.

53 Vgl. Molnar 1996a, S. 171.

54 Anna Freud an Lou Andreas-Salomé, 11. 6. 1931, in: Andreas-Salomé & A. Freud 2001, S. 594.

55 Auch aus dem Meldezettel Robert Hollitschers vom 3. März 1909 (unmittelbar nach der Verehelichung mit Mathilde Freud) geht hervor, daß er Geschäftsführer der Firma »Ad. u. Ed. Hollitscher« war.

56 Nachweisbar sind noch weitere Geschäftsverbindungen zwischen den Familien Glück und Hollitscher. So existierte seit 1887 eine »*Glück Ig. & Comp.*«, Wien I, Seitenstetteng. 5, mit Ignaz Glück, Strumpfwirker, und Eduard Hollitscher als Zeichnungsberechtigtem. Dieses Geschäft wurde von 1930 bis 1934 von Samuel Glück weitergeführt. – Später taucht Ignaz Glück nur noch als Alleininhaber der Firma »*Glück J.*« mit Firmensitz Wien VII, Neubaug. 4, auf, die am 15. 7. 1909 im Handelsregister eingetragen wurde (»Pfändlergewerbe«). Zu-

dem gibt es eine Firma »*Glück J. & Söhne*«, Wirkwaren-
verschleiß, Wien I, Schottenring 5, Inhaber Siegfried Glück u.
Berthold Glück, Strick- und Wirkwaren. – Schließlich existierte
1937 noch eine Fa. »*Glück und Eckstein*«, Wien VIII, Maria-
hilferstr. 51, Neubaug. 44, Leder Galanteriewarenerzeugung,
Inhaber: Samuel Glück (früher in der Fa. »Glück, J.«) und
Siegfried Glück (siehe Fa. »Glück J. & Söhne«).

57 Nach Roazen (1993, S. 124) sei Robert Hollitscher anfänglich
»wealthy« gewesen.

58 Young-Bruehl 1988a, S. 101.

59 Clark 1979, S. 443.

60 Sigmund Freud an Sam Freud, 27. 10. 1919, in: Clark 1979, S. 445.

61 Sigmund Freud an Sam Freud, 4. 12. 1921, in: Clark 1979, S. 481.

62 Sigmund Freud an Sam Freud, 28. 7. 1926, nach der Transkription von T. Roberts.

63 Sigmund Freud an Sam Freud, 6. 5. 1928, nach der Transkription von T. Roberts.

64 Vgl. Gay 1987, S. 663.

65 Sigmund Freud an Sam Freud, 1. 12. 1931, in: Gay 1987, S. 663.

66 Mathilde Hollitscher an Ernst Freud, 1. 11. 1933 [LoC], Transkription von Ch. Tögel.

67 A. W. Freud 1996, S. 11.

68 Martha Freud an Lucie Freud, 12. 2. 1934 [FM], in: Molnar
1996a, S. 290 f.

69 Persönliche Mitteilung von Victor Ross, zit. nach Appignanesi
& Forrester 1992, S. 669, Anm. 101.

70 A. W. Freud 1996, S 11.

71 Vgl. Behling 2002, S. 160 u. 166.

72 Young-Bruehl 1988a, S. 281.

73 Vgl. Andreas-Salomé & A. Freud 2001, S. 233, 279, 334, 339,
343, 355 u. 391.

74 Young-Bruehl 1988a, S. 281.

75 Tagebuch-Eintragung v. 16. 10. 1933, in: Molnar 1996a, S. 280.

76 Vgl. Young-Bruehl 1988a, S. 57. Leider fehlt hier eine Quellenangabe.

77 Molnar 1996a, S. 447.

78 In der englischen Fassung heißt es wörtlich: »not a new departure by a member of the famous scientist's family – it was the
transference [...] of a business which Mme. Hollitscher

(Mathilde Freud) had established years ago an Vienna« (vgl. Abb., S. 244 f.).

79 Im Original heißt es: »At the last State Ball held in Vienna before the Anschluss, a ball which was attended by Dr. Schuschnigg, many distinguished guests wore dresses designed and created by Mme. Hollitscher. In those happier times, before her family's exile, her energies found a natural outlet in a work in which she has gained distinction.«

80 Mathilde Hollitscher an Ernest Jones, o. D., in: Clark 1979, S. 575.

81 Sigmund Freud an Sándor Ferenczi, 9. 7. 1913, in: Freud & Ferenczi 1993, Bd. I/2, S. 236.

82 Sigmund Freud an Philip Lehrman, 21. 3. 1929 u. 27. 1. 1930, in: Gay 1987, S. 483.

83 M. Freud 1958, S. 46.

84 Appignanesi & Forrester 1992, S. 79.

85 Sigmund Freud an Mathilde Freud, 6. 5. 1908 [SFC], Transkription von A. Hirschmüller.

86 Sigmund Freud an Mathilde Freud, 29. 5. 1908 [SFC], Transkription von A. Hirschmüller.

87 Sigmund Freud an Mathilde Freud, 7. 6. 1908 [SFC], Transkription von A. Hirschmüller.

88 Sigmund Freud an Mathilde Freud, 12. 6. 1908 [SFC], Transkription von A. Hirschmüller.

89 Sigmund Freud an Sándor Ferenczi, 7. 2. 1909, in: Freud & Ferenczi 1993, Bd. I/1, S. 100.

90 Sándor Ferenczi an Sigmund Freud, 8.–11. 2. 909, in: Freud & Ferenczi 1993, Bd. I/1, S. 101.

91 Binswanger 1956, S. 10 f.; vgl. Fichtner 1992, S. XXXVI.

92 Sigmund Freud an Max Halberstadt, 7. 7. 1912, in: Freud 1960a, S. 303 f.; vgl. auch Sigmund Freud an Max Halberstadt, 24. u. 27. 7. 1912, in: Freud 1960a, S. 305–307.

93 Sigmund Freud an Sándor Ferenczi, 20. 7. 1912, in: Freud & Ferenczi 1993, Bd. I/2, S. 112.

94 Sigmund Freud an Sophie Freud, 20. 7. 1912, in: Freud 1960a, S. 304 f.

95 Sigmund Freud an Mathilde Hollitscher, 24. 7. 1912 [LoC], Transkription von I. Meyer-Palmedo. Vgl. Gay 1987, S. 350 f.

96 Sigmund Freud an Mathilde Hollitscher, 2. 8. 1912 [LoC], Transkription von I. Meyer-Palmedo.

97 Sigmund Freud an Sándor Ferenczi, 22. 8. 1912, in: Freud & Ferenczi 1993, Bd. I/2, S. 126.

98 Sigmund Freud an Anna Freud, 5. 1. 1913 [LoC], Transkription von I. Meyer-Palmedo. Vgl. Gay 1987, S. 485 f.

99 Anna Freud an Sigmund Freud, 7. 1. 1913 [LoC], Transkription von I. Meyer-Palmedo.

100 Sigmund Freud an Anna Freud, 2. 2. 1913 [LoC], Transkription von I. Meyer-Palmedo.

101 Sigmund Freud an die Familie, 17. 9. 1907, Freud 2002b, S. 214.

102 Hervorhebung von G. G.

103 Sigmund Freud an Mathilde Freud, 20. 9. 1907, in: Freud 2002b, S. 219 f.

104 Sigmund Freud an die Familie Freud nach Oberbozen, 12. 7. 1911 [LoC], Transkription von I. Meyer-Palmedo. Hervorhebung von G. G.

105 Anna Freud an Emely Weber, 3. 9. 1980, in: Young-Bruehl 1988a, S. 341, Anm. 43. Damit widersprach sie der in der Freud-Biographik gängigen Darstellung.

106 Anna Freud an Ralph Greenson, 25. 6. 1970, in: Young-Bruehl 1988a, S. 57.

107 Vgl. Behling 2002, S. 172.

108 Sándor Ferenczi an Sigmund Freud, 25. 1. 1913, in: Freud & Ferenczi 1993,Bd. I/2, S. 191.

109 Vgl. Appignanesi & Forrester 1992, S. 84.

110 Sigmund Freud an Sándor Ferenczi, 7. 9. 1915, in: Freud & Ferenczi 1996, Bd. II/1, S. 144.

111 Sigmund Freud an Ernest Jones, 1. 1. 1929, in: Freud 1960a, S. 402.

112 Jones 1955, S. 454.

113 Freud 1913f, S. 34.

114 Freud 1913f, S. 36.

115 Peters 1979, S. 39.

116 Sigmund Freud an Sándor Ferenczi, 9. 7. 1913, in: Freud & Ferenzi 1993, Bd. I/2, S. 235.

117 Sigmund Freud an Ludwig Binswanger, 31. 12. 1909, in: Freud & Binswanger 1992, S. 33.

118 Sigmund Freud an Anna Freud, 1. 1. 1913, Transkription von I. Meyer-Palmedo.

119 Sigmund Freud an Anna Freud, 21. 7. 1912, in: Gay 1987, S. 485; Sigmund Freud an Oskar Pfister, 11.3. 1913, in: Freud &

Pfister 1963, S. 61: Sigmund Freud an Karl Abraham, 27. 3. 1913, in: Freud & Abraham 1965, S. 137.

120 Lou Andreas-Salomé an Anna Freud, 19. 1. 1923, in: Andreas-Salomé & A. Freud 2001, S. 136.

121 Sigmund Freud an Anna Freud, 16. 7. 1914, in: Young-Bruehl 1988a, S. 95 f.

122 Sigmund Freud an Ernest Jones, 22. 7. 1914, in: Gay 1987, S. 488; der englische Originaltext in: Freud & Jones 1993, Bd. 1, S. 294.

123 Sigmund Freud an Ernest Jones, 22. 7. 1914, in: Gay 1987, S. 487; der englische Originaltext in: Freud & Jones 1993, Bd. 1, S. 294.

124 Sigmund Freud an Anna Freud, 22. 7. 1914 [LoC], Transkription von I. Meyer-Palmedo; Sigmund Freud an Ernest Jones, 22. 7. 1914, der englische Originaltext in: Freud & Jones 1993, Bd. 1, S. 294, vgl. Gay 1987, S. 483 u. 487.

125 Lou Andreas-Salomé an Anna Freud, 31. 10. 1928, in: Andreas-Salomé & A. Freud 2001, S. 562; Anna Freud an Lou Andreas-Salomé, 15. 11. 1928, in: Andreas-Salomé & A. Freud 2001, S. 564. Vgl. dazu Gödde 2003a, S. 88 ff.

126 Hervorhebung von G. G.

127 Freud & Andreas-Salomé 1966, S. 271, Anm. 121.

128 Vgl. Appignanesi & Forrester 1992, S. 81. Auch nach der Emigration nach London suchte sie sich wieder eine Wohnung »um die Ecke« des Elternhauses und stand der Mutter in der Haushaltsführung zur Seite (vgl. Young-Bruehl 1988b, S. 11).

129 Berthelsen 1989, S. 45.

130 Sigmund Freud an Martha Bernays, 23. 10. 1883, in: Freud 1988, S. 59.

131 Sigmund Freud an Anna Freud, 12. 10. 1920 [LoC], Transkription von I. Meyer-Pamedo.

132 Kaplan 1991, S. 74.

133 Hervorhebung von G. G. Diese Stelle war längere Zeit mit dem Transkriptionsfehler »aber in einem versteckten Winkel« behaftet gewesen, bis er von Gerhard Fichtner (2003, S. 15) aufgedeckt wurde.

134 Sigmund Freud an David Feuchtwang, Mai 1931, in: Freud 1986h, S. 321.

135 Martha Freud an Ludwig Binswanger, 7. 11. 1939, in: Freud & Binswanger 1992, S. 249.

136 M. Freud 1958, S. 39.

137 M. Freud 1958, S. 40.

138 Vgl. Kaplan 1991, S. 22.

139 M. Freud 1958, S. 39 f.

140 Sigmund Freud an Wilhelm Fließ, 9. 11. 1899, in: Freud 1985c, S. 423. In einem Brief an Max Halberstadt vom 7. Juli 1912 sprach Freud nochmals von den »beiden Müttern« (Freud 1960a, S. 303).

141 Sigmund Freud an Minna Bernays, 28. 4. 1887 [LoC], Transkription von I. Meyer-Palmedo.

142 Jones 1955, S. 454.

143 Gay 1990, S. 195.

144 Minna Bernays an Sigmund Freud, 23. 7. 1910, in: Gay 1990, S. 195.

145 Vgl. Gay 1990, S. 195 u. 242.

146 Vgl. Roazen 1971, S. 76.

147 Vgl. Roazen 1993, S. 149.

148 Behling 2002, S. 112.

149 Die erste Rundreise in die Toskana 1897 mußte sie vorzeitig wegen heftiger Menstruationsbeschwerden beenden; auf der zweiten Reise 1898 mußte Freud sie wegen einer Magenverstimmung in Ragusa zurücklassen; und auch die nächste und letzte Reise nach Südtirol im Jahre 1900 dauerte nur wenige Tage.

150 Die Kuraufenthalte in Karlsbad, Marienbad und Bad Gastein verbrachten Sigmund und Martha überwiegend zusammen. Das gilt auch für die Reisen in die Tatra, zum Semmering, nach Schneewinkel und Grundlsee.

151 Sigmund Freud an Sophie und Max Halberstadt, 12. 9. 1913, in: Freud 2002b, S. 373.

152 Mathilde Hollitscher an Sigmund Freud, 9. 9. 1910 [LoC], Transkription von Ch. Tögel.

153 Anna Freud an Sigmund Freud, 11. 9. 1910 [LoC], Transkription von I. Meyer-Palmedo.

154 Anna Freud an Sigmund Freud, 13. 9. 1910 [LoC], Transkription von I. Meyer-Palmedo.

155 Sigmund Freud an Anna Freud, 18. 9. 1910 [LoC], Transkription von I. Meyer-Palmedo.

156 Anna Freud an Sigmund Freud, 7. 1. 1913, in: Gay 1987, S. 484 f.

157 Anna Freud an Sigmund Freud, 7. 1. 1913 [LoC], Transkription von I. Meyer-Palmedo.

158 Anna Freud an Sigmund Freud, 16. 9. 1913 [LoC], Transkription von I. Meyer-Palmedo.

159 Sigmund Freud an Sándor Ferenczi, 11. 3. 1914, in: Freud & Ferenczi 1993, Bd. I/2. S. 291.

160 Sigmund Freud an Ludwig Binswanger, 8. 3. 1914, in: Freud & Binswanger 1992, S. 137.

161 Vgl. Behling 2002, S. 28.

162 Sigmund Freud an Sándor Ferenczi, 29. 11. 1920, in Freud & Ferenczi 2003, S. 50.

163 Sigmund Freud an Oskar Pfister, 27. 1. 1920, in: Freud & Pfister 1963, S. 77.

164 Sigmund Freud an Max Halberstadt, 25. 1. 1920, in: Freud 1960a, S. 343 f.

165 Sigmund Freud an Sándor Ferenczi, 4. 2. 1920, in: Freud & Ferenczi 2003, S. 51. Anspielungen auf Schiller, Die Piccolomini, I, 4, und Goethe, Egmont, V, 4, ebenda, Fn. 2 u. 3.

166 Hervorhebung von G. G.

167 Anna Freud an Sigmund Freud, 21. 8. 1916 [LoC], Transkription von I. Meyer-Palmedo.

168 Sigmund Freud an Anna Freud, 22. 7. 1921 [LoC], Transkription von I. Meyer-Palmedo.

169 Anna Freud an Lou Andreas-Salomé, 26. 2. 1922, in: Andreas-Salomé & A. Freud 2001, S. 21.

170 Anna Freud an Lou Andreas-Salomé, 26. 3. 1922, in: Andreas-Salomé & A. Freud 2001, S. 31.

171 Freud selbst spricht in seinen Briefen des öfteren vom »Heinele«.

172 Sigmund Freud an Anna v. Vest, 14. 11. 1922, in: Freud 1985d, S. 290.

173 Sigmund Freud an Max Halberstadt, 1. 10. 1922 [LoC], Transkription von I. Meyer-Palmedo.

174 Sigmund Freud an Anna v. Vest, 14. 11. 1922, in: Freud 1985d, S. 290.

175 Sigmund Freud an Kata und Lajos Levy, 11. 5. 1923, in: Freud 1960a, S. 361 f.

176 Anna Freud an Lou Andreas-Salomé, 3. 12. 1922, in: Andreas-Salomé & A. Freud 2001, S. 110.

177 Lou Andreas-Salomé an Anna Freud, 10. 1. 1923, in: Andreas-Salomé & A. Freud 2001, S. 128.

178 Lou Andreas-Salomé an Anna Freud, 28. 11. 1922, in: Andreas-Salomé & A. Freud 2001, S. 106.

179 Anna Freud an Lou Andreas-Salomé, 3. 12. 1922, in: Andreas-Salomé & A. Freud 2001, S. 110. Im darauffolgenden Brief berichtete Lou: »Man sprach viel vom Heinerle und wieder betonte Helene Gebert das Altwerden von Pflegeeltern an ihm und sein Unkindlichwerden fast leidenschaftlich« (Lou Andreas-Salomé an Anna Freud, 19. 12. 1922, in: Andreas-Salomé & A. Freud 2001, S. 122).

180 Anna Freud an Lou Andreas-Salomé, 18. 4. 1923, in: Andreas-Salomé & A. Freud 2001, S. 175.

181 Anna Freud an Lou Andreas-Salomé, 8. 6. 1923, in: Andreas-Salomé & A. Freud 2001, S. 194.

182 Edith Rischawy an Lou Andreas-Salomé, 11. 6. 1923, in: Andreas-Salomé & A. Freud 2001, S. 196 f.

183 Anna Freud an Lou Andreas-Salomé, 20. 6. 1923, in: Andreas-Salomé & A. Freud 2001, S. 197.

184 Lou Andreas-Salomé an Anna Freud, 23. 6. 1923, in: Andreas-Salomé & A. Freud 2001, S. 198.

185 Sigmund Freud an Ludwig Binswanger, 15. 10. 1926, in: Freud & Binswanger 1992, S. 208.

186 Sigmund Freud an Sam Freud, 4. 5. 1924, in: Gay 1987, S. 481.

187 Sigmund Freud an Max Halberstadt, 22. 7. 1920 [LoC], Transkription von I. Meyer-Palmedo.

188 Sigmund Freud an Sándor Ferenczi, 21. 7. 1922, in: Freud & Ferenczi 2003, Bd. III/1, S. 140.

189 Sigmund Freud an Ernst Freud, 28. 7. 1923 [LoC], Transkription von I. Meyer-Palmedo.

190 Sigmund Freud an Amalia Freud, 31. 7. 1924 [LoC], Transkription von I. Meyer-Palmedo.

191 Anna Freud an Lou Andreas-Salomé, 10. 9. 1925, in: Andreas-Salomé & A. Freud 2001, S. 470 f.

192 Sigmund Freud an Mathilde Hollitscher, 13. 8. 1928, [LoC], Transkription von I. Meyer-Palmedo.

193 Sigmund Freud an Mathilde Hollitscher, 19. 6 .1929, [LoC], Transkription von I. Meyer-Palmedo.

194 Vgl. Molnar 1996a, S. 135.

195 Anna Freud an Lou Andreas-Salomé, 9. 12. 1934, in: Andreas-Salomé & A. Freud 2001, S. 645.

196 Sigmund Freud an Sam Freud, 12. 12. 1923, in: Gay 1987, S. 497.

197 Sigmund Freud an Sándor Ferenczi, 16. 7. 1924, in: Freud & Ferenczi 2003, Bd. III/1, S. 222 f.

198 Sigmund Freud an Mathilde Hollitscher, 9. 5. 1930, in: Molnar 1996a, S. 300.

199 Eine Abschrift dieses 1984 durchgeführten Interviews befindet sich in der Library of Congress und wurde mir dankenswerterweise von Hans-Jürgen Wirth zur Verfügung gestellt.

200 Vgl. Molnar 1996a, S. 135.

201 Mathilde Hollitscher an Ernst Freud, 1. 11. 1933, in: Molnar 1996a, S. 277.

202 Sigmund Freud an Lou Andreas-Salomé, 16. 5. 1934, in: Freud & Andreas-Salomé 1966, S. 220.

203 Diesen Begriff verwendet Freud erstmals in dem Brief vom 18. 2. 1908 an C. G. Jung, in: Freud & Jung 1974, S. 135.

204 Mit diesem Begriff sei auf die Abhängigkeit des einzelnen Wissenschaftlers, im vorliegenden Falle der Schüler und Mitarbeiter Freuds, vom jeweiligen »Denkkollektiv« und dessen »Denkstil« bzw. »Paradigma« verwiesen (vgl. Fleck 1935; Kuhn 1962; Tömmel 1985, S. 213 ff.).

205 Sigmund Freud an Sándor Ferenczi, 3. 4. 1910, in: Freud & Ferenczi 1993, Bd. I/1, S. 235.

206 Sigmund Freud an Wilhelm Fließ, 11. 3. 1902, in: Freud 1985c, S. 501 ff.

207 Sigmund Freud an Wilhelm Fließ, 11. 3. 1902, in: Freud 1985c, S. 503.

208 Clark 1979, S. 246.

209 Mühlleitner & Reichmayr 1997, S. 1060 f. u. 1079.

210 Hermanns & Schröter 1990, S. 71.

211 Freud 1914d, S. 65.

212 Tögel 1996a, S. 57.

213 Sigmund Freud an Mathilde Hollitscher, 23. 9. 1909, in: Freud 2002b, S. 312 ff.

214 Das Buch wurde erst 1999 ins Deutsche übersetzt und erschien unter dem Titel »Mein Vater Sigmund Freud«.

215 Vgl. M. Freud 1958, S. 119.

216 M. Freud 1958, S. 81 f.

217 M. Freud 1958, S. 117.

218 M. Freud 1958, S. 119.

219 Freud 1914d, S. 65.

220 Roazen 1993, S. 182.

221 Jones 1955, S. 48.

222 Vgl. Freud & Jung 1974, S. 26.

223 M. Freud 1958, S. 118.

224 M. Freud 1958, S. 118.

225 Binswanger 1956, S. 11.

226 Vgl. M. Freud 1958, S. 119.

227 Karl Abraham an Max Eitingon, 1. 1. 1908, in: Gay 1987, S. 183.

228 Lohmann 1986, S. 31.

229 M. Freud 1958, S. 73.

230 Vgl. S. 127 ff.

231 Anna Freud an Sigmund Freud, 31. 1. 1913 [LoC], Transkription von I. Meyer-Palmedo.

232 Sigmund Freud, an Anna Freud, 2. 2. 1913 [LoC], Transkription von I. Meyer-Palmedo

233 Anna Freud an Sigmund Freud, 26. 11. 1912 u. 31. 1. 1913 [LoC], Transkription von I. Meyer-Palmedo.

234 Sigmund Freud an Sándor Ferenczi, 31. 10. 1915, in: Freud & Ferenczi 1996, Bd. II/1, S. 152.

235 Vgl. Roazen 1993, S. 128; siehe auch Roazen 1971, S. 74.

236 Theweleit 1990, S. 114 f.

237 Roazen 1971, S. 429.

238 Sigmund Freud an Ludwig Binswanger, 11. 1. 1929, in: Freud & Binswanger 1992, S. 220.

239 Appignanesi & Forrester 1992, S. 512.

240 Roazen 1971, S. 407.

241 Sigmund Freud an Ernst Freud, 28. 4. 1927, in: Molnar 1996a, S. 101.

242 Zit. nach Roazen 1993, S. 122.

243 Roazen 1993, S. 120.

244 Vgl. Appignanesi & Forrester 1992, S. 526.

245 Anna Freud an Eva Rosenfeld, 18. 9. 1929, 3. 6. 1930, 21. 8. 1932, in: A. Freud 1994, S. 135, 152 u. 196.

246 Anna Freud an Eva Rosenfeld, 27. 9. 1929, in: A. Freud 1994, S. 136.

247 Karl Abraham an Sigmund Freud, 13. 3. 1920, in: Freud & Abraham 1965, S. 284.

248 Vgl. Molnar 1996a, S. 377.

249 Vgl. Molnar 1996a, S. 109, 195 u. 199.
250 Vgl. Huppke 1996, S. 22 f.; Molnar 1996a, S. 208; Mühlleitner 1992, S. 335; Roazen 1993, S. 156.
251 Zit. nach Grubrich-Simitis 1993, S. 54.
252 Vgl. Molnar 1996a, S. 211 u. 215.
253 Vgl. M. Freud 1958, S. 217 ff.

Verlust der Heimat – Neubeginn im Exil

1 Freud 1926j, S. 51 f.
2 Sigmund Freud an Sam Freud, 31. 7. 1933, in: Clark 1979, S. 549.
3 Berthelsen 1989, S. 64.
4 Sigmund Freud an Marie Bonaparte, 16. 3. 1933, in: Jones 1957, S. 210; siehe auch Sigmund Freud an Marie Bonaparte, 8. 4. 1933, in: Jones 1957, S. 211.
5 Sigmund Freud an Sándor Ferenczi, 2. 4. 1933, in: Jones 1957, S. 213 f.
6 Sigmund Freud an Ernest Jones, 7. 4. 1933, in: Freud & Jones 1993, Bd. 2, S. 87 f.
7 Sigmund Freud an Ernst Freud, 20. 2. 1934, in: Freud 1960a, S. 434.
8 Sigmund Freud an Hilda Doolittle, 5. 3. 1934, in: Doolittle 1976, S. 212. Wenige Monate später äußerte er sich in ähnlichem Sinne, seine Familie sei nicht sicher gewesen, ob sie umhinkäme, Österreich zu verlassen und sich nach einem Refugium irgendwo im Ausland umzusehen. Derzeit seien sie aber fest entschlossen, in ihrem Heim zu bleiben (Sigmund Freud an Sam Freud, undatiert, wahrscheinlich Juli 1934, nach der Transkription von T. Roberts).
9 Vgl. Molnar 1996a, S. 361.
10 M. Freud 1958, S. 224.
11 Sigmund Freud an Max Eitingon, 6. 2. 1938, in: Freud 1960a, S. 457 f.
12 Torberg 1998 (1938), S. 66.
13 Vgl. Molnar 1996a, S. 410 f.
14 Schur 1973, S. 585.
15 Vgl. Molnar 1996a, S. 413.

16 Vgl. M. Freud 1958, S. 232; Molnar 1996a, S. 413.

17 Sigmund Freud an Ernest Jones, 13. 5. 1938, in: Freud & Jones 1993, Bd. 2, S. 106.

18 Grubrich-Simitis 1989, S. 791.

19 Vgl. Molnar 1996a, S. 261.

20 Vgl. Huppke 1996, S. 28.

21 Vgl. Leupold-Löwenthal 1989, S. 920.

22 Huppke 1996, S. 30.

23 Sigmund Freud an Minna Bernays, 14. 5. 1938, in: Molnar 1996a, S. 420.

24 Sigmund Freud an Minna Bernays, 20. 5. 1938, in: Molnar 1996a, S. 422.

25 Mathilde Hollitscher an Ernest Jones, o. D., in: Clark 1979, S. 575.

26 Sigmund Freud an Max Eitingon, 6. 6. 1938, in: Freud 1960a, S. 463.

27 Sigmund Freud an Alexander Freud, 22. 6. 1938, in: Freud 1960a, S. 464.

28 Sigmund Freud an Jeanne Lampl-de Groot, 13. 6. 1938, in: Molnar 1996a, S. 427.

29 Freud 1938c, S. 783 Fn.

30 A. Freud 1978a, S. 4.

31 Sigmund Freud an Jeanne Lampl-de Groot, 22. 8. 1938, in: Molnar 1996a, S. 441.

32 Molnar 1996a, S. 441.

33 Jones 1957, S. 275.

34 Vgl. Young-Bruehl 1988b, S. 11.

35 Sigmund Freud an Jeanne Lampl-de Groot, 8. 10. 1938, in: Molnar 1996a, S. 443.

36 Schur 1973, S. 620.

37 Vgl. Schur 1973, S. 621.

38 Lucie Freud an Felix Augenfeld, 2. 10. 1939, in: Schneider 1999, S. 149.

39 S. Zweig 1989, S. 250.

40 »Mathilde Hollitscher of 39 Elsworthy Road, London, N. W. 3, shall be a permanent Director of the Company and she shall have all such rights powers and privileges as are conferred upon Ernst Stiassny by Articles 8, 9, 12, 13 and 14 of the Articles of Association as if she were expressly named therein together

with the said Ernst Stiassny (save and except that she shall not have the style of Governing Director) in addition to all rights powers and privileges conferred upon her by virtue of her appointment as a Director of the Company.«

41 Sigmund Freud an Jeanne Lampl-de Groot, 20. 11. 1938 [LoC], Transkription von I. Meyer-Palmedo.

42 Vgl. Molnar 1996a, S. 447.

43 Interview mit Anton Walter Freud vom 23. 1. 2003.

44 Interview mit Victor Ross vom 19. 1. 2003. Vgl. Appignanesi & Forrester 1993, S. 81, die sich auf eine persönliche Mitteilung von Victor Ross vom 13. 10. 1991 beziehen.

45 Behling 2002, S. 211.

46 Young-Bruehl 1988b, S. 124.

47 Sigmund Freud an Paul Federn, 26. 2. 1939, in: Leupold-Löwenthal 1989, S. 927.

48 Schreiben von Marie Freud, Adolfine Freud, Pauline Winternitz an den Rechtsanwalt Dr. Führer, 15. 1. 1941, in: Leupold-Löwenthal 1989, S. 927.

49 Anna Freud an Kata Levy, 8. 3. 1946, in: Young-Bruehl 1988b, S. 83.

50 Young-Bruehl 1988b, S. 82.

51 Young-Bruehl 1988b, S. 125; Behling 2002, S. 216 ff.

52 Anna Freud an Heinz Hartmann, 27. 3. 1947, in: Young-Bruehl 1988b, S. 103.

53 Freud selbst hatte Marie Bonaparte anvertraut, es wäre ihm »höchst peinlich« gewesen, wenn seine Briefe an Fließ »in fremde Hände gefallen« wären. Er »möchte nichts davon zur Kenntnis der sogenannten Nachwelt kommen lassen« (3. 1. 1937, in: Masson 1986, S. XVIII f.).

54 Vgl. Steiner 2000.

55 Vgl. Roazen 1993, S. 42 u. 128.

56 Anna Freud an Ernest Jones, 19. 3. 1952, in: Steiner 2000, S. 128.

57 Die Edition des vollständigen Briefwechsels zwischen Sigmund Freud und Martha Bernays wird von Ilse Grubrich-Simitis, Gerhard Fichtner und Albrecht Hirschmüller vorbereitet.

58 Young-Bruehl 1988b, S. 188 f.

59 Young-Bruehl 1988b, S. 189.

60 Ernst Freud an Ilse Grubrich-Simitis, 11. 2. 1968, in: Grubrich-Simitis 1993, S. 73, Fn. 3.

61 E. Freud 1960, S. 480.

62 Grubrich-Simitis 1976, S. 8.

63 Young-Bruehl 1988b, S. 263.

64 Vgl. Young-Bruehl 1988b, S. 262 f.

65 Vgl. Peters 1979, S. 348.

66 Vgl. Young-Bruehl 1988b, S. 188.

67 Young-Bruehl 1988b, S. 230.

68 Interview mit Anton Walter Freud vom 23. 1. 2003.

69 Roazen 1993, S. 124.

70 Interview mit Anton Walter Freud vom 23. 1. 2003.

71 Interview mit Victor Ross vom 19. 1. 2003.

72 Interview mit Victor Ross vom 19. 1. 2003.

73 Vgl. Roazen 1993, S. 124 f.

74 Vgl. Roazen 1993, S. 124 f. u. 133.

75 Vgl. Salber 1985, S. 111 f.

76 Mathilde Hollitscher an Anna Freud, 20. 9. 1968, in: Young-Bruehl 1988b, S. 263.

77 Anna Freud an Ralph Greenson, 10. 4. 1970, in: Young-Bruehl 1988b, S. 264.

78 Young-Bruehl 1988b, S. 264.

79 Young-Bruehl 1988b, S. 263 (ohne Quellenangabe).

80 Interview mit Anton Walter Freud vom 23. 1. 2003.

81 Interview mit Heinrich und Johann Pachmayr vom 25. 1. 2003.

82 Anna Freud an Eva Rosenfeld, 12. 9. 1975, in: A. Freud 1994, S. 211.

83 Eva Rosenfeld an Anna Freud, 15. 9. 1975, in: A. Freud 1994, S. 212. Vgl. Ross 1994, S. 58.

84 Young-Bruehl 1988b, S. 303.

85 A. Freud 1978a, S. 4.

Abschließende Betrachtungen

1 Steiner 2000, S. 271.

2 Molnar 1996b, S. 101 ff.

3 Sigmund Freud an Mathilde Freud, 26. 3. 1908, in: Freud 1960a, S. 287.

4 Anna Freud an Eva Rosenfeld, 27. 9. 1929, in: A. Freud 1994, S. 136.

5 Young-Bruehl 1988a, S. 101 f.

6 Clark 1979, S. 575.

7 Mathilde Freud an Ernst Freud, 1. 11. 1933 [LoC], Transkription von Ch. Tögel.

8 Lehnert 1998, S. 138 ff.

9 Zu diesem Zeitpunkt hatte Roazen noch nichts über seine Recherchen zu Freud und der Geschichte der Psychoanalyse veröffentlicht, so daß ihm seine Interviewpartnerin zwar vorsichtig, aber relativ unbefangen begegnete (Roazen 1993, S. 121).

10 Vgl. Roazen 1993, S. 124 f. u. 169.

11 Interview mit Victor Ross vom 19. 1. 2003.

12 A. W. Freud 1996, S. 10.

13 Interview mit Anton Walter Freud vom 23. 1. 2003.

14 Gödde 2003b.

15 Sigmund Freud an die Familie nach Oberbozen, 12. 7. 1911 [LoC], Transkription von I. Meyer-Palmedo.

16 Vgl. Klemann 2002, S. 182.

17 Freud 1895d, S. 186, siehe auch S. 195.

18 Vgl. Benjamin 1988.

19 Vgl. Jaeggi 2002, S. 28 f.

20 King 1999, S. 36.

21 Freud 1906a, S. 158.

22 Hontschik 1987, S. 28.

23 Hontschik 1988, S. 315.

24 Sigmund Freud an Mathilde Freud, 26. 3. 1908, in: Freud 1960a, S. 287.

25 Ein eindrückliches Beispiel für eine solche gesellschaftlich erzwungene Anpassung an die traditionelle Frauenrolle findet sich in Simone de Beauvoirs Autobiographie »Memoiren einer Tochter aus gutem Hause«. Zunächst bewundert sie ihre Jugendfreundin Zaza Mabille wegen ihrer Unkonventionalität. Zaza verkörpert für sie einen vom traditionell-bürgerlichen abweichenden Lebensentwurf, in dem insbesondere Wünsche nach einer Liebesheirat und nach Entfaltung der eigenen Intellektualität eine Rolle spielen. Zaza wird von ihrer Mutter scheinbar großzügig an der langen Leine gehalten. Als sie sich aber leidenschaftlich in einen jungen Mann verliebt, interveniert die Mutter und hindert sie an der Verwirklichung ihrer

individualistischen Bedürfnisse. Dazu dienen der Mutter rigide Verbote, ein Übermaß an Hausarbeit sowie ständige familiäre und gesellschaftliche Verpflichtungen. Ihr gleichzeitiges Verstricktsein in eine Liebesabhängigkeit und in die Loyalitätsbindung an die Mutter endet schließlich tragisch (vgl. Beauvoir 1958, S. 86–115).

26 King 1999, S. 35.

27 Sigmund Freud an Eduard Silberstein, 18.9.1874, in: Freud 1989a, S. 72.

28 Freud 1933a, S. 138 f.

29 Poluda-Korte 1992, S. 92.

30 Rohde-Dachser 1990, S. 305.

31 King 1999, S. 27.

32 Jaeggi 2002, S. 2.

33 Buchholz 1999, S. 206.

34 Vgl. im einzelnen King 1995.

35 Sigmund Freud an Mathilde Freud, 26. 3. 1908, in: Freud 1960a, S. 286 f.

Literaturverzeichnis

Albrecht, G. et al. (Hg.) (1987): Lexikon deutschsprachiger Schrift-steller. Von den Anfängen bis zum Ausgang des 19. Jahrhunderts, neu bearbeitet v. K. Böttcher et al. Leipzig (VEB Bibliographi-sches Institut).

Anderson, H. (1994): Vision und Leidenschaft. Die Frauenbewe-gung im Fin de Siècle Wiens. Wien (Deuticke).

Andreas-Salomé, L. & Freud, A. (2001): »... als käm ich heim zu Vater und Schwester«. Briefwechsel 1919–1937, 2 Bde., hrsg. v. D. A. Rothe & I. Weber. Göttingen (Wallstein).

Anzieu, D. (1988): Freuds Selbstanalyse, Bd. 1, 1895–1898. Mün-chen – Wien (Verlag Internationale Psychoanalyse) 1990.

Appignanesi, L. & Forrester, J. (1992): Die Frauen Sigmund Freuds. München (List) 1994.

Arendt, H. (1976): Die verborgene Tradition. Essays. Frankfurt/M. (Suhrkamp).

Beauvoir, S. (1958): Memoiren einer Tochter aus gutem Hause. Reinbek (Rowohlt) 1984.

Behling, K. (2002): Martha Freud. Die Frau des Genies. Berlin (Aufbau).

Beller, S. (1989): Wien und die Juden 1867–1938. Wien – Köln – Weimar (Böhlau) 1993.

Benjamin, J. (1988): Die Fesseln der Liebe. Psychoanalyse, Femi-nismus und das Problem der Macht. Basel – Frankfurt/M. (Stroemfeld/Roter Stern).

Bernays, J. (1857): Grundzüge der verlorenen Abhandlung des Aristoteles über Wirkung der Tragödie. Hildesheim – New York (Olms) 1970.

– (1932): Ein Lebensbild in Briefen, hrsg. v. M. Fraenkel. Breslau (Markus).

Bernays Heller, J. (1956): Freuds Mutter und Vater. In: Luzifer-Amor 2, 1989, H. 3, S. 146–151.

Bernfeld, S. (1946): Ein unbekanntes autobiographisches Fragment von Freud. In: Bernfeld & Cassirer Bernfeld (1981), S. 93–111.

– (1949): Freuds wissenschaftliche Anfänge. In: Bernfeld & Cassirer Bernfeld (1981), S. 112–147.

– (1951): Freuds Vorbereitung auf den Arzt-Beruf, 1882–1885. In: Bernfeld & Cassirer Bernfeld (1981), S. 148–180.

Bernfeld, S. & Cassirer Bernfeld, S. (1952): Freuds erstes Praxisjahr, 1886–1887. In: Bernfeld & Cassirer Bernfeld (1981), S. 181–197.

– (1981): Bausteine der Freud-Biographik, hrsg. v. I. Grubrich-Simitis. Frankfurt/M. (Suhrkamp).

Berthelsen, D. (1989): Alltag bei Familie Freud. Die Erinnerungen der Paula Fichtl. München (dtv).

Binswanger, L. (1956): Erinnerungen an Sigmund Freud. Bern (Francke).

Boehlich, W. (1989): Nachwort. In: Freud (1989a), S. 229–244.

Bohleber, W. (1996): Einführung in die psychoanalytische Adoleszenzforschung. In: Ders. (Hg.) (1996): Adoleszenz und Identität. Stuttgart (Verlag Internationale Psychoanalyse), S. 7–40.

Bonaparte, M. (1929): Die Identifizierung einer Tochter mit ihrer verstorbenen Mutter (Kasuistischer Beitrag), übers. v. Mathilde Hollitscher. In: Internat. Zschr. Psychoanal. 15, S. 481–500.

– (1930): Eine kleptomane Anwandlung, übers. v. Mathilde Hollitscher. In: Internat. Zschr. Psychoanal. 16, S. 493–495.

– (1933): Der Mensch und sein Zahnarzt, übers. v. Mathilde Hollitscher. In: Imago 19, S. 468–472.

Brauns, H.-P. & Schöpf, A. (1989): Freud und Brentano: der Mediziner und der Philosoph. In: Nitzschke (1989), S. 40–79.

Brentzel, M. (2002): Anna O. – Bertha Pappenheim. Biographie. Göttingen (Wallstein).

Buchholz, M. B. (1999): Die Psychoanalyse der Zukunft der Psychoanalyse. In: Forum der Psychoanalyse 15, S. 204–223.

Burgtheater (1986): Burgtheater 1776–1976. Aufführungen und Besetzungen von 200 Jahren, 2 Bde., Wien (Ueberreuter).

Caspary, G. (1933): Die Entwicklungsgrundlagen für die soziale und psychische Verselbständigung der bürgerlichen deutschen Frau um die Jahrhundertwende. Heidelberg (Weiss'sche Universitätsbuchhandlung).

Clark, R. W. (1979): Sigmund Freud. Frankfurt/M. (S. Fischer) 1981.

Deutsch, H. (1948): Die Psychologie der Frau. 4. Aufl., Eschborn (Klotz) 2000.

Diewald, S. & Schweighofer, B. (2003): Betrachtungen zur Ausstellungssituation in Wien um 1900. Zur Vermittlung avantgardistischer Strömungen in der bildenden Kunst. Uni Graz. Spezialforschungsbereich Moderne. Wien und Zentraleuropa um 1900. www-gewi.kfunigraz.ac.at/moderne/heft8d.htr.

Doolittle, H. (1976): Huldigung an Freud. Rückblick auf eine Analyse. Mit den Briefen von Sigm. Freud an H. D. Mit einer Einleitung v. M. Schröter. Frankfurt/M. – Berlin – Wien (Ullstein).

Eissler, K. R. (1974a): Über Freuds Freundschaft mit Wilhelm Fließ nebst einem Anhang über Freuds Adoleszenz und einer historischen Bemerkung über Freuds Jugendstil. In: Aus Freuds Sprachwelt und andere Beiträge. Jahrbuch der Psychoanalyse, Beiheft 2. Bern (Huber), S. 39–100.

– (1974b): Psychoanalytische Einfälle zu Freuds »Zerstreute(n) Gedanken«. In: Aus Freuds Sprachwelt und andere Beiträge. Jahrbuch der Psychoanalyse, Beiheft 2. Bern (Huber), S. 103–128.

Engelman, E. (1977): Berggasse 19. Das Wiener Domizil Sigmund Freuds. Mit einem Vorwort v. P. Gay. Stuttgart – Zürich (Belser).

Erikson, E. H. (1950): Kindheit und Gesellschaft. 6. Aufl., Stuttgart (Klett) 1976.

– (1959): Identität und Lebenszyklus. 4. Aufl., Frankfurt/M. (Suhrkamp) 1977.

Fellner, G. (1986): Athenäum. Die Geschichte einer Frauenhochschule in Wien. In: Zeitgeschichte 14, S. 99–115.

Fichtner, G. (1989): Freuds Briefe als historische Quelle. In: Psyche 43, S. 803–829.

– (1992): Einleitung. In: Freud & Binswanger (1992), S. IX bis XXXIX.

– (2003): »Lieblingsspeise Bücher«. Sigmund Freuds Bibliothek und ihre Bedeutung für sein Leben und Werk. Manuskript eines Vortrags am 31. 1. 2003 im Institut für Psychoanalyse, Tübingen.

Flaake, K. (2001): Körper, Sexualität und Geschlecht. Studien zur Adoleszenz junger Frauen. Gießen (Psychosozial).

Flaake, K. & John, C. (1992): Räume zur Aneignung des Körpers. Zur Bedeutung von Mädchenfreundschaften in der Adoleszenz. In: Flaake & King (1992a), S. 199–212.

Flaake, K. & King, V. (Hg.) (1992a): Weibliche Adoleszenz. Zur Sozialisation junger Frauen. 2. Aufl., Frankfurt/M. – New York (Campus) 1993.

– (1992b): Psychosexuelle Entwicklung, Lebenssituation und Lebensentwürfe junger Frauen. Zur weiblichen Adoleszenz in soziologischen und psychoanalytischen Theorien. In: Flaake & King (1992a), S. 13–39.

Fleck, L. (1935): Entstehung und Entwicklung einer wissenschaftlichen Tatsache. Frankfurt/M. (Suhrkamp) 1980.

Flem, L. (1993): Der Mann Freud. Frankfurt/M.–New York (Campus).

Fonrobert, Ch. E. (2001): Frauen im Judentum. In: Handbuch zur Geschichte der Juden in Europa, Bd. II, hrsg. v. E.-V. Kotowski, J. H. Schoeps & H. Wallenborn. Darmstadt (Wissenschaftliche Buchgesellschaft) 2001, S. 79–89.

Fraenkel, J. (Hg.) (1967): The Jews of Austria: Essays on their Life, History and Destruction. London (Vallentine – Mitchell).

Freud, Anna (1958): Probleme der Pubertät. In: Psyche 14, S. 1–24.

– (1978a): Mathilde Hollitscher-Freud, 1887–1978. In: Sigmund Freud House Bulletin 2, H. 1, S. 3 f.

– (1978b): Nachruf auf Mathilde Hollitscher-Freud. In: New York Times, 24. 2. 1978.

– (1994): Briefe an Eva Rosenfeld, hrsg. v. P. Heller. Basel – Frankfurt/M. (Stroemfeld).

Freud, Anton Walter (1996): Mein Großvater Sigmund Freud. In: Tögel (1996b), S. 7–20.

Freud, Ernst L. (1960): Nachwort zur ersten Auflage. In: Freud 1960a, S. 480 f.

– (1969): Vorbemerkung [zu Jugendbriefen Sigmund Freuds]. In: Psyche 24, 1970, S. 768 f.

– 1988): Vorwort. In: Freud (1988), S. 7 f.

Freud, Ernst L., Freud, L. & Grubrich-Simitis, I. (Hrsg.) (1976): Sigmund Freud. Sein Leben in Bildern und Texten. Frankfurt/M. (Suhrkamp).

Freud, Martin (1958): Mein Vater Sigmund Freud. Heidelberg (Mattes) 1999.

– (1967): Who was Freud? In: Fraenkel (1967), S. 197–211.

Freud,[1] Sigmund (1871a): Zerstreute Gedanken. In: Aus Freuds Sprachwelt und andere Beiträge. Jahrbuch der Psychoanalyse, Beiheft 2. Bern (Huber), S. 101.

– (1893f): Charcot. G.W., Bd. I, S. 21–35.

– (1895d): Studien über Hysterie (ohne Breuers Beiträge). G.W., Bd. I, S. 75–312.

– (1896c): Zur Ätiologie der Hysterie. G.W., Bd. I, S. 425–459.

– (1899a): Über Deckerinnerungen. G.W., Bd. I, S. 529–558.

– (1900a): Die Traumdeutung. G.W., Bd. II/III.

– (1901b): Zur Psychopathologie des Alltagslebens. G.W., Bd. IV.

– (1905c): Der Witz und seine Beziehung zum Unbewußten. G.W., Bd. VI.

– (1905d): Drei Abhandlungen zur Sexualtheorie. G.W., Bd. V, S. 33–145.

– (1905e): Bruchstück einer Hysterie-Analyse. G.W., Bd. V, S. 161–286.

– (1906a): Meine Ansichten über die Rolle der Sexualität in der Ätiologie der Neurosen. G.W., Bd. V., S. 149–159.

– (1907a): Der Wahn und die Träume in W. Jensens »Gradiva«. G.W., Bd. VII, S. 29–122.

– (1907e): Anzeige [der Schriften zur Angewandten Seelenheilkunde]. G. W., Nachtr., S. 695 f.

– (1908d): Die »kulturelle« Sexualmoral und die moderne Nervosität. G.W., Bd. VII, S. 143–167.

– (1908e): Der Dichter und das Phantasieren. G.W., Bd. VII, S. 213–223.

– (1913f): Das Motiv der Kästchenwahl. G.W., Bd. X, S. 24–37.

– (1914d): Zur Geschichte der psychoanalytischen Bewegung. G.W., Bd. X, S. 43–113.

– (1914f): Zur Psychologie des Gymnasiasten. G.W., Bd. X, S. 204–207.

– (1920a): Über die Psychogenese eines Falles von weiblicher Homosexualität. G.W., Bd. XII, S. 271–302.

---

1 Die Zählung von Freuds Publikationen folgt der Freud-Bibliographie von Ingeborg Meyer-Palmedo und Gerhard Fichtner (1999)

Literaturverzeichnis

- (1924d): Der Untergang des Ödipuskomplexes. G.W., Bd. XIII, S. 371–383.
- (1925d): Selbstdarstellung. G.W., Bd. XIV, S. 31–96.
- (1925j): Einige psychische Folgen des anatomischen Geschlechtsunterschieds. G.W., Bd. XIV, S. 19–30.
- (1930a): Das Unbehagen in der Kultur. G.W., Bd. XIV, S. 419–506.
- (1931b): Über die weibliche Sexualität. G.W., Bd. XIV, S. 517–537.
- (1933a): Die Weiblichkeit. In: Neue Folge der Vorlesungen zur Einführung in die Psychoanalyse. G.W., Bd. XV, S. 119–145.
- (1938c): Brief an die Herausgeberin von »Time and Tide«. G.W., Nachtr., S. 782 f.
- (1960a): Briefe 1873–1939, hrsg. v. E. L. u. L. Freud. 3., korrigierte Aufl., Frankfurt/M. (S. Fischer) 1980.
- (1969a): Jugendbriefe an Emil Fluß 1872–1874. In: Grubrich-Simitis (1971a), S. 107–123.
- (1985c): Briefe an Wilhelm Fließ 1887–1904, ungekürzte Ausgabe, hrsg. v. J. M. Masson. Bearbeitung der dt. Fassung v. M. Schröter. Transkription v. G. Fichtner. Frankfurt/M. (S. Fischer).
- (1985d): Sigmund Freuds Briefe an seine Patientin Anna v. Vest, hrsg. v. S. Goldmann. In: Jb. der Psychoanalyse 17, S. 274–295.
- (1986h): Brief an David Feuchtwang (Mai 1931). In: Hes (1986), S. 321 f.
- (1988): Brautbriefe. Briefe an Martha Bernays aus den Jahren 1882 bis 1886, hrsg. v. E. L. Freud. Frankfurt/M. (Fischer-Tb.).
- (1989a): Jugendbriefe an Eduard Silberstein 1871–1881, hrsg. v. W. Boehlich. Frankfurt/M. (S. Fischer).
- (2002b): Reisebriefe an die Familie. In: Unser Herz zeigt nach dem Süden. Reisebriefe 1895–1923, hrsg. v. Ch. Tögel unter Mitarbeit v. M. Molnar. Berlin (Aufbau).

Freud, S. & Abraham, K. (1965): Briefe 1907–1926, hrsg. v. H. Abraham u. E. L. Freud. Frankfurt/M. (S. Fischer).

Freud, S. & Andreas-Salomé, L. (1966): Briefwechsel, hrsg. v. E. Pfeiffer. Frankfurt/M. (S. Fischer).

Freud, S. & Binswanger, L. (1992): Briefwechsel 1908–1938, hrsg. v. G. Fichtner. Frankfurt/M. (S. Fischer).

Freud, S. & Eitingon, M. (2004): Briefwechsel 1906–1939, zwei Bände, hrsg. v. M. Schröter. Tübingen (edition diskord).

Freud, S. & Ferenczi, S. (1993): Briefwechsel, Bd. I/1, 1908–1911, u. Bd. I/2, 1912–1914, hrsg. v. E. Brabant, E. Falzeder u. P. Giam-

pieri-Deutsch. Unter der wissenschaftl. Leitung v. A. Haynal.
Transkription v. I. Meyer-Palmedo. Wien–Köln–Weimar (Böhlau).
- (1996): Briefwechsel, Band II/1, 1914–1916, u. Bd. II/2,
1917–1919, hrsg. v. E. Falzeder u. E. Brabant. Unter der Mitarbeit
v. P. Giampieri-Deutsch. Unter der wissenschaftl. Leitung v.
A. Haynal. Transkription v. I. Meyer-Palmedo. Wien–Köln–
Weimar (Böhlau).
- (2003): Briefwechsel, Bd. III/1, 1920–1924, hrsg. v. E. Falzeder u.
E. Brabant. Unter der Mitarbeit v. P. Giampieri-Deutsch. Unter
der wissenschaftl. Leitung v. A. Haynal. Transkription v.
I. Meyer-Palmedo. Wien–Köln–Weimar (Böhlau).
Freud, S. & Jones, E. (1993): The complete correspondence
of Sigmund Freud and Ernest Jones, 1908–1939, ed. by R. A.
Paskauskas. Cambridge, Mass., London (Harvard University
Press) [Bd. 1]. Der Originalwortlaut der in Deutsch verfaßten
Briefe Freuds findet sich in: Briefwechsel Sigmund Freud / Ernest
Jones 1908–1939, Transkription und editorische Bearbeitung v.
I. Meyer-Palmedo. Frankfurt/M. (S. Fischer) [Bd. 2].
Freud, S. & Jung, C. G. (1974): Briefwechsel, hrsg. v. W. McGuire u.
W. Sauerländer. Zürich (Ex Libris) 1976.
Freud, S. & Pfister, O. (1963): Briefe 1909–1939, hrsg. v. E. L. Freud
u. H. Meng. Frankfurt/M. (S. Fischer).
Freud Bernays, A. (1940): Mein Bruder Sigmund Freud. In: Luzifer-
Amor 2, 1989, H. 3, S. 139–145.
Freud-Bernays, A. (2004): Eine Wienerin in New York. Die Erin-
nerungen der Schwester Sigmund Freuds, hrsg. v. Ch. Tögel.
Berlin (Aufbau-Verlag).

Gast, L. & J. Körner (Hg.) (1999): Psychoanalytische Anthropolo-
gie II. Ödipales Denken. Tübingen (edition diskord).
Gay, P. (1985): Freud für Historiker. Tübingen (edition diskord)
1994.
- (1987): Freud. Eine Biographie für unsere Zeit. Frankfurt/M.
(S. Fischer) 1989.
- (1990): Freud entziffern. Essays. Frankfurt/M. (S. Fischer) 1992.
- (1995): Die Macht des Herzens: das 19. Jahrhundert und die
Erforschung des Ich. München (Beck) 1997.
Gedo, J. & Wolf, E. (1970): Die Ichthyosaurusbriefe. In: Psyche 10,
S. 785–797.

Gilligan, C. (1984): Die andere Stimme. Lebenskonflikte und Moral der Frau. München (Piper).

Gödde, G. (1990a). Freuds Adoleszenz im Lichte seiner Briefe an Eduard Silberstein. In: Luzifer–Amor 3, H.6, S. 7–26.

– (1990b): »Sehnsucht nach philosophischer Erkenntnis« – Die Jugend des Sigmund Freud. Rundfunksendung des Senders Freies Berlin III vom 11. Oktober 1990 (Redaktion: E. Sens).

– (1991): Freuds philosophische Diskussionskreise in der Studentenzeit. In: Jahrbuch der Psychoanalyse 27, S. 73–113.

– (1993): Charcot, Freud und das Rätsel der Hysterie. Rundfunksendung des Senders Freies Berlin III vom 25. November 1993 (Redaktion: E. Sens).

– (1994): Charcots neurologische Hysterietheorie. Vom Aufstieg und Niedergang eines wissenschaftlichen Paradigmas. In: Luzifer-Amor 7, H. 14, S. 7–53.

– (1999): Traditionslinien des »Unbewußten«: Schopenhauer, Nietzsche, Freud. Tübingen (edition diskord).

– (2003a): Doppelbesprechung: Freud, S. (2002): Unser Herz zeigt nach dem Süden. Reisebriefe 1895–1923; Andreas-Salomé, L. & Freud, A. (2001): »… als käm ich heim zu Vater und Schwester«. Briefwechsel 1919–1937. In: Psychoanalyse im Widerspruch 14, 28, S. 83–91.

– (2003b): »am liebsten möchte ich mit Papa arbeiten, aber der kann mich nicht brauchen« – Mathilde Freud im Spiegel ihrer Jugendbriefe an Eugen Pachmayr (1903–1910). In: Psyche 57, H. 5, S. 444–460.

– (2005): Freuds »Entdeckung« des Unbewussten und die Wandlungen in seiner Auffassung. In: M. B. Buchholz & G. Gödde (Hg.) (2005): Macht und Dynamik des Unbewussten. Gießen (Psychosozial Verlag), S. 325–360.

Goldmann, S. (1985): Eine Kur aus der Frühzeit der Psychoanalyse. Kommentar zu Freuds Briefen an Anna v. Vest. In: Jahrbuch der Psychoanalyse 17, S. 296–337.

Grubrich-Simitis, I. (Hg.) (1971a): Sigmund Freud: »Selbstdarstellung«. Schriften zur Geschichte der Psychoanalyse. Frankfurt/M. (Fischer-Taschenbuch).

– (1971b): Einleitung: Sigmund Freuds Lebensgeschichte und die Anfänge der Psychoanalyse. In: Grubrich-Simitis (1971a), S. 7–33.

- (1976). Vorbemerkung: In: E. Freud, L. Freud & I. Grubrich-Simitis (1976), S. 8 f.
- (1989): Zur Geschichte der deutschsprachigen Freud-Ausgaben. In: Psyche 43, S. 773–802 u. S. 889–917.
- (1993): Zurück zu Freuds Texten. Stumme Dokumente sprechen machen. Frankfurt/M. (S. Fischer).

Hadamowsky, F. (1988): Wien. Theater, Geschichte. Von den Anfängen bis zum Ende des Ersten Weltkrieges. Wien (Jugend und Volk).

Haeusserman, E. (1975): Das Wiener Burgtheater. Wien – München – Zürich (Molden).

Hagemann-White, C. (1992): Berufsfindung und Lebensperspektive in der weiblichen Adoleszenz. In: Flaake & King (1992a), S. 64–83.

Hagemann-White, C. (1997): Adoleszenz und Identitätszwang in der weiblichen und männlichen Sozialisation. In: Krebs & Eggert Schmid-Noerr (1997), S. 67–79.

Hahn, G. & Weber, E. (Hg.) (1994): Zwischen den Wissenschaften. Beiträge zur deutschen Literaturgeschichte. Regensburg (Pustet).

Harenberg (2002): Das Buch der 1000 Bücher, hrsg. v. J. Kaiser. Dortmund (Harenberg).

Harsch, H. (1993): Freuds Kindheit und das Inzesttrauma. Zur Bedeutung der Kinderfrau. In: Luzifer-Amor 6, H. 11, S. 8–27.

Heim, C. (1994): Eine »Prinzipien«-Frage: Gisela Fluß und Ichthyosaura. Eine Marginalie in Freuds Jugendbriefen. In: Psyche 48, S. 154–159.

Hermanns, L. M. & Schröter, M. (1990): Felix Gattel (1870–1904) – der erste Freudschüler. In: Luzifer-Amor 3, H. 6, S. 42–75.

Herzig, A. (Hg.) (1991): Die Juden in Hamburg 1590–1990. Hamburg (Christians).

Hes, J. Ph. (1986): A Note on an As Yet Unpublished Letter by Sigmund Freud. In: Jewish Social Studies 48, S. 321–324.

Hirschmüller, A. (1978): Physiologie und Psychoanalyse in Leben und Werk Josef Breuers. Bern (Huber).

- (1989): Freuds »Mathilde«: Ein weiterer Tagesrest zum Irma-Traum. In: Jahrbuch der Psychoanalyse 24, S. 128–159.
- (1991): Freuds Begegnung mit der Psychiatrie: von der Hirnmythologie zur Neurosenlehre. Tübingen (edition diskord).

Hontschik, B. (1987): Theorie und Praxis der Appendektomie. Eine historische, psychosoziale und klinische Studie. Köln (Pahl-Rugenstein).

– (1988): Fehlindizierte Appendektomien bei jungen Frauen. Psychosexuelle Krisen und chirurgische Interventionen. In: Zschr. Sexualforsch. 1, S. 313–326.

– (1994): Lebenskrise und chirurgischer Eingriff. Die Bedeutung innerfamiliärer Krisen für die Indikation der Appendektomie. In: Uexküll, Th. von (1994), S. 53–62.

Huppke, A. (1996): Zur Geschichte des Internationalen Psychoanalytischen Verlages. In: Luzifer-Amor 9, H. 18, S. 7–33.

Jaeggi, E. (2002): Lebensentwürfe von Frauen. Manuskript einer Vorlesungsreihe vom 15.–19.4.2002 im Rahmen der 52. Lindauer Psychotherapiewochen.

Jewish Chronicle (1939): A daughter of Freud is a dress-designer now in London. In: Jewish Chronicle, 6. 1. 1939.

Johnston, W. M. (1974): Österreichische Kultur- und Geistesgeschichte. Gesellschaft und Ideen im Donauraum 1848 bis 1938. Wien–Köln–Graz (Böhlaus Nachf.).

Jones, E. (1953): Das Leben und Werk von Sigmund Freud. Bd. I. Die Entwicklung zur Persönlichkeit und die großen Entdeckungen, 1856–1900. 2. Aufl., Bern – Stuttgart – Wien (Huber) 1978.

– (1955): Das Leben und Werk von Sigmund Freud. Bd. II. Jahre der Reife, 1901–1919. 2. Aufl., Bern – Stuttgart – Wien (Huber) 1978.

– (1957): Das Leben und Werk von Sigmund Freud. Band III. Die letzte Phase, 1919–1939. 2. Aufl., Bern–Stuttgart–Wien (Huber) 1978.

Junker, H. (1980): Freud 1887. Eine Stichprobe zur Biographik. In: Luzifer-Amor 2, H. 3, S. 8–26.

Kaplan, M. A. (1981): Die jüdische Frauenbewegung in Deutschland. Organisation und Ziele des jüdischen Frauenbundes. 1904–1938. Hamburg (Christians).

– (1991): Jüdisches Bürgertum: Frau, Familie und Identität im Kaiserreich. Hamburg 1997 (Dölling und Galitz).

Keil-Budischowsky, V. (1983): Die Theater Wiens. Wien – Hamburg (Zsolnay).

Kindler (1986): Kindlers Literaturlexikon in 14 Bänden. München (dtv).

King, V. (1995): Die Urszene der Psychoanalyse: Adoleszenz und Geschlechterspannung im Fall Dora. Stuttgart (Verlag Internationale Psychoanalyse).

– (1999): Lösungen des Ödipuskonflikts: Genitalität und Sublimierung. In: Gast & Körner (1999), S. 13–43.

Klemann, M. (2002): Tagungsbericht über das 15. Symposion zur Geschichte der Psychoanalyse vom 1. bis 3. März 2002 in Tübingen. In: Luzifer-Amor 15, H. 30, S. 175–184.

Kosch, W. (Hg.) (1968): Deutsches Literatur-Lexikon. Biographisch-bibliographisches Handbuch in 25 Bänden. Zürich (Saur).

Krebs, H. & Eggert Schmid-Noerr, A. (Hg.) (1997): Lebensphase Adoleszenz: junge Männer und Frauen verstehen. Mainz (Matthias-Grünewald).

Krüll, M. (1979): Freud und sein Vater. München (Beck).

Kuhn, T. S. (1962): Die Struktur wissenschaftlicher Revolutionen. 3. Aufl., Frankfurt/M. (Suhrkamp) 1978.

Kutsch, K. J. & Riemens, L. (1997): Großes Sängerlexikon, 7 Bde. Bern – München (Saur).

Lehnert, G. (1998): Mode. Köln (DuMont).

Leupold-Löwenthal, H. (1988): Die Vertreibung der Familie Freud 1938. In: Sigmund Freud House Bulletin 12, S. 1–11.

– (1989): Die Familie Freud unter der Nazi-Herrschaft (1938 bis 1942). In: Psyche 43, S. 918–928.

Lohmann, H.-M. (1986): Freud zur Einführung. Hamburg (Junius).

– (1998): Sigmund Freud. Reinbek (Rowohlt).

Lothar, R. (1905): Josef Kainz. In: Wunberg (1981), S. 630–632.

Louven, A. (1991): »... ihm die Misere des Alltags fernzuhalten«. Martha Freud – Ein Lebensbild. In: Herzig (1991), S. 249–262.

Mahony, P., Bonomi, C. & Stensson, J. (ed.) (1997): Behind the Scenes. Freud in Correspondence. Oslo (Scandinavian University Press).

Masson, J. M. (1986): Einleitung. In: Freud 1985c, S. XII–XXIX.

McGrath, W. (1986): Freud's Discovery of Psychoanalysis. Ithaca and London (Cornell University Press).

Mertens, W. (1994): Entwicklung der Psychosexualität und der Geschlechtsidentität, Bd. 2: Kindheit und Adoleszenz. 2. Aufl., Stuttgart – Berlin – Köln (Kohlhammer) 1996.

Meyer-Palmedo, I. (2003): Anna Freud – Sigmund Freud. Briefwechsel 1904 – 1938. Manuskript eines Vortrags am 22. Februar 2003 auf dem 16. Symposion zur Geschichte der Psychoanalyse in Tübingen.

– (Hg.) (2006): Sigmund Freud. Briefwechsel mit Anna Freud (in Vorbereitung).

Meyer-Palmedo, I. & Fichtner, G. (Hg.) (1999): Freud-Bibliographie mit Werkkonkordanz. 2. Aufl., Frankfurt/M. (S. Fischer).

MGG (1999): Die Musik in Geschichte und Gegenwart (MGG). Allgemeine Enzyklopädie der Musik. Sachteil und Personenteil in 28 Bänden und 2 Registerbänden. Stuttgart (Metzler).

Mill, J. & Taylor, H. (1851): Über Frauenemanzipation, übers. v. S. Freud. In: Mill, Taylor Mill & Taylor (1976), S. 71–108.

Mill, J. St., Taylor Mill, H. & Taylor, H. (1976): Die Hörigkeit der Frau und andere Schriften zur Frauenemanzipation, hrsg. u. eingel. v. H. Schröder. Frankfurt/M. (Campus).

Molnar, M. (Hg.) (1996a): Sigmund Freud: Tagebuch 1929 – 1939. Kürzeste Chronik. Basel – Frankfurt/M. (Stroemfeld).

– (1996b): Freuds »Kürzeste Chronik«: Vorgeschichte einer Antibiographie. In: Tögel (1996b), S. 109–122.

Mühlleitner, E. (1992): Biographisches Lexikon der Psychoanalyse: die Mitglieder der Psychologischen Mittwoch-Gesellschaft und der Wiener Psychoanalytischen Vereinigung von 1902–1938. In Zusammenarbeit mit J. Reichmayr. Tübingen (edition diskord).

Mühlleitner, E. & Reichmayr, J. (1997): Die Freudianer in Wien. Die Psychologische Mittwoch-Gesellschaft und die Wiener Psychoanalytische Vereinigung 1902–1938. In: Psyche 51, S. 1051–1103.

Nietzsche, F. (1884–1885): Nachgelassene Fragmente. Kritische Studienausgabe in 15 Bänden (KSA), hrsg. v. G. Colli u. M. Montinari, München (dtv) 1980, Bd. 11.

Nitzschke, B. (Hg.) (1989): Freud und die akademische Psychologie. München (Psychologie Verlags Union).

Nunberg, H. & Federn, E. (Hg.) (1962): Protokolle der Wiener psychoanalytischen Vereinigung, Bd. I, 1906–1908. Frankfurt/M. (S. Fischer) 1976.

- (1967): Protokolle, Bd. II, 1908–1910. Frankfurt/M. (S. Fischer) 1977.
- (1974): Protokolle, Bd. III, 1910–1911. Frankfurt/M. (S. Fischer) 1979.
- (1975): Protokolle, Bd. IV, 1912–1918. Frankfurt/M. (S. Fischer) 1981.

Peters, U. H. (1979): Anna Freud. Ein Leben für das Kind. München (Kindler).
Poluda-Korte, E. S. (1992): Freud und die Töchter. Versuch einer Emanzipation von patriarchalen Vorurteilen in der Psychoanalyse. In: Jahrbuch der Psychoanalyse 29, S. 92–139.

Reiche, R. (1989): Besprechung von: B. Hontschik: Theorie und Praxis der Appendektomie. In: Psyche 43, S. 183–186.
Reicheneder, J. G. (1990): Zum Konstitutionsprozeß der Psychoanalyse. Stuttgart – Bad Cannstatt (frommann-holzboog).
Richarz, M. (1997): Frauen in Familie und Öffentlichkeit. In: Deutsch-jüdische Geschichte der Neuzeit, Bd. III. Umstrittene Integration 1871–1918, hrsg. v. S. M. Lowenstein et al. München (Beck), S. 69–100.
Roazen, P. (1971): Sigmund Freud und sein Kreis. Eine biographische Geschichte der Psychoanalyse. Bergisch Gladbach (Lübbe) 1976.
- (1993): Meeting Freud's Family. Amherst (University of Massachusetts Press).
Rohde-Dachser, Ch. (1990): Über töchterliche Existenz. Offene Fragen zum weiblichen Ödipuskomplex. In: Zsch. Psychosom. Med. 36, S. 303–315.
- (1991): Expedition in den dunklen Kontinent. Weiblichkeit im Diskurs der Psychoanalyse. Berlin – Heidelberg (Springer).
Ross, V. (1994): Eva Maria Rosenfeld (1892–1977): Persönliche Erinnerung an eine mutige Frau. In: A. Freud (1994), S. 33–58.

Sachs, H. (1982): Freud: Meister und Freund. Frankfurt/M. – Berlin – Wien (Ullstein).
Salber, W. (1999): Sigmund und Anna Freud. Hamburg (Europäische Verlagsanstalt).

Schneider, P. (1999): Sigmund Freud. München (dtv).

Schöndorfer, G. W. (1992): Das Kirchberg-Schlößl in Bad Reichenhall und sein historisches Umfeld. Berchtesgaden (Plenk).

Schöpf, A. (1982): Sigmund Freud. München (Beck).

Schorske, C. E. (1982): Wien. Geist und Gesellschaft im Fin de Siècle. Frankfurt/M. (S. Fischer).

Schröder, H. (1976): Einleitung. In: Mill, Taylor Mill & Taylor (1976), S. 7–43.

Schröter, M. (1996): Forschen oder Heilen? Über einen Geburtsfehler der Psychoanalyse. In: Merkur 50, H. 7, S. 631–636.

Schur, M. (1973): Sigmund Freud: Leben und Sterben. Frankfurt/M. (Suhrkamp).

Steiner, R. (2000): Die Zukunft als Nostalgie: Biographien von Mythen und Helden …? Bemerkungen über Jones' Freud-Biographie. In: Psyche 54, Teil I, S. 99–142; Teil II, S. 242–282.

Stephan, I. (1992): Die Gründerinnen der Psychoanalyse: eine Entmythologisierung. Stuttgart (Kreuz).

Stierlin, H. (1975): Eltern und Kinder. Das Drama von Trennung und Versöhnung im Jugendalter. Zürich (Ex Libris) 1978.

Theweleit, K. (1990): Objektwahl. Über Paarbildungsstrategien & Bruchstück einer Freudbiographie. 2. Aufl., München (dtv) 1996.

Tögel, Ch. (1989): Berggasse – Pompeji und zurück. Sigmund Freuds Reisen in die Vergangenheit. Tübingen (edition diskord).

– (1990): Bahnstation Treblinka. Zum Schicksal von Freuds Schwester Rosa Graf. In: Psyche 44, S. 1019–1024.

– (1996a): Freuds Wien: Eine biographische Skizze nach Schauplätzen. Wien (Turia und Kant).

– (1996b) (Hg.): »Die Biographen aber sollen sich plagen …« Beiträge zum 140. Geburtstag Sigmund Freuds. Sofia (Mnemosyne Press).

– Tögel, Ch. (2005): Freud für Eilige. Berlin (Aufbau Taschenbuch Verlag).

Tömmel, S. E. (1985): Die Evolution der Psychoanalyse. Frankfurt/M. (Campus).

Torberg, F. (1998): Wien oder Der Unterschied. Ein Lesebuch. München (Langen Müller).

Uexküll, Th. von (Hg.) (1994): Integrierte Psychosomatische Medizin in Praxis und Klinik. Stuttgart – New York (Schattauer).

Ulrich, P. S. (1997): Biographisches Verzeichnis für Theater, Tanz und Musik, 2 Bde. 2. Aufl., Berlin (Berliner Wissenschafts-Verlag).

Ungern-Sternberg, W. v. (1994): »Eine völlig korrekte psychiatrische Studie«. Zum wissenschaftsgeschichtlichen Kontext von Sigmund Freuds »Gradiva«-Interpretation. In: Hahn & Weber (1994), S. 76–92.

Vergo, P. (1978/79): Gustav Klimts »Philosophie« und das Programm der Universitätsgemälde. In: Mitteilungen der österreichischen Galerie 22/23, S. 69–100.

Volkelt, J. (1875): Kants kategorischer Imperativ und die Gegenwart. Vortrag, gehalten im »Leseverein der deutschen Studenten Wien's« am 10. März 1875. Wien (Selbstverlag des Lesevereins der deutschen Studenten Wien's).

Wachenheim, H. (1973): Vom Großbürgertum zur Sozialdemokratie: Memoiren einer Reformistin. Berlin (Colloquium Verlag).

Walzer, T. & Templ, S. (2001): Unser Wien. »Arisierung« auf österreichisch. Berlin (Aufbau-Verlag).

Weber, I. & Rothe, D. A. (2001): Zum Briefwechsel zwischen Anna Freud und Lou Andreas-Salomé. In: Andreas-Salomé & A. Freud (2001), S. 857–886.

Wilpert, G. v. (1976): Deutsches Dichterlexikon. Stuttgart (Kröner).

Wittels, F. (1924): Sigmund Freud: der Mann, die Lehre, die Schule. Leipzig – Wien – Zürich (Tal).

Worbs, M. (1983): Nervenkunst. Literatur und Psychoanalyse im Wien der Jahrhundertwende. Frankfurt/M. (Europäische Verlagsanstalt).

Wunberg, G. (Hg.) (1981): Die Wiener Moderne. Stuttgart (Reclam).

Young-Bruehl, E. (1988a): Anna Freud: eine Biographie, Teil 1 – Die Wiener Jahre. Wien (Wiener Frauenverlag) 1995.

– (1988b): Teil 2 – Die Londoner Jahre. Wien (Wiener Frauenverlag) 1995.

Zweig, S. (1944): Die Welt von gestern. Frankfurt/M. (Deutscher Bücherbund) o. J.

– (1989): Über Sigmund Freud. Porträts. Briefwechsel. Gedenkworte. Frankfurt/M. (Fischer-Taschenbuch).

Bildnachweis

Dank

Dieses Buch widme ich meiner Frau Hilde Kronberg-Gödde, die mich auch und gerade bei diesem Projekt interessiert, kritisch und liebevoll begleitet hat.

Auf die Existenz der Briefe Mathilde Freuds hat mich meine Nichte Gunda Hübner aufmerksam gemacht. Ein befreundeter Kollege, Rainer Hellriegel, erzählte ihr eines Tages, er habe bei einem Besuch seines Cousins am Thumsee erfahren, daß sich in dessen Haus wichtige Dokumente über Freud befinden. Daraufhin nahm ich Kontakt zu Thomas Guillery, dem Neffen Eugen Pachmayrs, auf. Bei einem ersten Besuch, der in sehr angenehmer Atmosphäre verlief, zeigte er mir etwa 60 Briefe und Karten Mathilde Freuds an Eugen Pachmayr, die sein Onkel in der Bibliothek seines Hauses aufbewahrt hatte. Der Ausgangspunkt für diesen Briefwechsel war der Sommerurlaub, den die Familie Freud 1901 am Thumsee verbrachte.

Thomas Guillery gilt mein herzlicher Dank. Er hat mir nicht nur die Jugendbriefe von Mathilde Freud zu wissenschaftlichen Zwecken überlassen, sondern auch das Projekt auf alle erdenkliche Weise unterstützt, z. B. durch eigene Recherchen zur Familiengeschichte der Pachmayrs.

Als nächsten möchte ich Michael Schröter nennen, der die Mathilde-Briefe mit der ihm eigenen Sorgfalt transkribiert hat. Auch ihm danke ich sehr für seine Unterstützung.

Christfried Tögel hat mich bei diesem Projekt über Jahre hinweg mit vielen Details aus seinem umfangreichen

Quellenmaterial versorgt. Ihm verdanke ich eine Reihe weiterer Briefe von und an Mathilde Freud, die er in Archiven gefunden und transkribiert hat, und speziell einen vom Thumsee aus geschriebenen Brief Sigmund Freuds an seinen Bruder Alexander mit einer Erwähnung der Familie Pachmayr.

Ingeborg Meyer-Palmedo hat mir großzügig den von ihr transkribierten und kurz vor der Veröffentlichung stehenden Briefwechsel zwischen Sigmund und Anna Freud und darüber hinaus noch eine ganze Reihe weiterer unveröffentlichter Briefe der Familie Freud zur Verfügung gestellt. Ihr danke ich für die freundschaftliche Zusammenarbeit und besonders für ihre mit leidenschaftlicher Akribie vorgenommene Durchsicht meines Manuskripts, bei der sie noch viel Verbesserungswürdiges entdeckt hat.

Den Freunden Michael B. Buchholz, Edith Püschel und Johann Georg Reicheneder, die das Manuskript ebenfalls gelesen, kommentiert und durch vielfältige Anregungen bereichert haben, fühle ich mich für ihre Unterstützung sehr verbunden.

Michael Molnar vom Sigmund Freud Museum London hat mir Mathildes Concert- und Theater-Merkbüchlein zur Verfügung gestellt und große Geduld bei der Recherche des Bildmaterials aufgebracht. Sein besonderes Verdienst ist die aufwendige Sichtung des Nachlasses von Ernestine Maresch, in dem sich viele Fotos von Mathilde fanden.

Bei Gerhard Fichtner bedanke ich mich für wertvolle Hinweise aus seiner Dokumentation über die Briefe Sigmund Freuds und seiner Familie, bei Albrecht Hirschmüller für die Transkription von fünf Briefen Sigmund Freuds an Mathilde, die sich auf die Person ihres späteren Ehemanns Robert Hollitscher beziehen.

Vier Zeitzeugen – Anton Walter Freud, der Neffe Mathildes, Victor Ross, der Sohn der mit Mathilde befreundeten Eva Rosenfeld, sowie Heinrich und Johann Pachmayr, die Zwillingssöhne Eugen Pachmayrs – haben sich mit wichtigen Hintergrundinformationen über Mathilde Freud und Eugen Pachmayr beteiligt.

Für weitere Hilfen danke ich: Barbara Jakoby und Martin Liebscher sowie dem Stadtarchiv in Innsbruck, dem Stadt- und Landesarchiv, der Wirtschaftskammer und dem Zentralgewerberegister in Wien und dem Companies House (Handelsregister) in London für ihre Recherchen zu den geschäftlichen Aktivitäten von Robert und Mathilde Hollitscher; Barbara Jakoby und Christiane Mühlegger-Henkoppel vom Österreichischen Theatermuseum Wien für ihre Recherchen zu Mathildes Concert- und Theater-Merkbüchlein; Walter Bergmann, Wolfgang Hegener, Gunda Hübner, Kathrin Messerschmidt und Thomas Müller für ihre Unterstützung bei den Korrekturen; Stefan Goldmann, Ludger M. Hermanns, Eva Laible, Regine Lockot und Inge Weber für ihre fachlichen Anregungen.

Hans-Jürgen Wirth, der Leiter des »Psychosozial Verlags«, hat das Buch-Projekt durchgehend mit großem Engagement betreut. Mit Traute Hensch als Lektorin ergab sich eine hilfreiche und konstruktive Zusammenarbeit.

In der vorliegenden Taschenbuch-Ausgabe wurden einige Kürzungen vorgenommen und auf den Abdruck des »Concert- und Theater-Merkbüchleins« von Mathilde Freud verzichtet. Für die sorgfältige Betreuung der Ausgabe danke ich Magdalena Frank vom Aufbau-Verlag.

Personenregister

Das Register bezieht sich auf den Textteil sowie auf Mathildes Jugendbriefe. Nicht aufgenommen wurden Mathilde Freud (Hollitscher), Eugen Pachmayr und Sigmund Freud.

Personenregister

Biographien von Frauen über Frauen

SABINE KEBIR
Helene Weigel
Abstieg in den Ruhm
Als »lärmendste Schauspielerin Berlins« machte sich Helene Weigel in den zwanziger Jahren einen Namen, als Bertolt Brechts »Primadonna im proletarischen Gewand« erlangte sie Weltruhm. Sabine Kebir, bekannt durch provokante Studien über Brecht und seine Mitarbeiterinnen, rekonstruiert das Bild einer ungewöhnlichen Frau, die sich in der Kunst und in ihrem Leben als couragierte Avantgardistin weiblicher Emanzipation behauptete. »Eine erstklassige Biographie.«
TAGESSPIEGEL
Biographie. 425 Seiten.
28 Abbildungen. AtV 1820

GEORGIA VAN DER ROHE
La donna è mobile
Mein bedingungsloses Leben
Genug war nie genug in diesem Leben voller Extravaganz: Georgia van der Rohe, als Tochter des bedeutenden Architekten Mies van der Rohe 1914 in Berlin geboren, machte als Tänzerin, Schauspielerin und Filmregisseurin international Karriere. Ihre Memoiren zeugen vom Leben einer Frau, die ihren Leidenschaften bedingungslos folgte und dennoch immer autonom blieb. »Die Geschichte einer leidenschaftlichen und klugen Frau.«
ELLE
381 Seiten. 34 Abbildungen.
AtV 1876

KATJA BEHLING
Martha Freud
Die Frau des Genies
Eine bemerkenswerte Frau (1861 bis 1951), die durch ihre Treue und Standfestigkeit zum Gelingen dessen beitrug, was unter dem Namen »Psychoanalyse« von Wien ausging. A. W. Freud erinnert sich seiner Großmutter als einer Persönlichkeit, die mit Umsicht und Tatkraft das Unternehmen Berggasse 19 steuerte.
Mit einem Vorwort von A. W. Freud.
266 Seiten. Mit 26 Abbildungen.
AtV 1858

DOROTHEA VON TÖRNE
Brigitte Reimann
Einfach wirklich leben
Brigitte Reimann ist zur Symbolfigur eines unangepaßten, leidenschaftlichen Lebensstils geworden. Wie war sie wirklich? Dorothea von Törne geht in ihrer anschaulichen Biographie den wichtigsten Stationen dieses kurzen Lebens nach.
»Sie hat exzessiv gelebt, voller Unrast und Verlangen nach Liebe, ihre Lebenskerze war an beiden Enden angezündet – wer leuchten will, muß brennen.«
BERLINER ZEITUNG
Biographie. Mit 23 Fotos. 300 Seiten.
AtV 1652

AtV